MONTAIGNE
EIN PANORAMA

Die Andere Bibliothek
Herausgegeben von
Hans Magnus Enzensberger

MONTAIGNE
EIN PANORAMA

von

Mathias Greffrath

Eichborn Verlag
Frankfurt am Main 1992

»Ich weiß, wie man die Welt anhalten kann«, sagte ein kleines Mädchen einmal zu mir. »Wenn alle Menschen an eine Stelle gehen.« Sie dachte noch einmal nach und korrigierte sich dann: »Oder, wenn alle sich ganz schwer machen.« Und dann guckte sie ernst in sich hinein und drückte — wie kleine Menschen es tun, wenn sie sich ganz schwer machen wollen. Dieses kleine Mädchen heißt Marie, und ihr widme ich dies Buch.

Vorbemerkung

●

Alles wimmelt von Kommentaren;
an Autoren ist großer Mangel. (III, 13)

Dieses Buch entstammt einer reinen Liebhaberei;
weder bin ich Philologe noch Fachhistoriker oder
-philosoph. Montaigne habe ich gegen Ende der
Schulzeit entdeckt. Irgendwie war die *Exempla Clas-*
sica-Ausgabe, eine Montaigne-Auswahl aus den 60er
Jahren, bei mir gelandet, und ich habe, wie ich den
Anstreichungen entnehme, sie damals naiv und mit
vielen Ausrufungszeichen, also mit großer Freude gelesen. Es war eines dieser zufälligen Bildungserleb-
nisse, wie sie in diesem Jahrhundert dank sozialdemo-
kratischer Bildungsreformen möglich und üblich geworden sind: unbeschwert von Tradition und ohne
tiefere Kenntnis. Und meist ohne Folgen.

Aber es blieb etwas hängen. Montaigne steckte im
Hinterhirn als eine Art Onkel, den ich gern gehabt
hätte: einer, dem man die Lebensweisheiten abnimmt, obwohl man, kämen sie von anderen, rebellisch würde. Ein Verwandter, der liberal ist, ohne
lasch zu sein, erfahren ohne abgeklärt, skeptisch ohne
vorsichtig, resigniert ohne tot, konform ohne kreuz-
brav zu sein. Einer, zu dem man geht, wenn man
Probleme mit den anderen hat: den Eltern, der Aka-
demie, der »Gesellschaft«.

Montaigne ist einer der Autoren, die man nach ein paar Seiten duzt. Mit diesem Duzen hängt es zusammen, daß ich eigentlich wenig damit anfangen kann, wenn man ihn als den »Begründer der Form des Essays« führt. Die Begegnungen mit Michel de Montaigne sind — und ich vermute, für jeden Leser — auf eine einzigartige Weise freundschaftlich-familiär; da ist nichts von der stilisierten Publikumsbezogenheit literarischer Essays, von den geformten Bemühungen um freie Form, und nichts von der bearbeiteten Unmittelbarkeit veröffentlichter Tagebücher.

Montaignes *Essais* stehen an keiner Rampe; sie adressieren kein Publikum, sondern einen unbekannten Leser. Einen. Es gab noch kein Publikum, als Montaigne sein Buch schrieb, und es gab noch nicht den »Essay als Form«. Es gab nur die »Versuche des Michel Seigneur de Montaigne«. Montaigne redet über sich und das Leben. Reden kann man nur, wenn jemand dabei ist; und nur weil Montaigne niemanden hatte, entstand sein Buch. Auf eigentümliche Weise sind seine Gedanken untrennbar von ihrem Autor — und doch ist es kein Tagebuch; es ist ein höchst egozentrisches Unternehmen, aber seine Gedanken sind im Bewußtsein jedes seiner Leser schon »vorgeschrieben«. Montaigne gelang es, zu verhindern, daß man einen Text liest: immer begegnet man ihm. Ein pfiffiges Unternehmen der Selbstverewigung, eine Art universalistischer Privatismus. Ein Einzelfall. Ein Versuch eben.

Kürzlich bin ich Montaigne wieder begegnet, aus Zufall, weil es einen Jahrestag gab. Diese Begegnung war nicht so folgenlos wie die erste; vielleicht auch war die Wiedersehensfreude so groß, weil sich mit den Jahren die Ratlosigkeiten summieren und man selbst den Onkeln naherückt, deren Sprüche man früher gewichtig, aber auch ziemlich possierlich und etwas sehr altväterlich fand. Das Resultat dieser zweiten Lektüre war, daß ich eine Leseempfehlung geben möchte.

Und natürlich einen Montaigne-Kommentar. Keinen philologischen, eher einen, der auf mitunter sehr direkte Weise Michel de Montaigne, seine Versuche, seine Zeit mit uns in Berührung bringt. Die acht Kapitel meiner Begegnung mit Montaigne finden sich hier im Wechsel mit zehn seiner Essais (die ich für diese Ausgabe neu übersetzt habe), und beides zusammen folgt locker einem biographischen und historischen Faden. Man kann ihn überall aufnehmen; aber mein Vorschlag wäre, von vorne.

Zwischenzeit

●

Wie ein freundlicher Felsen liegt er da, inmitten des Gerölls der letzten zehn Jahrhunderte. Es ist nicht nur die Mitte eines tausendjährigen Kalenders, in der wir ihn finden; er lebt zwischen dem ersten Auftauchen von Windmühlen in der Normandie (um 1080) und der Mikroelektronik, in einem Jahrtausend, in dessen erstem Jahrhundert die Hörigkeit — beiden Herren gegenüber — noch intakt war und in dessen letztem uns zunehmend das Entsetzen vorm »Gehäuse der Hörigkeit« packt: aber diesmal sind es nicht nur Herren, es ist ungleich Objektiveres, das uns die Ellbogenfreiheit zu nehmen droht.

Auch wenn man den Kreis um ihn etwas enger schlägt, bleibt Montaigne in der Mitte: etwa zwischen dem vierzehnten Jahrhundert, in dem die Ockhamisten die Trennung von Vernunft und Religion in Angriff nehmen, die Feudalität in die große Krise gerät und die Große Pest die Menschen tötet und demütigt — und dem achtzehnten: da drängt die Aufklärung an die Macht, der Absolutismus (wenn auch nicht der Zentralismus) zerfällt, und das Erdbeben in Lissabon erinnert die Europäer daran, daß man die Rechnung noch immer nicht ohne die Wirtin machen kann.

Oder gehen wir noch näher heran: fünfzig Jahre vor Montaignes Geburt begannen die Nationalstaaten zu entstehen, arbeitete Leonardo da Vinci, und

Amerika war noch nicht entdeckt. Die kurze Renaissance kam zum Ende, in der die Maler den Körper entdeckten, die Dichter den Alltag heiligten und die Musik begann, auch irdische Leidenschaften zu begleiten. Der Handel machte die italienischen Fürsten reich, aufgeklärte Dichter schrieben in der Sprache des Volkes, das Volk trug Forderung nach Brot und Demokratie vor: in urchristlichen Formen, unberührt von den Alphabetisierungskampagnen des Humanismus, der versuchte, die Menschen zu lehren, daß der gute Geist in ihnen selber wohne. — Und fünfzig Jahre nach Montaignes Tod: da stirbt Galileo Galilei; auch Shakespeare, der aus Montaignes Aufsatz über die Kannibalen abgeschrieben hat, lebt nicht mehr. Richelieu hinterläßt ein zentralisiertes Frankreich. Der kapitalistische Weltmarkt ist in seinen Grundzügen etabliert. Die Gegenreformation überzieht Europa mit klerikalen Blockwarten; und bei den Protestanten sieht es nicht anders aus. Pascal und Descartes — beide sind bei Montaigne in die Schule der Skepsis gegangen — führen die neue Spaltung vor: die in den Menschen als *maître et possesseur* der übrigen Welt einerseits, als demütiges Seelchen andererseits. Montaigne wird demnächst auf den Index kommen. In Europa werden die Uhren billiger, das Wort vom Fortschritt kommt auf, und die Geschichte der Beschleunigung beginnt.

Ich hätte die Beispiele auch anders wählen können, und für jedes Ereignis und jeden Namen läßt sich eine Gegengeschichte erzählen. Selbst als Strukturgeschichte ist die Geschichte verworfen; erzählbar wird sie nur, wenn man etwas in ihr sucht. Man kann sie dann als eine Kontinuität von Herrschaft darstellen: die gibt es; aber auch die des Widerstandes: seit dem zwölften Jahrhundert keines ohne Bauernaufstände und keines ohne Klassenkriege, keines ohne Kriege

11

der Staaten und Wachstum der Produktivkräfte. Man kann die Geschichte periodisieren: dann hört irgendwann zwischen dem 14. und dem 16. Jahrhundert der Feudalismus auf, und der Kapitalismus fängt an; aber man kann die Zäsur mit guten Gründen auch im 12. oder im 18. Jahrhundert setzen. — Wenn man anfängt, aufs Einzelne zu sehen, lösen sich diese Großbegriffe, auf die man schwer verzichten kann, in viele Geschichten auf: in England verliert die Gentry beim Übergang zu Weltmarkt, Kapitalismus und Zivilisation an politischer Macht, in Frankreich gewinnt sie dazu; in Holland akkumulieren die Bürger Macht, in Italien und Deutschland nicht; in Frankreich lockern sich die Feudalbande für die Bauern, in Deutschland straffen sie sich. Und auch das ist alles viel zu grob.

Aber ich will kein Geschichtsbuch schreiben, sondern Michel de Montaigne kommentieren. Und dafür ist es nicht unerheblich, daß er in der Mitte steht — zwischen der Zeit, in der die universelle katholische Kirche jedem Menschen Rang und Stand anwies, zu Beginn des Jahrtausends, und dem universellen Industrialismus, in den die ganze Geschichte jetzt mündet und der jedem seine Position als Funktionsträger zuschreibt. Selbst die Arbeitslosigkeit ist dabei, das neuzeitliche Stigma von Schande und Zufall zu verlieren, gewinnt die Weihen der Objektivität zurück, nun aber nicht als göttliche Fügung, sondern als zwangsläufige Folge der Roboterisierung. Aber es ist kein Kreis, der sich da schließt, es sind nur zwei relativ gut zu beschreibende, weil stabile Zustände. Es brauchte Jahrhunderte zur Auflösung des Mittelalters, und Jahrhunderte bis heute.

Wir sind in der Klemme. Der Versuch, eine Menschheitshoffnung jenseits der kapitalistischen

Moderne zu verwirklichen, ist schlimm gescheitert. Und nun, nach dem »Ende des Sozialismus«? Die Zeit-Diagnostiker reden von Posthistoire, von Postmoderne, Postindustrialismus und Postkapitalismus. Das Verschwinden der Geschichte, des Individuums, der Öffentlichkeit — so oder ähnlich heißen die Bücher seit ein paar Jahren; oder sind es schon Jahrzehnte? Die Geschichte der Beschleunigung ist an ihr Ende gekommen — jedenfalls breitet sich eine Ahnung davon aus, daß jede weitere Beschleunigung die Menschheit, die nun *eine* geworden ist, aus der Bahn werfen könnte. Aber es ist auch nichts Neues in Sicht. Nur die unbekannten Völker im Süden, viel zu viele, mit bedrohlichen Gedanken. Wer Soziologe ist, hat die Extreme fürchten gelernt: das eine wäre die Ultrastabilität dessen, was wir haben, das andere seine Auflösung ins Chaos. Der Überwachungsstaat oder die Unregierbarkeit; der Rückfall ins Agrarische — über die Stationen Atomkrieg und Ökodiktatur — oder der Durchmarsch in den Wintergarten einer superindustrialistischen Weltgesellschaft; der Große Hunger oder die gentechnisch umgebaute Schöpfung — so reden wir, wenn wir in großen Alternativen denken. »Endzeit«, sagen die Antiquierten und die Bußprediger, »Revolution« die Heilsprediger und die Herren von Atom und Kabel, und zwischen ihnen der Chor der Beschwichtiger, der Weitermacher.

Vielleicht sollte man sagen: »Zwischenzeit«, weil der Optimismus so dumm macht und der Pessimismus so unbeweglich. Und mir fällt auch kein besseres Wort ein für das Jahrhundert, in dem der Landedelmann Michel Eyquem de Montaigne seine 107 Versuche schrieb, nur zwölf Generationen nach den ersten Windmühlen und nur zwölf vor den chips. Nicht, weil er uns viel zu sagen hätte über unser

Jahrhundert, lädt er zur Lektüre ein, sondern weil er vielleicht einiges vorschlagen kann zum Verhalten in Zwischenzeiten.

Das Jahrhundert, in dem er lebte, wird von den Historikern das »lange« genannt. Sie datieren es zwischen 1450 und 1640. Europa erholt sich von der Pest und vom Bevölkerungsrückgang. Der Fernhandel weitet sich aus; eine Million Menschen wandern in diesem Jahrhundert in die Neue Welt, und die Edelmetalle, die sie zurückschicken, ruinieren die europäischen Währungen. Die Adeligen verschulden sich, und die Handwerker zieht es in die Manufakturen. All das geschieht allmählich, wird nur bemerkt von denen, die es trifft. Inseln des Neuen entstehen — Handelsgesellschaften, Reedereien, Bergwerke, Banken —, es ist noch nicht soweit, daß die Lebensweise ganzer Gesellschaften umgewälzt wird.

Um die Mitte des Jahrhunderts schließen der französische König Heinrich II. und Philipp II. von Spanien Frieden — beide sind bankrott. Von Ritterspielen haben sich die Kriege zu Materialschlachten entwickelt; in Zukunft werden sie von der Artillerie entschieden, das eingesetzte Kapital beginnt, die Kühnheit zu ersetzen. Es entstehen Nationalstaaten, die die Humanität und die Barbarei zentralisieren werden (in Deutschland dauert es bekanntlich länger), und die Reaktionen gegen sie: Aufstände des Landes gegen die Stadt, der Regionen gegen die entstehenden Zentralgewalten.

Der Buchdruck hat sich ausgebreitet und damit die Umlaufgeschwindigkeit neuer Ideen, Techniken und Ideologien gesteigert; ohne ihn hätte die Reformation keine Chance gehabt, ohne ihn hätten sich die Schulen und die Bibliotheksregale nicht so schnell, kaum war die Scholastik abgeräumt, wieder gefüllt: mit den Beschreibungen neuer Technologien, aber auch mit

dogmatischem Humanismus und Ritterschundro-
manen und ohne den Buchdruck hätte Rabelais'
bissige Konsequenz aus der leerlaufenden Gelehrsamkeit nicht so schnell die Runde gemacht: »Tu
was du willst« — auch das ein Satz, dem wir heute
wieder begegnen.

Die Reformation, die damit begann, bei Hegel
jedenfalls, daß der freie Mensch die heruntergekom-
mene Kirche verläßt, steht schnell im Dienst der
Prozesse, in denen Macht und Eigentum umverteilt
werden. Katholisch ist in Frankreich die Zentralgewalt, protestantisch sind die südlichen Regionen
und der niedere Adel, der seine Welt untergehen
sieht. Die Religionskriege haben zum wichtigsten
Resultat den Sieg der Monarchie über die Feudalen.
Der Protestantismus, der vom Dogma befreit hatte,
verschärft den Zugriff auf den Alltag und die Seele
des Einzelnen. Die Glaubensspaltung setzt den Prozeß der Verkirchlichung in Gang und die häßlich
kleinlichen Streitereien um die kleinste Differenz; es
lebt sich nicht unbedingt freier unter Calvin und
Zwingli als vorher, und die Gegenseite kontert mit
der Gründung des Jesuitenordens und verbindet ge-
neralstabsmäßig die Alphabetisierung Europas mit
verschärftem Gesinnungszwang. Montaignes Gedanken, zwei Jahrhunderte später von Diderot gedacht,
konnten mehr als die bürgerliche Existenz kosten:
nun wurden sie richtig ernst genommen, die Gedanken. So etwas wie Montaignes gelassene Unterhaltungen mit den gelehrten Patres der Inquisition über
gewisse Differenzen zur Meinung der Kirche oder
des Königs Henri III. freundliche Zustimmung zu
den *Essais* kann man sich schon im Jahrhundert, das
auf Montaigne folgte, nicht mehr gut vorstellen.

Es ging noch vieles durcheinander in diesem langen
Jahrhundert. Im Zweifel war es eher das letzte des

Mittelalters als das erste der Neuzeit. Das ist schon wieder zu schematisch: es ging eben durcheinander. Von Ostpreußen bis Spanien war die Entfernung größer als heute, und an beiden Orten geschah Disparates. Im Osten erdachte Kopernikus ein neues Weltbild, und die Refeudalisierung zwang die Bauern unter ein altes Joch; vom Westen aus entdeckte — und zerstörte — man die Neuen Welten und initiierte die Gegenreformation. — Selbst von »gesellschaftlichen Bewegungen« zu sprechen, ist noch falsch. Gesellschaften, beschreibbare Strukturen, Trends — auch nur vage — kann man erst viel später, durchs umgedrehte Fernglas der Großtheorien sehen und formulieren: als den Prozeß der »Zivilisation«, die »ursprüngliche Akkumulation«, die »Entstehung des wissenschaftlichen Weltbildes« usw.

Vieles tut sich, und woran soll ich mich halten? — so etwa mag das Lebensgefühl derer gelautet haben, die nur mehr am Rande der Idiotie des Landlebens, der Gewißheiten des alten Glaubens und der Unangefochtenheiten alter Herrschaften lebten. Wer freigesetzt war, wer den Halt verloren hatte und nicht unterging dabei, der konnte etwas tun: wenn er oben war, eine Handelsgesellschaft gründen, wenn er unten war, in die Stadt ziehen.

Krisenzeiten sind Zeiten, in denen Menschen aus alten Bindungen freigesetzt werden. Für ein »langes Jahrhundert«, oder auch für zwei oder drei, lösten sich die Gesellschaften in ihre Aggregate auf: Städte wurden autonom und Reiche zerfielen, feudale Güter verkamen und Bauern flohen in die Stadt oder machten die Wälder unsicher, Mönche gingen aus den Klöstern auf die Landstraßen. Wer sich nach dem Alten zurücksehnte, versuchte, es eine Weile lang aufrechtzuerhalten, solange er es sich leisten konnte. Andere probierten Neues, getrieben von der Notwendigkeit.

In solchen Zeiten kommt es, anders als in geordneten, eher darauf an, was viele Einzelne tun. Wie sie mit den Unregelmäßigkeiten umgehen, mit wem sie sich verbünden, welche Ressourcen sie aus der alten Stabilität mitgebracht haben oder welche neuen sie sich erschließen. Die Gebäude der Macht und der Ideologie sind aufgelassen, und nach Vermögen kann sich jeder — nein, nicht jeder — bedienen. Krisenzeiten sind notgedrungen Zeiten größerer Freiheit. Die Freisetzung ist auch eine Chance — nicht für alle, eher für die, die nur noch wenig zu verlieren und die Zeichen der Zeit erkannt haben. Aber auch die sind erst eindeutig, wenn man die Rathäuser besetzt hat und besetzt hält: Galilei bestätigte Kopernikus, aber das kam hundert Jahre später; Ludwigs des Vierzehnten Zentralisierungserfolge bestätigten Franz I. und Henri IV., aber der Ausgang war, wie wir heute wieder vermuten, nicht »gesetzmäßig«: ein Jahrhundert lang kämpften in Frankreich die Regionen um ihre, um die alte Autonomie. Wie es kam, kam es nicht zwangsläufig. Man muß wohl darauf bestehen.

Selbst die Einzelheiten waren nicht eindeutig: mit alten Theorien wurde das Neue probiert, wie Paracelsus vorführte. Oder: mit neuen Theorien von vorgestern wurde der Aberglaube von gestern im Dienste des Staates von morgen angewendet — ich meine den Hexenwahn und seine Blütezeit um die Wende zum 17. Jahrhundert. Es waren Humanisten, keine finsteren Kirchenleute, die seine Rechtfertigung lieferten. Bodin, der Vater des modernen, rationalen Staatsrechts, legitimierte in seiner hochgelehrten *Dämonomanie* die Hexenprozesse; ein selbstläufiger Aristotelismus verquickte sich mit mittelalterlicher Religiosität und Volksaberglauben. Das Ganze ging vorzugsweise gegen politische Oppositionelle, Rand-

17

gruppen, Juden und Nonkonformisten. Die erste Hexenjagd des Jahrtausends war fünfzig Jahre nach der Großen Pest zur Ruhe gekommen; die zweite, schlimmere, kam im Gefolge der Reformation und Gegenreformation. Verbrannt und gefoltert wurde auf beiden Seiten. Der Terror war bürokratisch, die Prozeduren waren rational-rechtlich. Viele hoben den Staat der Neuzeit aus der Taufe, der Inquisitor war ebenso dabei wie die Conquistadoren.

Wer den alten Glauben und die alte Position verloren hatte und wem das Neue zu neu war, der konnte ziemlich verwirrt sein in dieser Zeit. Nicht viel war mehr gewiß und mehr als sonst vom Zufall abhängig. Das Labyrinth, Fortuna und der verlorene Sohn waren beliebte Motive; und auch dies: ein Segelschiff, dessen Besatzung Löcher durch den Rumpf des eigenen Schiffes bohrt. Selbstversenkung. Die Astronomen, die am ptolemäischen Modell verzweifelten, prophezeiten als Astrologen den Weltuntergang: für das Jahr 1500, für das Jahr 1600. Die Metapher vom Welttheater war im Schwange; aber es wurden noch alte Stücke in neuen Kostümen gespielt oder neue im alten Versmaß — und manchmal wurden alle Kulissen gleichzeitig geschoben.

Irgendwann um diese Zeit fing Gott an, in der Seele der Menschen zu sterben, und bis in unser Jahrhundert hinein dauern die Versuche, die individuellen und die kollektiven, diesen Tod zu verleugnen oder einen Gewißheitsersatz zu bekommen. Wie schwer der Abschied war, ist kaum nachzufühlen; die Erfolge der Gegenreformation und des Rationalismus, die andauernden Bemühungen, die Welt wieder zu verzaubern, geben eine Ahnung.

Zwischenzeit: für ein paar Generationen stand »der Mensch« allein in »der Welt«. Und zwischen beiden, dem einzelnen Menschen in seiner Kreatürlichkeit, und den Sternen in einem von nichts mehr gehaltenen Kosmos war für eine Weile alles offen, schien alles möglich, wurde fast alles geglaubt. War nichts gewiß, war mehr als sonst von Zufällen abhängig. Und von Einzelnen: Forschern, Seefahrern, Händlern, Herrschern.

In dieser Zeit lebte Michel Eyquem de Montaigne.

Der Turm, aus dessen Fenstern er blickte, wenn er las oder einem Schreiber seine Essais diktierte — seine eigene Schrift konnte er nicht gut lesen —, war erst 1553 gebaut worden, als Montaigne gerade zwanzig wurde. Sein Vater hat ihn errichten lassen, Pierre Eyquem, der erste und letzte Ritter in dieser weltläufigen und weitverzweigten Familie von reichen Händlern aus Bordeaux. Seit Generationen waren ihre Schiffe mit Heringen aus Neufundland gekommen und hatten Wein und Färberwaid nach Nordfrankreich und den Niederlanden geliefert. Damit waren sie reich geworden; sie besaßen ein paar Straßen in Bordeaux und, seit 1477, das Schlößchen dreißig Meilen östlich von Bordeaux. Nun wollten sie, wie es damals üblich war unter reichen Bürgern, adelig werden. Sie gaben den Handel auf, aber sie waren in einen Adel mit ungewissen Aussichten aufgestiegen. Ritter waren nicht mehr gefragt; die Kriegskunst modernisierte sich, und die Heere, mit denen Heinrich von Navarra, die Herzöge von Guise und Katharina von Medici nebst ihren Söhnen um die Macht in Frankreich kämpften, kamen herab zu Söldnertruppen. Landadelige, die der Preisverfall ruiniert hatte, wurden, wenn sie nicht weiterwußten, zu Raubrittern, oder sie verteidigten im Kostüm reformatorischer Glaubenskämpfer die alten Privilegien, die der wachsende Staat ihnen Stück für Stück entzog. Sie waren nicht die einzigen

Rebellen; ganz Südwestfrankreich, auch die Stadt Bordeaux, rebellierte 1548, als die Zentrale in Paris ihnen die Gabelle, die Salzsteuer, auferlegte, zur Finanzierung der Straßen und des Armenwesens, der Armeen und der Feste in den neuen Schlössern an der Loire. Die Revolte wurde mit der Grausamkeit, die damals üblich war, niedergeschlagen. Die Stadt verlor auf Jahre hinaus ihre Privilegien; und Pierre Eyquem, der in dem Jahr, in dem er die Türme in Montaigne baute, Bürgermeister von Bordeaux wurde, arbeitete zäh an der Wiederherstellung der alten Rechte, leistete loyalen Widerstand gegen die Übergriffe aus Paris, mit denen auch sein Sohn, der 1557 Ratsherr und Richter in Bordeaux wurde, sich abmühen wird. Das Parlament der Stadt schickte Michel de Montaigne in diplomatischen Missionen nach Paris, dort wohl lernte er den Kanzler Michel L'Hospital und andere humanistische Reformisten kennen. *Les politiques,* die Politiker, hießen diese Männer der Mitte, die versuchten, die Nation vor dem Auseinanderfallen zu bewahren. Auch in Bordeaux' Parlament saßen sie und suchten Kompromisse: zwischen Protestanten und Katholiken, zwischen Regionen und Zentralgewalt, zwischen Volk und herrschenden Schichten; es waren einige der vielen vergeblichen Versuche, die Politik als eigene Wirklichkeit, jenseits der Macht- und Geldinteressen zu begründen.

Auch Montaigne ist ein *politique,* ein Mann der Mitte, ein Vermittler. Die Familie disponiert ihn dazu: nicht mehr bürgerlich und kaum im schwankenden Adel verwurzelt. Sein Vater hatte aus den italienischen Feldzügen Franz' I. die Ideen der Humanisten mitgebracht; die Mutter stammte aus einer Familie von *marranos* — das waren getaufte spanische Juden, die sich seit Generationen vor den Scheiterhaufen ihrer Heimat nach Bordeaux geflüchtet hatten, so wie wenig später die Hugenotten den Weg nach Osten antreten werden. Solche Familiengeschichten schaffen eine gewisse Distanz zur Gesellschaft — zu jeder Gesellschaft —, und zeitlebens hat sich Montaignes Mutter über aristokratische Mätzchen mokiert, über exzentrische Kleidung, über die Reiterspielchen, die extravaganten Feste und die Mode des Schlösserbauens, in die sich der französische Adel stürzte, weil es sonst keine ehrenwerten Perspektiven mehr gab. Montaigne, der seine Mutter nicht besonders mochte, ist ihr in dieser Abneigung gefolgt: schwarz und weiß gekleidet ist er herumgelaufen und zu Hause schlampig, ein *gentilhomme bourgeois*. Umgeben ist die Familie von einer auch ideologisch weitläufigen Verwandtschaft: Händler und Beamte, Katholiken und Protestanten. Eine Schwester Montaignes sollte die protestantische Mutter einer 1947 von Pius XII. heiliggesprochenen Nonne werden, einer seiner Brüder ist gläubiger Katholik und kämpft doch im Hugenottenheer Heinrichs von Navarra. Es ist eine kosmopolitische Familie, die sogar die Spannung zwischen einem läßlichen Freigeist wie Montaigne und seinem Cousin Martin del Rio balanciert: der hatte sich durch eine Erfindung einen Namen als Humanist gemacht. Er hatte ein Dreirad konstruiert, auf dem er seine Schreibunterlagen und Exzerpte von einem Folianten zum nächsten fuhr; auf diese Weise sparte er Zeit und hatte schon mit 19 Jahren eine kommentierte Vergil-Edition fertig. Später machte er sich noch einen Namen: als fanatischer Hexenjäger; das Ganze ist ein Beitrag zur Geschichte der Beschleunigung selbst in den Geisteswissenschaften — und auch dazu, daß Beschleunigung nicht unbedingt die Humanität steigert.

Aber Frankreich war keine durch Handel und Humanismus kultivierte Familie: kurz nach Montaignes Amtsantritt als Parlamentsrat in Bordeaux werden dort die ersten Hugenotten verbrannt, und drei Jahre darauf bricht im ganzen Land der Bürgerkrieg und der Terror aus. Es wird dreißig Jahre dauern: religiöser Wahn, Klassenkämpfe, Krieg um die Thronfolge, alles ineinander. Staat und Gesellschaft sind praktisch aufgelöst, Armut und Hungerrevolten überziehen das Land.

Montaigne, der amtsadelige Ratsherr: von Herkommen und Ausbildung, von Haltung und Ambition her wäre er ein guter Beamter des liberalen Absolutismus geworden. Aber diesen Staat gab es nicht und sollte es nie geben. Henri IV., von dem ihn sich viele — auch Montaigne — erhofften, wurde 1610 von einem gedungenen katholischen Fanatiker ermordet, kaum daß er die Nation wiederhergestellt hatte.

Dreizehn Jahre lang dient Michel de Montaigne im Rathaus von Bordeaux — ein Freiherr, der lieber mit seinem Freund Etienne de La Boétie durch die Gegend reitet und philosophiert, als sich über die Selbstzufriedenheit und Bestechlichkeit seiner Kollegen, über die Ämterkäuflichkeit und die hohen Kosten der Gerechtigkeit aufzuregen — was er vehement getan hat, die Protokolle sind vorhanden. Dreizehn Jahre lang macht er das, dann verkauft er sein Amt, und ein Jahr später läßt er in seinem Turm dieses Schild anbringen:

»Im Jahre Christi 1571, am letzten Tag des Februar, seinem Geburtstage, hat sich Michel de Montaigne, im Alter von 38 Jahren, seit langem des Dienstes im Parlament und der öffentlichen Pflichten müde, noch in voller Lebenskraft in den Schoß der gelehrten Musen zurückgezogen, wo er in Ruhe und Sicherheit die Tage verbringen wird, die ihm zu leben bleiben. Gestatte ihm das Schicksal, diesen Ort der süßen

Weltflucht seiner Ahnen zu vollenden, den er seiner Freiheit,
seiner Ruhe und seiner Muße geweiht hat.«

Im Jahr darauf heiraten in Paris der Protestant
Heinrich von Navarra, der spätere Henri IV., und
Margarete von Valois, die katholische Schwester des
Königs Karl IX. Es soll eine Versöhnung sein; aber
die Hochzeit endet mit der Bartholomäusnacht. In
Paris und anderswo werden, so heißt es, 20000 Huge-
notten geschlachtet. Es müssen viele gewesen sein.
Montaigne sitzt im Turm, liest Plutarch und diktiert
die ersten seiner einhundertsieben Versuche, sich
selbst zu verstehen und richtig zu leben.

VON DER EINSAMKEIT

●

Lassen wir die weitläufigen Vergleiche des zurück-
gezogenen und des tätigen Lebens beiseite; und was
das schöne Wort angeht, mit dem Ehrgeiz und Habgier sich verhüllen: daß wir nicht um unserer Eigen-
interessen, sondern um der Gemeinschaft willen auf
der Erde seien, so sind wir so frei, es denen zu überlassen, die bei diesem Tanz mitmachen; sie mögen
ihr Gewissen fragen, ob nicht ganz im Gegenteil die
Ämter, die Arbeiten und die Scherereien der Welt nur
gesucht werden, damit man aus den öffentlichen Geschäften seinen privaten Nutzen ziehen kann. Die
elenden Mittel, mit denen man sich in unserem Jahrhundert dazu drängt, zeigen wohl, daß der Zweck
nicht viel taugt. Antworten wir dem Ehrgeiz, daß er
selbst es ist, der uns Lust auf die Einsamkeit macht:
denn was sucht er weniger als die Gesellschaft, und
was mehr als die Ellenbogenfreiheit? Man hat überall Gelegenheit, Gutes oder Schlechtes zu tun: dennoch, wenn der Spruch des Bias wahr ist, daß sich
das Böse häufiger findet oder, wie es der Prediger
Salomonis sagt, daß es unter Tausend nicht einen
Guten gibt, dann ist die Gefahr der Ansteckung im
Gedränge sehr groß. Man muß den Lasterhaften
nacheifern oder sie hassen. Beides ist gefährlich: ihnen
gleichen zu wollen, weil sie so viele sind; sie alle
unterschiedslos zu hassen, weil sie unterschiedlich sind.

Und die Kaufleute, die zur See fahren, haben recht, wenn sie darauf sehen, daß keine liederlichen Menschen, Gotteslästerer oder Bösewichter mit ihnen an Bord gehen: sie glauben, solche Gesellschaft bringt Unglück. Deswegen sagte Bias ganz trefflich zu denen, die mit ihm durch einen gefährlichen Sturm trieben und die Götter um Hilfe anflehten: »Schweigt still, damit sie nicht merken, daß ihr hier bei mir seid.« Und, um noch ein bündiges Beispiel anzuführen: Albuquerque, der Statthalter des Königs Emanuel von Portugal in Indien war, nahm, als er sich auf See in höchster Gefahr befand, einen jungen Knaben auf seine Schulter, nur in der Absicht, die Unschuld des Kindes werde ihm in der gemeinsamen Gefahr als Versicherung dienen und als Empfehlung an die göttliche Gnade, ihn in Sicherheit zu bringen.

Das heißt nicht, daß sich der Weise nicht überall wohl fühlen und selbst in der Menschenmenge eines Palastes für sich bleiben könne; aber wenn er die Wahl hat, wird er, wie es heißt, sogar ihren Anblick meiden. Das erste wird er, wenn es sein muß, ertragen, das letztere aber, wenn es bei ihm liegt, wählen. Es reicht ihm nicht aus, sich selbst vom Laster befreit zu haben, solange er noch mit den Lastern anderer Leute kämpfen muß. Charondas bestrafte sogar die als Bösewichter, die schlechten Umgangs überführt worden waren.

Nichts ist so ungesellig und so gesellig wie der Mensch: das eine wegen seiner Laster, das andere aufgrund seiner Natur. Und mir scheint, Antisthenes hat demjenigen, der ihm seinen Umgang mit liederlichen Menschen vorhielt, nicht befriedigend geantwortet, als er sagte, die Ärzte lebten ja auch unter Kranken. Denn auch wenn sie den Kranken zur Gesundheit verhelfen, so schwächen sie doch ihre eigene durch die Ansteckung, durch den beständigen Anblick der Krankheiten und den Umgang mit ihnen.

Nun ist das Ziel, wenn man die Einsamkeit sucht, so denke ich, immer dasselbe: man will bequemer und freier leben. Aber man sucht nicht immer den rechten Weg dorthin. Oft glaubt man, den Betrieb losgeworden zu sein, dabei hat man ihn nur gewechselt. Es ist kaum weniger lästig, eine Familie zu regieren als einen ganzen Staat; worin auch immer die Seele aufgeht, sie tut es ganz; und wenn auch die häuslichen Geschäfte weniger wichtig sind, weniger lästig sind sie deswegen nicht. Und mehr noch: auch wenn wir uns vom Hof und vom Markt begeben haben, so sind wir deswegen noch lange nicht die größten Quälgeister unseres Lebens losgeworden. Der Ehrgeiz, die Habgier, die Unentschlossenheit, die Angst und die Begierden verlassen uns nicht schon deshalb, weil wir die Gegend wechseln. Sie folgen uns oft bis in die Klosterzellen und die Schulen der Philosophie. Weder die Wüsten noch die Felsenhöhlen, noch ein härenes Gewand oder Fasten können uns von ihnen trennen. Man berichtete dem Sokrates davon, daß sich jemand auf seiner Reise um nichts gebessert habe. »Das glaube ich gern«, erwiderte er, »er hatte sich selbst die ganze Zeit dabei.«

Wenn man nicht zunächst sich und seine Seele von der Last befreit, die auf ihr liegt, wird alle Bewegung sie noch mehr zu Boden drücken; so wie auf einem Schiff die Ladung weniger hindert, wenn sie gut gestaut ist. Man schadet dem Kranken mehr, als man ihm hilft, wenn man seine Lage verändert. Man sackt das Übel ein wie Mehl, wenn man es stark rüttelt; so wie die Pfähle tiefer in die Erde eindringen und fester stehen, wenn man sie rüttelt und schüttelt. Deshalb reicht es nicht, sich vom Pöbel entfernt zu haben; es reicht nicht, den Ort zu wechseln. Man muß den Pöbel in sich selbst loswerden; man muß sich von sich selbst trennen, um sich wiederzugewinnen.

Wir schleppen unsere Ketten mit uns: wir sind noch nicht richtig frei, wir drehen uns noch um nach dem, was wir zurückgelassen haben, wir haben den Kopf noch voll davon.

Unser Übel liegt in der Seele; die aber kann sich selbst nicht entfliehen. Also muß man sie zurückholen und in sich selbst zurückführen: das ist die wahre Einsamkeit, die man inmitten der großen Städte und der Königshöfe genießen kann; aber im Abseits läßt sie sich angenehmer genießen.

Wenn wir uns nun also vornehmen, allein zu leben und uns der Gesellschaft zu entziehen: stellen wir es so an, daß unsere Zufriedenheit nur von uns abhängt; lösen wir uns von den Banden, die uns an andere ketten; gewinnen wir es über uns, wirklich allein zu leben und uns dabei wohl zu fühlen.

Als Stilpo der Feuersbrunst seiner Stadt entgangen war, in der er Frau, Kinder und Vermögen verloren hatte, fragte ihn Demetrius Poliorcetes, der ihn nach diesem vollständigen Untergang seiner Vaterstadt mit unbewegtem Gesicht vor sich sah, ob er denn keinen Schaden erlitten habe. Er antwortete: Nein, er habe, Gott sei Dank, nichts von dem Seinigen verloren. Das ist dasselbe, was der Philosoph Antisthenes so vorzüglich sagte: Der Mensch müsse sich mit Vorräten versehen, die auf dem Wasser treiben könnten und so schwimmend mit ihm zusammen dem Schiffbruch entgingen. Gewiß, ein verständiger Mensch hat nichts verloren, wenn er nur sich selbst besitzt. Als die Stadt Nola von den Barbaren verheert worden war, tat Paulinus, der dort Bischof war, nachdem er alles verloren hatte und gefangen genommen war, dieses Gebet: »Herr, bewahre mich davor, diesen

Verlust zu empfinden, denn Du weißt: sie haben noch nichts von dem berührt, was mein ist.« Die Reichtümer, die ihn reich machten, und die Güter, die ihn gut machten, waren noch unversehrt. Das heißt, es kommt darauf an, solche Schätze zu wählen, die weder Motten noch Rost fressen können, und sie an einem Orte zu verbergen, an den niemand gelangt, der von niemandem als uns selbst verraten werden kann. Wer es kann, soll Frauen, Kinder, Vermögen und vor allem Gesundheit besitzen; aber er sollte sich nicht so sehr daran binden, daß sein Glück darauf beruht. Wir sollten uns ein Hinterstübchen reservieren, ganz für uns, ganz frei, in dem wir unsere wahre Freiheit und unsere wichtigste Zuflucht und Einsamkeit finden. In ihm müssen wir unser tägliches Gespräch mit uns selbst führen, so vertraulich, daß kein Umgang und keine Gesellschaft mit Fremden dort Platz findet; hier müssen wir reden und lachen, als wenn wir ohne Weib, ohne Kinder, ohne Güter, ohne Gefolge und ohne Diener wären, damit ihr Verlust, wenn er ansteht, uns nichts Neues ist und wir sie nicht entbehren. Wir haben eine Seele, die sich auf sich selbst zurückwenden kann; sie kann sich selbst Gesellschaft leisten; sie ist fähig, anzugreifen und zu verteidigen, zu empfangen und zu geben; wir haben nicht zu befürchten, daß wir in dieser Einsamkeit in langweiligem Müßiggang verkommen.

Unter unseren gewöhnlichen Handlungen ist von tausend nicht eine, die uns selbst angeht. Jener dort, den du, rasend und außer sich, die Trümmer eines Gemäuers erklimmen siehst, dem Feuer so vieler Gewehre ausgesetzt; und jener andere, übersäht von Narben, bleich und vom Hunger zerfressen, entschlossen, lieber zu krepieren als ihm das Tor zu öffnen — glaubst du, sie tun das für sich? Ja, sie tun es vielleicht für einen, den sie nie gesehen haben, den ihre Taten nicht im geringsten kümmern und der unterdessen in Müßiggang und Wollust schwimmt. Und dieser hier, den du röchelnd, triefäugig und schmutzig nach Mitternacht aus der Bibliothek kommen siehst, glaubst du, daß er in diesen Büchern sucht, wie er redlicher, zufriedener und weiser werden könnte? Nichts von alledem. Er wird daran sterben, oder er wird der Nachwelt die Wahrheit über das Versmaß des Plautus oder die richtige Lesart eines lateinischen Wortes hinterlassen. Wer gibt nicht freiwillig Gesundheit, Ruhe und Leben hin um Ehre und Ruhm, diese unnützeste, eitelste und falscheste Währung, die im Umlauf ist? Unser Tod macht uns noch nicht Angst genug, laden wir uns auch noch den unserer Frauen, unserer Kinder und unserer Leute auf. Unsere eigenen Geschäfte bereiten uns noch nicht genug Mühe, beschweren und zerbrechen wir uns auch noch den Kopf mit denen unserer Nachbarn und Freunde.

Die Einsamkeit scheint mir glaubwürdiger und vernünftiger bei denen, die nach dem Beispiel des Thales ihre tätigsten und blühendsten Jahre im Dienste der Welt verbracht haben.

Genug für andere gelebt, leben wir wenigstens dieses letzte Stück des Lebens für uns selbst. Lenken wir unsere Gedanken und Vorsätze auf uns und unser Wohlbefinden. Es ist kein leichter Part, sich in aller Ruhe zurückzuziehen; er macht uns schon genug zu schaffen, ohne daß wir noch andere Unternehmungen dazumischen. Weil Gott uns genug Zeit gibt, uns auf unseren Abgang einzurichten, sollten wir uns ordentlich darauf vorbereiten; packen wir unsere Sachen; nehmen wir rechtzeitig Abschied von der Gesellschaft; machen wir uns los von diesen aufdringlichen Banden, die uns an anderes fesseln und uns von uns selbst entfremden. Man muß diese so starken Verbindlichkeiten auflösen und von nun an bald dieses, bald jenes lieben, aber sich an nichts binden als an sich selbst. Das heißt: das andere sei unser, aber nicht so fest mit uns verfugt und verleimt, daß man es nicht abbringen kann, ohne uns zu verletzen und ein Stück von uns selbst abzureißen. Das Größte auf der Welt ist, zu wissen, daß man sich selbst gehört. Es ist Zeit, uns von der Gesellschaft loszumachen, da wir ihr nichts mehr geben können. Und wer nichts zu verleihen hat, der nehme auch Abstand vom Borgen. Unsere Kräfte lassen nach; nehmen wir sie also zusammen und sammeln sie in unserem Inneren. Wer die Pflichten der Freundschaft und der Geselligkeit umkehren und auf sich selbst richten kann, der möge das tun. Bei unserem Fall, der ihn unnütz, lästig und beschwerlich für die anderen macht: hüte er sich davor, auch noch sich selbst beschwerlich, lästig und unnütz zu werden; vor allem aber möge er sich, solange er seine Vernunft und sein Gewissen noch achtet und fürchtet, im Zaume halten, damit er nicht schamlos in Gegenwart anderer strauchelt. »Es ist in der Tat selten, daß man sich selbst genug respektiert.« (Quintilianus, X, VII)

Sokrates sagt, die Jünglinge müßten sich belehren lassen, die Männer sich üben, richtig zu handeln, die Greise, sich aus den Staats- und Kriegsgeschäften zurückzuziehen und nach ihren Einsichten zu leben, ohne zu bestimmten Pflichten gehalten zu sein.

Es gibt Gemüter, die besser tauglich sind für diese Lehre vom Rückzug als andere. Wer von trägem und schlaffem Geist ist, wessen Neigungen und Wille zerbrechlich sind und sich nicht leicht anstellig und dienstbar zeigen, und durch Veranlagung und Überlegung bin ich von dieser Art, der beugt sich diesen

30

Ratschlägen eher als die tätigen und geschäftigen Seelen, die alles anpacken und sich in alles mischen, die sich für alles begeistern, sich anbieten und bei jeder Gelegenheit verschenken und hingeben. Man soll sich der zufälligen und äußerlichen Dinge des Lebens bedienen, soweit sie uns angenehm sind, aber sie nicht zur Hauptstütze unseres Lebens machen; sie sind es nicht; weder Vernunft noch Natur haben es so gewollt. Warum geben wir, gegen ihre Gesetze, unsere Zufriedenheit in die Gewalt anderer? Und andererseits: die Schicksalsschläge vorwegnehmen, sich des Angenehmen entschlagen, das wir in Händen halten, wie einige es aus Frömmigkeit und manche Philosophen aus Überlegung getan haben; ohne Diener leben, auf harter Erde schlafen, sich die Augen ausstechen, seine Reichtümer in den Fluß werfen, den Schmerz suchen (einige tun es, um durch die Qualen dieses Lebens die Seligkeit eines anderen zu erwerben, andere weil sie, indem sie auf der untersten Stufe Platz nehmen, sich vor einem neuerlichen Fall sicher glauben): all das sind Handlungen einer übermäßigen Tugend. Härtere und stärkere Naturen mögen sogar noch ihren Rückzug von der Welt ruhmvoll und beispielhaft gestalten, ich habe schon genug mit mir selbst zu tun, ohne daß ich so weit gehe. Mir reicht es, wenn ich mich, solange ich vom Glück begünstigt bin, auf seine Ungunst vorbereite und mir, solange es mir gutgeht, das künftige Übel, soweit die Vorstellungskraft ausreicht, ausmale; ganz so, wie wir uns auf den Turnieren und Wettkämpfen üben und in vollem Frieden so tun, als wäre Krieg.

Ich halte den Philosophen Agesilaus nicht deswegen für weniger weise, weil ich weiß, daß er aus goldenem und silbernem Geschirr aß, da sein Vermögen es ihm gestattete; ja, ich schätze ihn höher, als wenn er das aufgegeben hätte, was er maßvoll und freigebig gebrauchte.

Ich sehe, bis an welche Grenze die natürliche Notdurft reicht; und wenn ich den armen Bettler vor meiner Tür betrachte, der oft munterer und gesünder ist als ich, so versetze ich mich an seine Stelle und versuche, wie meine Seele in seinen Schuhen gehen würde. Und, wenn ich so die andern Beispiele durchgehe, dann wird mir, auch wenn ich glaube, daß der Tod, die Armut, die Verachtung und die Krankheit mir schon auf den Fersen sind, der Entschluß leicht, nicht vor dem zu erschrecken, was ein Geringerer als ich mit soviel Geduld erträgt. Und ich mag nicht glauben, daß ein niedriger Verstand mehr vermöchte als ein starker; oder daß die Kraft des Nachdenkens nicht der Kraft der Gewohnheit gleichkommen sollte. Und, da ich weiß, an welch dünnen Fäden diese unwesentlichen Annehmlichkeiten hängen, versäume ich es nicht, mitten im vollsten Genuß Gott vornehmlich zu bitten, er möge mich mit mir selbst zufrieden sein lassen und mit den Gütern, die in mir selbst liegen. Ich sehe muntere junge Leute, die gleichwohl einen Haufen Pillen in ihren Kästen haben, um sich ihrer zu bedienen, wenn ein Schnupfen sie befallen sollte, den sie um so weniger fürchten, als sie glauben, das Mittel dagegen in Händen zu haben. So muß man es machen; um so mehr, wenn man sich einer stärkeren Krankheit unterworfen fühlt: sich mit diesen Arzneien versehen, die das kranke Glied betäuben und einschläfern.

Die Beschäftigung, die man für ein solches, zurückgezogenes Leben wählt, darf weder beschwerlich noch ermüdend sein; sonst hätten wir vergebens darauf gesetzt, in ihm unsere Ruhe zu finden. Das hängt aber vom besonderen Geschmack eines jeden einzelnen ab: meiner verträgt sich überhaupt nicht mit der

Landwirtschaft. Die sie lieben, sollten sich ihr mit Mäßigung hingeben. Sonst ist sie, wie Sallust sagt, eine Sklaverei. Sie hat angenehmere Seiten, wie den Gartenbau, den Xenophon dem Cyrus zuschreibt; und vielleicht kann man einen Mittelweg finden zwischen dieser niedrigen und unwürdigen, angespannten und unruhigen Anstrengung, die man an Menschen beobachtet, die sich ganz hineinwerfen, und dieser tiefen und ausschweifenden Lässigkeit, die alles verwahrlosen läßt, wie man sie bei anderen sieht: »Demokrit läßt seine Herde den Weizen fressen, während sein Geist weit von seinem Körper entfernt schweift.« (Horaz, *Epistel*, I, XXI, 12)

Aber hören wir den Rat, den der jüngere Plinius seinem Freund Cornelius Rufus über die Einsamkeit gibt: »Ich rate dir, in dieser fruchtbaren und fetten Einsiedelei, in der du lebst, deinen Leuten die niedrigen und verächtlichen Sorgen um die Wirtschaft zu überlassen und dich dem Studium der Wissenschaft zu widmen, um dort etwas zu ernten, was ganz dir gehört.« Er meint damit den Ruhm im Sinne des Cicero, der sagt, er wolle seine Einsamkeit und Entfernung von den öffentlichen Geschäften dazu verwenden, sich durch seine Schriften die Unsterblichkeit zu erwerben: »Ist dein Wissen nichts, wenn nicht die andern wissen, daß du weißt?« (Persius, *Sat.*, I,26)

Mir scheint, daß es nur vernünftig ist, wenn man davon spricht, sich aus der Welt zurückzuziehen, auch den Blick von ihr zu wenden; diese aber tun es nur halb. Sie richten sich auf die Zeit ein, da sie nicht mehr in der Welt sein werden; aber die Früchte ihres Vorhabens wollen sie selbst dann noch von dieser Welt empfangen, wenn sie schon weg sind; es ist ein lächerlicher Widerspruch. Die Vorstellungen derer, die aus Frömmigkeit in die Einsamkeit gehen und ihr Herz mit der Gewißheit der göttlichen Verheißung eines zukünftigen Lebens erfüllen, ist weit vernünftiger. Ihr Verlangen ist auf Gott als auf das unendlich gütige und allmächtige Wesen gerichtet; die Seele findet hier reichlich Nahrung, ihr Verlangen in aller Freiheit zu stillen. Die Trübsal, die Schmerzen gereichen ihr zum Gewinn; denn sie dienen dazu, eine ewige Gesundheit und Freude zu erwerben: der Tod kommt ihnen erwünscht, da er der Übergang in einen so vollkommenen Zustand ist. Die Strenge ihrer Regeln wird bald durch die Gewohnheit gemildert. Und die fleischlichen Begierden werden durch die Enthaltsamkeit geschwächt und eingeschläfert, denn nichts hält sie so wach als beständige Ausübung und Betätigung. Einzig dieses Ziel eines anderen, glückselig unsterblichen Lebens verdient es mit Recht, daß wir die Annehmlichkeiten und die Süße dieses unseres gegenwärtigen Lebens aufgeben. Und wer seine Seele wahrhaftig und beständig an der Glut dieses lebendigen Glaubens und dieser lebendigen Hoffnung erwärmen kann, für den wird die Einsamkeit ein Leben voller Lust und Köstlichkeit, das jede andre Art zu leben weit übertrifft.

Weder das Ziel also noch die Mittel des Rates von Plinius und Cicero befriedigen mich; wir geraten dabei vom Regen in die Traufe. Diese Art Beschäftigung mit den Büchern ist ebenso mühsam wie jede andere, und sie ist der Gesundheit schädlich, auf die es doch zuallererst ankommt. Und man darf sich nicht von dem Vergnügen, das man aus ihnen zieht, betäuben lassen: es ist ein Vergnügen von der Art, wie sie den Hausbesitzer, den Geizhals, den Wollüstling und den Ehrgeizigen ruinieren. Die Weisen mahnen uns sattsam, uns vor den betrügerischen Begierden zu hüten und die wahren, unverfälschten Genüsse von denen zu unterscheiden, die mit Mühsal vermengt und vermischt sind. Denn die meisten Vergnügen, so sagen sie, kitzeln und umarmen uns nur, um uns zu erwürgen, wie es die Räuber taten, die von den Ägyptern Philister genannt wurden. Und wenn uns der Kopfschmerz vor der Trunkenheit käme, würden wir uns hüten, zuviel zu trinken. Aber um uns zu täuschen, geht die Wollust voran und verbirgt uns ihr Gefolge. Die Bücher sind vergnüglich; aber wenn wir durch den Umgang mit ihnen schließlich Heiterkeit und Gesundheit, unsere besten Stücke, verlieren: laßt sie uns weglegen. Ich gehöre zu denen, die nicht glauben, daß ihr Nutzen diesen Verlust aufwiegen kann. So wie Menschen, die sich lange Zeit hindurch von einer Krankheit angegriffen fühlen, sich schließlich der Gnade der Ärzte überlassen und sich Gesundheitsregeln vorschreiben lassen, um sie nie wieder zu überschreiten: ebenso muß, wer sich, gelangweilt und abgestoßen vom öffentlichen Leben, in die Einsamkeit begibt, dies nach den Regeln der Vernunft, mit Vorbedacht und Überzeugung ordnen und einrichten. Er muß sich von jeder Art von Betrieb verabschiedet haben, unter welcher Gestalt er sich auch zeigt, und ganz allgemein die Leidenschaften fliehen, die die Ruhe des Körpers und der Seele stören, und den Weg wählen, der seiner Gangart am gemäßesten ist.

Im Haushalt, beim Studium, auf der Jagd und in allen Tätigkeiten soll man bis an die äußersten Grenzen des Vergnügens gehen und sich hüten, sie so weit zu überschreiten, daß sich der Verdruß darunterzumischen beginnt. Man sollte sich nur soviel Arbeit und Besorgungen vornehmen, wie nötig ist, uns in Atem zu halten und vor der Unlust zu bewahren, die das entgegengesetzte Übermaß einer schlaffen und weichen Trägheit nach sich zieht. Es gibt unfruchtbare und dornige Wissenschaften, die zumeist nur für die Tagesgeschäfte betrieben werden: die soll man denen überlassen, die im Dienste der Welt stehen. Ich meinesteils liebe nur vergnügliche oder leichte Bücher, die mich aufmuntern, oder solche, die mich trösten und belehren, recht zu leben und zu sterben: »Still durch gesunde Wälder zu gehen und zu suchen, was einen weisen und ehrenwerten Menschen beschäftigt.« (Horaz, *Epistel,* I,IV,4)

Menschen, die weiser sind und eine starke und rüstige Seele haben, mögen sich eine vollkommen geistige Ruhe beilegen. Ich, der ich eine gewöhnliche habe, muß mir mit den leiblichen Genüssen helfen, um mich zu halten; und, da mir das Alter fast alle geraubt hat, die mehr nach meinem Geschmack waren, lenke und schärfe ich meinen Hunger auf diejenigen, die besser zu meinem Lebensalter passen. Wir müssen die Freuden des Lebens, die uns die Jahre, eine nach der anderen, aus den Händen reißen, mit all unseren Zähnen und Klauen festhalten: »Pflücken wir die süße Freude und leben wir unser Leben. Eines Tages wirst du nur Asche und Schatten und Sage sein.« (Persius, *Sat.,* V,151)

Was nun aber das Ziel angeht, das Plinius und Cicero uns vorschlagen, den Ruhm: der ist in meiner Rechnung nicht enthalten. Die Gemütsart, die dem Rückzug am heftigsten entgegensteht, ist der Ehrgeiz. Der Ruhm und die Ruhe sind Dinge, die nicht im selben Hause wohnen können. Soweit ich sehe, haben diese Leute nur die Arme und die Beine aus dem Getümmel gezogen; ihre Seele und ihr ganzes Streben sind mehr als je darin verwickelt: »Alter Schwätzer, lebst du aus den Ohren der anderen?« (Persius, *Sat.,* I,22)

Sie sind nur zurückgegangen, um einen besseren Anlauf zu nehmen und mit einem kräftigen Satz nur um so tiefer ins Getümmel zu springen. Möchtet ihr sehen, wie sie danebenspringen? Legen wir den Rat zweier Philosophen auf die andere Wagschale. Sie gehören unterschiedlichen Schulen an und schreiben an ihre Freunde, der eine an Idomeneus, der andere an Lucilius, um sie von der Jagd nach öffentlichen Geschäften und Ehren abzuhalten und ihnen zur Einsamkeit zu raten: Ihr habt, so sagen sie, bis heute schwimmend und auf den Wellen treibend gelebt; kommt nun zum Sterben in den Hafen. Den übrigen Teil eures Lebens habt ihr im Licht zugebracht, gebt diesen Teil dem Schatten. Es ist unmöglich, den Geschäften zu entsagen, wenn man nicht ihren Früchten entsagt; zu diesem Zwecke, entschlagt euch aller Sorge um euren Namen und euren Ruhm. Sonst besteht die Gefahr, daß der Glanz eurer vergangenen Taten euch nur zu stark beleuchtet und euch bis in eure Schlupfwinkel folgt. Legt mit den übrigen Lüsten auch diejenige ab, die aus dem Beifall der andern entspringt; und was eure Gelehrsamkeit und euer Können betrifft, laßt sie euch nicht kümmern, sie werden ihre Wirkung nicht verlieren, wenn ihr euch selbst wichtiger nehmt. Erinnert euch an den Mann, den man fragte, warum er sich in einer Kunst so viel Mühe gebe, die nur wenigen Leuten bekannt werden könne: »Ich habe an wenigen genug«, antwortete er, »ich habe an einem genug, ich habe an gar keinem genug.« Er sagte die Wahrheit: ihr selbst und ein Freund seid ein hinreichendes Publikum füreinander, oder gar ihr für euch selbst. Möge das Volk euch ein einziger sein, und ein einziger das ganze Volk. Es ist ein ärmlicher Ehrgeiz, noch aus seiner Muße und Zurückgezogenheit Ruhm ziehen zu wollen. Man sollte es machen wie die Tiere, die vor dem Eingang ihrer Höhle die Spuren verwischen. Es kommt nicht mehr darauf an, daß die Welt von euch rede, sondern wie ihr mit euch selbst redet. Zieht euch zurück in euch selbst, aber bereitet euch zunächst vor, euch dort zu empfangen; es wäre Torheit, euch selbst zu vertrauen, wenn ihr euch nicht zu beherrschen versteht. Man kann in der Einsamkeit ebenso straucheln wie in Gesellschaft. Bis ihr euch soweit gebracht habt, daß ihr auch vor euch selbst nicht aus dem Tritt zu geraten wagt, und bis ihr Scham und Respekt vor euch selber habt, »füllt eure Seele mit edlen Bildern« (Cicero, *Tusculanes*, II, 22), stellt euch allezeit Cato, Phocion und Aristides vor, in deren Gegenwart selbst die Narren ihre Fehler verbergen wollten, und macht sie zu den Richtern all eurer Absichten; wenn sie auf Abwege geraten, wird sie die Achtung vor diesen Männern wieder auf den rechten Weg bringen. Sie werden euch auf diesem Weg anhalten, euch mit euch selbst zu begnügen, von niemandem als euch selbst zu leihen, eure Seele zu bestimmten und begrenzten Überlegungen anzuleiten und zu befestigen, an denen sie Gefallen finden kann; und, nachdem ihr die wahren Dinge erkannt habt, die man genießt in dem Maße, in dem man sie erkennt, euch mit ihnen zufriedenzugeben, ohne den Wunsch, euer Leben auszudehnen oder euren Namen zu verewigen. Dies ist der Rat der wahren und ursprünglichen Philosophie, nicht einer prahlerischen und geschwätzigen, wie es die der beiden andern ist.

Enttäuschungsarbeit

●

Sich aus dem Streit der Welt halten und die kurze Zeit ohne Angst verbringen — das gilt von den Griechen bis Brecht als weise, und auch Montaignes Rat, »die Spuren zu verwischen«, findet sich bei Brecht wieder. Der tradierte Königsweg zur Weisheit führt über die Bücher. Montaigne aber wird kein Gelehrter wie sein Cousin del Rio mit dem Dreirad: »Ich möchte mich lieber aus mir selbst verstehen als aus dem Cicero.« (III,13)

Der Turm, in dem er sitzt, aber nur dann, wenn ihn eine »allzu geschäftslose Muße« langweilt, ist nicht aus Elfenbein. Es ist Michel de Montaigne nicht leichtgefallen, sich von »diesen aufdringlichen Banden« loszumachen. Wahrscheinlich hat er selbst seine kleine Flucht als Sünde gegen die gesellschaftlichen Pflichten gefühlt — wer leichten Herzens in die Einsamkeit geht, muß keine demonstrativen Schilder an seine Tür hängen; wer mit sich im reinen ist, muß nicht den Spruch des Orakels von Delphi an den Deckenbalken pinseln (lassen); und wer frei ist von politischen Leidenschaften, braucht vielleicht keine Medaillen, auf denen die pyrrhonische Devise »Ich enthalte mich« steht. Was Montaigne da machte, war ungewöhnlich — für die Zeit, für seinen Stand, für die Familie. Vielleicht deshalb die äußerlichen Vorkehrungen. Aber auch mit ihnen hat er nicht zehn Jahre lang im Turm gesessen und das Buch geschrieben. »Durch die Essais zieht sich das Bild eines Mannes, der reitet«, schreibt Richard Sayce, und das nicht nur, weil er am liebsten zu Pferde nachdenkt. Viel läßt sich nicht rekonstruieren, aber das Bild Montaignes, das Heinrich Mann in seinem *Henri IV.* zeichnet, stimmt mit dem wenigen überein, das man weiß. Einige Male in diesem Jahrzehnt ist Montaigne für die Stadt Bordeaux unterwegs; und gelegentlich, wenn er gerufen wird, geht er auf diplomatische Reisen oder in die Politikberatung, verhandelt etwa zwischen dem katholischen Herzog von Guise und Heinrich von Navarra. Er entdeckt dabei, daß man auf der Innenseite der Macht gänzlich undogmatisch in religiösen Fragen ist: eher braucht man die religiösen »issues«, um seine Anhänger zu mobilisieren. Einzelheiten seiner politischen Aktivitäten hat er nicht bekanntgemacht, in der Politik war er ein Mittler, offen und diskret. In der Liebe übrigens auch: wenn er mit einer Frau zärtlich gewesen war, wusch er sich tagelang nicht den Schnurrbart, aber er verabscheute die Gespräche der Pariser Höflinge über die Einzelheiten der Nacht.

Montaigne entzog sich der institutionalisierten Politik, verließ jedoch seinen Turm, wenn man seine Dienste brauchte. Gelegentlich benötigt man ja in der Realpolitik Menschen, die keine eigenen Interessen verfechten, aber dafür über Vernunft, *bon sens* und ein realistisches Weltbild verfügen. Oft werden diese dann für Agenten gehalten; so ist es auch Montaigne ergangen: die Botschafter Englands und Spaniens schrieben besorgte Berichte, weil sie sich keinen Reim auf den großen Einfluß machen konnten, den dieser unbekannte und einfach gekleidete kleine Mann auf die schöne Corisande, die Mätresse des kommenden Königs, hatte. In Wirklichkeit war Montaigne natürlich kein Agent. Er war, was weise Menschen häufig werden: ein Doppelagent.

»Was weiß ich?«, läßt Heinrich Mann den kahlköpfigen Landadeligen in die Wellen des Atlantischen Ozeans sprechen. Neben ihm steht Heinrich von Navarra, der ihn nach der richtigen Religion gefragt hat. Was weiß ich denn . . . — so, mit lässig skeptischem Fragezeichen, unterläuft der Satz noch den Philosophenspruch des radikalen Skeptikers Pyrrho, der schon wieder ein wenig nach Stolz und Methodologie schmeckt.

Da sitzt er also gelegentlich im Turm, ohne Staat, ohne Gott, ohne Gewißheiten — eine Art Einmanninstitut zur Erforschung des bedingten Lebens. An was hält er sich? Da sind zunächst die Philosophen der letzten großen Zerfallsperioden, der griechischen und der römischen: stoisches Festhalten, skeptisches Zweifeln, epikureische Ruhe — die ewigen Rezepte in Welten, die wanken oder wachsen. Vieles übernimmt er von den Alten, findet es höchst aktuell und freut sich im vorhinein schon über seine Kritiker: »Ich möchte, daß sie auf meiner Nase dem Plutarch einen Nasenstüber geben und sich die Zunge daran verbrennen, daß sie den Seneca in mir beleidigen.« Vor allem aber hält er sich: an sich. Und das mit Hilfe eines Denkverfahrens, das außerordentlich modern anmutet: »Ich habe keinen andern Feldwebel, der mir meine Stücke in Reihe und Glied stellt, als den Zufall. So wie meine Einfälle vortreten, so stelle ich sie in die Reihe, bald drängen sie sich im Haufen herbei, bald schleppen sie sich im Gänsemarsch heran. Ich will, daß man meinen natürlichen und gewöhnlichen Gang sehe, so stolpernd er auch ist.« So wie er denkt, so liest er: blätternd, verweilend, sich keiner Systematik überantwortend außer seiner eigenen Lust. »Ich richte nichts aus ohne Frohsinn, und zu langes und anhaltendes Nachdenken blendet meinen Verstand, macht ihn düster und matt. (...) Werde ich eines Buches überdrüssig, so nehme ich ein anderes.« (II,7,10) Er will auf nichts hinaus, sondern kreist in sich selbst und läßt die Gedanken schweifen, in der Gewißheit, daß sie ihn schon dahin bewegen werden, wo er hinwill. »Ich kann anfangen, womit es mir gefällt, denn die Gegenstände sind alle miteinander verkettet.« (III,5) Es ist die Methode der freien Assoziation: man läßt dem Denken die Zügel schießen und beobachtet leise aus dem Hintergrund. Frei vom Zwang, etwas beweisen zu müssen, treiben Gedanken zu Bildern, Erlebnisse zu Gedanken — und weder das Zufällige noch das scheinbar Nebensächliche, weder das Phantastische noch das Peinliche bleiben ausgespart.

Montaigne macht eine Art Selbstanalyse. Er überläßt sich dem Schaukeln seines Inneren, faßt seine Gedanken nicht, sondern beobachtet sie; und überrascht notiert er: »Es schien mir, ich könnte meinem Geist keinen größeren Gefallen tun, als ihm zu gestatten, sich in voller Muße mit sich selbst zu unterhalten, in sich zu bleiben und zu ruhen; was ihm, wie ich hoffte, von nun an leichter fallen würde, da er mit der Zeit gesetzter und reifer geworden ist. Aber ich finde, daß er im Gegenteil, wie ein entlaufenes Pferd, sich hundertmal so sehr anstrengt, wie er es für andere getan hätte; und er gebiert mir immer wieder und ohne Unterbrechung so viele Traumgestalten und phantastische Ungeheuer, ohne Ordnung und ohne Ziel, daß ich, um ihre Ungereimtheit und Fremdheit in aller Ruhe betrachten zu können, angefangen habe, über sie Buch zu führen, in der Hoffnung, daß ihr Urheber mit der Zeit beginne, sich ihrer zu schämen.« (I,8)

Dem äußeren Chaos entronnen, sieht er sich den »aufdringlichen Banden« einer Innenwelt ausgeliefert, die ebensowenig konsistent ist wie die politische Landschaft Frankreichs. Das Bildungsvergnügen, das er sich vorgenommen hatte, wird zu einem folgenreichen Forschungsunternehmen, zu einem Experiment, dessen Versuchsanordnung die Seiten des Buches sind, das er später *Die Versuche des Michel de Montaigne* nennen wird. Es ist ein Experiment, von dem er weiß, daß es »das einzige Buch seiner Art auf der Welt« (II, 8) ist; eines, in dessen Verlauf sich der Untersuchungsgegenstand und der Experimentator verändern werden: »Ich habe mein Buch nicht mehr gemacht, als mein Buch mich gemacht hat.« (II,18)

Da steigt jemand aus, auf dem Höhepunkt seiner Karriere, zu Beginn seiner Ehe, und treibt Selbsterforschung. Weder will er Dichter noch Gelehrter werden — das waren immerhin schon feste Berufsbilder —; zu welchem Zweck also beraubt er sich der Sicherheiten, begeht er diese »Torheit, sich selbst darzustellen«, wie Pascal es nennen wird?

Es muß wohl einiges zusammenkommen, wenn einer mit 38 Jahren noch einmal alles in Frage stellt. Denn, selbst wenn draußen alles »ohn' Unterlaß schwankt«, und wenn er sich oft abends fragt, ob man ihn nicht am nächsten Morgen schon ermordet haben wird: Montaigne sitzt fester als viele im Sattel seines Besitzes, seiner Familie, seines Berufes. Warum zieht er sich den Boden unter den Füßen weg?

»Eine melancholische, und folglich meinem natürlichen Temperament sehr zuwiderlaufende Gemütsverfassung, die von dem Kummer über die Einsamkeit herrührt, in die ich mich vor einigen Jahren gestürzt habe, hat mir zunächst diesen wunderlichen Einfall in den Kopf gesetzt, mich auf das Schreiben einzulassen. Und darauf erst, als ich mich völlig leer fand, ohne jeden anderen Stoff, habe ich mir mich selbst als Gegenstand gegeben.« (II,8) Er hat die Freiheit im Turm gesucht, die sozialen Kostüme abgelegt, ist von der Bühne getreten, auf der es nur »zufriedene Betrogene und triumphierende Betrüger« (Jean Starobinski) gibt — und er hat die Melancholie gefunden. Es ist keine soziale Melancholie (wie die Dinge lagen, war Montaigne in Bordeaux an der Endstation seiner Karriere angelangt), aber sie ist wohl auch nicht mit der Melancholie-Lehre des ausgehenden Mittelalters wegzuerklären, der zufolge Einsamkeit, Lesen und Melancholie sich wechselseitig hervorbringen und verstärken. Montaigne hat sich seiner Melancholie mit Absicht übergeben.

Zwei wichtige Menschen hatte er verloren; zwei Menschen, für die er — jedenfalls, wenn man seinen Worten folgt — nichts als überschwengliche Liebe empfunden hatte: seinen Vater, den Ritter, gewissenhaften Erfüller staatsbürgerlicher Pflichten und Verehrer der Wissenschaften — und, einige Jahre zuvor, sein *alter ego,* seinen Freund Etienne de La Boétie. Beiden setzte er prächtige Denkmäler in den *Essais.*

Der schlimmere Verlust war der seines Freundes. Seit dessen Tod, so klagt er, lebe er nur noch halb, und das Leben sei »nichts als Rauch und nichts als dunkle und leidvolle Nacht« (I,28) geworden; die Versuche, die er nun auf das Papier setzt, seien ein karger Ersatz für die Zwiegespräche mit La Boétie — Versuche, diesen Dialog fortzusetzen und dem Freund ein Monument zu errichten: »Das Verfahren eines Malers, der für mich arbeitet, hat mir Lust gemacht, ihn nachzuahmen. Er wählte die schönsten Stellen in der Mitte jeder Wand, um dort ein Gemälde auszuführen, an das er all seine Kunstfertigkeit gesetzt hatte; und die leeren Stellen am Rande füllte er mit Grotesken aus, das sind phantastische Malereien, die ihren Reiz nur aus ihrer Mannigfaltigkeit und ihrem bizarren Aussehen ziehen. Und was sind in der Tat dies hier anderes als Grotesken und monströse Gebilde, aus verschiedenen Stücken zusammengeflickt, ohne klaren Umriß, ohne Ordnung, ohne Zusammenhang, ohne Reihenfolge, ohne andere als zufällige Proportionen? ›Ein Weib, oben schön und unten mit einem Fischschwanz‹ (Horaz, *Ars poetica*, 4)« (I,28)

Die *Essais* sollten ursprünglich den Rahmen abgeben für Etienne de La Boéties unveröffentlichte politische Schrift *Von der freiwilligen Knechtschaft.* Der drei Jahre ältere Humanist und Dichter, Parlamentsrat in Bordeaux wie Montaigne, war der einzige Mensch, den er je geliebt hat: Mentor, Vertrauter und Ich-Ideal zugleich. Beide hatten sich ineinander gespiegelt und verdoppelt, zusammen ein Leben voller Pflichterfüllung, Ruhm und politisch bedeutsamen Vorhaben entworfen, waren am Zustand Frankreichs im Bürgerkrieg verzweifelt: da gab es sogar Pläne, nach Amerika auszuwandern, um die Welt dort noch einmal beginnen zu lassen. »Wenn man mich drängt, zu sagen, warum ich ihn liebte, fühle ich, daß sich das nicht anders ausdrücken läßt, als daß ich sage: Weil er es war, weil ich es war. (. . .) Wir suchten uns, noch ehe wir uns gesehen hatten. (. . .) Wir umarmten uns schon in unseren Namen.« (I,28)

Der Auslöser dieser Freundschaft war La Boéties im Jünglingsalter geschriebenes Freiheitspamphlet: ein schrankenloses Staunen darüber, daß es Tyrannen gibt, geschrieben um die Zeit der blutigen Niederwerfung der Steuerrevolte in Bordeaux, aber ohne expliziten Bezug auf sie wie auf den Zustand des Jahrhunderts insgesamt.

Der *Discours de la servitude volontaire,* den die Hugenotten später im Bürgerkrieg unter dem Titel *»Contr'un«* (Gegen den Einen) als Waffe verwenden sollten, ist weniger eine Anklage der Herrscher als vielmehr der Krankheit, die sie immer wieder gebiert: »Die Völker sind es selbst, die sich quälen lassen (...), denn würden sie Schluß machen mit dem Dienen, so wären sie frei davon. Das Volk unterwirft sich selbst und schneidet sich die Kehle durch, und bei der Wahl, Sklave zu sein oder frei, gibt es seine Unabhängigkeit auf und beugt sich unter das Joch.«

Angeklagt wird nicht der Gehorsam einer überlegenen Gewalt gegenüber, sondern die unnötige Unterwerfung; nicht die Tyrannen, sondern die Mitmacher: das niedere Volk, weil es, der Macht der Gewohnheit folgend, nach wenigen Generationen vergessen hat, wie frei es einmal war, oder weil es sich die Unabhängigkeit durch billige Vergnügungen und das Versprechen sozialer Sicherheit abkaufen läßt: »Cyrus wandte, nach der Einnahme von Sardes, der Hauptstadt von Lydien (...) eine List an, um sich die Lydier zu sichern: er richtete Hurenhäuser und Schenken ein und veranstaltete öffentliche Spiele und erließ den Befehl, daß die Einwohner davon Gebrauch zu machen haben. Er erreichte sein Ziel so vollkommen, daß man seitdem gegen die Lydier kein Schwert zu ziehen brauchte. Diese jämmerlichen Tröpfe vergnügten sich damit, alle Arten von Spielen zu erfinden, so daß die Lateiner danach sogar ein Wort bildeten und das, was bei uns ›Zeitvertreib‹ heißt, nach den Lydiern ›ludi‹ nannten. (...) So ist nun einmal der Charakter des kleinen Mannes, der die Masse der städtischen Bevölkerung ausmacht. (...) Kein Fisch läßt sich durch einen Wurm so rasch an die Angel ködern, wenn man ihm nur schmeichelt. Theater, Spiele, Possen, Schauspiele, Wettkämpfe, Tiergefechte, Gedenkmünzen, Gemälde und andere dergleichen Gaukeleien. (...) Ein Viertel Getreide, ein Sechstel Wein und Geld (. . .) verteilen, und schon hört man das Volk gottserbärmlich *Es lebe der König* schreien.«

Ohne dieses Volk, vor allem aber ohne die bezahlten oder nach Bezahlung in Geld oder Ruhm drängenden Zwischenträger der Macht könnte kein Herrscher sein. Die Struktur des Ganzen gebiert und verewigt die Macht — oder besser: die Beschaffenheit der Vielen, denn jede Machtstruktur fiele ohne ihre Träger in sich zusammen: »Ja, wie das Feuer eines Funkens wächst und auflodert und je mehr Holz es findet, desto mehr verbrennt und sich selbst verzehrt nur dadurch, daß man es nicht weiter nährt, ohne es mit Wasser zu löschen, und wenn es nichts mehr zu verzehren hat, alle Kraft verliert und erlischt: so fordern die Tyrannen um so mehr, je mehr sie rauben, und je mehr man ihnen gibt und dient, desto mehr verderben und zerstören sie und um so stärker befestigen sie ihre Stellung und werden mächtiger und dreister, alles zunichte zu machen und zugrunde zu richten; gibt man ihnen aber nichts und verweigert den Gehorsam, so braucht es weder Kampf und Schlag, und sie stehen bloß und kraftlos da und sind nichts mehr, wie eine Wurzel ohne Wasser und Nahrung die Pflanze verdorren und absterben läßt.«

La Boéties Diskurs ist in den Hugenottenkriegen als Aufruf zum Tyrannenmord (miß)verstanden worden; man hat ihn vor der Französischen Revolution wieder ausgegraben und im Zweiten Weltkrieg ist er noch einmal in den USA gedruckt worden — gegen Hitler und Mussolini. Richtiger am Platz ist er in Gustav Landauers Anarchismus: als ein immer gültiger Text des Staunens über die großen Chancen, die Machthunger, Ruhmsucht und Geldgier in der Geschichte haben. Es ist der Gedanke, den jeder zumindest einmal in seinem Leben hat: daß es mit rechten Dingen zuginge, wenn es anders wäre; daß es irgendeine universale Geisteskrankheit ist, die es so sein läßt, wie es ist. Jeder Einzelne ist vernünftiger und menschlicher als die Struktur des Ganzen — und im Grunde weiß das jeder Einzelne.

Sozialwissenschaftlich gebildet, würden wir heute sagen, dieser Appell ist naiv: er fingiert Gesellschaft als moralischen Zusammenhang von Individuen. Er gibt der Freiheit nur dann eine Chance, wenn das Argument nicht gilt, daß »die Verhältnisse so sind«. Er tut keineswegs so, als gäbe es die Verhältnisse nicht; aber er klagt alle, die sich zur Entschuldigung auf sie berufen, an: damit hätten sie ihre Menschlichkeit schon preisgegeben. Es ist der Aufruf zur Großen Verweigerung, zur gewaltfreien Revolte, zur *civil disobedience.*

Die Herrschaft einfach abzuschaffen dadurch, daß man die Häuptlinge nicht mehr beachtet, hat wohl nur im Stamm der Agni funktioniert; in Mitteleuropa noch nie. Es ist nicht von ungefähr, daß solche Gedanken irgendwann das Projekt der Auswanderung nach sich zogen. Aber auch Etienne de La Boétie war nicht nur radikal; überqualifiziert an Geist und Wagemut, saß er im Parlament von Bordeaux, wo er Theaterzensor wurde. Gegen das Toleranzedikt von Katharina von Medici und Michel L'Hospital schrieb er ein Pamphlet: eine Gesellschaft mit Glaubensspaltung sei zu ewigem Streit verdammt. Nur, gelebt hätte er lieber in der Republik Venedig.

Montaigne hat seinen Plan, Etienne de la Boéties *Discours de la servitude volontaire* in der Mitte der *Essais* abzudrucken, fallenlassen. Begründet hat er das mit den rauhen Zeiten und der mißbräuchlichen Verwendung des Textes als politischer Kampfschrift in einem Bürgerkrieg, in dem keine der beiden Seiten die Sache der Freiheit verfechte.

Mit seinem Vater und mit Etienne de La Boétie waren Montaigne die beiden Stützen seiner Persönlichkeit genommen. Beide, der humanistisch-christliche Vater (auf dessen Geheiß er ins Parlament gezogen war, die Theologie des Raimund Sebundus übersetzt und sich verheiratet hatte) und der nach dem einfachen Leben antiker Heroen strebende Freund, hatten gelegentlich an Montaignes Trägheit, Ablenkbarkeit und Zerstreubarkeit gerührt und ihm mahnend die hehren Ideale vorgehalten. Beider Einfluß hatte ihn getragen und geformt. Ihren Verlust kann er kaum ertragen. Er unternimmt eine Flucht aus der Depression in das Schreiben. Die Unterhaltungen mit dem toten Freund, als die er die *Essais* auch bezeichnet, haben die Aufgabe, diesen Freund — und auch den Vater — zu ehren und den alten Halt zu fingieren.

Es waren wohl diese wirkliche Depression und die Gefahr des Selbstverlustes, die Montaigne zum Schreiben brachten und die er damit kurierte. Man kann das schwer »beweisen«, aber es sei immerhin notiert, daß Montaigne auf seiner Italienreise 1581/82 von einer schweren Migräne, von Depressionen und Weinanfällen ereilt wird. Er hat die *Essais* vor Antritt dieser Reise drucken lassen, hat sie in Rom den gelehrten Patres der Inquisition vorgelegt und das Urteil war milde: dem Buch war damit die Öffentlichkeit gesichert. Montaigne ist mit dem Schreiben fertig; nun packt ihn wieder die Migräne, die er »seit zehn Jahren nicht mehr hatte« — das ist der Entstehungszeitraum der *Essais;* und wenig später notiert er Kopfschmerzen, Druck auf den Augen, Gedanken an La Boétie und Tränen. Er gebiert einige Nierensteine — gigantische, wenn man seiner Schilderung folgt —, und einige Wochen darauf erhält er, nicht ganz unerwartet, den Ruf des Königs, Bürgermeister von Bordeaux zu werden. Er nimmt an und kehrt zurück in die Amtsgeschäfte, in die seine Familie ihn ein Vierteljahrhundert zuvor zu früh gestoßen hatte. Es ist eine Zeit, in der die Unregierbarkeit, der Hexentaumel, die soziale Verwilderung des Landes noch immer zunehmen.

Und Montaigne schreibt weiter, freier und befreiter als bisher; schreibt die Essais des dritten Bandes und spickt die der ersten beiden mit unzähligen Einschiebseln, Reflexionen, Geschichten. Das klingt nach der Verwandlung von Melancholie in Trauer; und nach Trauerarbeit. Aber es ging nicht nur um seine wichtigsten Gesprächspartner und Freunde. Trauerarbeit ist Aneignung und Abschied zugleich; in ihr hat Montaigne auch Abschied genommen von vielen Gedanken, Werten, Glaubensartikeln und Illusionen, für die sein Vater und La Boétie standen. Er hat sich intellektuell freigesetzt, hat seine freiwillige Knechtschaft beendet. Nicht nur die sozialen Masken hat er abgelegt; er ist weiter gegangen — weiter als irgend jemand vor ihm. Sein Sturz in die Melancholie und die allmähliche Befreiung aus ihr haben ihn von dem Restbestand an mittelalterlichen und humanistischen Illusionen befreit, die damals noch zu haben waren. Er hat den Bann der teuren Toten ebenso gebrochen wie den der toten Traditionen, die auf ihnen und auf ihm lasteten. Trauerarbeit ist auch der Abschied von dem, was nicht mehr zu haben ist. Vieles hat er weggegeben, um wenigstens etwas in die Hand zu bekommen.

Die Gewißheit Gottes oder irgendeiner Transzendenz ist beseitigt: in einer vernichtenden Kritik nicht nur der Kritiker, sondern auch jenes Raimund Sebundus selbst, den er auf Geheiß seines Vaters übersetzt hatte. Der Glaube an die heilsamen Wirkungen der Gelehrsamkeit ist durch die »Monster«, die sie in seinem Kopf erzeugt hat, ebenso wankend geworden wie der an den freien Willen, die Erkenntnisfähigkeit des Denkens, die Fortschrittlichkeit humanistischer Erziehung; die Hoffnung auf irgendein Amerika wird erschüttert durch die Schilderung seiner Zerstörung; die auf die Kultur durch die Beobachtungen, daß unsere Instinktresiduen oft menschlicher seien als unsere »vernünftigen« Gedanken, daß das Vordringen der Zivilisation in Gestalt von Ärzten, Lehrern und Richtern verheerende Konsequenzen für den Seelen- und den sozialen Frieden hat. An der Wissenschaft interessieren ihn ihre Irrtümer (vor allem die der Medizin), an der Freundschaft ihr Gegensatz zur Gesellschaft, an den Charakteren ihre Uneinheitlichkeit, an den Tugenden ihre Unbeständigkeit und ihr gar nicht tugendhafter Untergrund, am Ruhm vor allem seine Fragwürdigkeit.

Montaigne ist ein unerbittlicher Kritiker. Seine Gegenwart bleibt nicht bestehen, aber auch nicht die humanistische Geradlinigkeit, für die sein Vater und La Boétie standen: anders als jener liebt er die Bücher nicht und steht in Distanz zum Gemeinwesen, anders als die hohen Normen seines Freundes es forderten, besteht er nun auf seinem Wankelmut und seiner Trägheit, ist er kein Charakter aus einem Guß, würde er der Wahrheit nur »bis kurz vor den Scheiterhaufen« folgen. (III,1) Heroisch leben oder sterben — so hatte der Freund einst ihre Freundschaft besungen. Montaigne will die großen Ideale durch Gewißheiten ersetzen; und die er sieht und spürt, sind alles andere als heroisch: die unbegriffene Einheit der Natur, die Hinfälligkeit des Körpers, die Widersprüchlichkeit im Innern der Menschen und die Gewißheit eines sicheren Todes. Von hier aus bestimmt sich jeder ehrliche Gedanke.

Und dennoch bleibt das Freiheitsstreben aus La Boéties Aufsatz das versteckte Zentrum der *Essais*.

Die Zurückweisung der Forderungen aus Politik und Religion, die Weigerung, in die Ersatzreiche des Ruhms oder des Reichtums zu ziehen, die Befreiung vom Druck, ein perfektes Leben führen zu müssen — sie legen die innere Seite des Freiheitsstrebens frei: die angstlose Wahrhaftigkeit. Mit ihr hat Michel de Montaigne sich zunächst der Leere und der Depression ausgeliefert, hat sie nicht sogleich mit dem Summen begrifflicher Webstühle gefüllt, sondern als einzige Sicherheit die »Gewißheit der Ungewißheit« (Hugo Friedrich) festgehalten und dieses milde, aber aufmerksame Ich, das die inneren und äußeren Wirklichkeiten, von denen es berührt wird, notiert, ohne gleich ein logisches oder weltanschauliches Band um sie zu schlingen. In dem Laboratorium, das er der Zeit und den Umständen abgewonnen hat, bewegt er sich frei — das heißt auch, ohne das Korsett einer Religion oder Philosophie, ohne die Verhaltensstützen einer gesellschaftlichen Funktion, ohne den Zwang, einen Charakter vorweisen zu müssen. Unter Verzicht auf ein »Gemälde in der Mitte der Wand« skizziert Montaigne »ohne andere als zufällige Proportionen« die skurrilen, phantastischen, realistischen Seitenstücke. Auf der weißen Wand ist zunächst nur die Leere, die bleibt, wenn man alles Fremde gelöscht hat. Ihre Grundierung ist die Furcht: »Was ich am meisten fürchte, ist die Furcht.« (I,18) Ohne Gott, ohne Gegenüber, ohne Hoffnung und Ambition füllt er die weiße Wand von den Rändern her; die aufmerksame, aber ohne Vorsatz suchende Selbsterforschung wird zum funktionalen Äquivalent für einen Glauben — sei er diesseitig oder jenseitig. Aber die beste Stelle in der Mitte der Wand bleibt frei. Die *Essais* sind Übungsstücke, auf die Montaigne die moralphilosophischen Vorlagen der Alten überträgt und sie dann mit seiner Empirie

überkringelt, bis sie unkenntlich geworden sind — das
stoische Regelwerk verschwindet auf sanfte Weise,
aber auch die tyrannenverachtende Männerpose und
La Boéties Utopie der Großen Freiheit bleiben un-
aufgeführt. Die weiße Wand füllt sich mit den
Schwierigkeiten bei den kleinen Freiheiten, bei den
bedingten Versuchen, und mit den Kreisbewegungen,
in die sie immer wieder münden. Die *Essais* sind Versuche, das Material und das Formenrepertoire zu
testen, mit denen das große Mittelstück vielleicht zu
malen wäre. Mitunter finden sich bei diesem Unternehmen neue Striche, neue Mischungen, aber es
bleiben »Einfälle«, Funde, und keine Konstruktionen.
Was sich da von den Rändern der Wand her in die
Mitte schiebt, ist begrenzt und unscheinbar, aber
vielleicht hat es deshalb Bestand. Mitunter wuchert
es so überzeugend ins Zentrum, daß der Zweifel auf-
kommt, ob dieses Bild je das schöne konstruktive
Mittelteil erhalten wird. Aber nur darauf bezieht
sich der Zweifel — die Skepsis —, nicht auf die be-
grenzte Gewißheit der Skizzen, denn die sind »meine
Einfälle«.
Die Enttäuschung an Gott, Gesellschaft und eigener Geradlinigkeit dauerhaft festzuhalten, das ist
vielleicht doch nicht ein so »mühe- und krisenloser
Übergang zu lebensphilosophischer Frömmigkeit«,
wie Hugo Friedrich ihn Montaigne in seinem schönen
dicken Buch bescheinigt hat. Dem Staat fernbleiben,
sich selbst gehören, ohne falschen Trost sterben — es
ist ein schönes Programm, würdig des Platzes in der
Mitte der Wand, aber »wenn meine Seele Fuß fassen
könnte, würde ich mich nicht mehr versuchen
(= *essayer)*, ich würde mich entschließen: aber sie ist
immer noch in der Lehre und in der Prüfung«. (III,2)
Wer das Auge eines Gottes noch auf sich ruhen fühlte
oder sich der Teilhabe an festen Werten oder Tra-

ditionen sicher wäre, der könnte leben, ohne sich so um die Integrität seines Bildes sorgen zu müssen: »Ich käme gern aus der anderen Welt zurück, um denjenigen Lügen zu strafen, der mich anders machte, als ich war, und sei es, um mich zu ehren.« (III, 9)

Es ist immer ein einzelner Mensch, ein Abgetrennter, der für sein Leben und auch für sein Nachleben sorgen muß, bedingt und begrenzt und endlich. Diese Erkenntnis ist das Geburtstrauma des neuzeitlichen Individuums; und vielleicht kann man das neuzeitliche Denken, auch das aufklärerische, danach scheiden, ob dieses Trauma verdrängt wird oder nicht.

Die Wahrheit über den Menschen ist verschwunden — die über die Menschheit und die über den einzelnen Menschen; in der Mitte der weißen Wand ist ein Loch. Leben, Sinn des Lebens, richtiges Leben — das hatte sich jahrtausendelang von Jenseitsvorstellungen her bestimmt; die neue Wahrheit über den Menschen, über die Welt, über das richtige Leben müssen die Menschen nun — und Montaignes Jahrhundert ist dasjenige, in dem diese Erkenntnis sich allmählich Bahn bricht — selber tun. Es ist eine Sisyphosarbeit, und Michel de Montaigne ist wohl der erste, der sie — schriftlich — angeht: er trägt seine glanzlose Empirie aufs Papier, schreibt sie nicht für den bekannten Gott (wie Augustin) und noch nicht für eine Gemeinde (wie Rousseau), sondern für den unbekannten anderen; er zeigt nicht »das Ich«, sondern sich, Michel de Montaigne.

VON DER REUE

●

Die anderen bilden den Menschen; ich schildere ihn
so, wie er ist, und stelle noch dazu einen einzelnen,
ziemlich übel gebildeten Menschen dar, den ich,
wenn ich ihn noch einmal formen sollte, ganz anders
machen würde, als er ist. Aber nun ist es geschehen.
Die Züge meines Gemäldes aber werden nicht falsch,
auch wenn sie sich ändern und abwechseln. Die
Welt ist nichts als eine ewige Schaukel. Alle Dinge
in ihr schaukeln ohn' Unterlaß: die Erde, die Felsen
des Kaukasus, die Pyramiden Ägyptens; weil alles
schaukelt, weil sie selbst werden und vergehen. Die
Beständigkeit selbst ist nichts anderes als ein träges
Schaukeln. Ich kann meinen Gegenstand nicht festhalten. Verwirrt und wankend entschwindet er, von
natürlicher Trunkenheit erfüllt. Ich ergreife ihn, an
diesem Punkt, so wie er ist, in dem Augenblick, in
dem ich mich mit ihm unterhalte. Ich beschreibe
nicht das Sein. Ich beschreibe den Übergang; nicht
den Übergang von einem Lebensalter zum nächsten
oder, wie das Volk sagt, von sieben zu sieben Jahren,
sondern den Übergang von Tag zu Tag, von Minute
zu Minute. Ich muß meine Geschichte von Stunde
zu Stunde neu einrichten. Ich könnte mich bald verändern, nicht nur aus Zufall, sondern auch mit Vorsatz. Das Ganze ist ein Protokoll verschiedener und
veränderlicher Zufälle; unentschiedener, manchmal

gegensätzlicher Gedanken: sei es, weil ich selbst anders geworden bin, sei es, daß ich die Dinge unter anderen Bedingungen und Erwägungen betrachte. Es kann wohl sein, daß ich mir zuweilen widerspreche; der Wahrheit aber — wie Demades sagte — widerspreche ich nie. Wenn meine Seele Fuß fassen könnte, würde ich mich nicht mehr versuchen: ich würde mich entschließen; aber sie ist immer noch in der Lehre und in der Prüfung.

Ich beschreibe ein niedriges und glanzloses Leben. Aber das ist einerlei. Man kann die gesamte Moralphilosophie ebensogut an ein gewöhnliches und zurückgezogenes Leben heften wie an eines von erhabenerem Stoffe; jeder Mensch trägt in sich die ganze Gestalt alles Menschlichen.

Die Schriftsteller zeigen sich den Menschen in irgendeiner besonderen und außergewöhnlichen Eigenschaft, ich, als erster, mit meinem ganzen Wesen, als Michel de Montaigne, nicht als Sprachgelehrter oder Dichter oder Jurist. Wenn die Leute sich beschweren, daß ich zu viel von mir rede, dann beschwere ich mich darüber, daß sie nicht einmal an sich denken.

Aber, ist es vernünftig, daß ich, ein einzelner, besonders gearteter Mensch, mich so allgemein bekannt machen will? Ist es weiter vernünftig, daß ich der Welt, in der Förmlichkeit und Kunst in hohem Ansehen und Geltung stehen, so rohe und einfache Äußerungen der Natur vorlege, und überdies einer schwächlichen Natur? Heißt das nicht, eine Mauer ohne Steine bauen, oder etwas Ähnliches, wenn man ein Buch ohne Kunstfertigkeit und Gelehrsamkeit schreibt? Die Einfälle in der Musik werden von der Tonkunst geordnet, meine vom Zufall. Aber wenigstens in diesem halte ich es mit der Schulgelehrsamkeit, daß nie zuvor jemand den Gegenstand, den er abhandelt, besser kannte als ich denjenigen, den ich behandle, und daß ich darin der gelehrteste unter allen Lebenden bin; zweitens, daß nie jemand tiefer in seine Materie eingedrungen ist, sie in all ihren Bestandteilen und Folgen genauer auseinandergeklaubt hat, und niemand genauer und vollständiger zu dem Ziele gelangt ist, das er sich vorgesetzt hatte. Es zu erreichen, brauche ich nichts als Treue zu meinem Gegenstand; und die habe ich: die reinste und aufrichtigste, die es gibt. Ich sage die Wahrheit: nicht alles, was ich weiß, aber doch alles, was ich zu sagen wage; und je älter ich werde, desto mehr wage ich, denn es scheint, daß man dem Alter mehr Freiheit im Schwatzen und Plappern von sich selbst einräumt. Bei meinem Vorhaben kann nicht passieren, was ich oft beobachte, daß der Künstler und sein Werk einander widersprechen: wie konnte ein sonst so gescheiter Mensch ein so dummes Buch schreiben? Oder, wie konnte ein so gelehrtes Buch aus der Feder eines solchen Langweilers fließen? Wer im Gespräch banal ist und außerordentlich in seinen Schriften — zeigt der nicht, daß seine Fähigkeiten nicht in ihm selbst liegen, sondern dort, wo er geborgt hat? Ein Gelehrter ist nicht in allem gelehrt, aber der Verständige ist überall verständig, selbst im Nichtwissen. (. . .)

Ich will hier rechtfertigen, was ich oft sage: daß ich selten etwas bereue und daß mein Gewissen mit mir zufrieden ist: und das nicht wie das Gewissen eines Engels oder eines Pferdes, sondern wie ein Menschengewissen. Und dabei füge ich immer diesen Kehrreim an, nicht aus Schicklichkeit, sondern aus wahrhaftiger und wirklicher Bescheidenheit: ich spreche als einer, der fragt und nicht weiß und der die Entscheidung dem allgemeinen und gültigen Glauben überläßt. Ich lehre nicht, ich erzähle.

Kein Laster ist wirklich ein Laster, welches nicht jedermann zuwider wäre und welches ein gesundes Urteil nicht verwürfe; denn es ist von so offenkundiger Häßlichkeit und Lästigkeit, daß vielleicht sogar diejenigen Recht haben, die behaupten, es rühre aus Dummheit und Unwissenheit her. So schwer ist es, sich vorzustellen, man könne es kennen, ohne es zu hassen. Die Bosheit saugt den größten Teil ihres Giftes in sich selbst auf und vergiftet sich daran. Wie ein Geschwür im Fleisch eine Narbe hinterläßt, so läßt das Laster in der Seele die Reue zurück, die beständig juckt und blutet. Anderen Kummer und andere Schmerzen lindert die Vernunft; aber die Schmerzen der Reue erzeugt sie. Und die sind um so heftiger, als sie von innen kommen, so wie die Hitze und die Fröste des Fiebers viel stechender sind als die, welche von außen auf uns wirken. Ich halte für Laster (aber jedes nach seinem Maße) nicht nur diejenigen, die von Vernunft und Natur verurteilt, sondern auch all jene, die von den Meinungen der Menschen zu Lastern erklärt werden — selbst von falschen und irrigen Meinungen, wenn die Gesetze und das Herkommen dem beistimmen.

Ebenso gibt es keine Tugend, die nicht jedem wohlgeratenen Menschen gefällt. Es gibt eine Art Freude daran, Gutes zu tun, die uns innerlich erfüllt, und einen freimütigen Stolz, der das gute Gewissen begleitet. Wer mutig zu seinen Lastern steht, kann sich mit einer gewissen Sicherheit tarnen, aber jenes Wohlgefallen, jene Zufriedenheit kann er nicht erwerben. Es ist kein geringes Vergnügen, zu fühlen, daß man vor der Ansteckung durch ein so verderbtes Jahrhundert geschützt ist, und sich zu sagen: »Wer mir bis in die Seele sähe, der würde finden, daß ich an niemandes Unglück oder Ruin schuld bin, daß ich weder rachsüchtig noch neidisch bin, weder die

Gesetze übertreten habe noch Neuerungen oder Aufruhr verursacht habe oder mein Wort gebrochen; und was immer die Zügellosigkeit dieser Zeit jedermann lehrt und gestattet, so habe ich doch meine Hand an keines Mitbürgers Geld oder Gut gelegt; ich habe im Krieg wie im Frieden nur von dem Meinigen gelebt und habe mich niemandes Dienst bedient, ohne ihn zu bezahlen.« Diese Zeugnisse des Gewissens behagen; dieser natürliche Genuß ist eine Wohltat und die einzige Währung, die uns nie ausgeht.

Den Lohn für tugendhaftes Handeln im Beifall der Leute suchen, heißt auf ungewissem und schwankendem Grund bauen. Vor allem in einem so verderbten und unwissenden Jahrhundert wie diesem ist es fast eine Schande, vom großen Haufen geachtet zu werden; auf wen soll man sich verlassen, wenn es darum geht, zu entscheiden, was lobenswert ist? Gott bewahre mich davor, ein rechtschaffener Mann zu sein nach der Beschreibung, die ich täglich jedermann von sich selbst geben höre. »Was einst Laster war, ist heute gute Sitte.« (Seneca, *Epist.*, 39) (...) Wir vor allem, die wir ein zurückgezogenes Leben führen, das niemandem als uns bekannt ist, müssen in unserem Inneren ein Vorbild haben, an dem wir unsere Handlungen prüfen und nach dessen Urteil wir uns bald loben und bald züchtigen. Ich habe meine eigenen Gesetze und meinen eigenen Gerichtshof, vor dem ich mich beurteile; und ich wende mich mehr an ihn als an andere. Ich beschränke mich in meinen Handlungen nach äußerlicher Rücksicht; aber ich begehe sie nur nach meinem Urteil. Nur ihr allein wißt, ob ihr feige und grausam oder treu und fromm seid; die anderen sehen euch nicht; sie erraten euch durch ungewisse Vermutungen; sie sehen euch nicht, wie ihr von Natur aus seid, sondern wie ihr euch in Gesellschaft zeigt. Deshalb haltet euch nicht an ihr Urteil, sondern an euer eigenes. (. . .)

Das ist ein vortreffliches Leben, das bis ins verborgene Innere seine Ordnung bewahrt. Jeder kann in der Posse mitspielen und einen anständigen Menschen auf die Bühne stellen, aber drinnen und in unserer Brust, wo uns alles erlaubt ist, wo alles verborgen ist: dort mit sich im reinen sein, darauf kommt es an. Die nächste Stufe ist, in seinem Hause Ordnung zu halten, in seinen Alltagshandlungen, über die wir niemandem Rechenschaft schulden, in denen es keine Verstellung und keine Künstelei gibt. Deshalb sagte Bias, als er einen vorbildlichen Haushalt schilderte: dessen Herr handle im Hause, aus eigenem Antrieb, ebenso wie draußen aus Furcht vor dem Gesetz und dem Geschwätz der Leute. Und auch Julius Drusius sprach ein würdiges Wort, als die Handwerker anboten, ihm für 3000 Taler ein Haus zu bauen, in das seine Nachbarn nicht hineinschauen könnten. »Ich gebe euch 6000«, sagte er, »wenn ihr es so baut, daß jedermann von allen Seiten hineinblicken kann.« Zum Ruhme des Agesilaus hat man angemerkt, daß er auf Reisen in den Tempeln logierte, damit das Volk und die Götter ihm selbst bei seinen intimsten Verrichtungen zusehen könnten. Es hat schon mancher vor der Welt als wunderbar gegolten, an dem seine Frau und seine Diener nicht einmal etwas Außergewöhnliches bemerkt haben. Wenige Männer sind von ihren Dienern bewundert worden.

Niemand gilt als Prophet, nicht nur in seinem Hause, sondern in seinem Vaterlande, sagt die Erfahrung der Geschichte. Das gilt auch im Kleinen. Und an diesem unbedeutenden Beispiel sieht man das Bild der Großen: hier, unter dem Himmel der Gascogne, hält man es für Narretei, daß ich mich drucken lasse. Je weiter sich die Kunde von mir von meinem Nest entfernt, desto mehr gelte ich. In der Guyenne bezahle ich die Drucker, anderswo bezahlen sie mich. Auf diesen Umstand setzen diejenigen, welche sich noch zu Lebzeiten zurückziehen, um ihre Geltung als Tote vorzubereiten. Da begnüge ich mich mit weniger: und ich lasse mich nur soweit mit der Welt ein, wie ich gehen muß, um mein Teil zu erhalten. Wenn ich sie verlasse, bin ich quitt mit ihr.

Manch einen begleitet das Volk nach einer öffentlichen Veranstaltung mit Jubel und Erstaunen bis an seine Haustür; da legt er dann mit dem Amtskleid die Rolle ab, die er gespielt hat, und fällt um so tiefer, je höher er gestiegen war; im Innern, zu Hause, ist alles schändlich und geht drunter und drüber. Wenn es dort eine Ordnung gäbe, gehörte ein großer Scharfblick dazu, sie in diesen niedrigen und kleinlichen Handlungen zu entdecken. Überdies ist die Ordnung eine stille und glanzvolle Tugend. Eine Bresche schlagen, eine Gesandtschaft führen, ein Volk regieren: das sind prächtige Taten. Streiten, lachen, verkaufen, bezahlen, lieben, hassen und mit den Seinigen und sich selbst lieb und recht umgehen, nicht nachlassen, sich selbst nicht verraten: das ist seltener, schwieriger und macht nicht soviel Aufsehen. Das zurückgezogene Leben stellt uns deshalb, man sage was man will, vor ebenso schwierige und strenge Aufgaben wie jedes andere; vielleicht sogar mehr. (...) Und die Tugend des Alexander auf seinem glänzenden Schauplatz scheint mir weniger Kraft zu verraten als die des Sokrates in ihren Übungen auf niederer, dunkler Bühne. Ich kann mir leicht Sokrates an die Stelle von Alexander denken; Alexander an die des Sokrates nicht. Wenn man jenen fragte, worauf er sich verstehe, so würde er antworten: »Die Welt unterwerfen«; fragte man diesen, so würde er sagen: »Ein menschliches Leben im Einklang mit seinen natürlichen Bedingungen führen«; das ist eine weit allgemeinere, gewichtigere und vernünftigere Kunst. Der wahre Wert einer Seele beruht nicht auf ihren Höhenflügen, sondern auf ihrem regelmäßigen Gang.

Ihre Größe zeigt sich nicht in der Größe, sondern in der Mittelmäßigkeit. So wie diejenigen, die uns in unserem Innern richten und prüfen, nicht viel Aufhebens vom Glanz unserer öffentlichen Auftritte machen und erkennen, daß das nichts als Strahlen und Tropfen reinen Wassers sind, die aus einem im übrigen schlammigen und schmutzigen Grund emporsteigen; genauso schließen diejenigen, die uns nach diesem äußeren Anschein von Tüchtigkeit beurteilen, von ihm auf unser Inneres und können die gewöhnlichen Fähigkeiten von ihresgleichen nicht mit den Fähigkeiten zusammenreimen, die sie aus so weiter Ferne anstaunen. Aus demselben Grund geben wir den Dämonen so wilde Gestalten. Wer verliehe nicht dem Tamerlan dicke Augenbrauen, große Nasenlöcher, ein schreckliches Gesicht und riesenhaften Wuchs, so riesig wie die Vorstellung, die man sich nach dem Klang seines Namens von ihm macht? Wer mich ehedem dem Erasmus vorgestellt hätte, er hätte kaum verhindern können, daß ich alles, was er seinem Diener oder seiner Wirtin sagte, als Sinn- und Denkspruch genommen hätte. Einen Handwerker stellen wir uns viel beiläufiger auf seinem Nachttopf oder auf seiner Frau vor als einen großen Präsidenten, der uns durch sein Amt und seinen Dünkel Ehrfurcht gebietet. Es scheint uns, daß sie von ihren hohen Sitzen nie heruntersteigen, um nur zu leben. (...)

Seht ein wenig darauf, wie unsere Erfahrung dabei besteht: da ist niemand, wenn er auf sich hört, der nicht in sich eine ihm eigene Form entdeckt, eine Grundgestalt, die sich gegen die Erziehung auflehnt und gegen den Sturm der Einwirkungen, die ihr entgegenstehen. Ich für mein Teil fühle mich kaum je heftig bewegt und erschüttert; ich befinde mich fast immer an meiner Stelle, wie es mit trägen und schweren Körpern der Fall ist. Bin ich nicht bei mir selbst, so bleibe ich doch immer in der Nähe. Meine Ausschweifungen tragen mich nicht weit fort. Es ist nichts Maßloses und Außerordentliches an ihnen; und wenn, dann bin ich gesund und kräftig genug, mich schnell eines Besseren zu besinnen. (...)

Was ich tue, das pflege ich ganz zu tun, an einem Stück und in einer Gangart; es gibt kaum eine Regung, die sich meiner Vernunft verhehlt und verbirgt und die sich nicht mit der Einwilligung beinahe aller meiner anderen Seelenkräfte zur Geltung bringt, ohne Widerstreit und inneren Aufruhr; das ganze Lob oder die ganze Schuld kommt dabei meinem eigenen Urteil zu; und die Schuld, die es einmal auf sich nimmt, gebührt ihm ein für alle Male, denn es ist sich sozusagen seit meiner Geburt gleichgeblieben: einerlei Neigung, einerlei Weg, einerlei Kraft. Und was die allgemeinen Anschauungen angeht, so stehe ich von Kindheit an auf dem Standpunkt, auf dem ich stehen sollte. (...)

Ich könnte, was mich angeht, wohl ganz allgemein wünschen, anders zu sein; ich könnte mein ganzes Wesen mit Mißfallen betrachten, verdammen und Gott bitten, mich von Grund auf zu ändern und meine natürliche Schwachheit zu entschuldigen. Das aber, denke ich, sollte ich nicht Reue nennen, ebensowenig wie den Ärger, kein Engel und kein Cato zu sein. Meine Handlungen folgen und entsprechen dem, was ich bin und wie ich es bin. Ich kann nicht besser tun. Und die Reue betrifft eigentlich nicht die

Dinge, die nicht in unserer Gewalt liegen; höchstens das Bedauern. Ich stelle mir unendlich viele ordentlichere und bessere Naturen vor als meine, dadurch verbessere ich aber nicht meine Fähigkeiten; denn weder mein Arm noch mein Verstand werden dadurch stärker, daß ich mir welche denken kann, die es sind. Wenn die Vorstellung und der Wunsch, edler zu handeln, als wir es tun, Ursache unserer Reue würde, dann müßten wir unsere unschuldigsten Verrichtungen bereuen, denn wir können wohl annehmen, daß eine erhabenere Natur sie mit größerer Vollkommenheit und Würde beginge; und das würden wir dann nachahmen wollen. Wenn ich in meinem Alter betrachte, wie ich mich in meiner Jugend aufgeführt habe, finde ich das für gewöhnlich ordentlich, für meine Verhältnisse; mehr vermag meine Widerstandskraft nicht. Ich schmeichle mir nicht: unter gleichen Umständen würde ich immer so handeln. Ich habe keine zufälligen Flecken, ich bin in der Wolle gefärbt. Ich kenne keine oberflächliche, mittelmäßige und zeremonielle Reue. Sie muß mich ganz und gar ergreifen, bevor ich sie so nenne, und sie muß in meinen Eingeweiden wüten und mein Inneres so tief betrüben, wie Gott in mich blickt, und ebenso umfassend.

In meinen Verhandlungen sind mir mehrere günstige Gelegenheiten mangels glücklicher Führung durch die Hände geschlüpft. Dennoch waren meine Ratschläge richtig gewählt, nach den Umständen, wie man sie mir schilderte; sie zielen immer darauf, den leichtesten und sichersten Weg zu gehen. Ich finde, daß ich dieser Regel gemäß in meinen früheren Verhandlungen klug verfahren bin, nach Lage der Sache, wie man sie mir vorlegte; und von jetzt bis in tausend Jahren würde ich unter gleichen Umständen genauso handeln. Dabei sehe ich die Dinge nicht so an, wie sie jetzt liegen, sondern wie sie waren, als ich mit ihnen zu tun hatte.

Die Kraft jedes Ratschlags gilt immer nur für seine Zeit; die Gelegenheit und die Angelegenheiten bewegen und ändern sich ohne Unterlaß. Ich habe in meinem Leben einige schwere und wichtige Irrtümer begangen, nicht aus Mangel an guter Einsicht, sondern aus Mangel an Glück. Es gibt verborgene und unergründliche Seiten der Dinge, mit denen man zu tun hat, namentlich in der Natur der Menschen: stumme Neigungen, die sich nicht zeigen, oft selbst ihrem Träger unbekannt, die erst durch zufällige Umstände sichtbar werden und erwachen. Wenn meine Umsicht diese nicht durchschauen und vorhersagen konnte, bin ich ihr deswegen nicht gram; sie löst ihre Aufgaben in ihren Grenzen; das Ereignis schlägt mich; und wenn es einen Weg begünstigt, den ich nicht einschlagen wollte, gibt es keine Abhilfe mehr dagegen; ich nehme das nicht auf mich; ich schreibe die Schuld meinem Unglück zu, nicht meinen Anstrengungen; das heißt nicht Bereuen. (...)

An meinen Fehlern oder meinen Mißgeschicken kann ich kaum jemand anderem Schuld geben als mir selber. Denn ich ziehe selten jemand anderen zu Rat, es sei denn anstandshalber, ausgenommen, wenn ich der Belehrung in der Wissenschaft oder über Tatsachen bedarf. In Dingen aber, in denen ich nur meine Urteilskraft anzuwenden habe, können fremde Überlegungen mich zwar in meiner Meinung bestärken, aber kaum von ihr abbringen. Ich höre sie alle bescheiden und höflich an; aber, soweit ich mich erinnere, habe ich mich bis zu dieser Stunde nur auf meine eigenen verlassen. Mir scheint, es sind nur Mücken und Stäubchen, die meinen Willen lenken. Ich gebe wenig auf meine Meinungen, aber ich gebe genausowenig auf die der anderen. Das Glück bezahlt mich, wie ich es verdiene. (. . .)

In allen Angelegenheiten, wie immer sie auch ausgehen, kenne ich wenig Bedauern, wenn sie vergangen sind. Denn diese Vorstellung nimmt mir jedes Mißvergnügen: daß sie sich so begeben mußten; da sind sie nun im großen Lauf des Weltalls und in der stoischen Verkettung der Ursachen; unsere Phantasie mit ihren Wünschen und Vorstellungen kann an ihnen nicht ein Pünktchen verrücken, ohne die ganze Ordnung der Dinge, ohne Vergangenheit und Zukunft aus den Fugen zu heben.

Im übrigen hasse ich diese Gelegenheitsreue, die das Alter mit sich bringt. Der unter den Alten, der sagte, er sei den Jahren dankbar, weil sie ihn von der Wollust befreit hätten, war anderer Ansicht als ich; ich werde mich niemals beim Unvermögen bedanken, und wenn es mir noch so gut bekäme. »Die Vorsehung wird ihrem Geschöpf niemals so feind sein, daß dessen Schwäche unter die guten Dinge gerechnet wird.« (Quintilian, *Instit. Orat.,* V, 12) Unsere Begierden sind im Alter selten; eine große Sattheit folgt auf den Genuß; darin sehe ich nichts, was mit dem Gewissen zu tun hätte; Verdruß und Schwäche prägen uns eine schlaffe und kalte Tugend auf. Wir dürfen uns von diesen natürlichen Veränderungen nicht so weit ergreifen lassen, daß sie unser Urteilsvermögen verfälschen. Die Jugend und das Vergnügen haben einst nicht vermocht, daß ich in der Wollust nicht die Züge des Lasters erkannt hätte; noch bewirkt der Überdruß, den die Jahre mit sich bringen, daß ich die Züge der Wollust verkenne, die im Laster liegen. Heute, da ich sie nicht mehr genießen kann, urteile ich über sie, als könnte ich es noch. (. . .) Meine Versuchungen sind so gebrochen und abgestorben, daß es sich nicht lohnt, die Vernunft dagegenzusetzen. Um sie zu bannen, brauche ich nur die Hand auszustrecken. Ich fürchte, wenn man dieser Vernunft die alten starken Begierden entgegenstellte, hätte sie weniger Kraft als früher, sie auszuhalten. Ich sehe nicht, daß sie in irgend etwas anders urteilt als früher; und sehe auch keine neue Klarheit. Daher, wenn dies Genesung ist, dann ist es eine verhexte Genesung.

Es ist eine elende Kur, seine Gesundheit einer Krankheit zu verdanken. Eigentlich sollte uns nicht unser Unglück diesen Dienst leisten, sondern das Glück unseres Verstandes. Durch Kummer und Leid bringt man mich zu nichts anderem, als sie zu verfluchen. Das ist etwas für Leute, die man mit der Peitsche wecken muß. Meine Vernunft geht ihren Weg viel besser, wenn es mir gutgeht. Sie ist viel stärker damit belastet und beschäftigt, die Übel zu verdauen als die Freuden. Bei heiterem Wetter sehe ich viel klarer. Die Gesundheit gibt mir Ratschläge, die nicht nur ermunternder, sondern auch nützlicher sind als die der Krankheit. (...) Ich habe mir nie vorgenommen, monströserweise den Kopf und Körper eines abgelebten Mannes mit dem Schwanz eines Philosophen zu verzieren; noch, dieses mickerige Stümpfchen den schönsten, besten und längsten Teil meines Lebens verhöhnen und Lügen strafen zu lassen. Ich will mich durchgängig mir selber gleich zeigen und sehen lassen. Hätte ich noch einmal zu leben, ich lebte genau so, wie ich gelebt habe; ich klage nicht über die Vergangenheit und ich fürchte die Zukunft nicht; und wenn ich mich nicht irre, dann ist es mir innen ungefähr so gegangen wie außen. Ich bin meinem Schicksal dafür verbunden, daß im Verlauf meines leiblichen Lebens jedes Ding zur rechten Zeit kam. Ich habe seine Blätter, seine Blüten und seine Früchte erlebt; und nun sehe ich sein Verwelken. Es ist glücklich so, denn es ist natürlich so. Ich trage die Übel, die ich fühle, um so sanfter, als sie sich zur rechten Zeit einstellen, und weil sie mich um so froher an die lange Glückseligkeit meines vergangenen Lebens denken lassen.

Gleichermaßen mag meine Weisheit zwar im einen wie im anderen Lebensalter von gleicher Gestalt sein, aber sie war unternehmungslustiger und anmutiger, frischer, munterer, unbefangener als jetzt, da sie faulig, mürrisch und schwerfällig ist. Ich entsage also diesen gelegentlichen und peinvollen Besserungsbemühen.

Gott muß uns das Herz bewegen. Das Gewissen muß uns von selbst zur Besserung führen, durch die Stärkung unserer Vernunft, nicht durch die Schwächung unserer Begierden. Die Wollust wird nicht dadurch blaß und farblos, daß man sie mit triefigen und benebelten Augen ansieht. Man soll die Mäßigung um ihrer selbst willen lieben und aus Ehrfurcht vor Gott, der sie uns aufgegeben hat, so wie die Keuschheit auch; womit mich mein Katarrh ausstattet und was ich der Wohltat meiner Nierensteine verdanke, ist weder Keuschheit noch Mäßigung. (...) Wir nennen die Grämlichkeit unserer Launen und den Überdruß an irdischen Dingen Weisheit. Aber in Wirklichkeit geben wir die Laster nicht auf, wir tauschen sie nur ein, und meiner Meinung nach gegen schlimmere. Außer einem dummen, senilen Hochmut, einer nervtötenden Geschwätzigkeit, diesen unangenehmen Eigenarten, außer dem Aberglauben und einer lächerlichen Sorge um das Geld, für das man keine Verwendung mehr hat, finde ich im Alter mehr Neid, mehr Ungerechtigkeit und mehr Boshaftigkeit. Es schlägt mehr Falten in unsere Seele als in unser Gesicht; und man findet keine Seele, oder doch sehr wenige, die im Alter nicht säuerlich oder schimmelig werden. Es ist der ganze Mensch, der erst wächst und dann schrumpft. (...)

Welche Verwandlungen sehe ich das Alter nicht alle Tage bei vielen meiner Bekannten anrichten! Es ist eine mächtige Krankheit, die ganz natürlich und unbemerkt daherkommt. Große Weisheit und große Umsicht gehören dazu, die Unzulänglichkeiten, mit denen sie uns schlägt, zu vermeiden oder wenigstens ihren Fortschritt zu hemmen. Ich fühle, daß sie mir, so sehr ich mich gegen sie verschanze, Schritt für Schritt auf den Leib rückt. Ich halte stand, so gut ich kann. Aber ich weiß nicht, wohin sie mich am Ende führen wird. Wie immer es ausgeht, es genügt mir, daß man wisse, aus welcher Höhe ich gefallen sein werde.

Eine Bedingung der Freiheit

●

In Toulouse, der Geburtsstadt von Montaignes Mutter, gab es ein Fest, auf dem man Dichtern oder solchen, die sich dafür hielten, die letzte Zeile eines Gedichtes vorgab, auf die hin sie ein Gedicht schreiben mußten. Das Fest hieß »essai«. Auch den »Versuchen des Michel de Montaigne« ist die letzte Zeile vorgegeben: über nichts schreibt Montaigne so viel wie über den Tod; ja, das ganze Unternehmen bezieht seine programmatische Zielsetzung aus dem Versuch, seiner selbst habhaft zu werden, bevor das Ende erreicht ist.

Philippe Ariès hat notiert, wie der Tod in der Neuzeit vom Bösen, das domestiziert, zu etwas Metaphysischem wird, das auf wechselnde Weise verklärt, moralisiert und schließlich verdrängt wird — so wie die Friedhöfe seit dem 17. Jahrhundert allmählich an die Ränder der Städte wandern —, bis er uns schließlich in unbegriffener Fremdheit wieder panisch erschreckt; aber dann ist es zu spät zum Leben und zu spät zum Einwilligen. Dann war beides nichts.

Man muß den Dingen, vor denen man sich fürchtet, die Maske abnehmen — Montaigne geht dem Tod, vor dem er sich fürchtet, entgegen. Er nähert sich ihm allein, in der »unkünstlichen Kühnheit« (Hugo Friedrich), die er Sokrates zuspricht. Es gibt bei ihm keine Metaphysik des Todes — vielleicht hat er deshalb in Ariès' *Geschichte des Todes* einfach keinen Platz. Es gibt bei ihm keine Hölle, keinen Teufel, keine Erbsünde und kein Paradies: der Tod ist ein diesseitiges, ein irdisches Geschehen. Hinter der Maske des Todes ist — der Tod. Kein Sinn, ein Ende. Die Sinnfrage gibt hier keinen Sinn.

Montaigne, der am liebsten allein gestorben wäre, verzichtet nicht nur auf Himmel und Hölle, sondern auch auf die antiken oder vulgärbiologischen Tröstungen einer »Rückkehr in die Natur«. Das menschliche Leben, dieses menschliche Leben, hört auf. Daß diese Wahrheit so konsequenzlos für das Leben des Einzelnen ist, zeigt, wie weit — im Guten wie im Bösen — die Gesellschaft uns im Griff hat. Montaigne steht zwischen den mittelalterlichen und den neuzeitlichen Veranstaltungen, dem Tod durch gesellschaftliche Verarbeitung und Sinnstiftung seinen Schrecken zu nehmen.

Der Tod ist schrecklich, ein Werk des Bösen: so, sagt man, dachten die Menschen des Mittelalters — und das erkläre die Maßlosigkeit, die Wildheit ihrer Liebe zum Leben: irdische Jenseitsvorstellungen komplementieren ein irdisches Leben. Die Neuzeit nimmt Abschied von den konkreten Jenseitsvorstellungen, spielt mit dem Gedanken der Unsterblichkeit der Seele und entwickelt Verdrängungs- und Risikominderungsstrategien: auf der einen Seite die Vorstellungen vom Nachleben im Ruhm, in den Gedanken, den Werken, den Bildern, die man hinterläßt — sie herzustellen und für die Ewigkeit zu kalfatern gibt dem Leben seinen Sinn; und auf der anderen Seite wächst der Hang, sich zu versichern, individuell und gesellschaftlich: Mäßigung, Gesundheitspflege, Vorsicht, Bravheit, Vorsorge für Härtefälle. Eine Gesellschaft von Einzelnen, die ihren Tod ins Auge fassen würden, sähe anders aus. Nur der Gedanke an den Tod zwingt die Menschen in ein freies und erfülltes Leben; wer ihn verdrängt, lebt stumpf und bewußtlos wie ein Tier. Montaignes *memento mori* gilt dem diesseitigen Leben, nicht dem Seelenheil. Den Tod zu sehen und anzuerkennen ist ein guter — und vielleicht der einzige zwingende — Grund dafür, »die Tauglichkeit des Endlichen zu entdecken« (Hugo Friedrich). Weil es keine Zukunft jenseits des Sterbens gibt, gibt es keine Gründe, die Gegenwart wegzuwerfen; und weil der Tod das gewußte Ende ist, hat auch die Sparsamkeit — an Lust, an Liebe zur Welt, an Genuß — nur begrenzt Sinn. Dieses eine Leben ist für den einzelnen Menschen alles; die letzte Zeile ist allen vorgegeben, und jeder lebt nur seinen Essai.

Das Mittelalter brauchte das Böse, die Neuzeit die Verdrängung, um den Tod zu »zivilisieren«. Mit der Sexualität war es wohl ähnlich. Montaignes Meditationen zum Tod (und auch die zur Sexualität) zeigen, außerhalb der christlichen Tradition, daß man das Böse und die Verdrängung nicht braucht, um den Tod (und die Sexualität) zu humanisieren, daß man ihn als natürliche Schranke des eigenen Lebens akzeptieren muß, um als Mensch zu leben. Ob Gesellschaften, die das Böse und die Verdrängung brauchen, mit solchen Menschen leben können — darauf wäre die Probe erst noch zu machen.

Zwei Tröstungen bietet Montaigne an: erstens das Alter und die Krankheit, die uns ans Sterben gewöhnen, uns »nicht aus allzu großer Höhe fallen lassen«; und zweitens die Gewißheit, daß wir nach dem Tode nichts versäumen, daß die Welt, die wir verlassen, dieselbe bleibt, die sie war und ist: »Und wenn ihr einen Tag gelebt habt, so habt ihr alles gesehen. Ein Tag ist gleich allen Tagen. Es gibt kein anderes Licht und keine andere Nacht. Diese Sonne, dieser

Mond, diese Sterne, dieses Weltgebäude, es ist dasselbe, das eure Ahnen genossen haben und das eure Enkel erheitern wird.« (I, 20)

Beide Tröstungen gelten heute nicht mehr: wir bleiben länger gesund, aber sozial sterben wir schon vor dem Alter. Und den lebenssatten Abschied von einer Welt, die bleiben wird, gibt es auch nicht mehr: zunächst haben die beschleunigte Weltveränderung und die Aussichten auf die Perfektionierung des Menschengeschlechts, das Projekt des Irdischen Paradieses, den Abschied schwer werden lassen; und heute lassen die Folgen dieses Projekts in uns eine neue Art der Weltliebe entstehen, die Montaignes Weisheit des einzelnen Lebens und Sterbens sprengt. Denn daß in Zukunft der Himmel, das Wasser, selbst der Mond dieselben bleiben, das ist nicht mehr gesichert. Nicht einmal, daß in Zukunft noch Menschen werden sterben können.

Der Tod dieses Ganzen aber ist nichts Unabänderliches, an das sich früh zu gewöhnen ein Mittel zum richtigen Leben ist. Die Apparate, die dieses Ganze zu morden drohen, haben etwas zu tun damit, daß Montaignes naturalistisch-humanistische Haltung zum Tode nicht Schule gemacht hat in den Eliten. Insofern ist Montaigne, der den Tod nicht als allgemeines Schicksal wegerklärt, sondern ihn als das Ende eines jeweils höchst individuellen und begrenzten Versuchs zu leben akzeptiert, und der daraus die Konsequenz zieht, daß es nichts Wichtigeres gibt, als das eigene Leben zu leben — insofern ist Montaigne überholt: um diesen Tod muß heute, oder bald, gekämpft werden.

PHILOSOPHIEREN HEISST STERBEN LERNEN

●

Cicero sagt, Philosophieren sei nichts anderes, als sich auf den Tod vorbereiten. Das heißt soviel wie: das Studieren und das Nachdenken ziehen unsere Seele von uns selber ab und weisen ihr eine unkörperliche Aufgabe zu, die eine Vorbereitung auf den Tod ist und Ähnlichkeit mit ihm hat; oder es heißt auch, daß alle Weisheit und alles Reden dieser Welt endlich darauf hinauslaufen, uns zu lehren, den Tod nicht zu fürchten. In der Tat, wenn die Vernunft uns nicht zum Narren hält, sollte sie sich einzig und allein auf unsere Zufriedenheit richten, und ihre Anstrengungen müssen zum Ziele haben, uns ein gutes und angenehmes Leben zu verschaffen, wie es die Heilige Schrift sagt. Alles Reden der Welt stimmt darin überein, daß das Ziel unseres Lebens das angenehme Leben sei, auch wenn die Philosophen verschiedene Wege dorthin vorschlagen; sonst würde man ihre Lehren auch ohne Ansehen verwerfen, denn wer hörte schon dem zu, der Schmerz und Mühsal zum Endzweck unseres Lebens erklärte?

Die Streitereien der Philosophensekten über diesen Punkt gehen nur um Worte. »Übergehen wir die feingesponnenen Klügeleien!« (Seneca, *Epist.*, 117) Man findet da mehr Eigensinn und Zanksucht, als es einem so ehrwürdigen Stande geziemte. Aber, welche Rolle auch immer ein Mensch annimmt, etwas von ihm selbst spielt immer mit. Sie mögen reden, was sie wollen, das letzte Ziel selbst der Tugend ist die Wollust. Es macht mir Freude, ihnen dieses Wort in die Ohren zu schreien, das ihnen so tief zuwider ist. Und wenn dieses Wort das höchste Vergnügen und die tiefste Zufriedenheit ausdrückt, so ist die Wollust doch eher vermittels der Tugend zu gewinnen als vermittels irgend etwas anderem. Und diese Wollust ist dadurch, daß sie lebhafter, kühner, kraftvoller und männlicher ist, nur um so wollüstiger. Diese wollüstige Tugend sollten wir Lust nennen, ein Name, der vorteilhafter, angenehmer und natürlicher ist als der Name der Kraft, den wir ihr verliehen haben. Die andere, die niedere Wollust, müßte, wenn sie diesen schönen Namen überhaupt verdiente, ihn im Wettbewerb mit der andern erringen und nicht von vornherein tragen. Ich finde sie von Unbequemlichkeit und Widerwärtigkeit nicht so frei wie die Tugend. Nicht nur ist ihr Genuß vorübergehender, flüchtiger und vergänglicher; sie kostet schlaflose Nächte, erzwungene Enthaltsamkeit, Mühsal und Schweiß und Blut; überdies ist sie von vielerlei schmerzhaften Leidenschaften und daneben von einer so schwerfälligen Sättigung begleitet, daß man sie fast als Buße auferlegen könnte. Wir sind sehr im Unrecht, zu glauben, diese Unannehmlichkeiten seien Stachel und Würze ihrer Süße, so wie auch in der Natur die Gegensätze einander beleben; und von der Tugend zu sagen, sie sei mit ähnlichen Folgen und Unannehmlichkeiten belastet, die sie streng und unzugänglich machten, wo diese doch hier weit eigentlicher als bei der Wollust das göttliche und vollkommene Vergnügen, das sie uns gewährt, veredeln, schärfen und erhöhen. Der ist wahrlich unwürdig, die Bekanntschaft der Tugend zu machen, der ihre Kosten gegen ihren Ertrag aufrechnet und weder ihre Anmut noch ihre Freuden kennt. Die uns lehren wollen, es sei beschwerlich und mühevoll, nach ihr zu streben, aber angenehm, sie zu besitzen: was sagen die anders, als daß sie allezeit unangenehm sei? Denn welches menschliche Tun führte uns jemals zu ihrem vollen Genuß? Die Vollkommensten haben sich damit begnügt, nach ihr zu streben, sich ihr zu nähern, ohne sie je ganz zu besitzen. Aber sie täuschen sich: denn bei allen Vergnügen, die wir kennen, ist schon der Weg selbst vergnüglich. Das ganze Unternehmen hat etwas von der Eigenart dessen, worauf es sich richtet; dies ist ein gut Teil seiner Wirkung, und von gleicher Substanz. Das Glück und die Seligkeit, die in der Tugend aufscheinen, erleuchten ihre Umgebung und alle Wege, die zu ihr führen, bis an ihren ersten Eingang und ihre äußersten Grenzen. Nun ist aber eine der größten Wohltaten der Tugend die Verachtung des Todes: eine Fähigkeit, die unserem Leben eine holde Ruhe verschafft, uns seinen Genuß rein und liebenswert erhält: ein Genuß, ohne den jeder andere erstürbe.

Das ist der Grund, warum alle Weisheitslehren in diesem Punkt übereinstimmen, Denn, obwohl sie uns einmütig lehren, den Schmerz, die Armut und andere zufällige Übel, denen das menschliche Leben unterworfen ist, zu verachten, so tun sie das doch nicht mit ähnlicher Sorgfalt: teils weil diese Wechselfälle nicht in gleichem Maße unvermeidlich sind (die meisten Menschen verbringen ihr Leben, ohne die Armut zu schmecken, und andere, ohne Schmerz und Krankheit zu empfinden, wie Xenophilus der Musiker, der 106 Jahre bei vollkommener Gesundheit lebte), teils auch, weil der Tod, wenn es zum Schlimmsten kommt, nach unserem Belieben alles beenden, und allen anderen Übeln ein Ende bereiten kann. Nur der Tod selbst, der ist unvermeidlich: »Uns alle mißt ein gleiches Maß. Für jeden wird die Urne geschüttelt, für jeden der Reihe nach das Los gezogen, das uns ins Schattenreich verbannt.« (Horaz, *Oden* II, 3, 25)

Und folglich ist der Tod, wenn wir uns vor ihm fürchten, eine beständige Ursache der Qual, die sich durch nichts lindern läßt. Es gibt keinen Ort, an dem er nicht auf uns lauert; wir können unseren Blick ohn' Unterlaß bald hierhin, bald dorthin wenden, wie in fremdem Land: »Er hängt wie des Tantalus Felsen immer über unserm Haupte.« (Cicero, *De finibus* I, 18) Unsere Gerichte schicken oft die Verbrecher zur Hinrichtung an den Ort, an dem das Verbrechen begangen wurde: man führe sie unterwegs durch die schönsten Städte, man gebe ihnen die besten Mahlzeiten, die zu haben sind, »weder vermag ein sizilianischer Schmaus seinen Gaumen zu kitzeln, noch das Lied der Vögel oder der Leier ihm Schlaf zu geben«. (Horaz, *Oden,* III,1,18) Glaubt ihr etwa, daß sie all das genießen können, daß ihnen der Endzweck der Reise, der ihnen immerdar vor Augen schwebt, nicht den Geschmack an all diesen Herrlichkeiten verdirbt und verleidet?

Das Ziel unserer Laufbahn ist der Tod; ganz unvermeidlich steht er uns vor Augen: erschrecken wir vor ihm, wie können wir auch nur einen Schritt nach vorn setzen, ohne zu erschaudern? Das Mittel des einfältigen Haufens ist, nicht daran zu denken. Aber aus welch viehischer Dummheit kommt ihm eine so grobe Blindheit? Er muß dazu den Esel am Schwanz aufzäumen, »der sich in den Kopf gesetzt hat, rückwärts zu gehen«. (Lukrez, IV, 474) Es ist kein Wunder, wenn er oft in die Falle rennt. Man macht unsern Leuten Angst, wenn man den Tod nur beim Namen nennt; die meisten bekreuzigen sich, wie beim Namen des Teufels. Und weil er in den Testamenten erwähnt wird: glaubt ja nicht, daß sie Hand daran legen, bevor ihnen der Arzt das letzte Urteil gesprochen hat; und Gott allein weiß, mit was für Überlegungen sie es dann, zwischen Schmerz und Angst, zusammenrühren. Weil dieses Wort den Römern allzu hart im Ohre klang und ihnen ein böses Omen schien, hatten sie gelernt, es zu mildern und zu umschreiben. Statt zu sagen: er ist tot, sagten sie: er hat zu leben aufgehört, er hat gelebt. Wenn es nur wie Leben klingt, sei's auch dahin, sind sie getröstet. Wir haben davon unsern »weiland Meister Hans« geerbt.

Auf gut Glück gilt da, wie man so schön sagt, das Wort wie die Münze. Ich wurde zwischen elf Uhr und mittags geboren, am letzten Tag des Februar 1533, nach unserer jetzigen Zeitrechnung, da wir das Jahr mit dem Januar beginnen. Es ist gerade 15 Tage her, seit ich das neununddreißigste Lebensjahr vollendet habe, und mir stehen wenigstens noch einmal so viele zu; inzwischen wäre es töricht, sich mit Grübeleien über eine so entfernte Sache aufzuhalten. Aber was denn? Die Jungen und die Alten verlassen das Leben auf gleiche Weise. Keiner geht anders aus der Welt, als wäre er gerade eben eingetreten. Dazu kommt, daß es keinen Menschen gibt, und sei er noch so abgelebt, der, solange er nur Methusalem noch vor sich sieht, nicht glaubte, noch gut seine zwanzig Jahre im Körper zu haben. Aber, armer Narr, der du bist, wer hat dir denn die Länge deines Lebens garantiert? Du setzt auf die Märchen der Mediziner. Sieh dir lieber an, was wirklich geschieht und was dich deine Erfahrung lehrt. Nach dem gewöhnlichen Gang der Dinge ist es eine außerordentliche Gnade, daß du noch lebst. Du lebst schon länger, als es üblich ist. Daß dem so ist, dazu brauchst du nur unter deinen

Bekannten nachzurechnen, ob nicht die zahlreicher sind, die starben, ehe sie deine Jahre erreicht hatten. Und wenn du von denen ein Verzeichnis anlegst, die ihr Leben durch große Taten veredelt haben: ich wette, es sind mehr unter ihnen vor ihrem fünfunddreißigsten Jahr gestorben als danach. Es ist sehr vernünftig und fromm, die menschliche Natur Jesu Christi selbst zum Beispiel zu nehmen: er endete sein Leben mit dreiunddreißig Jahren. Und der größte Mensch, der bloß ein Mensch war, Alexander, starb auch in diesem Alter.

Auf wie vielerlei Art kann uns der Tod doch überraschen! Ich lasse die Fieber und die Grippen beiseite. Wer hätte je gedacht, daß ein Herzog der Bretagne im Gedränge erdrückt werden sollte, wie es ihm beim Einzug von Papst Clemens, meinem ehemaligen Nachbarn, in Lyon widerfuhr? Hast du nicht einen unserer Könige beim Spielen sterben sehen? Und starb nicht einer seiner Vorfahren daran, daß ihn ein Schwein umrannte? Aeschylus war wahrgesagt worden, er solle sich vor dem Fall eines Hauses hüten; er konnte sich noch so vorsehen: er wurde vom Dach einer Schildkröte erschlagen, die einem Adler aus den Krallen glitt. Jener andere (Anakreon) starb an einem Weinbeerkern; ein Kaiser, weil er sich mit dem Haarkamm ritzte, als er sich den Scheitel zog; Aemilius Lepidus, weil er sich mit dem Fuß an der Türschwelle stieß, und Ausidius, weil er gegen die Tür des Ratssaales rannte; und zwischen den Schenkeln der Weiber: Cornelius Gallus, Prätor; Tigellinus, Hauptmann der Leibwache zu Rom; Ludwig, Sohn des Guy de Gonzaga, Marquis von Mantua; und, was noch ärger ist: Speusipp, ein platonischer Philosoph, und einer unserer Päpste. Den armen Bebius, einen Richter, hat es erwischt, während er einer Partei einen Aufschub von acht Tagen gewährte — seine Frist war abgelaufen. Und Gaius Julius, der Arzt: indes er einem Kranken die Augen salbt, kommt der Tod und drückt ihm seine zu. Und, wenn ich etwas von mir dazutun soll: ein Bruder von mir, der Hauptmann von Saint-Martin, dreiundzwanzig Jahre alt, der schon manchen Beweis seiner Tapferkeit geliefert hatte, wurde beim Ballspiel knapp über dem rechten Ohr getroffen, ohne daß das geringste Anzeichen einer Quetschung oder Wunde zu sehen war. Deswegen setzte er sich auch nicht nieder und hörte nicht auf zu spielen, aber fünf oder sechs Stunden später starb er an einem Schlaganfall, den dieser Wurf verursacht hatte. Alle diese häufigen und ganz gewöhnlichen Beispiele vor Augen: wie ist es möglich, daß wir uns der Gedanken an den Tod entschlagen können und daß es uns nicht jeden Augenblick vorkommt, als habe er uns schon am Kragen?

Was soll's, entgegnet ihr mir, es sei wie es wolle, wenn man sich nur keine Sorgen macht. Ich bin auch der Meinung, und wenn man irgendwie mit heiler Haut entwischen kann, und sei es unter einer Kalbshaut, ich bin nicht der Mann, der sich da lange besönne. Denn es reicht mir, auf meine Weise durchzukommen; und die besten Karten, die ich bekommen kann, nehme ich, so wenig rühmlich und exemplarisch das im übrigen sein mag. Aber es ist eine Dummheit, anzunehmen, daß man auf diese Weise entwischt. Sie gehen, sie kommen, sie laufen, sie tanzen — vom Tod kein Wort. All das ist ja ganz schön. Aber dann, wenn er kommt, zu ihnen oder zu ihren Frauen, Kindern oder Freunden, plötzlich und unvermutet: welche Klage, welche Schreie, welches Toben, welche Verzweiflung befällt sie dann? Habt ihr jemals etwas so Niedergeschlagenes, so Verstörtes, so Verwandeltes gesehen? Man muß sich beizeiten darauf vorbereiten; und diese viehische Sorglosigkeit, wenn sie sich jemals im Kopfe eines verständigen Menschen festsetzte, was ich für völlig unmöglich halte, kommt uns allzu teuer zu stehen. Ja, wenn es ein Feind wäre, dem man ausweichen könnte, so würde ich raten, das Hasenpanier zu ergreifen. Aber da das nicht geht, da er euch erwischt, egal ob ihr flieht oder feig oder tapfer seid, und da kein Panzer, wäre er noch so gut gehärtet, euch vor ihm bedeckt, so laßt uns lernen, ihm standzuhalten und ihn zu bekämpfen. Und, damit wir ihm gleich zu Anfang seinen größten Vorteil rauben, wählen wir einen ganz anderen Weg als den üblichen. Nehmen wir ihm seine Fremdheit, machen wir mit ihm Bekanntschaft, gewöhnen wir uns an ihn, denken wir an nichts so oft wie an den Tod. Stellen wir ihn unserer Einbildungskraft alle Augenblicke und in allen möglichen Gestalten vor. Wenn ein Pferd stolpert, ein Ziegel vom Dach fällt, eine Nadel uns ritzt; laßt uns gleich bedenken: »Wohlan, und wenn dies nun der Tod selbst wäre?«; und dann laßt uns die Zähne zusammenbeißen und all unsere Kraft zusammennehmen. Inmitten der Feste und der Lustbarkeiten halten wir immer diesen Kehrreim bereit, der uns an unsere Bedingtheit erinnert, und lassen wir uns nie so weit vom Vergnügen forttragen, daß es uns nicht zuweilen einfiele, auf wie vielerlei Art unsere Freude dem Tod ausgesetzt ist und von wie vielen Seiten er droht. So machten es die Ägypter, die inmitten ihrer Feste und Gelage ein Knochengerippe hereintragen ließen, den Gästen zur Warnung.

Es ist ungewiß, ob der Tod uns erwartet; erwarten wir ihn überall. Die Besinnung auf den Tod ist Besinnung auf die Freiheit. Wer sterben gelernt hat, der hat das Dienen verlernt. Die Kunst zu sterben befreit uns von aller Unterwürfigkeit und allem

Zwang. Für den hat das Leben kein Übel mehr, der recht eingesehen hat, daß sein Verlust kein Übel ist. Paulus Emilius gab dem, den der unglückliche König von Mazedonien geschickt hatte, mit der Bitte, er möchte ihn nicht im Triumphzug mitführen, zur Antwort: »Soll er doch diese Bitte an sich selbst richten.«

Freilich, in allen Dingen kommen Kunst und Fleiß nicht sehr weit, wenn nicht die Natur ein wenig mithilft. Ich bin von Haus aus nicht schwermütig, aber ein Grübler. Es gibt nichts, mit dem ich mich mehr beschäftigt hätte als mit Vorstellungen vom Tode: selbst in der wildesten Zeit meines Lebens, inmitten der Frauen und der Spiele, wähnte mich mancher damit beschäftigt, eine Eifersucht zu verdauen oder einer ungewissen Hoffnung nachzuhängen, während ich gerade über ich weiß nicht wen nachdachte, der die vergangenen Tage von einem hitzigen Fieber und seinem Ende überrascht worden war, als er von einem ähnlichen Feste kam, den Kopf so voll mit Müßiggang, Liebe und Wohlleben wie ich, und daß mir ähnliches bevorstehe: »Schon ist es vorüber und nie kehrt es zurück.« (Lukrez, III, 915)

Der Gedanke legte meine Stirn nicht mehr in Falten als irgendein anderer. Es ist nicht anders möglich: anfangs müssen uns derartige Vorstellungen empfindlich treffen. Aber, indem man öfter mit ihnen umgeht und übt, zähmt man sie ohne Zweifel. Sonst müßte ich beständig in Schrecken und Wahnsinn leben, denn niemals hat ein Mensch seinem Leben so wenig getraut, so wenig auf dessen Dauer gesetzt wie ich. Weder hat die gute Gesundheit, die ich mit wenigen Unterbrechungen bis heute genossen habe, mich auf ein langes Leben hoffen noch haben meine Krankheiten mich ein kurzes fürchten lassen. Jede Minute kommt es mir vor, als ob ich gerade noch einmal davonkomme. Und ohne Unterlaß singe ich mir vor: »Alles, was eines Tages geschehen kann, kann auch heute geschehen.« Wirklich bringen Wagnisse oder Gefahren uns unserem Ende um wenig oder gar nichts näher; und wenn wir bedenken, wie viele Millionen anderer Zufälle, ohne diesen einen, der uns am stärksten bedroht, über unseren Köpfen schweben: so werden wir befinden, daß uns, ob wir gesund oder fiebrig, auf dem Meer oder zu Hause, in der Schlacht oder auf der Rast sind, der Tod allezeit gleich nahe ist.

Was immer ich vor meinem Tod noch zu erledigen habe: es zu vollenden, scheint mir jede Zeit zu kurz, und sei es die Angelegenheit einer Stunde. Jemand, der neulich in meinem Schreibzeug blätterte, fand eine Notiz über irgend etwas, das ich nach meinem Tod getan wissen wollte. Ich habe ihm gesagt, wie es auch die Wahrheit war, daß ich es hastig hinge-kritzelt hatte, als ich nicht weiter als eine Meile von meinem Haus entfernt war, gesund und wohlauf, weil ich nicht sicher war, ob ich je wieder heimkom-men würde. Als jemand, der seine Gedanken ständig mit sich herumträgt und über ihnen brütet, bin ich zu jeder Stunde vorbereitet auf das, was mit mir wer-den kann. Und die Ankunft des Todes wird mir nichts Neues bringen.

Man muß, soweit man es kann, allezeit gestiefelt und reisefertig sein und vor allem darauf achten, daß man es dann mit nichts anderem als mit sich selbst zu tun hat. Denn damit werden wir, ohne daß noch anderes dazukommen muß, genug zu tun haben. Da beschwert sich einer mehr als über den Tod darüber, daß er ihm einen schönen Siegeszug unterbricht; ein anderer, daß er davon muß, bevor er seine Tochter verheiratet oder die Erziehung seiner Kinder veran-staltet habe; einer betrauert den Verlust seiner Frau, ein anderer den seines Sohnes, deren Gesellschaft die größte Freude seines Lebens war.

Ich bin, Gott sei Dank, zu dieser Stunde in einer Verfassung, daß ich davongehen kann, wann es ihm gefällt, ohne irgend etwas zu bedauern, es sei denn den Verlust des Lebens selbst, wenn er mich schwer ankommt. Ich mache mich von allem los; mein Abschied von jedermann ist schon zur Hälfte genommen, nur der von mir selbst noch nicht. Nie hat sich ein Mensch reiner und vollständiger vorbereitet, die Welt zu verlassen, als ich und hat ihr umfassender entsagt, als ich es zu tun beabsichtige.

»Unglücklicher, ach weh, rufen sie. Uns hat ein einziger Tag alles Glück des Lebens geraubt!« (Lukrez, III, 898) Und einer, der gerade baut: »Da ruht der Bau, der Mauern Höhe unvollendet.« (Virgil, *Aeneis*, IV, 88) Man soll sich kein Werk vornehmen, das so langen Atem erfordert, oder wenigstens nicht so, daß man sein Ende leidenschaftlich zu sehen wünscht. Wir sind geboren, um tätig zu sein. »Ich wünschte, daß der Tod mich inmitten der Arbeit finde.« (Ovid, *Amores*, II, 10, 36) Ich will wohl, daß man arbeite und die Lebenspflichten so weit ausdehne, wie man kann; der Tod mag mich finden, wenn ich meinen Kohl pflanze, aber unbekümmert um ihn, und mehr noch um meinen unfertigen Garten. Ich habe einen sterben gesehen, der noch in seinen letzten Zügen unaufhörlich klagte, daß das Schicksal die Geschichte des fünfzehnten oder sechzehnten unserer Könige, die er gerade unter den Fingern hatte, nun unvollendet lasse.

Man muß diese gewöhnlichen und schädlichen Launen ablegen. Gerade so, wie unsere Friedhöfe dicht neben den Kirchen angelegt sind und an den volkreichsten Orten der Stadt, um, wie Lykurg sagte, das gemeine Volk, die Frauen und die Kinder daran

84

zu gewöhnen, beim Anblick eines Toten nicht zu erschrecken, und damit dieser immerwährende Anblick der Gebeine, der Gräber und der Leichenzüge uns an unsere Begrenztheit erinnere; und so, wie die Ägypter nach ihren Festessen den Gästen ein großes Bild des Todes vorzeigen ließen, von einem, der ihnen zurief: »Trink und sei lustig, denn wenn du einmal tot bist, wirst du so sein wie dieser«, genauso habe ich es mir zur Gewohnheit gemacht, den Tod nicht nur ständig im Kopf, sondern auch im Mund zu haben; und es gibt nichts, wonach ich mich lieber erkundige, als danach, wie ein Mensch gestorben sei: welche Worte, welchen Gesichtsausdruck, welche Haltung er dabei gemacht habe; und keine Stellen der Geschichtsbücher betrachte ich aufmerksamer. An den Beispielen, mit denen ich dieses Kapitel gespickt habe, zeigt sich meine besondere Vorliebe für diesen Gegenstand. Wäre ich Bücherschreiber, ich legte ein kommentiertes Register der verschiedenen Todesarten an. Wer die Menschen das Sterben lehrte, der lehrte sie das Leben. Dikaiarchos verfertigte eines mit ähnlichem Titel, aber in anderer und nicht so nützlicher Absicht.

Man wird mir sagen, die Wirklichkeit übersteige die Vorstellung so weit, daß die beste Fechtkunst versage, wenn es soweit ist. Laßt sie reden: sich in Gedanken darauf vorbereiten hat dennoch große Vorteile. Und dann: ist das nichts, wenigstens den Weg dorthin ohne Aufregung und Fieber zu gehen? Ja, was noch mehr ist: die Natur selbst leiht uns die Hand und macht uns Mut. Ist es ein kurzer und gewaltsamer Tod, so haben wir keine Zeit, uns vor ihm zu fürchten; ist er von anderer Art, so merke ich, daß bei mir in dem Maße, in dem ich mich mit der Krankheit einlasse, ganz natürlicherweise ein gewisser Überdruß am Leben eintritt. Ich finde, daß ich die Bereitschaft zum Sterben weit schwerer verdaue, wenn ich gesund bin, als wenn ich im Fieber liege. In dem Maße, in dem ich nicht mehr so stark an den Gütern des Lebens hänge, weil ich den Genuß und das Vergnügen daran zu verlieren beginne, betrachte ich auch den Tod mit einem sehr viel weniger entsetzten Blick. Das läßt mich hoffen, daß ich, je mehr ich mich von jenem entferne und diesem nähere, desto leichter in den Wechsel einwilligen werde. Genau so, wie ich bei vielen anderen Gelegenheiten befunden habe, daß uns, wie Cäsar gesagt hat, die Dinge oft von weitem größer erscheinen als von nahem, habe ich auch beobachtet, daß ich mich, wenn ich gesund war, viel mehr vor den Krankheiten gefürchtet habe, als wenn ich sie fühlte. Solange ich munter, lustig und bei Kräften bin, dünkt mich der andere Zustand so unvergleichlich mit diesem, daß ich in der Einbildung die Unbequemlichkeiten um die Hälfte vergrößere und sie drückender empfinde, als ich sie fühle, wenn ich sie am Halse habe. Ich hoffe, daß es mir mit dem Tod auch so gehen wird.

An diesen gewöhnlichen Veränderungen und Minderungen, die wir erleiden, können wir ablesen, wie die Natur uns die Empfindung unseres Verlustes und unseres Dahinschwindens abnimmt. Was bleibt einem Greise noch von der Kraft seiner Jugend und von seinem vergangenen Leben? Cäsar gab einem Soldaten seiner Leibwache, der ihn, ausgedient und zerbrochen, auf der Straße um seinen Abschied bat, um sterben zu gehen, nachdem er dessen hinfällige Gestalt betrachtet hatte, im Scherze zur Antwort: »Du denkst also, du lebst noch?« Ich glaube, wenn wir auf einen Schlag in einen solchen Zustand fielen, wären wir nicht in der Lage, eine derartige Veränderung auszuhalten. Aber, da die Natur uns an ihrer Hand einen sanften und fast unmerklichen Weg bergab führt, Schritt um Schritt und Grad um Grad, geleitet sie uns in diesen elenden Zustand und lehrt uns, ihn hinzunehmen; so verspüren wir nicht die geringste Erschütterung, wenn die Jugend in uns stirbt, was in Wahrheit und in Wirklichkeit ein weit härterer Tod ist als der schließliche Tod eines siechen Lebens oder der Tod des grauen Alters. Ebenso wie der Sprung vom Elendsein ins Nichtsein leichter ist als der aus einem angenehmen und blühenden Leben in einen Zustand voller Pein und Schmerzen.

Der gebeugte und erschlaffte Körper hat weniger Kraft, eine Last zu tragen; ebenso ist es mit unserer Seele: man muß sie gegen die Anfälle dieses Gegners aufrichten und stärken. Denn wie es unmöglich ist, daß sie zur Ruhe kommt, solange sie sich vor ihm fürchtet, so kann sie, wenn sie ihm beherzt entgegentritt (was gleichsam die menschliche Kraft übersteigt), sich rühmen, daß weder Unruhe, Qual, Furcht noch der geringste Verdruß bei ihr Logis nehmen könnten. Sie ist zur Meisterin ihrer Leidenschaften und Begierden erhoben, zur Herrin über Dürftigkeit, Schmach, Armut und alle anderen Widerwärtigkeiten des Schicksals. Gewinne diesen Vorteil, wer immer es kann; hier liegt die wahre und allerhöchste Freiheit, die uns in den Stand setzt, der Gewalt und dem Unrecht Trotz zu bieten und über Kerker und Ketten zu spotten. Unsere Religion hat kein festeres menschliches Fundament als die Verachtung des Lebens. Nicht nur daß uns die Stimme der Vernunft darauf führt, denn warum sollten wir fürchten, etwas zu verlieren, dessen Verlust wir gar nicht mehr bedauern können; und dann, weil wir auf so vielerlei Art vom Tod bedroht werden: ist es nicht weit ärger, sie alle zu fürchten, als eine einzige zu bestehen?

Was kümmert es uns, wenn er kommt, da er doch unvermeidbar ist? Demjenigen, der zu Sokrates sagte: »Die dreißig Tyrannen haben dich zum Tode verurteilt«, atwortete er: »Und die Natur sie.«

Welche Dummheit, uns zu plagen wegen des Übergangs zur Befreiung von aller Plage!

Wie unsere Geburt uns die Geburt aller Dinge war, so wird unser Tod uns der Tod aller Dinge sein. Deshalb ist es die gleiche Torheit, darüber zu weinen, daß wir in hundert Jahren nicht mehr leben werden, wie darüber zu weinen, daß wir vor hundert Jahren noch nicht gelebt haben. Der Tod ist der Anfang eines anderen Lebens. Ebensosehr weinten wir, ebenso beschwerlich war es uns, in dieses einzutreten; ebenso legten wir unsere alte Hülle ab, als wir eintraten.

Nichts kann schlimm sein, das nur einmal geschieht. Ist es vernünftig, sich so lange vor einer Angelegenheit zu fürchten, die so kurze Zeit dauert? Lange Zeit leben und kurze Zeit leben: durch den Tod wird das ganz einerlei. Denn Dinge, die nicht mehr sind, sind weder kurz noch lang. Aristoteles sagte, es gäbe kleine Tiere auf dem Fluße Hypanis, die nur einen Tag lebten. Eines, das früh morgens um acht stirbt, stirbt in seiner Jugend; und dasjenige, das abends um fünf stirbt, an Altersschwäche. Wer von uns würde nicht spotten, wenn man diese Fristen nach Glück oder Unglück bewerten wollte? Das Mehr oder Weniger unseres Lebens, wenn wir es mit der Ewigkeit vergleichen, oder auch mit der Dauer der Berge, der Flüsse, der Sterne, der Bäume oder selbst einiger Tiere, ist nicht weniger lächerlich.

Aber die Natur zwingt uns dazu. »Geht aus dieser Welt«, sagt sie, »wie ihr hineingekommen seid. Denselben Weg, den ihr vom Tod zum Leben gewandert seid, ohne Unruhe und Furcht, geht ihn nun vom

Leben zum Tod. Euer Tod ist ein Teil der Ordnung des Weltalls; er ist ein Stück des Lebens der Welt. Soll ich etwa euch zu Gefallen diese schöne Verknüpfung der Dinge ändern? Die Bedingung eurer Schöpfung, ein Teil von euch selbst, ist der Tod; ihr flieht vor euch selbst. Dieses euer Dasein, das ihr genießt, hat gleichermaßen Teil am Tod und am Leben. Mit dem Augenblick eurer Geburt seid ihr auf dem Weg zum Sterben und zum Leben. ›Die erste Stunde, die uns das Leben gibt, verkürzt es schon. Weil wir geboren werden, sterben wir; der Anfang enthält das Ende.‹ (Seneca, *Hercules furiosus,* III, 874; Manilius, *Astronomica,* IV, 16)

Soviel, wie ihr lebt, entwendet ihr dem Leben; es geht auf seine Kosten. Das andauernde Werk eures Lebens ist es, euren Tod aufzuführen. Ihr sterbt schon, während ihr noch lebt. Denn ihr habt den Tod hinter euch, wenn ihr nicht mehr am Leben seid.

Oder, wenn es euch so herum besser gefällt: nach dem Leben seid ihr tot; aber während des Lebens seid ihr Sterbende; und der Tod trifft den Sterbenden viel härter und viel lebhafter und wesentlicher als den Toten.

Habt ihr euer Leben genutzt, so seid ihr satt, steht zufrieden auf und geht! Habt ihr nicht verstanden, es zu nutzen, war es euch unnütz, was kümmert es euch dann, es zu verlieren, wozu wollt ihr es noch länger?

Das Leben ist, an sich betrachtet, weder ein Wohl noch ein Übel; es ist der Wohnort des Wohls oder des Übels, je nachdem, was ihr hineinlegt. Und wenn ihr einen Tag gelebt habt, so habt ihr alles gesehen. Ein Tag ist gleich allen Tagen. Es gibt kein anderes Licht und keine andere Nacht. Diese Sonne, dieser Mond, diese Sterne, dieses Weltgebäude, es ist dasselbe, das eure Ahnen genossen haben und das eure Enkel erfreuen wird.

Und wenn es aufs Ganze kommt, so sind alle Akte meiner Komödie, nach Rollenverteilung und Vielfalt, in einem Jahr aufgeführt. Meine vier Jahreszeiten, wenn ihr auf ihre Veränderungen achtgegeben habt, begreifen die Kindheit, die Jugend, das Mannes- und das Greisenalter der Welt in sich. Sie hat ihr Spiel gespielt. Es fällt ihr nichts anderes ein, als wieder von vorne anzufangen. Es wird immer dieses selbe sein. ›Wir drehen uns im Kreise und bleiben stets darinnen.‹ (Lukrez, III, 1080) ›Und in der eignen Bahn kreist immerfort das Jahr.‹ (Virgil, *Georgica*, II, 402) Ich bin nicht willens, euch einen neuen Zeitvertreib zu ersinnen. Macht den anderen Platz, wie andere euch Platz gemacht haben.

Die Gleichheit ist die Hauptstütze der Gerechtigkeit. Wer kann sich beklagen, dabei zu sein, wenn alle dabei sind? Übrigens lebt, so lange ihr wollt, ihr werdet doch die Zeit um nichts verringern, die ihr tot sein müßt; es ist vergebens: ihr werdet ebensolange in diesem Zustand sein, den ihr fürchtet, als wenn ihr in der Wiege gestorben wäret. Bei dem will ich euch in einen Zustand versetzen, in dem ihr kein Mißvegnügen fühlen sollt, noch euch das Leben zurückwünschen werdet, dessen Verlust ihr jetzt so beklagt. Der Tod ist weniger zu fürchten als Nichts, wenn es etwas geringeres als Nichts gäbe. Er betrifft euch weder tot noch lebend: lebend nicht, weil ihr seid; tot nicht, weil ihr nicht mehr seid.

Keiner stirbt vor seiner Stunde. Was an Zeit auf euch folgt, gehört euch ebensowenig und geht euch ebensowenig an wie die Zeit, die vor eurer Geburt verflossen ist. Wo immer euer Leben endet, dort ist es ganz vollendet. Der Nutzen des Lebens liegt nicht in seiner Länge, sondern in dem Gebrauch, den man

90

von ihm macht: manch einer hat lange Jahre gelebt, und doch wenig gelebt; denkt daran, solange ihr noch da seid. Es liegt in eurem Willen, nicht an der Zahl der Jahre, ob ihr gelebt habt. Dachtet ihr denn, ihr würdet nie dorthin gelangen, wohin ihr ohne Unterlaß wandert? Es gibt keinen Weg, der nicht einmal sein Ziel erreichte.

Und, wenn Gesellschaft euch trösten kann: geht nicht die ganze Welt eben denselben Weg, den ihr geht? Schaukelt nicht alles, so wie ihr schaukelt? Gibt es ein Ding, das nicht ebenso altert wie ihr? Tausend Menschen, tausend Tiere und tausend andere Kreaturen sterben in eben dem Augenblick, da ihr sterbt.

Wozu weigert ihr euch lange, da ihr doch nicht zurück könnt? Ihr habt Leute genug gesehen, die sich ganz wohl dabei befanden, weil sie dadurch großem Elend entgangen sind. Aber habt ihr einen einzigen gesehen, der sich übel dabei befunden hätte? Also ist es doch von großer Einfalt, etwas zu verdammen, das ihr weder selbst erfahren habt noch durch andere kennt. Warum beklagst du dich über das Schicksal? Tun wir dir Unrecht an? Bist du Herr über uns, oder wir über dich? Auch wenn dein Alter noch nicht erreicht ist, dein Leben ist am Ende. Ein kleiner Mensch ist ebenso ein ganzer Mensch wie ein großer.

Weder die Menschen noch ihre Leben werden an der Elle gemessen. Chiron schlug die Unsterblichkeit aus, als er von seinem Vater Saturn, dem Gott der Zeit und der Dauer selbst, ihre näheren Umstände erfuhr. Bedenkt nur einmal recht, daß ein immerwährendes Leben dem Menschen weit unerträglicher und lästiger wäre als das Leben, das ich ihm verliehen habe. Wenn ihr den Tod nicht hättet, so würdet ihr mich ohne Unterlaß verfluchen, daß ich ihn euch vorenthalten habe. Ich habe mit Bedacht ein wenig Bitterkeit in ihn gemischt, um euch daran zu hindern, ihn zu schnell und unbesonnen zu umarmen, wenn ihr seine Annehmlichkeiten entdeckt. Um euch zu dieser Mäßigung anzuhalten, weder das Leben noch den Tod zu fliehen (wie ich es von euch verlange), habe ich beide mit Süßem und Herbem vermischt.

Ich lehrte Thales, den ersten unter euren Weisen, daß Leben und Sterben einerlei sind; weshalb er demjenigen, der ihn fragte, warum er nicht stürbe, sehr weise erwiderte: ›Weil es keinen Unterschied macht.‹

Das Wasser, die Erde, das Feuer und die anderen Teile meines Gebäudes sind ebensowohl Werkzeuge deines Lebens wie Werkzeuge deines Todes. Warum fürchtest du deinen letzten Tag? Er trägt nicht mehr als jeder andere zu deinem Tod bei. Der letzte Schritt verursacht die Müdigkeit nicht, er zeigt sie nur. Alle Tage gehen nach dem Tode zu, der letzte kommt dort an.«

Das sind die weisen Lehren unserer Mutter Natur. Bei alledem habe ich oft nachgedacht, woher das kommt, daß uns im Krieg das Antlitz des Todes, mögen wir es an uns selbst oder an anderen sehen, unvergleichlich weniger schrecklich vorkommt als zu Hause: sonst bestünden die Armeen nur aus Ärzten und Klageweibern; und desgleichen, woher es wohl kommt, daß man das Landvolk und die gemeinen Leute weit beherzter beim Sterben findet als andere, da doch der Tod überall derselbe ist. Wahrhaftig, ich glaube, daß uns diese schauderlichen Trauermienen und Anstalten, mit denen wir uns umgeben, mehr ängstigen als der Tod selbst; eine völlig veränderte Umgebung, das Geschrei der Mütter, Frauen und Kinder, die Besuche von bestürzten und ganz

außer sich geratenen Menschen, die Gegenwart einer
Menge blasser und jämmerlich weinender Diener,
ein Zimmer ohne Tageslicht, brennende Kerzen,
unser Bett belagert von Ärzten und Priestern: kurz,
alles um uns herum verursacht Grauen und Entsetzen. Wir sind schon so gut wie begraben und ver-
scharrt. Die Kinder fürchten sich sogar vor ihren
Freunden, wenn die sich verkleidet haben; so geht
es auch uns. Man muß den Dingen wie den Menschen die Masken abnehmen. Ist sie abgenommen,
dann finden wir darunter nichts als eben diesen Tod
verborgen, den ein Diener oder ein einfaches Zim-
mermädchen neulich ohne Angst gestorben sind.
Glücklich der Tod, der zu dergleichen Zurüstungen
und Anstalten keine Zeit mehr läßt!

Ein Ritter ohne Rüstung

●

Man wird einen Text wie den voranstehenden falsch lesen, wenn man ihn als den Ausdruck erfreulicher geistiger Gelassenheit versteht. Montaignes *Versuche* sind solche der Selbstberuhigung: »Wovor ich mich am meisten fürchte, ist die Furcht« — in solchen Einsprengseln wird etwas spürbar von der Leere und der Verzweiflung, die in jener Zeit die Seelen erfüllen konnte. Es war der seelischen Gesundheit nicht gerade förderlich, wenn Glaubenssysteme zerfielen, der Humanismus sich mehr und mehr als Suchen nach einem Strohhalm aus der Antike erwies, die schönen Renaissancefassaden Fassaden blieben und hinter jeder Waldecke ein paar Mörder stehen konnten. »Es mehrt sich von Tag zu Tag die Zahl der Sonderlinge und Psychopathen«, schreibt Arnold Hauser über die geistige Situation der Zeit, und dann folgt eine lange Liste: Pontormo, Parmigianino, Bassano, Tasso, Orlando di Lasso, Greco. Melancholie ist eine Massenerscheinung, wird dementsprechend zur Mode; und Campanella wettert: »Wissen ist sich entfremden, sich entfremden ist wahnsinnig werden, sein eigenes Sein verlieren und ein fremdes Sein annehmen.«

Nicht länger von der universalen Kultur des Mittelalters gehalten, suchten sich die verzweifelten Seelen selbst eine Form. Das ist zunächst eine anstrengende Freiheit, und das Jahrhundert war voll von

Wunderlichkeiten, Exzentritäten, Manierismen. Das Verzerrte, das Fragmentarische, die Entstellung der Naturformen zeichnete die Kunst der Epoche aus. »Der Glaube muß lernen, auf dem Nichts zu stehen«, sagte Luther, und die ästhetischen und intellektuellen Avantgarden schufen sich ihren Gewißheits- und Traditionsersatz, den »Panzer der Haltung« (Pinder). Neues entsteht aus Notlagen. Individualität entwikkelt sich nicht aus freien Stücken; sie ist die Reaktion auf das Unsicherwerden alter Errungenschaften, auf Trennungen. Und gefährlich ist sie auch: Montaigne wußte das, er hat den verrückten Tasso im Irrenhaus in Ferrara besucht. »Man muß die Seele nur ein wenig überdrehen, damit sie von einem Zustand in den anderen gerät. An den Taten der Verrückten sehen wir, wie gut der Wahnsinn mit den gesundesten Regungen unserer Seele zusammengeht.« (II,12)

Montaigne hat sich selbst freigesetzt, weil er den Betrieb nicht mehr aushielt; und selbst dem Rat von Freunden, etwa eine Geschichte der Gascogne zu schreiben — was immer noch etwas »Objektives« gewesen wäre —, folgte er nicht. Er will es wissen, und er spürt, wie gefährlich das ist: »Ich bin nach nichts begierig, aber ich fürchte es wie den Tod, von Leuten verkannt zu werden, die zufälligerweise meinen Namen kennen.« (III, 5) Wie entgeht man der Verzweiflung, von der Pascal sagen wird: »Wir brennen vor Gier, einen festen Grund zu finden und eine letzte beständige Basis, um darauf einen Turm zu bauen, der bis in das Unendliche ragt; aber all unsere Fundamente zerbrechen, und die Erde öffnet sich bis zu den Abgründen.«

Das Programm, das Montaigne sich vornimmt, klingt etwas bescheidener als die Pascalsche *tour de force* zwischen Unendlichkeit und Verzweiflung. Er läßt der Ernüchterung Zeit, Raum zu greifen, und entgeht dadurch der Gefahr, vor der Verzweiflung zu schnell in neue Gewißheiten, große Theorien oder in den Narzißmus zu fliehen — auch der ist ja ein Ausweg, wenn die Gesellschaft in der Krise ist, die Religion in der Auflösung, und wenn neue Unsicherheiten mit jeder Post gemeldet werden.

Da ist sein Rückzug; aber weder ist es die gottgefällige und deshalb selbstsichere Askese der Mönche noch der selbstgenügsame Trost in den Büchern, die er sucht. Montaigne ist neugieriger. Oder anders: er ist so wenig noch verbunden mit den Traditionen seines Standes, der Gelehrsamkeit oder der Ästhetik, daß er sich nicht durch Konsum oder Philosophie beruhigen kann. Er konfrontiert seine Sucht nach Stabilität und Angstminderung nicht mit den Pascalschen Maximalforderungen, sondern mit dem, was es so gibt (und dabei wird er das Unbekannte, das Verleugnete und Vergessene entdecken).

Auf die Entzauberung der Welt reagiert er nicht mit dem gierigen Griff nach neuen Transzendenzen, sondern mit aufmerksamer Passivität. Dabei lenkt der Betrieb ab, und gerade die Renaissance-Tugend *par excellence,* der Ruhm, ist Montaigne die größte Ablenkung — in allen seinen Erscheinungsformen: militärischen, gesellschaftlichen, literarischen, wissenschaftlichen. Ein Jenseits des individuellen Lebens wird gesucht, soll diesem Gewicht verleihen und entleert es doch dabei. Voller Genuß zitiert Montaigne die Geschichte des Feldherrn, der am Anfang seiner Laufbahn schon weiß, daß er Italien, Europa und die ganze Welt erobern will. (I,42) Und wozu, und was dann, fragt ihn sein Ratgeber. Damit er sich dann zur Ruhe setzen und ein Leben führen könne, das ihm behage: einfach und zufrieden. Dieser Feldherr heißt Pyrrhus; und Montaigne ist einer der Narren, die mit ihrer Kleine-Leute-Logik immer fragen:

Wozu der Umweg? An Cicero ärgert ihn am ehesten dessen »über alle Maßen ehrgeizige Natur«. (I,40)

Die Menschen setzen Masken auf; die Masken verhüllen die Gebrechlichkeit auf allen Seiten und machen Angst. Die Maskierung begründet den Kreislauf von Ohnmacht und Angst, der die Gesellschaft so schlecht zusammenhält und selbst die Vertrautesten trennt. Der erste Akt der Selbstberuhigung ist deshalb die Demaskierung, die Entlarvung — später wird man das Ideologiekritik nennen. Montaigne spottet über die von Geldgier und Hypokrisie getragenen Veranstaltungen, die sich Rechtspflege nennen, über den territorialen Hunger, der sich als Suche nach dem rechten Glauben kaschiert. Und selbst in der Wissenschaft sieht er zunächst die Abschmiererei, die Geltungssucht und die Unverantwortlichkeit. Mit Genuß entlarvt er die Fehlerquellen, die sich in die Urteile der Richter und der Philosophen einschleichen — von logischen Schnitzern bis hin zur schlechten Laune, und er wünscht sich ein Buch, in dem die moralischen und politischen Lehren der Alten synchron zu ihrem Leben zu lesen wären.

Wenn die Philosophie keinen Ausweg bietet, wenn alle »Urteile en gros zu locker gestrickt und unvollkommen sind« (III,8), dann muß eben zunächst im Detail untersucht werden, dann liegt der Ausweg nicht mehr im Nachdenken, sondern im Hinsehen, im Lauschen, im Schmecken — auch das ist eine Bedeutung von *essayer*.

Und das nächstliegende Detail ist seit den Tagen des Orakels zu Delphi immer man selbst. Montaigne wird — Roy Porter hat schön darauf hingewiesen — zu unrecht und unspezifisch als der große Entdecker der Identität, des Individuums, des cartesianischen Ich gefeiert. »Es gab keine Knappheit in Selbsten vor Montaigne — christliche Heilige und Mystiker

97

oder Vasaris Künstler, genauso wie später Solipsisten, Narzißten und Exzentriker gab es eher im Überfluß, von Donne und Sir Thomas Browne bis Rousseau und Timothy Leary. Aber so viele von ihnen waren Egomaniker, Selbsthasser, Selbstexilierte, von Dämonen Besessene ... Jahrtausendelang war das gewöhnliche Selbst verachtet worden, und Selbsterforschung war morbide, ganz Agonie und Ekstase.«

Montaigne hat den Mut oder die Nüchternheit, die Selbsterforschung wirklich bei sich beginnen zu lassen und nicht gleich vorschnell irgendwelche Transzendenzen einzuführen. Der erste Akt seiner Selbstaufklärung ist einer der Abklärung, des Verzichts auf große Ideale, Fixsterne und Ideen: »Es reicht, sich das Gesicht zu pudern; müssen wir uns auch noch die Seele pudern?« (III,10)

Sich selbst gehören zu können sei das Größte. Dieses Programm klingt etwas bescheidener als jene Fanfarenstöße, mit denen die Aufklärung sich zweihundert Jahre später umgeben wird. Da geht es dann um Freiheit, Gleichheit, Menschheitsprojekte und so weiter. Nur, Montaignes bescheidenes Vorhaben ist nicht das eines geruhsamen Rentner- oder Rentiers-Daseins. Seine Abklärung erfordert Mut; zunächst den zur Abrüstung. Das unbekannte Gekannte soll entdeckt werden; es ist also schon da, nur verborgen. Man muß es herbeilocken. Und so läßt Montaigne sein Ich — wie sein Schloß in den Wirren der Bürgerkriege — unbewehrt, nach allen Seiten offen: »Daß so viele bewachte Landsitze untergegangen sind, während dieser sich hält, bringt mich auf den Verdacht, daß sie untergegangen sind, weil sie bewacht waren. (...) Jede Bewachung hat schon einen Anschein von Krieg. (...) Unter so vielen gerüsteten Häusern bin ich in Frankreich, soviel ich weiß, der einzige meines Standes, der den Schutz des seinen schlicht und einfach dem Himmel anvertraut hat. Und ich habe daraus nie auch nur einen Silberlöffel noch eine Urkunde weggeschafft. Ich will mich nicht halb fürchten, und auch nicht halb retten.« (II, 15)

Es ist die Zeit, in der die Ritter lächerlich, unbeweglich und ineffektiv werden. Sie sind zu stark gepanzert für die veränderten Bewegungen des Krieges. Montaigne sah die Zeit kommen, wo sie vollends hinter ihren Panzern verschwinden würden. Die ritterlichen Tugenden müssen sich eine neue Kampfesweise suchen, eine, die nicht soviel Armierung benötigt. Und so war es wohl auch mit den gedanklichen Rüstungen der Scholastik, der Renaissance, des Humanismus — sie waren nur noch von begrenztem Nutzen in der chaotischen, sich ständig verändernden Landschaft, im Bewegungskrieg der Ideologien, Neuübersetzungen und Erfindungen. Wenn außen das Chaos und innen der Identitätsverlust droht — wenn der Schutz gegen das Chaos auch das Eigene totschützt und ein Ausweg aus dem Taumel der Seele nur als Kapitulation vor fremden Objektivitäten möglich ist —, dann gibt es nur einen Ausweg: mitten hindurch.

Montaigne setzte seinen Rittermut darein, ungerüstet inmitten der Hochrüstung zu denken. Auch das ist nicht ungefährlich: »Es ist ein verzweifelter Streich, wenn man die eigenen Waffen wegwerfen muß, um dem Gegner die seinen zu nehmen, und eine geheime Finte, deren man sich selten und zurückhaltend bedienen sollte. Es ist eine große Verwegenheit, sich selbst ins Verderben zu stürzen, um einen anderen zugrunde zu richten.« (II, 12)

Er zielt auf keine Morallehre oder läßt diesen Plan doch schnell fallen. Dieses traurige Erbe der Religion anzutreten, überläßt er anderen. Er ist, zunächst, ein positivistischer Beobachter der »mores«, kein Moralist. Geduldig steht er neben sich, blickt sich über die Schulter und notiert, was er sieht; er organisiert aus seiner »natürlichen«, egozentrischen Perspektive eine Art zweiter Geburt, zwei Jahrzehnte, nachdem man ihn »viel zu früh« in die Amtsgeschäfte gesteckt hat.

»Ich habe von mir selbst nichts Ganzes aus einem Stück, nichts Einheitliches und nichts Festes, nichts ohne Verwirrung und nichts Unvermischtes zu sagen, und nichts, was man in ein Wort fassen könnte. (...) Wir sind alle aus Flicken zusammengesetzt, und das so ungestalt und kunterbunt, daß jedes Stück jeden Augenblick sein eigenes Spiel treibt.« (II, 1) Montaigne protokolliert die kreisenden Spiele dieses Trieb-, Traum- und Gedankenbündels; er definiert sich nicht, deutet sich nicht, reglementiert sich nicht, grenzt sich nicht ab — jedenfalls nicht in seinem Buch. Er versucht, seinem »natürlichen und gewöhnlichen Gang« auf die Spur zu kommen, vom Stolz auf seinen schönen Schnurrbart bis zu dieser Beklommenheit, die ihn sich im Gespräch so ängstlich, trokken und kurz fassen läßt, weil er ständig fürchtet, er könne den Faden verlieren.

Ein »merkwürdiges körperliches Wesen« findet er vor; und es ist diese Aufmerksamkeit für alle Regungen des Körpers und des Denkens, für die alltäglichen Vorgänge des Essens, des Stuhlgangs, der Schmerzen, vor der sich das 17. Jahrhundert wieder die Nase zuhalten wird. Dieses Bild vom Menschen beleidigt sie: sie deuten auf die Fäkalien, aber sie meinen das gewöhnliche Irdische, das so gar nicht Ideale. Die mit dem selbstsicheren Gestus *cosi fan tutte* vorgetragene Selbstentblößung kränkt nicht nur die Eitelkeit, sondern auch die Krücke der Verantwortlichkeit, mit der jeden Tag aufs neue die Kluft zwischen der Beschaffenheit und den inneren Gedanken der Menschen und ihrem Betragen »in Gesellschaft« überquert wird:

100

»Sie wollen die Unwissenheit und Schwachheit der menschlichen Vernunft nicht frei bekennen, um die Kinder nicht fürchten zu machen.« (II, 12) Montaignes Enthüllungen: sein Wankelmut, seine lächerlichen Phobien, das Leiden, klein zu sein, die Kälte und die Wärme im Umgang mit seinen Nächsten, die Gier, die Eitelkeit, die Geilheit, die Gebrechen des Alters — all das setzt er, so oder ähnlich, bei allen anderen voraus. Das »Wir«, dessen er sich durchgehend bedient, ist ein inkorporierendes »Wir« mit suggestiver Verführungskraft: So sind wir Menschen. Die Schwächen, das Niedrige, Banale, Peinliche, die Ausrutscher, die Stolpersteine, die wir selber legen, und das Lächerliche gehören dazu. Hier wird es vorgeführt, nicht um es zu verwerfen und einem neuen pädagogischen Feldzug zur Verbesserung der Sitten und Spiritualisierung des Menschengeschlechts zu unterziehen. Das Gefährliche sind ja gerade die Masken, die Versuche, die Schwächen und Grenzen zu verbergen oder überzukompensieren. Gegen die eigentümliche Eintracht von »überhimmlischen Meinungen und unterweltlichen Sitten« (III, 13) setzt Montaigne einen Kurs des Entdeckens und Aufdeckens der Schwächen, Grenzen und des Unerwünschten im menschlichen Leben — nicht um sie abzuschaffen, sondern um damit leben zu können. Es handelt sich um einen Rohstoff, aus dem verschiedenes geformt werden kann — vorausgesetzt man kennt seine Beschaffenheit. So ist das Mitleid, eine edle Eigenschaft, vielleicht nur sublimierte Grausamkeit (»die Kinder fühlen das«), der Mut oft das Resultat von Dummheit oder Stumpfheit, die Festigkeit mitunter Begriffsstutzigkeit, und die Mäßigkeit entspringt nicht selten weniger der Tugend als einem schwachen Magen. Man kann aus Dummheit wahrhaftig, aus Einsamkeit ranschmeißerisch, aus Selbsthaß kühn, aus Heimtücke gerecht und aus zuviel Leidenschaft impotent sein. Solcher Art sind Montaignes psychologische Funde. Und wie beim Einzelnen gibt es auch in der Gesellschaft keine Eindeutigkeiten: auch die Laster »dienen als Band unserer Vereinigung wie die Gifte zur Erhaltung unserer Gesundheit«. (III, 1) Montaigne rührt an vieles, das in den Jahrhunderten der rationalistischen Psychologie wieder vergessen wird: die Ambivalenz in den Beziehungen zu geliebten Personen; die fundamentale Bedeutung der frühen Jahre (I, 23); die Verdrängung (ein »Vergessen aus Übermaß an Schmerz« nennt er sie); oder die Erkenntnis, die erst Freud wieder den Psychiatern und Inquisitoren entreißen wird: daß der Wahnsinn ein »körperliches Träumen« sei. (III, 11)

Wenn kaum noch etwas sicher ist, tritt an die Stelle der Bemühungen um Synthesen und Wegweiser eine neue Tugend: die Wahrhaftigkeit. Sie ist Montaignes einzige Tugend (Gide), und ihre Untertugenden heißen Neugier, Entdeckermut, Wahrnehmungsbereitschaft und Offenheit. Wenn Montaigne auf irgend etwas stolz ist, dann ist es diese Offenheit: »Ich wage es nicht nur, von mir zu sprechen; ich wage es, nur von mir zu sprechen.« (III, 8) Und denjenigen, die ihm vorwerfen, er rede nur von sich, entgegnet er, sie dächten nicht einmal an sich.

Die Schamlosigkeit, die Schau- und Zeigelust des Mittelalters kreuzen sich da glücklich mit der Introspektion, von der wir vielleicht auch nur fälschlicherweise annehmen, daß sie eine neue Errungenschaft sei. »Wollte Gott, daß dieses Übermaß meines Freimuts unsere Männer der Freiheit näherbrächte, über diese feigen und falschen Tugenden hinweg, die aus unseren Unvollkommenheiten entstehen. (. . .) Man muß seine Laster sehen und studieren, damit man sie offenbaren kann. Wer sie vor den anderen verbirgt, verbirgt sie gewöhnlich vor sich selbst und hält sie für versteckt genug, wenn er sie selbst nicht mehr sehen kann; er verhehlt und bemäntelt sie vor seinem eigenen Gewissen. (...) Die Übel der Seele werden um so versteckter, je stärker sie werden; der Kränkste fühlt sie am wenigsten. Aber eben deswegen muß man sie oft mit unbarmherziger Hand ans Licht bringen. (...) (III, 5)

Die Menschen müssen sich voreinander ehrlich machen — das ist vielleicht das einzige Pathos, zu dem Montaigne greift. Nicht die moralische Erziehung des Menschengeschlechts, sondern der gemeinsame Blick in den Spiegel ließe darauf hoffen, daß die Kluft zwischen den Masken und den Menschen, zwischen der gewöhnlichen Schwäche und den ungeselligen Anstrengungen ein wenig schmaler würde. Nur wenn die Öffentlichkeit diese menschlichen Probleme nicht aussperrt, kann sie zu etwas anderem werden als dem Jahrmarkt der Kompensationsgeschäfte. Man kann es auch anders sagen: Jahrtausendelang hatten die Religionen es den Menschen ermöglicht, sich über eine nicht-ironische und nicht-verdammende Selbstdistanzierung zu betrachten und mit ihren Schwächen und krummen Ecken zu versöhnen. Unter den Augen Gottes konnten sie sein, wie sie sich sahen: klein — ohne sich verloren geben zu müssen. Fällt die Religion oder wird der Glaube unsicher, dann muß diese Selbstidentifizierung und Positionsbestimmung selbst geleistet werden. Die Selbsterkenntnis tritt an die Stelle des Gebets und der Beichte. Ihr schwierigster Teil ist das Festhalten der eigenen Schwächen. Denn, anders als Gott, haben die Menschen keinen Trost anzubieten, nur die Würde der Wahrhaftigkeit.

In seinem »Willen zur Ohnmacht« (Hugo Friedrich) kann Montaigne gar nicht weit genug gehen.

103

Selbst die Unfähigkeiten der Nacht bleiben nicht ausgespart; und auch nicht diese: »Wann immer ich es erlebt habe, daß sich eine Frau mit mir langweilte: nie habe ich ihr auf der Stelle ihren Wankelmut vorgeworfen; vielmehr habe ich mich gefragt, ob ich mich nicht eher bei der Natur beschweren müßte. Denn ganz gewiß hat sie mich unbillig und ungehörig ausgestattet. ›Wenn ich ein Werkzeug habe, das zu kurz und nicht scharf genug ist: die Frauen — sie wissen zuviel — sehen ein zu kleines Werkzeug nur mit Mißfallen.‹ (*Priapea*, LXXX, I und VIII, 4), und mit einer ungeheuerlichen Beschädigung dazu.« (III, 5)

Nicht nur, weil mir kein vergleichbar schlichtes Zeugnis männlicher Ur-Unsicherheiten bekannt ist: Montaignes Skepsis ist schwer und mutig. Sie findet die »letzte beständige Basis«, nach der Pascal giert — eine Basis, deren Beschaffenheit nun allerdings nicht dazu angetan ist, Türme zu bauen, »die bis ins Unendliche ragen«. Es ist die Begrenztheit und Schwäche, die Ohnmacht unserer Körper. Wer sie sieht, kann weiterdenken. Wer sie vergißt, hebt ab. Die »Leichtigkeit der guten Köpfe«, die Montaigne kritisiert, ist wörtlich zu nehmen, ebenso wie sein Programm: »Ich studiere mich mehr als alles andere. Das ist meine Metaphysik und meine Physik.« Ein Denken, das den Körper verläßt oder vergißt, wird zu leicht; eine Metaphysik, die die Verbindung zur Physis kappt, die Nierensteine und die Stolpersteine vergißt, ist kaum noch von dieser Welt. Montaigne weigert sich, in der Trennung von Körper und Geist irgendeinen Erkenntnisfortschritt angelehnt zu sehen; sie ist allenfalls eine Quelle für Denkfehler.

In der »Warnung für den Leser« heißt es: »Meine Mängel kann man hier lesen, wie sie sind, und meine angeborene Gestalt, soweit die Achtung vor der

Öffentlichkeit es mir gestattet hat. Denn hätte ich unter den Völkern gelebt, von denen man sagt, daß sie noch unter der süßen Freiheit der ersten Naturgesetze leben, so versichere ich dir, daß ich mich darin sehr gern ganz und gar gezeichnet hätte, und splitternackt.« Wenn die Könige alles tun, um ihre Nacktheit nicht zu sehen, wenn sie und alle anderen sich mit Schlössern, Rüstungen und Etiketten ausstaffieren, um ihre natürliche Gestalt zu überwinden, dann will er sich unter die jubelnde Menge stellen und seine Nacktheit zeigen, in der Hoffnung, daß es ansteckend wirkt. Auf die unauffälligste und freundlichste Weise spielt dieser graugekleidete kleine Adelige die positivistische Narrenvariante der Aufklärung durch: den falschen Sicherheiten und den erzwungenen Stärken der anderen hält er den Spiegel seiner liebenswerten Ohnmacht und Unsicherheit vor. »Ich weiß, daß die meisten Leute viel mehr Grund hätten, an der Zügellosigkeit ihrer eigenen Gedanken Anstoß zu nehmen als an meiner Freizügigkeit, aber ich beleidige ihre Augen. (...) Im übrigen habe ich mir verordnet, daß ich alles zu sagen wage, was ich zu tun wage, und selbst die Gedanken, die ich nicht an den Tag bringen kann, mißfallen mir.«

Das Programm der Schamlosigkeit und der offensiven Schwäche erinnert an Diogenes und seine Nachfolger. Und seine Berufung auf »die, von denen niemand sprechen wird, wenn sie es nicht selber tun« hat etwas Plebeisches.

Aber Montaigne ist nicht Diogenes. Er ruft auch nicht »Zurück zur Natur«. Nie geht es um eine krude Naturalisierung, auch dort nicht, wo er das Denken in die Schwere der Körper zurückschicken möchte. Die Menschen sollen mit den Füßen auf dem Boden bleiben, um sich und ihn zu kultivieren. »Seelenkultur« — das ist ein neues Wort, vor Montaigne haben es in diesem Jahrtausend nur ein paar Humanisten benutzt. Er vermißt sie bei seinen Nachbarn. Das Wort klingt zivilisiert, und es deutet auf den Prozeß der Triebformierung und Verinnerlichung, den Elias beschrieben hat, eine Bewegung weg von der Natur. Aber Montaigne steuert nicht die Raffinierung der Sitten, die Steigerung der »Empfindsamkeit«, die Prüderie oder die Kunst der Konversation an. Die Schranken der Natur nicht gewaltsam überschreiten: Schmerzen, Geilheit, Furcht, Trägheit, Unbeherrschtheit, Zorn, Übermut — sie gehören dazu. Aber wir können das, was »natürlich« in uns ist, kultivieren — was nicht heißt, es zum Verschwinden zu bringen. Montaignes Mittelwege sind keine Kompromisse, sondern hergestellte Balancen zwischen Extremen, oder zwischen Verschiedenheiten. Nie geht es um Gegensätze, die zum Verschwinden gebracht werden sollen, immer um die Koexistenz von Verschiedenem — auch da, wo es um das Körperlichste geht.

Seine Lobpreisungen der sinnlichen Liebe sind jenseits der mittelalterlichen wie der puritanisch-protestantischen Verachtung des Körpers, und sie sind diesseits der menschenverachtenden Bumslust einer sich von der zweiten Natur, der Kultur, und sogar von der ersten Natur emanzipierenden Sexualität: »Ich jedenfalls kenne eine Venus ohne Cupido ebensowenig wie eine Mutterschaft ohne Empfängnis; das sind Dinge, die sich wechselseitig ihr Wesen verleihen und schulden. Und so fällt diese Betrügerei auf den zurück, der sie begeht. Es kostet ihn wenig, aber er erwirbt auch nichts, das etwas wert wäre. Diejenigen, die Venus zur Gottheit erhoben, schieben ihrem Wesen eine unkörperliche und geistige Schönheit zu; aber die Venus, die diese Leute suchen, ist nicht nur nicht menschlich, sie ist nicht einmal viehisch. Die

106

Tiere selbst wollen es nicht derart plump und irdisch!
Oft sehen wir, wie die Phantasie und das Begehren
sie, lange bevor sie einander berühren, erhitzen und
erregen; wir sehen bei beiden Geschlechtern, daß sie,
selbst wenn ihr Drang sie treibt, in ihren Zuneigungen
noch auswählen und unterscheiden, und daß sie untereinander lange und freundschaftliche Verbindun-
gen eingehen. Selbst die, denen das Alter die Körper-
kraft geraubt hat, erbeben, wiehern und zittern noch
vor Liebe. Vor dem Ereignis sehen wir sie voller
Erwartung und Glut; und dann, wenn der Körper
sein Spiel beendet hat, wie sie einander aus der Süße
der Erinnerung liebkosen; und wir sehen solche, die
sich danach vor Stolz blähen und Gesänge der Freude
und des Triumphes anstimmen, matt und trunken.
Wer seinen Körper nur eines natürlichen Dranges
entledigen muß, sollte dazu nicht andere mit diesen
wundersamen Anstalten behelligen; das ist kein
Fleisch für einen so gierigen und groben Hunger.«
(III, 3) Und sein Kapitel über die Schwierigkeiten
und Lüste des nächtlichen Umgangs der Geschlechter
miteinander endet mit der Erkenntnis, »daß Männ-
lein und Weiblein aus derselben Form gegossen sind;
abgesehen von Erziehung und Brauch, ist der Unterschied zwischen ihnen nicht groß«. (III, 5)
    Montaigne findet die milde Anthropologie des An-
archismus: was von Natur aus in uns liegt, reicht aus,
wenn man ihm folgt; nicht die Stimme Gottes oder
einer strengen Moralphilosophie macht sich da ver-
nehmbar, sondern die milde Stimme der »Mutter
Natur«, der so schwer zu lauschen ist und die so
vieles nebeneinander leben lassen kann, das unser
Zwang zur Einheitlichkeit und Eindeutigkeit gleich-
schalten will. Montaigne jedenfalls stellt fest, daß er
seine Gedanken mitunter unmenschlicher findet als
seine spontanen Regungen. Er leistet sich die Frei-

heit, kein normatives Menschenbild zu entwickeln; die deutlichen Abneigungen (Geiz, Grausamkeit, Verstellung) und die leitenden Tugenden (Neugier, Offenheit), die er ausstellt, skizzieren allenfalls soziale Aprioris, die den Verkehr der Menschen untereinander überhaupt möglich machen. Im übrigen muß der Einzelne dem Gemeinwesen Schranken setzen: dem Staat und der Religion. Der Staat darf den Gehorsam, aber nicht die Seele fordern; er hat kein Recht auf Konformität, wenn das Gewissen Nein sagt; und die Religion — oder die Moral — sollen den Menschen beibringen, sich für bestimmte Taten — nicht aber, sich für das Dasein zu schämen. »Die Wesen, die ein edleres und reicheres Dasein haben, mögen unseres tadeln; doch es ist wider die Natur, daß wir uns selbst verachten und vernachlässigen; es ist eine eigentümliche Krankheit, die sich bei keiner anderen Kreatur findet, sich selbst zu hassen und zu verabscheuen.« (II, 3)

Gegen die staatlich oder religiös verordnete Selbstverachtung setzt Montaigne die Erfahrung, daß jeder, »wenn er auf sich hört, in sich eine ihm eigene Form entdeckt, eine Grundgestalt, die sich gegen die Erziehung auflehnt und gegen den Sturm der Einwirkungen, die ihr entgegenstehen«. (III, 2)

Die Würde der Menschen und ihre Kultur bestünden darin, nicht eine Seite des Lebens zugunsten der anderen aufzugeben, zu unterdrücken, die *mélange* von Denken und Körper abzuschaffen oder aus den »Flicken und Fetzen« einen Anzug zu schneidern und mittelgrau einzufärben, sondern dieses Verschiedene in seiner Eigenart zur Geltung kommen zu lassen. Individualität wäre dann etwas anderes als Abtrennung vom Ganzen, die ständig Mangelgefühle produziert; sie wäre die Verwirklichung dieser je spezifischen Mischung, mit diesen Stärken und diesen

Grenzen. »Anti-cartesianische« Individualität baute sich nicht auf, indem sie einen abstrakten Lebensplan zu verwirklichen suchte; eher folgte sie in ihrer Betätigung dem Modell des Bastlers: sich mit Bordmitteln zu behelfen, »mit einem Ensemble von Werkzeugen und -stoffen, das jederzeit endlich und überdies regellos ist«. (Lévi-Strauss) Dieses Individuum wäre beschränkt in seinen Mitteln und eigensinnig in der Verwirklichung seiner Pläne: es will nicht so hoch hinaus und es kann nicht so tief fallen wie das Pascalsche, weil es sein »Material« nicht »entsetzlich« findet, sondern akzeptiert hat, daß es nur mit diesem Material basteln kann — weil anderes nicht erschwinglich ist. Das ist nicht Resignation, eher der Anfang der Aktivität: der Bastler hat Verzicht geleistet auf die großen Ingenieursprojekte, und seine Überlegungen gehen immer von der Beschaffenheit des krausen Materials im Keller aus. Und dieses Material und der Mangel an passendem Werkzeug verweisen ihn immer auf andere: er kann sich gar nicht leisten, sein Ich als eng umschlossenes Eigentum zu behüten — er braucht die anderen, um sich Werkzeug auszuleihen, um mit ihnen Tricks auszutauschen.

Die Fähigkeit zum Eigensinn ist wohl daran gebunden, daß die Aufklärung nicht zu weit geht: wenn wir von der Gewohnheit als von der zweiten Natur reden — »warum sollte dann die Natur selbst nicht eine erste Gewohnheit sein?«. So fragt Pascal. Die Frage ist berechtigt, aber der Versuch ihrer erschöpfenden praktischen Beantwortung führte in unendliche Regresse, zerriebe auch das »Eigene«: »die festesten und allgemeinsten Vorstellungen, die ich habe, sind diejenigen, die, wie man so sagt, mit mir geboren wurden.« Dieses ungebrochene Zutrauen zum idiosynkratischen Urteil oder, wenn man so will, zum *common sense*, fiele in sich zusammen, wenn man aus der Erkenntnis, daß wir »mit den ersten Zügen an der Brust« Gesellschaft schlucken, ständig lebenspraktische Folgen ableitete. Es handelt sich um einen dieser Zirkel, die man nicht auflösen, sondern nur bestehen kann: indem man sich in ihre Mitte stellt. Jedes Weitertreiben der Aufklärung, die relativierende Auflösung dieses inneren Selbst, dieser »Grundform«, macht die Menschen auch fungibel. Jede Selbsterforschung, die diesen Kern als »fremd« aus sich verbannt, um dann mit dem leeren *je pense* von vorn anzufangen, steht unversehens vor der leeren Leere und damit vor der Gefahr, daß andere die Seele »möblieren«, statt selbst, wie es Montaignes Programm ist, das Verworrene und Unvollkommene »zu schmieden«.

Diese Haltung, sich mitsamt der eigenen Widersprüche nicht der Gesellschaft gegenüber, sondern in ihrer Mitte zu sehen und sich das Recht vorzubehalten, »mit vollem Wissen zu straucheln«, macht die *Essais* zum Bekenntnis eines Libertären. Nicht eines Liberalen, der sich immer schon — ob fiktiv oder nicht — über die Gesellschaft definiert, auch da, wo es um seine Freiräume geht. Und nicht eines Libertins, der, ohne die Voraussetzungen zu bedenken, sich a-gesellschaftlich aus dem Ganzen der Normen und Zusammenhänge abmeldet. Ein Libertärer will sein Leben selbst verantworten. Auch wo er einwilligt, weiß er und will wissen, daß jede Delegation von Wünschen, Rechten und Plänen an größere gesellschaftliche Zusammenhänge seine Verfügung über sich einschränkt. Ein Libertärer: das ist jemand, der den Gesellschaftsvertrag unterschreibt, aber nie pauschal, nie ein für allemal. Und immer selbst.

Mut und Stolz gelten als Tugenden des Adels; der frisch aufgestiegene Ritter Michel de Montaigne hat sie, indem er seine Rüstung auszog, demokratisiert.

»Jeder Mensch trägt in sich die ganze Gestalt alles Menschlichen« — die Attribute, aus denen dieser Satz folgt, lauten: niedrig, glanzlos, gewöhnlich, zurückgezogen. Sätze wie dieser waren immer wieder auch der kostengünstige Trost von oben nach unten: selbst im einfachsten Leben könne Seelenadel stecken, undsoweiter. Wo sie nicht zur Ideologie verkommen sind, steckt in ihnen das unversehrte oder wiedergefundene Gefühl davon, daß es die kleinen Dramen und Mißgeschicke sind, die universellen Charakter haben, und daß ihnen nicht weniger Würde zukommt als den großen Spektakeln der Geschichte und der Kunst, die nur zu oft veranstaltet werden, weil ihre Protagonisten die kleinen Dramen nicht bestanden haben. — Jede Gangart hat ihr Recht; jeder probiert zu Recht und aufs neue, was »der Mensch« ist, und jeder dieser »Versuche« ist eine gültige Probe aufs Exempel der Weisheitslehren, der Normensysteme, der Glücksversprechen. Sich von ihnen nicht ein für allemal den Weg weisen zu lassen, sondern diesem krausen Gemisch zu vertrauen, das um uns ist und das von innen kommt — das erfordert Mut. Wer ihn gefunden hat, wird nicht umhin können, einen gewissen kecken Stolz zur Schau zu tragen: »das Herz zu haben, sich so zu zeigen, wie man wirklich ist«. (II, 17)

VOM DÜNKEL

●

Es gibt noch eine andere Art von Ruhmseligkeit: die
allzu gute Meinung, die wir über unseren eigenen
Wert hegen. Es ist eine unbedachte Zuneigung, mit
der wir uns selbst lieben und mit der wir uns ganz
anders sehen, als wir sind: so wie die Liebe dem Gegenstand, auf den sie fällt, Schönheit und Anmut an-
dichtet; was das Urteilsvermögen dessen, der von ihr
ergriffen ist, verwirrt und verzerrt und ihn den Gegenstand seiner Liebe anders und vollkommener
wahrnehmen läßt, als er in Wirklichkeit ist.

Ich verlange nicht, daß man sich aus Furcht, diesen
Fehler zu begehen, selbst verkennen und geringer
schätzen soll, als man wirklich ist. Die Urteilskraft
soll allezeit ihr Recht behaupten: hier, wie in allen
anderen Gegenständen, soll sie vernünftigerweise sehen, was ihr die Wahrheit vorstellt. Wenn einer Cäsar ist, so mag er sich getrost für den größten Feldherrn der Welt halten. Wir sind nichts als äußere
Form; die äußere Form bemächtigt sich unser, und
wir geben darüber das Wesen der Dinge auf; wir
halten uns an die Zweige und lassen den Stamm und
den Baum fahren. Wir haben die Frauen gelehrt, zu
erröten, wenn sie nur nennen hören, was zu tun sie
sich nicht scheuen; wir wagen es nicht, unsere Glieder
bei ihrem rechten Namen zu nennen, und wir scheuen
uns nicht, sie zu jeder Art Ausschweifung zu mißbrau-

chen. Die äußeren Formen verbieten uns, erlaubte und natürliche Dinge mit Worten auszudrücken, und wir folgen ihnen; die Vernunft verbietet uns, unerlaubte und schlechte Dinge zu tun, und niemand folgt ihr. Ich finde mich hier in die Gesetze des Anstandes verwickelt, denn sie erlauben weder, daß man gut noch daß man schlecht von sich spreche. Wir wollen sie für diesen Versuch hintansetzen.

Jene, die das Schicksal (ob man es nun ein gutes oder ein schlechtes nennen will) ihr Leben auf irgendeinem hohen Posten hat verbringen lassen, können durch die öffentlichen Taten bezeugen, wer sie sind. Aber diejenigen, deren es sich nur im großen Haufen bedient und von denen niemand sprechen wird, wenn sie nicht selbst von sich sprechen, die sind zu entschuldigen, wenn sie sich die Kühnheit herausnehmen, mit Menschen, denen daran gelegen ist, sie kennenzulernen, über sich selbst zu sprechen. (. . .) Ich erinnere mich also daran, daß man, von meiner zartesten Kindheit an, ich weiß nicht was für eine Körperhaltung und was für Gebärden an mir bemerkte, die einen eitlen und törichten Stolz ausdrückten. Ich will zunächst soviel sagen, daß es so übel nicht ist, daß wir derart eigentümliche und mit uns verschmolzene Beschaffenheiten und Neigungen haben, die wir nicht wahrnehmen und erkennen können. Durch derartige natürliche Neigungen erhält der Körper, ohne daß wir es wissen oder wollen, eine bestimmte Prägung. Es war eine gewisse bewußte Koketterie mit der eigenen Schönheit, die den Alexander den Kopf ein wenig schief halten ließ und den Alkibiades weich und breit zu sprechen veranlaßte. Julius Cäsar kratzte sich mit einem Finger am Kopf, wie ein Mensch es tut, der tief in seinen Gedanken steckt; und Cicero hatte, wenn ich mich nicht irre, die Gewohnheit, die Nase zu rümpfen, was eine spöttische Natur anzeigt. Solche Bewegungen können unbemerkt in uns vorgehen. Es gibt auch andere, gekünstelte, von welchen ich hier nicht rede, wie das Grüßen und Verbeugen, wodurch man sich meist zu Unrecht den Ruf erwirbt, sehr demütig und höflich zu sein: man kann auch aus Ehrsucht demütig sein. Ich bin ziemlich verschwenderisch mit dem Hutabnehmen, vor allem im Sommer, und niemand, welchen Standes auch immer, grüßt mich, ohne daß ich es erwidere, es sei denn, er steht in meinen Diensten. Ich wünschte mir, daß einige Fürsten, die ich kenne, damit haushälterischer und wählerischer umgingen; denn, so unterschiedslos ausgeteilt, macht es keinen Eindruck mehr. Wenn es keine besondere Aufmerksamkeit mehr ist, tut es keine Wirkung. (...)

Ich weiß nicht, ob diese Gebärden, die man an mir bemerkte, von jener ersten Art waren und ob ich in Wirklichkeit eine geheime Neigung zu diesem Laster hatte, wie es wohl sein könnte, und ich kann nicht für die Bewegungen meines Körpers einstehen; aber, was die Bewegungen der Seele angeht, so will ich hier bekennen, was ich von ihnen spüre.

Es gibt zwei Seiten dieses Eigendünkels: nämlich, sich selbst zu hoch und die anderen zu niedrig einzuschätzen. Was die eine angeht, so muß ich, wie mir scheint, zunächst dies in Erwägung bringen, daß ich mich von einem Irrtum meiner Seele bedrückt fühle, der mir mißfällt, weil er äußerst ungerecht ist und, mehr noch, lästig. Ich versuche, ihn zu verringern, aber ausrotten kann ich ihn nicht. Er besteht darin, daß ich die Dinge, die ich besitze, unter ihrem wahren Wert einschätze, weil ich sie besitze; und den Wert der Dinge heraufsetze, wenn sie fremd, entfernt und nicht mein sind. Diese Gemütsart geht sehr weit. Wie das Vorrecht der Machtvollkommenheit es mit sich bringt, daß die Ehemänner ihre Frauen und viele

Väter ihre Kinder mit einer unbilligen Verachtung ansehen, so geht es auch mir, und zwischen zwei gleichen Werken gebe ich nie meinem den Vorzug. (...)

Nur schwerlich dürfte sich jemand geringer schätten, ja, dürfte jemand mich geringer schätzen, als ich mich selbst schätze.

Ich rechne mich zum gewöhnlichen Haufen, außer darin, daß ich mich dazu rechne: schuldig der niedrigsten und allergewöhnlichsten Fehler, die ich aber nicht verleugne und nicht entschuldige; und der einzige Wert, den ich mir beilege, ist, daß ich meinen Wert kenne.

Wenn darin Ruhmsucht steckt, so ist sie mir durch die Tücke meiner Veranlagung nur oberflächlich eingeflößt, und nicht groß genug, daß der Blick meiner Vernunft sie wahrnehmen könnte.

Ich bin davon befleckt, aber nicht gefärbt.

Denn in der Tat, wenn es auf Witz und Verstand ankommt, welcher Art auch immer, so habe ich nie etwas von mir gegeben, das mich befriedigt hätte; und die Anerkennung anderer befriedigt mich nicht. Ich habe einen feinen und heiklen Geschmack, ganz besonders, was mich angeht; ich kritisiere mich ständig und fühle in allem, wie ich vor Unfähigkeit wanke und schwanke. Ich habe nichts in mir, das meinem Urteil standhält. Ich habe einen ziemlich sicheren und klaren Blick, aber sobald ich ihn ans Werk setze, trübt er sich: wie ich es am deutlichsten in der Dichtkunst erfahre. Ich liebe sie unendlich; ich verstehe mich ziemlich gut auf die Werke anderer; aber ich bin wahrhaftig wie ein Kind, wenn ich selber Hand daran lege; ich kann mich nicht ausstehen. Man kann überall den Tölpel spielen, aber nicht in der Poesie. »Mittelmäßig zu sein ist den Dichtern nicht erlaubt, nicht von den Göttern, nicht von den Menschen, nicht von den Säulen.« (Horaz, *Ars poetica,* 372)

Wollte der Himmel, dieser Satz wäre an jeder Druk-
kerei angeschlagen, um so vielen Verseschmieden den
Eintritt zu verwehren; »nichts ist selbstsicherer als ein
schlechter Dichter«. (Martial, *Satiren,* XII, 63, 13)
(. . .)

Meine Arbeiten geben mir so wenig Anlaß zur
Freude, daß ich mich vielmehr jedesmal ärgere, wenn
ich sie wieder zur Hand nehme. Meiner Seele
schwebt beständig eine Idee und ein gewisses ver-
schwommenes Bild vor, das mir wie ein Traum eine
bessere Gestalt vor Augen stellt als diejenige, die ich
ins Werk gesetzt habe, aber ich kann sie nicht ergreifen und nicht gestalten. (. . .)

Ich kann weder gefällig auftreten noch belustigen,
noch schmeicheln. Die beste Geschichte der Welt
wird unter meinen Händen trocken und matt. Ich
kann nur mit Bedacht reden, und vor allem geht mir
völlig diese Fähigkeit ab, die ich an vielen meiner Bekannten bemerke, mit dem ersten Hergelaufenen zu
plaudern und eine ganze Gesellschaft in Atem zu halten, oder unermüdlich das Ohr eines Fürsten mit
allerlei Geschwätz zu belustigen, wobei es ihnen niemals an Stoff fehlt, weil sie so begnadet sind, den ersten besten Gedanken, der ihnen unterkommt, zu
nehmen und ihn nach der Laune und der Fassungskraft dessen zu drehen, mit dem sie es gerade zu tun
haben. Die großen Herren lieben kaum die ernst-
haften Gespräche, und ich erzähle nicht gern Märchen. Die ersten und leichtesten Argumente, die man
gemeinhin am besten begreift, fallen mir nie ein: ich
wäre ein schlechter Volksprediger. Bei jeder Sache,
die mir unterkommt, sage ich zunächst das Abwegig-
ste, das ich darüber weiß. (. . .)

Wie im Handeln, folge ich auch im Reden einfach
meiner Natur: von daher kann ich vielleicht besser
reden als schreiben. Die Bewegungen und Gebärden

beleben die Worte, zumal bei denen, die wie ich rasche Gebärden machen und in Feuer geraten. Die Miene, der Gesichtsausdruck, die Stimme, die Kleidung, die Haltung können Dingen eine Bedeutung geben, die an sich keine haben, dem Geschwätz zum Beispiel. Messala beklagt sich bei Tacitus, daß gewisse enge Kleidungsstücke seiner Zeit und die Form der Rednerbänke die Beredsamkeit behinderten.

Mein Französisch ist in der Aussprache und auch sonst verdorben durch die Barbarei meiner Provinz; ich habe noch keinen Menschen aus meiner Gegend getroffen, dem man nicht deutlich seinen Singsang angehört hätte, und der nicht rein französischen Ohren weh getan hätte. Das soll nicht heißen, daß ich das Perigordinische gut verstünde, denn ich spreche es so wenig wie das Deutsche; und das ist noch mein geringster Kummer. Es ist eine Sprache wie alle anderen um mich herum, zur einen Seite wie zur anderen, die des Poitou, der Saintonge, des Anjou, des Limousin, der Auvergne: matt, schleppend und breiig. Weiter hinauf gegen das Gebirge gibt es allerdings ein Gascognisch, das ich außerordentlich schön, trocken, kurz und bedeutungsstark finde; wirklich, eine Sprache, so männlich und soldatisch wie keine andere, die ich kenne; so nachdrücklich, stark und treffend, wie das Französische anmutig, fein und wortreich ist. (. . .) Die Schönheit ist im Umgang mit den Menschen eine große Empfehlung; sie ist das erste Mittel, die Menschen einander gewogen zu machen, und kein Mensch ist so barbarisch oder so griesgrämig, daß er sich nicht von ihren Reizen berühren ließe. Der Körper hat großen Teil an unserem Wesen und hält darin einen hohen Rang; also verdienten sein Bau und seine Zusammensetzung allerdings, in Erwägung gezogen zu werden. Diejenigen, die unsere beiden wichtigsten Teile voneinander trennen und absondern wollen, tun damit großes Unrecht. Im Gegenteil, man muß sie paaren und vereinigen. Man muß der Seele gebieten, sich nicht in sich zurückzuziehen, mit sich selbst zu begnügen, den Körper zu verachten und zu vernachlässigen (sie könnte das auch gar nicht, außer durch irgendwelche gezwungenen Äffereien), sondern sich mit ihm zu verbinden, ihn zu umfassen, zu lieben, ihm beizustehen, auf ihn acht zu haben, ihn zu beraten, aufzurichten und auf die rechte Bahn zu bringen, wenn er auf Irrwege gerät, kurz, sich ihm zu vermählen und als Gatte zu dienen; damit ihre Kräfte nicht verstreut und gegeneinander, sondern einsinnig und harmonisch wirken. (...)

Nun aber bin ich von Statur ein wenig unter dem Mittelmaß. Dieser Mangel hat nicht nur etwas Häßliches, sondern auch etwas Unbequemes an sich, zumal für diejenigen, die Kommandos oder Ämter innehaben: denn das hohe Ansehen, das eine schöne Erscheinung und ein stattlicher Körper geben, fehlt dann einfach. (...) Es ist ein großer Verdruß, wenn man euch inmitten eurer Leute anspricht, um euch zu fragen: »Wo ist der Herr?«, und wenn ihr nur den Rest des Bücklings erhaltet, den man vor euerm Barbier oder euerm Schreiber gemacht hat. (...)

Die anderen Schönheiten sind für die Frauen; die Schönheit des Wuchses ist die einzige Schönheit der Männer. Wenn einer zu klein ist, können weder die Breite und Rundung der Stirn noch der Glanz und die Sanftheit der Augen, noch der mittlere Schnitt der Nase, noch die Kleinheit des Ohrs und des Mundes, noch das Ebenmaß und das Weiß der Zähne, noch die gleichmäßige Fülle eines kastanienbraunen Bartes, noch der aufrechte Schnurrbart, noch die rechte Rundung des Kopfes, noch die frische Farbe oder die angenehmen Züge des Gesichtes, noch die

Geruchlosigkeit des Körpers, noch das richtige Verhältnis der Gliedmaßen einen schönen Mann aus ihm
machen.

Im übrigen bin ich von starkem und untersetztem
Wuchs; mein Gesicht ist nicht feist, aber voll; mein
Temperament zwischen heiter und melancholisch,
mäßig sanguinisch und hitzig, »deshalb bin ich stark
behaart auf Brust und Beinen« (Martial, II, 35, 5);
meine Gesundheit ist stark und rüstig, bis ziemlich in
mein Alter hinein selten durch Krankheiten gestört.
So war ich; denn ich betrachte mich nicht zu dieser
Stunde, da ich schon auf den Straßen des Alters wan-
dele und schon tief in den Vierzigern bin. Was ich
künftig sein werde, das wird nur noch ein halbes Wesen, das werde nicht mehr ich sein. Jeden Tag löse ich
mich mehr auf und entschwinde mir selbst.

Gewandtheit und Anlagen habe ich keine gehabt;
und dabei bin ich doch der Sohn eines sehr munteren
Vaters, dessen Rüstigkeit bis in sein hohes Alter an-
hielt. Es fand sich kaum ein Mann seines Standes,
der es ihm in jeder Art Leibesübung gleichgetan
hätte: so wie ich kaum jemanden getroffen habe, der
mich nicht darin übertroffen hätte, außer im Laufen
(worin ich mittelmäßig war). In der Musik hat man
mir weder im Singen, wozu ich eine sehr ungeschickte
Stimme habe, noch auf den Instrumenten jemals
etwas beibringen können. Im Tanzen, im Ballspiel
und im Ringen habe ich nie mehr als eine geringe und
gewöhnliche Fertigkeit erlangt; im Schwimmen, im
Fechten, im Voltigieren und im Springen überhaupt
keine. Ich habe so plumpe Hände, daß ich nicht einmal für mich selbst etwas schreiben kann: dergestalt,
daß ich, was ich hingeschmiert habe, lieber noch einmal schreibe, als mir die Mühe zu machen, es zu ent-
ziffern; und ich lese auch nicht viel besser vor. Ich
spüre, daß ich die Zuhörer ermüde. Ansonsten, ganz

belesen. Ich kann keinen Brief recht falzen, ich habe nie eine Feder zuschneiden können, noch bei Tische kunstgerecht tranchieren, noch ein Pferd zäumen, noch einen Falken tragen und steigen lassen, noch mit Hunden, Jagdvögeln oder Pferden sprechen können.

Im Ganzen gesehen, passen meine körperlichen Eigenschaften ganz gut zu denen meiner Seele. Da ist nichts Munteres an mir: nur eine vollständige und feste Robustheit. Ich kann Beschwerlichkeiten gut aushalten, aber nur, wenn ich sie aus freien Stücken auf mich nehme, und nur, soweit mich die Sache wirklich reizt. Sonst, wenn mich nicht irgendein Vergnügen dabei lockt und mich etwas anderes als mein reiner und freier Wille antreibt, tauge ich gar nicht dazu. Denn so weit bin ich gekommen, daß es, Gesundheit und Leben ausgenommen, nichts gibt, dessentwegen ich mir die Nägel zerbeißen möchte und das ich um den Preis von Grübelei und Zwang erkaufen möchte, »so lieb wäre mir nicht aller Sand des trüben Tajo und das Gold, das er ins Meer wälzt«. (Juvenal, *Satiren*, III, 54): ich bin ungemein träge, ungemein frei, von Natur aus und durch Bildung. Ich gäbe für etwas ebensogern mein Blut her wie meine Mühe.

Ich habe eine Seele, die ganz sich selbst gehört, die gewöhnt ist, sich nach ihrer Weise aufzuführen. Da ich bis zu dieser Stunde weder einen Befehlshaber noch einen aufgezwungenen Herrn gehabt habe, bin ich immer so weit und so schnell gegangen, wie ich es wollte. Das hat mich träge gemacht und untauglich, anderen zu dienen; ich tauge nur für mich selbst. Und für mich hatte ich es nicht nötig, diesem schwerfälligen, faulen und nichtsnutzigen Temperament Zwang anzutun. Denn, da ich mich seit meiner Geburt auf einer Stufe des Wohlstandes befunden habe, mit der ich mich begnügen konnte (eine Stufe aber, die tausend andere aus meiner Bekanntschaft eher als Sprungbrett benutzt hätten, um sich in ewige Wanderschaft, Trubel und Unruhe zu stürzen), und auf einer Stufe des Verstandes, die mich erkennen ließ, daß ich es konnte, so habe ich nichts gesucht und auch nichts gewonnen. Ich habe nichts weiter gebraucht als die Einsicht, mich zufriedenzugeben, was gleichwohl, wenn man es recht betrachtet, eine Gemütsverfassung ist, die unter allen Umständen gleich schwierig zu erwerben ist und die sich gewöhnlicherweise noch eher im Mangel als im Überfluß einstellt; dies vielleicht um so mehr, weil der Hunger auf Reichtümer, wie es der Gang unserer anderen Leidenschaften zeigt, durch ihren Genuß stärker gereizt wird als durch ihre Entbehrung und weil die Tugend der Mäßigung seltener ist als die der Geduld. (...)

Selbst in meiner Kindheit bin ich nachsichtsvoll und frei geführt worden und von strenger Unterordnung verschont geblieben. All das hat in mir eine weiche Gemütsart entstehen lassen, die mich unfähig macht, große Besorgnis auszuhalten. So sehr, daß ich es gern sehe, wenn man meine Verluste und die Unregelmäßigkeiten, die mich angehen, vor mir verbirgt: diese Kosten für den Erhalt und Unterhalt meiner Sorglosigkeit setze ich aufs Konto meiner Ausgaben. »Denn das ist überflüssig, was der Herr nicht weiß und was den Dieben zugute kommt.« (Horaz, *Epist.*, I,VI,45) Ich mag nicht einmal genau wissen, was ich habe, damit ich weniger genau fühle, was ich verliere. Ich bitte diejenigen, die mit mir leben, wenn ihnen die Zuneigung und der gute Willen fehlen, mich wenigstens zu hintergehen und durch den schönen Schein abzuspeisen. (...)

In einer Gefahr sinne ich nicht so sehr darauf, wie ich ihr entgehen kann, als darauf, wie wenig daran gelegen ist, ob ich ihr entgehe. Wenn ich darin bliebe, was wäre dann schon? Da ich die Umstände nicht beherrschen kann, versuche ich, mich selbst zu beherrschen; und ich richte mich nach ihnen, wenn sie sich nicht nach mir richten. Ich verstehe mich fast gar nicht auf die Kunst, dem Schicksal auszuweichen, ihm zu entkommen oder es zu zwingen, und auch nicht darauf, die Sachen zu meinem Vorteil einzufädeln und klug durchzuführen. Noch weniger habe ich die Geduld, die saure und beschwerliche Mühe auf mich zu nehmen, die das erforderte. Und die schmerzlichste Lage für mich ist es, bei heiklen Geschäften im Ungewissen zu verharren und zwischen Furcht und Hoffnung zu schweben. Hin und her zu überlegen, zumal in geringfügigen Dingen, ist mir verdrießlich; und mein Geist fühlt sich stärker behindert, wenn er das Schwanken und die mannigfachen Erschütterungen des Zweifels und der Beratungen erdulden muß, als wenn er sich für eine Seite entscheidet, für welche auch immer, und sich an seinen Entschluß hält, nachdem die Würfel gefallen sind. Kaum je haben mir Leidenschaften den Schlaf gestört; aber, wenn es ans Nachdenken geht, stört ihn mir die kleinste Überlegung. So wie ich auf Reisen gern die abschüssigen und glitschigen Ränder der Wege vermeide und mich lieber gleich in die kotigste und sumpfigste Fahrrinne werfe, in der ich nicht tiefer sinken kann, genau so habe ich lieber ein rechtes Unglück, das mich nicht mehr mit der Ungewißheit seines Ausbleibens narren und quälen kann und das mich mit dem ersten Sprung direkt ins Leiden stößt. »Ungewisse Übel quälen mich weit mehr.« (Seneca, *Agamemnon,* III, I, 29)

Wenn es geschieht, verhalte ich mich wie ein Mann; wenn es bevorsteht, wie ein Kind. Die Angst vor dem Sturz läßt mich stärker zittern als der Sturz selbst. Das Spiel ist nicht der Mühe wert. Der Habgierige zahlt mehr für seine Leidenschaft als der Arme, und der Eifersüchtige mehr als der Gehörnte. Oft ist es besser, seinen Weinberg zu verlieren, als darum zu prozessieren. Die unterste Stufe ist die festeste. Sie ist der Sitz der Beständigkeit. Zu ihr braucht man nichts weiter als sich selbst. Dort faßt sie Fuß und stützt sich ganz allein auf sich. Dieses Beispiel eines Edelmannes, den viele gekannt haben: hat es nicht einen Hauch von Philosophie an sich? Er heiratete, schon ziemlich in den Jahren, nachdem er seine Jugend als munterer Geselle zugebracht hatte: ein großer Plauderer, ein großer Spaßvogel. Da er sich nun erinnerte, wie oft ihm die Gehörnten Anlaß zum Schwatzen und Spotten geboten hatten, heiratete er, um sich dagegen zu sichern, eine Frau, die er von dort holte, wo jeder eine fürs Geld kriegt, und machte mit ihr den Kontrakt: »Guten Tag, Hure. — Guten Tag, Hahnrei!« Und über nichts unterhielt er sich öfter und öffentlicher mit seinen Gästen als über diese seine Absicht, wodurch er dem heimlichen Klatsch der Spötter entging und die Spitze dieses Vorwurfs abbrach.

Was den Ehrgeiz angeht, der ein Nachbar des Dünkels ist, oder vielmehr sein Sohn, so hätte, um mich weiter nach oben zu bringen, das Glück mich schon an der Hand nehmen müssen. Denn, mich wegen einer ungewissen Hoffnung in Qualen stürzen und mich all den Schwierigkeiten unterwerfen, denen alle die begegnen, die sich am Anfang ihrer Laufbahn in Geltung zu bringen suchen, das hätte ich nicht fertiggebracht. »Hoffnungen kaufe ich nicht.« (Terenz, *Adelphi,* II, 2, 11)

Ich halte mich an das, was ich sehe und in Händen halte, und gehe nicht weit weg vom Hafen, »ein Ruder im Wasser, das andere streift den Sand«. (Properz, III, 3, 23) (...)

Ich fand sogar die untadeligen Eigenschaften, die ich habe, unnütz für dieses Jahrhundert. Die nachgiebige Verträglichkeit meines Gemütes hätte man weichlich und schwach genannt; meine Treue und meine Gewissenhaftigkeit eigensinnig und abergläubisch; und meine Offenherzigkeit und Freimütigkeit lästig, unbedachtsam und verwegen. Aber zu etwas ist das Unheil gut. Es hat seine Vorteile, in einem sehr verderbten Jahrhundert geboren zu sein; denn im Vergleich zu anderen wird man in diesem für tugendhaft gehalten, ohne daß es viel kostet. Wer heutzutage nichts weiter als ein Vatermörder und ein Kirchenräuber ist, der geht für einen ganz ehrlichen Biedermann durch. Und nie hat es eine Zeit oder einen Ort gegeben, der den Fürsten größeren Lohn für Güte und Gerechtigkeit ausgesetzt hätte. Ich müßte mich sehr irren, wenn nicht der erste, der sich vornähme, sich auf diesem Wege zu Gunst und Ansehen zu bringen, seine Standesgenossen weit hinter sich zurückließe. Die Macht, die Gewalt können einiges ausrichten, aber nicht immer alles.

Wir sehen, wie es die Kaufleute, die Dorfrichter und Künstler an Tapferkeit und Kriegskunst dem Adel gleichtun: sie liefern rühmliche Schlachten, öffentliche und private, sie schlagen sich, sie verteidigen ihre Städte in unseren gegenwärtigen Kriegen. Ein Fürst hat Mühe, sich in diesem Getümmel auszuzeichnen. So möge er durch Menschlichkeit, Wahrheit, Treue, Mäßigung und vor allem durch Gerechtigkeit glänzen: welches seltene, unbekannte und verbannte Eigenschaften sind. Nur auf den Willen des Volkes kann er seine Entscheidungen stützen; und keine anderen Eigenschaften können dem Willen des Volkes so gut gefallen wie die genannten: weil sie dem Volke nützlicher sind als die anderen. »Nichts ist so volkstümlich wie die Güte.« (Cicero, *Pro ligurio*, XXI)

124

Nach diesem Maßstab wäre ich vielleicht ein großer und seltener Mann gewesen; so wie ich mich, nach dem Maßstab einiger vergangener Jahrhunderte, für zwergenhaft und gewöhnlich halte. Denn in jenen war es ganz gewöhnlich, Männer zu sehen, die mäßig in der Rache, sanft in der Vergeltung von Beleidigungen und zuverlässig in ihren Versprechen waren; die weder doppelzüngig noch geschmeidig waren, noch ihr Wort nach dem Willen eines anderen oder nach den Umständen wendeten. Lieber ließe ich meine Geschäfte den Hals brechen, als mein Wort in ihrem Dienst zu verdrehen. Denn diese neue Tugend der Heuchelei und Verstellung, die heutzutage so hoch in Ansehen steht, ist mir bis in den Tod verhaßt; und unter allen Lastern finde ich keines, das so viel Feigheit und Herzenshäßlichkeit an den Tag legte. Es ist feige und knechtisch, sich zu verkleiden und unter einer Maske zu verstekken, und nicht das Herz zu haben, sich so zu zeigen, wie man wirklich ist. Auf diese Weise erziehen sich unsere Leute selbst zur Treulosigkeit: da sie daran gewöhnt sind, anders zu reden, als sie denken, machen sie sich auch kein Gewissen daraus, ihr Wort zu brechen. Ein großmütiges Herz braucht seine Gedanken nicht Lügen zu strafen; es will sich bis in sein Innerstes sehen lassen. Alles darin ist gut, oder zumindest: alles darin ist menschlich. (...)
Man muß nicht immer alles sagen, denn das wäre Torheit; aber was man sagt, soll so sein, wie man es denkt, alles andere ist Lumperei. Ich weiß nicht, welchen Gewinn sich die Leute davon versprechen, wenn sie sich ohne Unterlaß verstecken und verstellen, es sei denn den, daß man ihnen nicht einmal mehr glaubt, wenn sie die Wahrheit sagen; damit kann man die Leute ein- oder zweimal täuschen, aber einen Beruf daraus machen, sich bedeckt zu

halten, und sich zu rühmen, wie es einige unserer Fürsten getan haben, sie würden selbst ihr Hemd verbrennen, wenn es um ihre wahren Absichten wüßte (ein Wort des alten Metellus Macedonicus), oder zu sagen, wer sich nicht verstellen könne, der könne auch nicht regieren, das heißt doch die, mit denen man zu tun hat, warnen, daß sie nichts als Lug und Trug zu hören bekommen. Der müßte herzlich einfältig sein, der sich durch die Worte oder die Mienen eines Menschen täuschen ließe, der, wie Tiberius, sich damit brüstete, daß er jederzeit innerlich anders sei, als er äußerlich erscheine; und ich weiß auch nicht, welche Rolle Leute in der menschlichen Gesellschaft einnehmen könnten, die nichts vorbringen, auf das man sich verlassen kann. Wer die Wahrheit verrät, verrät auch die Lüge. (. . .) Ich für meinen Teil will lieber lästig und unklug sein, als zu schmeicheln und mich zu verstellen.

Ich gebe zu, daß sich da eine Prise Stolz und Eigensinn mit einmischt, wenn man sich so frei und offen gibt, ohne Rücksicht auf andere; und es scheint mir, daß ich dort noch ein wenig freimütiger werde, wo ich es am wenigsten sein sollte, und daß ich um so hitziger werde, je mehr Respekt gefordert wird. Aber es kann auch sein, daß ich meiner Natur freien Lauf lasse, aus Mangel an Erziehung. Wenn ich mit den Großen ebenso freimütig rede und umgehe, wie ich es zu Hause tue, so fühle ich wohl, wie nahe das an Unhöflichkeit und Mangel an Lebensart grenzt. Aber ich bin nun einmal so gebaut, und außerdem ist mein Geist nicht geschmeidig genug, einer unerwarteten Frage auszuweichen und ihr durch irgendeinen Umweg zu entgehen, noch ist er fähig, eine Wahrheit zu erdichten; auch reicht mein Gedächtnis nicht, sie zu behalten, und meine Selbstsicherheit nicht, sie zu behaupten; dergestalt bin ich tapfer aus Feigheit.

Daher überlasse ich mich aus natürlicher Neigung und mit Vorsatz meiner Einfältigkeit, immer das zu sagen, was ich denke; und dem Schicksal überlasse ich, was daraus wird. (. . .)

Ich halte nichts von Befehlen, von Verbindlichkeiten und von Zwang. Was ich sonst leicht und natürlich ausrichte, das gelingt mir nicht mehr, wenn ich es mir ausdrücklich vornehme und auferlege. Selbst diejenigen Glieder meines Körpers, die eine gewisse Freiheit und Souveränität genießen, verweigern mir zuweilen ihren Gehorsam, wenn ich sie zu bestimmter Zeit und Gelegenheit zu ihren Dienstleistungen anhalten und bestimmen will. Diese zwanghafte und tyrannische Verordnung schreckt sie ab; sie schrumpfen vor Schrecken oder Verdruß zusammen und erstarren. (gestrichen: zu meiner großen Scham) Als ich ehedem an einem Ort war, wo es als barbarische Unhöflichkeit galt, einer Einladung zum Trinken nicht zu folgen, versuchte ich, obwohl man mir vollkommene Freiheit ließ, den Damen zuliebe, die dem Brauch des Landes entsprechend mit von der Partie waren, ein guter Gesellschafter zu sein. Es war aber ein sonderbarer Spaß, denn schon diese bedrohlichen Anstalten, mir gegen meine Natur und meine Gewohnheit Gewalt antun zu wollen, schnürten mir die Kehle derart zusammen, daß ich nicht einen einzigen Tropfen hinunterbrachte und nicht einmal zum Essen trinken konnte; mein Durst war sattsam gelöscht durch alle die Getränke, die ich in Gedanken schon zu mir genommen hatte.

Diese Wirkung zeigt sich noch deutlicher bei Menschen mit einer lebhafteren und stärkeren Einbildungskraft; gleichwohl ist sie natürlich, und es gibt wohl niemanden, der sie nicht irgendwie verspürte. Einem vortrefflichen Bogenschützen, der zum Tode verurteilt war, bot man an, ihm das Leben zu schenken, wenn er einen außerordentlichen Beweis seiner Kunst gäbe: er weigerte sich, es zu versuchen, da er fürchtete, die allzu große Anspannung seines Willens würde seine Hand zittern lassen, und er, anstatt sein Leben zu retten, noch obendrein den Ruf verlieren, den er im Bogenschießen erworben hatte. Ein Mensch, der mit den Gedanken woanders ist, wird kaum um einen Zoll verfehlen, auf seinem üblichen Spaziergang immer dieselbe Zahl gleichlanger Schritte zu machen; aber wenn er seine Aufmerksamkeit darauf richtet, sie zu zählen und zu messen, wird er finden, daß, was er natürlich und von ungefähr getan hatte, der Vorsatz nicht so genau herbeiführen kann.

Meine Bibliothek, die für eine Landbibliothek recht hübsch ist, liegt in einem Winkel meines Hauses. Wenn mir etwas in den Kopf kommt, das ich dort nachsehen oder aufschreiben will, so muß ich es einem anderen sagen, vor Angst, es könnte mir entfallen, während ich über den Hof gehe. Wenn ich es wage, beim Reden nur im geringsten von meinem Faden abzuweichen, gelingt es mir mit Sicherheit, ihn ganz zu verlieren: das führt dazu, daß ich in meinen Gesprächen gezwungen, trocken und kurz bin. Die Leute, die in meinen Diensten stehen, muß ich beim Namen ihrer Verrichtung oder ihrer Heimat rufen, denn es fällt mir sehr schwer, ihre Namen zu behalten. Ich könnte vielleicht sagen, daß er drei Silben hat, daß er rauh klingt, daß er mit diesem oder jenem Buchstaben anfängt oder aufhört. Und wenn ich lange leben sollte, würde es mich nicht wundern, wenn ich noch meinen eigenen Namen vergäße, wie es auch anderen schon gegangen ist. (. . .)

Neben den Mängeln meines Gedächtnisses habe ich noch andere, die nicht minder stark zu meiner Unwissenheit beitragen. Ich habe einen langsamen und stumpfen Geist; das geringste Wölkchen trübt seine Schärfe, derart, daß ich (nur ein Beispiel) ihm noch nie ein Rätsel vorgelegt habe, leicht genug, daß er es hätte lösen können. Auch die geringste Spitzfindigkeit entwischt mir. Von den Spielen, bei denen der Scharfsinn mitspielt, vom Schach, vom Kartenspiel, vom Damespiel und anderen verstehe ich nichts als die allergröbsten Züge. Mein Fassungsvermögen ist langsam und dunkel; aber was ich einmal begriffen habe, das behalte ich gut und begreife es recht umfassend, genau und gründlich, jedenfalls, solange ich es behalte. Mein Auge reicht weit, ist gesund und unversehrt, aber es kann nicht viel aushalten und ermüdet leicht; aus diesem Grunde kann ich mich nicht lange mit Büchern beschäftigen, es sei denn mit fremder Hilfe. Der jüngere Plinius kann jene, die es nicht selbst erfahren haben, darüber belehren, wie nachteilig diese Behinderung für alle ist, die sich dieser Beschäftigung hingeben.

Es ist keine Seele so dürftig und so roh, daß man nicht irgendeine besondere Fähigkeit aus ihr hervorleuchten sähe; keine so tief in sich vergraben, daß sie nicht einmal, hier oder da, aus sich herausträte. Und wie es zugeht, daß eine Seele, die sich in allem anderen blind und schläfrig zeigt, zu einem gewissen besonderen Zweck sich lebendig, klar und außerordentlich äußert, darüber muß man die Meister befragen. Die schönsten Seelen aber sind die allumfassenden, die zu allem offen und bereit sind, und wenn nicht gelehrt, so doch zumindest gelehrig sind: ich sage das, um meine anzuklagen; denn, ob nun aus Schwäche oder Nachlässigkeit (und das zu vernachlässigen, was vor unsern Füßen liegt, was wir in Händen halten, was unser Leben ganz direkt angeht, entspricht ganz und gar nicht meiner Überzeugung), es gibt kaum eine Seele, die in einer Reihe von ganz gewöhnlichen

Dingen, die nicht zu wissen eine Schande ist, so unfähig und so unwissend ist wie meine. Ich muß davon einige Beispiele erzählen.

Ich bin auf den Lande und inmitten der bäuerlichen Verrichtungen geboren und aufgezogen worden; und ich halte meine Geschäfte und die Gutswirtschaft in Händen, seit diejenigen, die vor mir im Besitz der Güter waren, die ich heute genieße, sie mir abgetreten haben. Gleichwohl kann ich nicht rechnen, weder mit Zählpfennigen noch mit der Feder; die meisten unserer Münzsorten kenne ich nicht; noch den Unterschied zwischen den Getreidearten, weder auf dem Halm noch in der Scheune, wenn er nicht gar zu auffallend ist; und kaum den zwischen dem Kohl und dem Salat in meinem Garten. Ich kenne nicht einmal den Namen der wichtigsten Werkzeuge oder die Anfangsgründe des Ackerbaus, die selbst die Kinder wissen. Noch viel weniger verstehe ich mich auf Handwerk, Handel und Warenkunde, auf die Unterschiede und die Eigenschaften der Früchte, der Weine, der Fleischarten; ich kann weder einen Vogel abrichten noch ein Pferd oder einen Hund verarzten. Und, da ich meine Schande doch einmal ganz zu Ende beichten will: es ist noch keinen Monat her, da man mich dabei ertappte, nicht zu wissen, daß man zum Brotbacken Sauerteig braucht, und was es heißt, den Wein gären zu lassen. Vormals vermutete man in Athen in demjenigen, der einen Stoß Brennholz geschickt zu stapeln und zu bündeln wußte, eine Befähigung zur Mathematik. Wahrlich, bei mir würde man das Gegenteil vermuten müssen: denn wenn man mir auch alles gäbe, was man zum Kochen braucht, ich würde Hungers sterben.*

---

* Nach seiner Rückkehr aus Italien hat Montaigne, 1582, den Halbsatz »und ich habe große Zweifel, ob ich allein ein Pferd anschirren kann« gestrichen; offenbar hatte er es inzwischen gelernt. (M.G.)

Aus diesem Stück meiner Beichte kann man sich eine Vorstellung machen, wie es in anderen Stücken mit mir steht. Aber wie immer ich mich zu erkennen gebe, wenn ich mich nur so zeige, wie ich bin, habe ich meinen Zweck erreicht. Und ich entschuldige mich nicht einmal, daß ich solche niederen, unwichtigen Dinge wie diese zu Papier bringe. Die Niedrigkeit des Gegenstandes zwingt mich dazu.* Wer will, mag mein Vorhaben tadeln, aber meine Durchführung: nein. So viel ist gewiß, daß mich nicht erst andere darauf stoßen müssen, wie gering all dies gilt und wiegt und wie töricht mein Unternehmen ist. Es ist schon viel, daß meine Urteilskraft, deren Versuche ich hier vorlege, nicht ganz abdankt. (...) Ich bin nicht verpflichtet, keine Dummheiten zu sagen, vorausgesetzt, ich verkenne nicht, daß es welche sind. Und mit vollem Wissen Fehler zu machen, ist bei mir so üblich, daß ich sie kaum jemals anders begehe: selten mache ich sie aus Zufall. Es ist keine große Sache, der Verwegenheit meines Gemütes die ungereimten Handlungen zuzuschreiben, da ich ihr gemeinhin die lasterhaften aufbürde.

Ich sah einmal, wie man in Bar-le-Duc dem König Franz II. zum Andenken des Königs Renatus von Sizilien ein Portrait überreichte, das dieser von sich selbst gemacht hatte. Warum sollte es nicht in gleicher Weise jedem gestattet sein, sich mit der Feder abzumalen, wie jener König sich mit dem Farbstift gemalt hatte?

Ich will also auch diese Schmarre nicht vergessen, die so gar nicht geeignet ist, öffentlich gezeigt zu werden: ich meine die Unentschlossenheit, einen Fehler,

---

* In den von Montaigne noch selbst verantworteten Ausgaben hieß es: »Die Niedrigkeit des Gegenstandes, der ich selbst bin, läßt nichts Besseres und Festeres neben sich aufkommen: und im übrigen drängt mich eine neue und phantastische Stimmung dazu, man muß ihr freien Lauf lassen.« (M. G.)

der sehr lästig ist, wenn man in den Geschäften dieser Welt steckt. Ich kann bei zweifelhaften Unternehmungen nicht Partei ergreifen: »Mein Herz sagt weder ja noch nein.« (Petrarca, *Sonette*, CXXXV)

Ich kann zwar eine Meinung aufrechterhalten, aber keine wählen.

Da sich in allen menschlichen Angelegenheiten, welcher Meinung man auch immer zuneigt, ein starker Anschein findet, der uns in ihr bestärkt (und der Philosoph Chrysippus sagte, er wolle von Zeno und Kleanthes, seinen Lehrern, nur die bloßen Lehrsätze lernen; denn was Gründe und Beweise angehe, davon könne er selbst genug liefern), so finde ich, auf welche Seite ich mich auch schlage, immer Ursache und Wahrscheinlichkeit genug, dabei zu bleiben. Also behalte ich mir den Zweifel und die Freiheit zu wählen vor, bis die Gelegenheit mich drängt. Und dann, um die Wahrheit zu beichten, werfe ich meist die Feder in den Wind, wie man sagt, und überlasse mich der Gnade des Schicksals: ein sehr leichter Druck, ein geringfügiger Umstand trägt mich mit sich fort. (...)

Ebenso denke ich über die politischen Auseinandersetzungen. Welche Rolle ihr dabei auch zugeteilt bekommt, ihr habt ebenso gutes Spiel wie euer Mitspieler, wenn ihr nur nicht gegen die gröbsten und offensichtlichsten Grundsätze verstoßt. Und dennoch gibt es, nach meiner Meinung, in den öffentlichen Angelegenheiten keinen noch so schlimmen Zustand, wenn er nur Alter und Beständigkeit hat, der nicht besser wäre als die Neuerung und der Wechsel. Unsere Sitten sind aufs äußerste verderbt und neigen sich ungemein auf die abschüssige Seite; unter unseren Gesetzen und Bräuchen sind viele barbarisch und ungeheuerlich; und dennoch: wenn ich, wegen der Schwierigkeiten, uns in eine bessere Verfassung zu bringen, und der Gefahren dieser Erschütterung einen

Pflock vor unser Rad legen und es hier und jetzt aufhalten könnte, ich würde es herzlich gerne tun. Was ich an unserem Zustand das schlimmste finde, ist die Unbeständigkeit, und daß die Gesetze, so wie die Mode unserer Kleider, keine bleibende Form annehmen können. Es ist sehr leicht, eine Staatsordnung der Unvollkommenheit anzuklagen, denn alle sterblichen Dinge sind voll davon; es ist sehr leicht, einem Volk die Verachtung für seine alten Gebräuche einzuflößen: noch nie hat einer das unternommen, der damit nicht ans Ziel gekommen wäre; aber daraus eine bessere Ordnung an die Stelle derer zu setzen, die man ruiniert hat, dabei sind schon einige, die es versuchten, gescheitert. (...)

Kurz, um wieder auf mich selbst zu kommen, das einzige, dessentwegen ich mir etwas wert zu sein scheine, ist das, von dem noch niemand jemals geglaubt hat, daß es ihm mangele: mein Empfehlungsbrief ist gewöhnlich, gemein und gängig, denn wer hat jemals geglaubt, daß es ihm an gesundem Menschenverstand fehle? Das wäre ein Satz, der einen Widerspruch in sich enthielte: es ist eine Krankheit, die niemand hat, der sie fühlt; sie ist hartnäckig und stark; aber der klare Blick des Kranken durchdringt und zerstreut sie, wie der Blick der Sonne einen dichten Nebel; sich in dieser Sache beschuldigen hieße, sich zu entschulden; und sich verurteilen, sich freizusprechen. Nie sah die Welt einen Lastträger oder ein einfältiges Weibchen, das nicht glaubte, genug Verstand auf den Weg mitbekommen zu haben. Wir erkennen leichthin bei anderen den Vorrang an Mut, an körperlicher Stärke, Erfahrung, Gewandtheit, an Schönheit; aber den Vorrang des Verstandes gestehen wir niemandem zu; und Überlegungen, die aus dem einfachen gesunden Menschenverstand anderer stammen, hätten wir, so scheint es uns, genauso leicht angestellt, wenn wir die Sache nur von der Seite her betrachtet hätten. Was das Wissen, den Stil und ähnliche Dinge angeht, die wir in den Werken anderer antreffen, so können wir leicht urteilen, daß sie uns darin übertreffen; aber die einfachen Werke des Verstandes glaubt jedermann ebenso gut hervorbringen zu können; und er nimmt nur mit Mühe ihr Gewicht wahr und die Schwierigkeiten, die in ihnen liegen; es sei denn, und auch dann kaum, der Abstand wäre allzu groß und unvergleichlich. Also ist es eine Art von Übung, von der ich wenig Ehre oder Lob zu erwarten habe, und eine Weise der Schriftstellerei, die keinen großen Namen bringt. Der einfältigste Mensch der Welt kann ebensoviel Verstand haben wie der gebildetste.*

Und alsdann, für wen schreibt ihr? Die Gelehrten, die auf dem Richterstuhl über den Büchern sitzen, kennen keinen anderen Wert als die Fakultätsgelehrsamkeit, und von allen Tätigkeiten unseres Geistes lassen sie nur die der Gelehrsamkeit und der Kunst zu: habt ihr den einen Scipio mit dem anderen verwechselt, was könnt ihr da noch Taugliches sagen? Wer Aristoteles nicht kennt, der kennt, so glauben sie, auch sich selbst nicht. Auf der anderen Seite erkennen die ungeschliffenen und gemeinen Seelen weder die Schönheit noch das Gewicht eines feinen und stolzen Gedankenganges. Nun, diese beiden Gattungen halten die Welt besetzt. Die dritte, zu welcher ihr gehört, die der aus sich selbst wohlgeformten und starken Seelen, ist so selten, daß sie ganz zu Recht weder Rang noch Namen unter uns hat; es ist halb verlorene Zeit, wenn man sich bemüht und danach strebt, ihr zu gefallen. (...)

---

* Auch dieser letzte Satz war für die adeligen Nachherausgeber nicht tragbar und wurde gestrichen. — Ich belasse es bei wenigen Fußnoten; sie sollen nur andeuten, wie gut Montaigne inzwischen philologisch »erschlossen« ist.

Nun finde ich meine Ansichten unendlich kühn und beständig, wenn es darum geht, meine eigene Unzulänglichkeit zu verurteilen. Und in der Tat ist sie auch ein Gegenstand, an dem ich meine Urteilskraft mehr schärfe als an jedem anderen. Die Welt sieht immer auf ihr Gegenüber; ich wende meinen Blick auf das Innen zurück, dort lasse ich ihn ruhen und dort beschäftige ich ihn. Jeder blickt vor sich hin, ich blicke in mich hinein: ich habe es mit nichts zu tun außer mit mir, ich betrachte mich ohne Unterlaß, ich prüfe mich, ich schmecke mich. Die anderen gehen beständig irgendwo anders hin, wenn sie recht acht darauf geben; sie gehen immer vorwärts, »niemand versucht, in sich selbst hinabzusteigen« (Persius, *Sat.*, IV, 23), ich aber kreise in mir selbst.

Diese Fähigkeit, das Wahre herauszufinden, wie groß oder klein sie in mir sein mag, und diese freie Denkungsart, meinen Glauben nicht leicht jemandem zu unterwerfen, verdanke ich hauptsächlich mir selbst: denn die festesten und allgemeinsten Vorstellungen, die ich habe, sind diejenigen, die, wie man so sagt, mit mir geboren wurden. Sie kommen von Natur und sind gänzlich mein eigen. Ich habe sie mit kühnem und starkem Griff aus mir herausgeholt, aber ein wenig dunkel und unvollkommen; seitdem habe ich sie durch die Vorbilder anderer und durch die gesunden Ideen der Alten, mit denen ich mich einer Meinung fand, gestärkt und gefestigt; sie haben mich in meiner Denkart bestätigt und mir erst ihren vollständigen Genuß und Besitz geschenkt. (...)

Hiermit also hätte ich gesagt, inwieweit ich mich der ersten Seite des Dünkels, von der ich oben gesprochen habe, schuldig fühle. Was die zweite angeht, die darin besteht, andere nicht hoch genug zu schätzen, so weiß ich nicht, ob ich mich dafür auch so gut werde entschuldigen können; denn was immer es mich kosten mag, ich nehme mir vor, zu sagen, wie es damit wirklich steht.

Vielleicht hat mir der beständige Umgang, den ich mit den alten Geistern und mit den Gedanken dieser reichen Seelen habe, den Geschmack an anderen und an mir selbst genommen; oder vielleicht leben wir wirklich in einem Jahrhundert, das nur ziemlich mittelmäßige Dinge hervorbringt; so viel ist gewiß, ich kenne nichts, das großer Bewunderung wert wäre; auch kenne ich wenige Menschen so genau, wie es nötig wäre, wenn ich über sie urteilen sollte; und die, mit denen Lage und Stand mich für gewöhnlich zusammenbringen, sind in der Mehrzahl Menschen, die sich um ihre Seelenkultur wenig bekümmern und denen die Ehre als die höchste Stufe der Glückseligkeit und die Tapferkeit als die Krone der Vollkommenheit vor Augen schwebt. Was ich an Schönem in anderen sehe, das lobe und schätze ich sehr gerne. Ja, ich rühme es zuweilen über das hinaus, was ich darüber denke, und erlaube mir insofern zu lügen. Denn ich kann kein falsches Lob erfinden; ich bezeuge gern, was ich Löbliches an meinen Freunden sehe; und aus einer Elle Gutem mache ich gern anderthalb. Aber ihnen Eigenschaften zu verleihen, die sie nicht haben, das kann ich nicht, noch sie öffentlich für Unvollkommenheiten verteidigen, die sie haben. (...)

Ich weiß nicht, wie es kommt (und doch geschieht es ohne Zweifel), daß sich bei Leuten, die ihrer Profession nach gebildeter sein sollten und die in ihrem Beruf mit Büchern umgehen oder Ämter innehaben, in denen es auf Gelehrsamkeit ankommt, ebensoviel Eitelkeit und Verstandesschwäche findet, wie bei jeder anderen Sorte Menschen: entweder kommt es daher, daß man mehr von ihnen verlangt und erwartet und daß man bei ihnen die gewöhnlichen Fehler nicht entschuldigt; oder die Überzeugung, viel zu wissen, gibt ihnen die Dreistigkeit ein, sich zu produzieren und zu weit zu entblößen, wodurch sie sich schaden und verraten. (...)

Ich komme gern auf meine Betrachtung über die Untauglichkeit unserer Lehranstalten zurück. Sie haben zum Ziel gehabt, uns nicht gut und weise, sondern gelehrt zu machen: sie haben es erreicht. Sie haben uns nicht gelehrt, der Tugend und der Klugheit zu folgen und sie zu ergreifen, sondern sie haben uns deren Ableitung und Etymologie eingeprägt. Wir können Tugend deklinieren, wenn wir sie schon nicht lieben können; wenn wir nicht wirklich und aus Erfahrung wissen, was Klugheit ist, so können wir sie doch auswendig und im Jargon hersagen. (...)

Der am wenigsten verachtenswürdige Menschenschlag scheint mir der zu sein, der seiner Einfalt wegen den letzten Rang einnimmt und dort das Bild eines höchst geregelten Lebens zeigt. Die Sitten und die Ansichten der Bauern finde ich für gewöhnlich ordentlicher — im Sinne der Weisungen der wahren Philosophie — als die unserer Philosophen. »Das Volk ist klüger, weil es weiß, was notwendig ist.« (Lactantius, *Div. instit.*, III, 5) (...)

VON DER EITELKEIT

●

Vielleicht gibt es keine ausgemachtere, als so eitel darüber zu schreiben. Was uns die Gottheit mit so göttlichen Worten darüber gesagt hat (Prediger Salomo: »Eitelkeit der Eitelkeiten! Alles ist Eitelkeit.«) sollten alle verständigen Menschen sorgfältig und beständig in ihren Herzen bedenken.

Wer sähe nicht, daß ich hier einen Weg genommen habe, auf dem ich ohne Anstrengungen und ohne Ende weitergehen werde, solange es noch Tinte und Papier auf der Welt gibt. Meine Taten geben mir keinen Stoff für meine Aufzeichnungen: das Schicksal hat sie zu mäßig angesetzt; ich nehme statt dessen meine Einfälle. Ich kannte einen Edelmann, der sein Leben nur durch die Produkte seines Bauches kundtat; in seinem Zimmer stellte er in einer Reihe die Nachttöpfe der letzten sieben oder acht Tage zur Schau; das war sein Studienobjekt, war sein Gesprächsstoff; jedes andere Gespräch stank ihn an. Dieses hier sind, ein wenig sittsamer, die Exkremente eines altgewordenen Geistes, manchmal hart, manchmal weich, und allezeit unverdaut. Wann werde ich damit fertig sein, die ständige Bewegung und Veränderung meiner Gedanken, auf welchen Gegenstand auch immer sie sich richten, darzustellen, da doch Diomedes sechstausend Bücher allein mit der Grammatik füllte? Was wird die Geschwätzigkeit nicht alles hervorbringen, wenn schon das Lallen und erste Lernen der Sprache die Welt unter einer so entsetzlichen Last von Büchern erstickte? So viele Wörter nur über Wörter! O Pythagoras, warum hast du diesen Sturm nicht gebannt?

Man warf in früheren Zeiten einem Galba vor, daß er seine Zeit müßig verbringe; er antwortete, jeder sei für seine Handlungen, nicht aber für seine Muße Rechenschaft schuldig. Er irrte sich: denn die Obrigkeit beobachtet und bestraft auch die Müßiggänger.

Aber es sollte irgendwelche Zwangsgesetze gegen unfähige und unnütze Schriftsteller geben, so wie gegen Landstreicher und Faulenzer. Damit würde man mich und hundert andere aus den Händen des Volkes verbannen. Ich scherze nicht. Die Schreibsucht scheint mir das Kennzeichen eines verderbten Jahrhunderts zu sein. Wann schrieben wir je mehr als heute, wo alles drunter und drüber geht? Wann die Römer so viel wie zur Zeit ihres Untergangs? Nicht nur verbessert die Raffinierung der Geister nicht gerade die Sitten: diese müßige Beschäftigung kommt daher, daß jeder seine Berufspflichten lässig nimmt und sich mit anderem abgibt. Zur Verderbtheit des Jahrhunderts leistet jeder einzelne von uns seinen persönlichen Beitrag: die einen steuern den Verrat bei, die anderen die Ungerechtigkeit, die Gottlosigkeit, die Tyrannei, den Geiz, die Grausamkeit, jeder nach seinen Kräften; die Schwächeren leisten ihren Beitrag durch Dummheit, Eitelkeit und Müßiggang; zu denen gehöre ich. Es scheint, daß die Zeit der eitlen Dinge kommt, wenn uns die gefährlichen bedrohen. In einer Zeit, in der die Gemeinheit so an der Tagesordnung ist, verdient man sich fast Lob, wenn man gar nichts tut. Ich tröste mich damit, daß ich unter den letzten sein werde, an die man Hand legen wird. Während man sich der

Schädlichsten annimmt, werde ich Zeit haben, mich zu bessern. Denn es schiene mir unvernünftig, auf die kleinen Übel Jagd zu machen, wenn die großen uns plagen. Der Arzt Philotimus sagte einem Mann, der ihm den Finger zum Verbinden hinhielt, während Gesicht und Atem verrieten, daß er ein Lungengeschwür hatte: »Mein Freund, es ist jetzt nicht die Zeit, an deinen Fingernägeln herumzuspielen.«

Gleichwohl erinnere ich mich bei dieser Gelegenheit, daß ich vor einigen Jahren einem Mann begegnet bin, dessen Andenken mir unvergeßlich ist: inmitten unserer großen Übel, als es kein Gesetz, keine Gerechtigkeit, keine Regierung gab, die ihre Pflicht tat, genausowenig, wie die jetzige es tut, gerade damals hielt er sich damit auf, ich weiß nicht was für welche unbedeutenden Veränderungen und Reformen der Kleiderordnung, der Küche und der Prozeßordnung öffentlich bekannt zu machen. Das sind Kinderklappern, mit denen man ein schlecht geführtes Volk hinhält, um ihm zu zeigen, daß man es nicht ganz vergessen hat. Die anderen machen es ebenso, die sich damit aufhalten, alle Augenblicke einem Volk die Redensarten, die Tänze und die Spiele zu verbieten, das sich allen Arten abscheulicher Laster hingegeben hat. Es ist nicht Zeit, sich zu waschen und zu putzen, wenn man von einem starken Fieber ergriffen ist. Es kommt nur den Spartanern zu, die sich, während sie sich in die äußerste Lebensgefahr begeben, hinsetzen und sich waschen und kämmen.

Ich für meinen Teil habe noch die andere, schlimmere Gewohnheit, daß ich, wenn ich einen Schuh verkehrt anhabe, auch noch Hemd und Kappe schief sitzen lasse: ich habe keine Lust, mich halb zu bessern. Wenn es mir schlechtgeht, so bestehe ich auf dem Übel; ich stürze mich in die Verzweiflung und lasse mich auf den Abgrund zutreiben und werfe, wie man sagt, den Stiel der Axt hinterher; ich lasse es aufs schlimmste gehen und vernachlässige mich: alles gut oder alles schlecht.

Es ist mir ganz recht, daß die Verwüstung dieses Staates mit den Verheerungen meines Alters zusammentrifft: lieber dulde ich, daß meine Leiden dadurch vermehrt werden, als daß es meine Freuden gestört hätte. Für das Unglück habe ich nur Worte der Verachtung übrig; mein Trotz sträubt sich dann, statt sich zu legen. Und anders als die anderen, bin ich frommer im Glück als im Unglück; ich folge darin dem Rat des Xenophon, wenn auch nicht seinen Gründen; und blicke lieber freundlich zum Himmel auf, um ihm zu danken, als ihn zu bitten. (. . .)

Es ist eine recht gewöhnliche Eigenart der Menschen, daß wir an fremden Dingen mehr Gefallen finden als an unseren eigenen und daß wir die Veränderung und die Abwechslung lieben. (. . .) Ich hab mein Teil daran. Diejenigen, die zur anderen Seite ausschlagen, die mit sich selbst zufrieden sind, die das, was ihnen gehört, höher als alles andere schätzen, die nichts schöner finden, als was sie gerade sehen, sind nicht klüger als wir, aber im Grunde glücklicher. Ich beneide sie nicht um ihre Weisheit, wohl aber um ihre Zufriedenheit.

Dieser lebhafte Hunger auf neue und unbekannte Dinge trägt viel dazu bei, in mir die Reiselust zu nähren, aber genug andere Umstände kommen noch dazu. Ich entziehe mich gern der Führung meiner häuslichen Geschäfte. (. . .)

So viel ist gewiß, der Schaden, der aus meiner Abwesenheit erwächst, scheint mir, solange ich ihn tragen kann, nicht zu verdienen, daß ich die Gelegenheit ausschlage, mich von dieser lästigen Anwesen-

heit abzulenken. Es gibt immer etwas, das schief-
läuft. Bald zerren die Geschäfte des einen, bald die
des anderen Anwesens an einem. Man betrachtet die
Dinge zu genau; und die Hellsichtigkeit schadet einem, hier wie anderswo. Ich vermeide alle Gelegenheiten, die mich verdrießlich machen, und will von
den Dingen, die schlechtgehen, gar nichts wissen; und
dennoch, bei alledem kann ich nicht vermeiden, daß
ich zu Hause jede Stunde auf etwas stoße, das mir
mißfällt. Und über die Schurkenstücke, die man vor
mir verbirgt, weiß ich am besten Bescheid. Einiges
davon muß man sogar selbst verbergen helfen, damit
nicht noch mehr Unheil daraus entsteht. Nichtige
Stiche, manchmal nichtig; aber immer Stiche. Die
kleinsten und geringsten Verdrießlichkeiten löchern
einen am meisten; und wie die kleinen Buchstaben
die Augen am stärksten angreifen und ermüden, so
plagen uns die kleinen Angelegenheiten am stärksten.
Die Menge kleiner Widerwärtigkeiten ist beschwerlicher als die Gewalt einer einzigen, mag sie noch so
groß sein. Je zahlreicher und dünner diese häuslichen
Dornen sind, desto schärfer stechen sie uns; und sie
überfallen uns ohne Vorwarnung. (...)
In den achtzehn Jahren, die ich meine Güter ver-
walte, habe ich mich nicht so weit überwinden können, mir meine Eigentumstitel oder meine Haupt-
geschäfte, die notwendigerweise durch meine Hände
und meinen Kopf gehen sollten, auch nur anzusehen.
Nicht aus philosophischer Verachtung der vergäng-
lichen und weltlichen Dinge; so geläutert ist mein
Sinn nicht, und ich schätze sie wenigstens so hoch,
wie sie im Kurs stehen; sondern wirklich aus unent-
schuldbarer und kindischer Faulheit und Nachlässigkeit. Was täte ich nicht lieber, als einen Vertrag zu
lesen, und was nicht lieber, als herumzulaufen und
diese staubigen Akten zu schütteln, Sklave meiner

Geschäfte, oder noch schlimmer, Sklave fremder Geschäfte, wie so viele Leute es für Geld tun? Nichts kommt mich teurer an als Sorgen und Mühe, und nichts suche ich mehr, als mich um nichts zu kümmern und mich gehenzulassen. Ich wäre, glaube ich, eher geschaffen, vom Vermögen eines anderen zu leben, wenn sich das ohne Verpflichtungen und ohne Knechtschaft machen ließe. (...)

Der andere Grund, der mich dazu veranlaßt, mich in der Welt umzusehen, ist meine Nichtübereinstimmung mit den gegenwärtigen Sitten unseres Staates. Ich würde mich leichter über diese Verderbtheit hinwegtrösten können, soweit sie das Gemeinwohl betrifft, aber nicht im Hinblick auf mein eigenes Wohlergehen. Ich bin ganz persönlich zu sehr betroffen davon. Denn in meiner Nachbarschaft sind wir durch die lange Zügellosigkeit der Bürgerkriege bald in einen Zustand so großer öffentlicher Unordnung geraten, in dem Recht und Unrecht verkehrt sind, daß es wirklich ein Wunder ist, wie alles noch zusammenhält. »In Waffen bebauen sie die Felder, stets bereit, auszuziehen und vom Raube zu leben.« (Virgil, *Aeneis*, VII, 748)

Kurz, ich sehe an unserem Beispiel, daß sich die menschliche Gesellschaft hält, und zusammenhält, koste es, was es wolle. In welche Lage man die Menschen auch bringt, sie ordnen und schichten sich mit Gedränge und Geschiebe von selbst, so wie irgendwelche Sachen, die man wahllos in einen Sack steckt, ganz von selbst ihre Ordnung finden und sich zusammenfügen, oft besser, als jede Absicht es vermocht hätte. Der König Philippus brachte einen Haufen der ärgsten und unverbesserlichsten Bösewichter zusammen und ließ sie in einer Stadt wohnen, die er für sie bauen ließ und nach ihnen die Frevlerstadt (Poneropolis) nannte. Ich glaube, daß sie selbst aus den Lastern eine Staatsverfassung und eine bequeme und gerechte Gesellschaftsordnung errichteten.

Ich sehe nicht ein Verbrechen, oder drei oder hundert, sondern allgemein gebilligte und angenommene Sitten, die von so monströser Unmenschlichkeit sind, vor allem von Treulosigkeit, die für mich das schändlichste Laster ist, daß ich kaum den Mut habe, ohne Schaudern daran zu denken; und ich bestaune sie sozusagen ebensosehr, wie ich sie verabscheue. Die Verübung derartig ausnehmender Ruchlosigkeiten trägt ebensosehr den Stempel der Kraft und Seelenstärke wie den der Verirrung und Zuchtlosigkeit. Die Not versammelt und vereinigt die Menschen. Aus dieser zufälligen Verbindung werden später Gesetze; denn es hat deren so wilde gegeben, daß keine menschliche Vorstellung sie jemals hätte ersinnen können, die gleichwohl ihren Staat ebenso gesund und dauerhaft erhalten haben, wie die Gesetze des Platon und Aristoteles es zu tun vermocht hätten.

Und wirklich werden alle diese künstlich ersonnenen Beschreibungen von Staatsverfassungen für lächerlich und untauglich befunden, wenn man sie ausführen will. Dieser große und lange Streit über die beste Form der menschlichen Gesellschaft und über die angenehmsten Regeln des menschlichen Zusammenlebens ist ein Streit, der nur zur Schulung unseres Verstandes nutze ist; wie es ja in den Künsten und Wissenschaften verschiedene Gegenstände gibt, die weiter nichts als Stoff zum Disputieren und Streiten sind, und jenseits dessen kein eigenes Leben führen. Solche Staatsentwürfe wären vielleicht in einer neuen Welt brauchbar; wir aber haben es mit den Menschen zu tun, wie sie schon durch bestimmte Sitten geformt und gebunden sind; wir erzeugen sie nicht, wie Pyrrha oder Kadmus. Durch welche Mittel auch immer wir das Recht erwerben könnten, sie zu bessern und neu zu ordnen, so können wir sie doch kaum aus ihren gewohnten Sitten reißen, ohne alles zu zertrümmern. Man fragte Solon, ob er den Athenern die bestmöglichen Gesetze gegeben habe. »Ja sicher«, antwortete er, »die besten, die sie aushalten konnten.« (...)

Nicht in Gedanken, sondern in Wirklichkeit ist die vortrefflichste und beste Staatsverfassung jeder Nation diejenige, unter der sie sich erhalten hat. Ihre Form und ihr wesentlicher Nutzen hängt vom Herkommen ab. Wir sind leichthin mit den gegenwärtigen Umständen unzufrieden. Dennoch halte ich dafür, daß es sündhaft und töricht ist, in einer Volksherrschaft nach der Oligarchie oder in einer Monarchie nach einer anderen Regierungsform zu rufen. (...)

Nichts bedroht einen Staat schlimmer als die Neuerung: die Veränderung allein veranlaßt schon Ungerechtigkeit und Tyrannei. Wenn ein Stück aus den Fugen geht, kann man es stützen; und man kann sich widersetzen, wenn die natürliche Veränderung und Verderbnis, der alle Dinge unterworfen sind, uns zu weit von unseren Ursprüngen und Grundsätzen entfernt. Aber eine so große Masse umschmelzen zu wollen und die Grundfesten eines so großen Gebäudes zu verändern, ist ein Werk für Menschen, die zerstören, um zu reinigen; die einzelne Fehler verbessern wollen und eine allgemeine Verwirrung anrichten; die die Krankheit durch den Tod heilen. (...) Die Welt ist unfähig, sich selbst zu heilen; sie ist so ungeduldig, wenn sie etwas drückt, daß sie nur danach trachtet, es loszuwerden, ohne darauf zu sehen, was das kostet. An tausend Beispielen sehen wir, daß sie sich gemeinhin zu ihrem eigenen Schaden heilt; die Befreiung von einem akuten Übel ist keine Heilung, wenn der Gesamtzustand sich dadurch nicht verbessert. (...)

Obwohl ich uns in erbärmlicher Verwirrung sehe —
denn was haben wir nicht alles getan? —, will ich
daraus doch nicht gleich den Schluß ziehen: »Selbst
die Göttin des Heils könnte diesem Staat nicht mehr
helfen, auch wenn sie es wollte.« (Terenz, *Adelphi*,
IV, 7, 43)

Vielleicht sind wir dennoch nicht im letzten Sta-
dium unseres Verfalls. Die Beständigkeit der Staaten
ist eine Sache, die wahrscheinlich die Grenzen unseres Verstandes überschreitet. Eine Staatsverfassung
ist, wie Platon sagt, ein mächtiges Ding, und schwer
aufzulösen. Oft dauert sie an, trotz tödlicher innerer
Krankheiten, trotz des Unrechts ungerechter Gesetze, trotz der Tyrannei, trotz der Ausschweifungen
und der Unwissenheit der Regierenden, trotz der Zügellosigkeit und der Empörung des Volkes. (...)

Nicht alles, was schaukelt, stürzt ein. Das Gebälk
eines so großen Gebäudes hängt an mehr als einem
Nagel. Es hält sogar durch sein Alter selbst; wie die
alten Gebäude, deren Grundpfeiler schon von der
Zeit zerstört sind und deren Kalk und Mörtel zer-
fallen sind, dennoch stehen und sich durch ihr eigenes
Gewicht aufrechterhalten.

Außerdem geht man nicht recht zu Werke, wenn
man nur die Flanke und den Graben erkundet: um
die Sicherheit einer Festung zu kennen, muß man
sehen, von welcher Seite man hineinkommen kann
und wie der Angreifer ausgerüstet ist. Wenige Schiffe
sinken durch ihr eigenes Gewicht, ohne fremde Gewalt. Sehen wir uns doch nur um: alles ringsumher
stürzt zusammen; betrachtet alle großen Staaten, die
wir kennen, die der Christenheit und auch die anderen: ihr werdet sie augenscheinlich von Veränderung
und Untergang bedroht sehen. (...) Die Sterndeu-
ter haben leichtes Spiel, uns, wie sie es tun, große
Veränderungen und nahe Umwälzungen zu verkün-

digen, man braucht sie nicht aus den Gestirnen zu lesen.

Aus dieser universellen Teilhabe an Übel und Bedrohung können wir nicht nur Trost ziehen; sondern auch einige Hoffnung für die Fortdauer unseres Staates; um so mehr, als von Natur aus nichts fällt, wo alles fällt. Die Krankheit der Welt ist die Gesundheit des Einzelnen; daß es überall das gleiche ist, spricht gegen Auflösung. Ich meinesteils verzweifle noch nicht und sehe noch Mittel und Wege zu unserer Rettung; »vielleicht wird ein Gott es zum Besten wenden«. (Horaz, *Epodae,* XIII, 7–8)

Wer weiß, ob es nicht Gottes Wille ist, daß es uns gehen soll wie unseren Körpern, die sich durch langwierige und beschwerliche Krankheiten reinigen und instandsetzen und deren Gesundheit hinterher weit vollkommener und reiner ist, als sie es vorher war?

Was mich bei alledem am meisten bedrückt, ist, daß ich, wenn ich die Symptome unseres Übels betrachte, ebenso viele natürliche sehe oder solche, die der Himmel geschickt hat, wie solche, die unsere Unordnung und der menschliche Übermut dazu beisteuern. Es scheint, die Sterne selbst tun kund, daß wir lange genug und über die gewöhnliche Frist hinaus gedauert haben. Und auch dieses bedrückt mich, daß das nächste bevorstehende Übel, das uns bedroht, nicht eine Krankheit des ganzen Körpers ist, sondern eine Auflösung und Zerstreuung; die schlimmste unserer Befürchtungen. Noch bei diesen Hirngespinsten hier befürchte ich die Tücke meines Gedächtnisses, und daß es mich aus Unachtsamkeit dieselbe Sache zweimal hinschreiben läßt. Ich hasse es, mich noch einmal durchzulesen, und überprüfe nur mit Widerwillen, was mir einmal entschlüpft ist. Nun trage ich hier keine neuen Wahrheiten vor. Das sind gewöhnliche Gedanken; und weil sie mir vielleicht schon hundertmal gekommen sind, fürchte ich, daß ich sie schon aufgeschrieben habe. Wiederholungen sind überall langweilig, selbst bei Homer, aber vollends verderblich bei Dingen, die nur von leichter und vergänglicher Art sind. (...)

Mein Gedächtnis nimmt von Tag zu Tag grausam ab. Künftig werde ich wohl (denn, gottlob, bis zu dieser Stunde ist noch kein Unheil daraus entstanden), statt mir, wie andere es tun, Zeit und Gelegenheit zu nehmen, um über das nachzudenken, was ich sagen will, alle Vorbereitungen vermeiden, damit ich mich nicht auf eine bestimmte Verpflichtung einlasse, von der ich dann abhängig bin. Ich gehe irre, wenn ich gezwungen und gebunden bin und mich auf ein so schwaches Werkzeug wie mein Gedächtnis verlassen muß. (...) Wenn ich mich völlig auf mein Gedächtnis verlasse, stütze ich mich so sehr darauf, daß ich es zu Boden drücke: es erschrickt vor seiner Bürde. Wenn ich mich auf es verlasse, gerate ich außer mir und komme in Gefahr, meine Fassung zu verlieren; und ich habe einmal kaum die Knechtschaft verbergen können, in der ich steckte, wo ich es doch darauf anlege, beim Reden eine völlige Ungezwungenheit vorzuführen und meine Bewegungen so zufällig und ungezwungen erscheinen zu lassen, als würden sie im Augenblick geboren: weil ich lieber nichts Gutes sagen als zeigen will, daß ich mich auf eine schöne Rede vorbereitet habe. Denn das schickt sich nicht, vor allem für Leute meines Standes; und es ist eine zu verpflichtende Angelegenheit für den, der nicht viel halten kann; die Anstalten versprechen mehr, als dann nachfolgt. Man handelt oft töricht, wenn man sich bis auf das Wams auszieht und doch nicht besser springt als im Rock. (...) Genug, ich habe mir von nun an vorgenommen, keine Rede mehr vor einer ehrenwerten Versammlung zu halten. Denn, seine

148

Rede herlesen ist nicht nur unschicklich, sondern auch für diejenigen sehr unvorteilhaft, die von Natur aus einnehmende Bewegungen haben. Noch viel weniger mag ich es wagen, mich der Gnade meiner Augenblickseinfälle zu überlassen. Meine Erfindungsgabe ist schwer und plump und gibt mir bei unversehenen und wichtigen Gelegenheiten nichts an die Hand.

Laß, Leser, noch diesem Versuch und dem dritten Teil meines Skizzenbuches seinen Lauf. Ich füge hinzu, aber ich ändere nichts. Fürs erste, weil derjenige, der sein Werk der Welt verpfändet hat, wie mich dünkt, kein Recht mehr daran besitzt. Er mag sich, wenn er kann, anderswo besser erklären, aber nicht die einmal verkaufte Arbeit verderben. Von solchen Leuten darf man erst nach ihrem Tode kaufen. Sollen sie sich doch alles recht überlegen, bevor sie sich zeigen. Wer treibt sie denn?

Mein Buch ist immer ein und dasselbe. Außer daß ich es mir zum Gesetz gemacht habe, wenn man eine neue Auflage davon macht, da und dort (denn es ist ja ohnedies nur ein schlecht gefügtes Flickwerk) noch ein überzähliges Emblem anzubringen, damit der Käufer nicht ganz mit leeren Händen dasteht. Das sind nur Zugaben, die keinesfalls die erste Form verwerfen, sondern jeder der folgenden durch eine kleine ehrgeizige Feinheit einen besonderen Wert geben. Von daher kann es leicht geschehen, daß sich eine Verwirrung in der Zeitrechnung daruntermischt, weil meine Erzählungen nach Gelegenheit, nicht immer nach ihrem Alter, aufeinander folgen.

Zweitens, weil ich für mein Teil fürchte, durch Veränderungen zu verlieren; mein Verstand geht nicht allezeit vorwärts, er geht auch bisweilen rückwärts. Ich setze in meine zweiten oder dritten Einfälle nicht weniger Mißtrauen als in die ersten; und in die gegenwärtigen nicht weniger als in die vergangenen. Wir verbessern uns oft ebenso töricht, wie wir andere verbessern. Meine erste Veröffentlichung war im Jahre 1580.

Seit dieser Zeit bin ich älter geworden, aber weiser sicherlich nicht um eine Daumenbreite. Ich heute und ich damals, das sind zwei. Aber wann ich der bessere war? Ich kann es nicht sagen. Es wäre schön, alt zu werden, wenn wir mit jedem Jahr der Vollkommenheit näherrückten. Aber es ist der taumelnde, wankende, ungestalte Gang eines Betrunkenen; gleich der Bewegung der Strohhalme, mit denen die Kinder spielen und die der Wind hin und her weht, wie er will. (...)

Als ein allezeit freies Haus, das jedermann offen und zu Diensten stand (denn ich habe mich niemals bewegen lassen, ein Werkzeug des Krieges daraus zu machen, in den ich mich lieber dort mische, wo er am weitesten von meiner Nachbarschaft entfernt ist), hat mein Haus die Zuneigung der Leute sattsam verdient, und es wäre etwas schwierig, mich auf meinem eigenen Misthaufen übel zu behandeln; ich halte es für ein seltenes und beispielhaftes Meisterstück, daß es noch unbefleckt von Blut und Plünderung ist, inmitten eines so langen Unwetters und so vieler Veränderungen und Unruhen in der Nachbarschaft. Denn, um die Wahrheit zu sagen, es wäre einem Mann von meiner Art wohl möglich gewesen, unter beständigen und gleichbleibenden Umständen, wie auch immer sie aussehen mögen, durchzukommen; aber die Invasionen und Streifzüge von beiden Seiten und die Wechselfälle und Schwankungen des Kriegsglücks um mich herum haben bis auf den heutigen Tag die Gemüter im Lande mehr aufgereizt als besänftigt; und sie legen mir immer wieder Gefahren und unüberwindliche Schwierigkeiten in den Weg.

Ich komme durch; aber es mißfällt mir, daß es mehr
aus Glück, ja, auch durch meine Klugheit geschieht,
als durch Gerechtigkeit; und es mißfällt mir, außerhalb des Schutzes der Gesetze zu leben und mich
unter anderen stellen zu müssen. Wie die Dinge liegen, lebe ich mehr als zur Hälfte von der Gnade anderer, und das ist eine rauhe Verbindlichkeit. Ich
will meine Sicherheit weder der Güte und dem Wohl-
wollen der Großen verdanken, die meine Gesetzes-
treue und meinen Freimut gnädig aufnehmen, noch
meiner Gutmütigkeit oder der meiner Vorfahren.
Denn wie? Wenn ich nun anders wäre? Wenn mein
Benehmen und mein freimütiger Umgang meine
Nachbarn oder die Verwandtschaft verpflichten, so
ist es grauenvoll, daß sie sich dafür erkenntlich zeigen
könnten, indem sie mich leben lassen und sagen: »Wir
gestatten ihm, in Freiheit den Gottesdienst in seiner
Hauskapelle zu begehen, nachdem wir alle Kirchen
rundumher zerstört und entvölkert haben; und wir
gestatten ihm den Genuß seiner Güter und seines
Lebens, weil er im Notfall unsere Weiber und unser
Vieh zum Schutz aufnimmt.« Von alters her hat
meine Familie Teil am Lob des athenischen Gesetz-
gebers Lykurg, bei dem alle seine Mitbürger ihr Geld
in Verwahrung gaben.

Nun halte ich aber dafür, daß man aus Recht und
Autorität, nicht aber durch Belohnung und Gnade
leben soll. Wie viele wackere Männer haben lieber
ihr Leben verloren, als es jemandem zu verdanken!
Ich versuche mich jeder Art Verpflichtungen zu entziehen, aber vor allem denen, die mich durch Ehren-
pflicht binden. Nichts kommt mir so teuer vor als das,
was mir geschenkt wird und für das mein Wille aus
Dankbarkeit verpfändet wird, und ich nehme lieber
Dienste an, die käuflich sind. Ganz klar: für diese gebe
ich nur Geld hin; für die anderen mich selbst. (...)

Das Urteil, das ich über mich selbst spreche, ist weit nachdrücklicher und härter als das der Richter, die nur auf die allgemeine Verpflichtung sehen; der Zwang meines Gewissens ist weit schärfer und strenger. Pflichten, zu denen man mich, falls ich mich weigerte, zwingen würde, befolge ich nur nachlässig. (. . .) Wenn die Handlung nicht etwas vom Glanz der Freiheit an sich hat, ist sie weder anmutig noch ehrenhaft. (. . .)

Die Fürsten geben mir vollauf, wenn sie mir nichts nehmen, und tun mir Gutes genug, wenn sie mir nichts Böses tun; das ist alles, was ich von ihnen verlange. O wie sehr danke ich Gott, daß es ihm gefallen hat, mir alles, was ich habe, unmittelbar aus seiner Hand zu verleihen; und daß ich nur sein Schuldner bin! Wie sehr rufe ich seine heilige Barmherzigkeit an, daß ich niemals jemandem groß Dank schuldig sein müsse! Glückselige Freiheit, die mich bis heute begleitete. Möge sie es auch weiterhin tun!

Ich versuche, niemanden und nichts nötig zu haben.

»Alle meine Hoffnung beruht auf mir selbst.« (Terenz, *Adelphi*, III, 5, 9) Das ist etwas, das jeder vermag, aber leichter diejenigen, die Gott mit den natürlichen und dringlichen Notwendigkeiten versehen hat. Es ist wirklich etwas Elendes und Gefährliches, von anderen abzuhängen. (. . .)

Ich habe mich tausendmal in meinem Hause mit dem Gedanken schlafen gelegt, daß man mich noch in dieser Nacht verraten und ermorden könnte; und mir vom Schicksal nur soviel ausbedungen, daß es ohne Schrecken und langwierige Marter abgehen möchte. Und nach meinem Vaterunser habe ich ausgerufen: »Soll ein ruchloser Soldat dieses wohlbestellte Feld besitzen?« (Vergil, *Eclogae*, I, 71)

Gibt es Abhilfe? Dies ist mein Geburtsort und der Geburtsort der meisten meiner Vorfahren; sie haben ihre Liebe an diesen Ort gewendet und ihm ihren Namen gegeben. Wir stumpfen ab gegenüber allem, woran wir uns gewöhnen. Und in einer so elenden Lage wie der unseren, ist die Gewöhnung, die unser Gefühl durch das Ertragen so vieler Übel betäubt, ein höchst vorteilhaftes Geschenk der Natur gewesen. Die Bürgerkriege sind dadurch schlimmer als die anderen Kriege, daß jeder sogar in seinem eigenen Haus auf der Hut sein muß. Es ist sehr weit gekommen, wenn man sogar in seiner eigenen Wirtschaft und seiner häuslichen Ruhe bedrängt wird. Der Ort, an dem ich wohne, ist immer der erste und der letzte, an dem unsere Unruhen anheben und enden, und an dem sich der Frieden nie in seiner vollen Gestalt zeigt.

Ich nehme manchmal, um mich gegen diese Erwägungen zu stärken, die Mittel der Nachlässigkeit und der Feigheit zu Hilfe; auch sie führen uns auf gewisse Weise zur Entschlossenheit. Zuweilen stelle ich mir mit einem gewissen Vergnügen die tödlichen Gefahren vor und erwarte sie; ich stürze mich mit dem Kopf voran in den Tod, ohne ihn anzusehen und zu erkennen: wie in einem stillen und finsteren Abgrund, der mich auf einen Sprung verschlingt und augenblicklich durch einen starken und empfindungslosen Schlag vernichtet. Und das Ende, das ich bei einer so schnellen und gewaltsamen Todesart voraussehe, beruhigt mich eher, als daß es mir Angst macht. Man sagt, zwar sei das längste Leben nicht das beste, sehr wohl aber der kürzeste Tod der beste. Ich schrecke nicht so sehr vor dem Totsein zurück, als daß ich mich mit dem Sterben bekannt mache. Ich hülle und wickele mich in dieses Gewitter, das mich mit einem schnellen und unmerklichen Schlage blenden und hinreißen soll. (...)

Nicht weil Sokrates es gesagt hat, sondern weil es wirklich meine Art ist, vielleicht nicht ganz ohne

Schwärmerei, halte ich alle Menschen für meine Mitbürger, umarme einen Polen so innig wie einen Franzosen, und setze das nationale Band dem allgemeinen und gemeinschaftlichen Band der Menschheit hintan. Die heimatliche Luft ist mir keineswegs die liebste. Die Bekanntschaften, die ich ganz neu mache und die deshalb nur mir gehören, gelten mir genausoviel wie die andern, gewöhnlichen und zufälligen Bekanntschaften aus Nachbarschaft. Die reinen Freundschaften, die wir selbst erworben haben, lassen in der Regel diejenigen hinter sich zurück, die sich auf die Gemeinschaft der Heimat oder des Blutes gründen. Die Natur hat uns frei und ungebunden auf die Welt gesetzt; wir kerkern uns in irgendwelche Winkel ein; so, wie die Könige von Persien, die sich verpflichteten, nie anderes Wasser als das des Flusses Choaspes zu trinken, sich durch diese Narretei ihres Rechts auf alles andere Wasser begaben, als ob der ganze Rest der Welt für sie Wüste gewesen wäre. (. . .)

Abgesehen von diesen Gründen, scheint mir das Reisen eine nützliche Übung zu sein. Die Seele hat dabei ständig Gelegenheit, neue und unbekannte Dinge zu beobachten, und ich kenne, wie ich oft gesagt habe, keine bessere Schule des Lebens, als ihr unaufhörlich die Verschiedenheit so vieler anderer Lebensweisen, Sinnesarten und Gebräuche vor Augen zu stellen und sie eine so dauernde Mannigfaltigkeit der Gestalten unserer Natur kosten zu lassen. Der Körper ist dabei weder müßig noch angestrengt, und diese leichte Bewegung hält ihn in Atem. Ich halte mich, so sehr mich auch die Kolik beschwert, und ohne dessen überdrüssig zu werden, achtzehn Stunden im Sattel.

Kein Wetter ist mir zuwider, außer der heftigen Glut einer stechenden Sonne; denn die Sonnenschirme, deren sich Italien seit den alten Römern bedient, belasten stärker die Arme, als sie dem Kopfe Erleichterung schaffen. Ich möchte gerne wissen, durch welche Kunst sich die Perser in so frühen Zeiten, als der Luxus erst entstand, nach Belieben frischen Wind und Schatten verschafften, wie Xenophon es berichtet. Ich liebe Regen und Dreck, wie die Enten. Der Wechsel der Luft und des Klimas macht mir nicht zu schaffen; mir ist der ganze Himmel einer. Ich bin nur mit den innerlichen Veränderungen geschlagen, die ich selbst in mir hervorbringe, und eben die drücken mich weniger, wenn ich reise.

Ich bin schwer in Bewegung zu setzen; aber bin ich erst einmal auf dem Weg, gehe ich, soweit man nur will. Ich mache vor kleinen Unternehmungen ebensoviel Wesen wie vor großen und ebensoviel Anstalten, wenn ich zu einer Tagesreise aufbreche, um einen Nachbarn zu besuchen, als wenn ich eine richtige Reise vor mir habe. (...) »Aber in Eurem Alter! Werdet Ihr je von einer so weiten Reise zurückkommen?« Was kümmert mich's? Ich unternehme sie nicht, um zurückzukehren, und nicht, um sie zu vollenden; ich unternehme sie bloß, um mich zu bewegen, solange die Bewegung mir behagt, und streife umher, um umherzustreifen. Die nach einer Pfründe oder einem Hasen laufen, die laufen nicht wirklich; sondern jene, die auf der Bahn laufen, um sich im Laufen zu üben.

Mein Reiseplan läßt sich allenthalben ändern; er ist auf keine großen Hoffnungen gegründet; jeder Tag setzt ihm sein Ziel. Und ebenso ist es mit der Reise meines Lebens. (...)

Ich schreibe mein Buch für wenige Menschen und für wenige Jahre. Wäre es eine dauerhafte Materie gewesen, so hätte man sie in eine beständigere Sprache bringen müssen. Wer kann denn, bei der unaufhörlichen Veränderung, die mit der unsrigen bis auf den heutigen Tag vorgeht, hoffen, daß ihre gegenwärtige Gestalt fünfzig Jahre von heute noch im Gebrauch sein wird? Täglich rutscht sie uns aus den Händen, und seit ich lebe, hat sie sich um die Hälfte verändert. (...) Daher habe ich keine Bedenken, hier eine Reihe persönlicher Dinge einzufügen, deren Nutzen nicht weiter reicht als das Leben der Menschen, die heute leben, und die das besondere Wissen einiger Leser berühren, die aus meinen Aufzeichnungen mehr entnehmen werden als die übrigen Leser. Schließlich will ich nicht, daß man, wie ich so oft über das Andenken Verstorbener streiten höre, auch über mich stritte und sagte: »So urteilte er, so lebte er; er wollte dieses; hätte er vor seinem Ende gesprochen, so würde er dieses gesagt, jenes gegeben haben; ich kannte ihn besser als irgend jemand.« So mache ich hier, soweit es die Schicklichkeit gestattet, meine Neigungen und Gesinnungen bekannt; aber noch bereitwilliger tue ich es mündlich gegen jeden, der darüber unterrichtet sein will. Soviel ist gewiß, daß jeder, wenn er in dieses Buch schaut, finden wird, daß ich alles gesagt oder alles angedeutet habe. Was ich nicht ausdrücken kann, darauf zeige ich mit dem Finger. »Einem scharfen Geist reichen diese geringen Spuren; und er wird alles weitere mit Gewißheit aus ihnen erkennen.« (Lukrez, I, 402) Ich lasse von mir nichts zu wünschen und zu erraten übrig. Wenn man sich über mich unterhalten will, so verlange ich, daß es wahrhaftig und gerecht sei. Ich käme gern aus der andern Welt zurück, um denjenigen Lügen zu strafen, der mich anders machte, als ich war; und sei es, um mich zu ehren. Selbst von den Lebenden, so scheint es mir, spricht man immer anders, als sie sind; und hätte ich nicht mit aller Gewalt das Bild eines Freundes, den ich verloren habe, in seiner wahren Gestalt erhalten, so hätte man ihn mir in tausend verschiedene Stücke zerrissen.

Um meine Schwachheiten zu Ende zu beichten, so gestehe ich, daß ich auf Reisen selten irgendwo einkehre, ohne daß es mir durch den Kopf geht, ob ich dort bequem krank werden und sterben könnte. Ich will an einem Ort untergebracht sein, an dem ich allein bin, der ohne Lärm und Schmutz ist, nicht verqualmt und nicht stickig. Ich suche dem Tod durch diese kleinfügigen Umstände zu schmeicheln oder, besser gesagt, möchte mich gern von allen übrigen Hindernissen befreien, damit ich nichts als den Tod zu erwarten habe, der mir auch ohne weitere Beschwerlichkeiten schon schwer genug fallen wird. Ich möchte, daß er sein Teil an der Leichtigkeit und Bequemlichkeit meines Lebens habe. Er ist ein großes und wichtiges Stück davon; und ich hoffe nunmehr, daß er dem Vorangegangenen nicht widersprechen wird. (...)

Wenn ich eine Herberge suche, sehe ich auf Bequemlichkeit, aber nicht auf Pracht und Weitläufigkeit; ich hasse sie eher; sondern auf eine gewisse einfache Sauberkeit, die sich am ehesten in Gegenden findet, in denen es weniger kultiviert zugeht und die von der Natur mit der ihr eigenen Anmut geehrt worden sind. (...)

Ich überlasse es denen, die in Geschäften reisen, sich im härtesten Winter in Graubünden von den Lawinen überraschen zu lassen. Ich, der ich meist nur zu meinem Vergnügen reise, mute mir so schlechte Wege nicht zu. Ist es rechts häßlich, gehe ich links; wenn ich keine Lust habe zu reiten, halte ich an. Und auf diese Weise kommt mir in der Tat nichts vor Augen, das mir nicht ebenso angenehm und bequem wäre wie mein Haus. Es stimmt, daß ich den Überfluß allezeit überflüssig finde; und ich merke an, daß ich mich sogar dem Feingesponnenen und dem Wohlstand widersetze. Habe ich etwas Sehenswürdiges hinter mir gelassen? So kehre ich dorthin um; es ist allezeit mein Weg. Ich ziehe keine bestimmte Spur, keine gerade und keine krumme. Finde ich dort, wo ich hingehe, nicht das, was man mir erzählt hat (wie es oft vorkommt, daß die Urteile anderer nicht mit meinen übereinstimmen und ich sie meistens falsch finde) so beklage ich mich darüber nicht; ich habe gelernt, daß das, was man sagte, nicht stimmt. (...)

Ich weiß wohl, daß, wenn man es buchstäblich nimmt, diese Lust am Reisen von Unruhe und Unentschlossenheit zeugt. So sind dies denn auch unsere vornehmsten und herrschenden Eigenschaften. Ja, ich gestehe es, ich sehe nichts, nicht einmal in meinen Träumen oder Wünschen, an dem ich mich festhalten könnte; nur die Abwechslung und der Besitz der Mannigfaltigkeit befriedigen mich, wenn mich überhaupt etwas befriedigt. Am Reisen gefällt mir eben dies, daß ich ohne bestimmtes Ziel irgendwo anhalten kann und daß ich Gelegenheit habe, mich angenehm zu zerstreuen. (...)

»Es ist Eitelkeit«, sagt ihr, »in diesem Vergnügen.« Aber worin ist keine? Diese schönen Vorschriften sind eitel, und ebenso alle Weisheit. »Der Herr kennet die Gedanken der Weisen, daß sie eitel sind.« (*1. Korinther,* III, 20) Diese auserlesenen Spitzfindigkeiten taugen nur auf der Kanzel: das sind Vorstellungen, mit denen man uns fix und fertig in die andere Welt schicken will. Das Leben ist eine materielle und körperliche Bewegung, ein seiner eigenen Natur nach unvollkommener und unordentlicher Vorgang; ich bemühe mich, ihm nach seiner Art zu dienen.

Was sollen uns diese erhabenen Höhen der Philosophie, auf die sich kein menschliches Wesen setzen kann, und diese Regelungen, die unser Vermögen und unsere Kraft überfordern? Ich sehe oft, daß man uns Vorbilder aufstellt, die zu erreichen weder der Lehrer noch der Zuhörer hoffen können; und, was noch schlimmer ist: sie haben auch gar keine Lust darauf. Von eben dem Bogen Papier, auf welchen der Richter gerade das Urteil eines Ehebrechers geschrieben hat, reißt er einen Zipfel ab, um darauf ein Liebesbriefchen an die Frau seines Beisitzers zu schreiben. (...)

Ich habe ehedem versucht, im Dienste der öffentlichen Angelegenheiten die Ansichten und Lebensregeln ebenso ursprünglich, neu, unpoliert und unbefleckt anzuwenden, wie ich sie in mir hervorgebracht oder durch meine Erziehung empfangen habe, und deren ich mich, wenn nicht bequem, so doch sicher für meine Person bediene: eine scholastische und Neulingstugend. Ich habe sie für unbrauchbar und gefährlich befunden. Wer sich ins Gedränge begibt, muß ausweichen, die Ellenbogen anziehen, vor- oder zurückgehen, sogar vom geraden Wege abweichen, je nachdem, wem oder was er begegnet; er muß nicht nach seiner, sondern nach der Art der anderen leben, nicht nach dem, was er sich vornimmt, sondern nach dem, was andere ihm vorschreiben: wie es die Zeit, die Menschen, die Geschäfte verlangen. (...)

Man kann sich nach besseren Zeiten zurücksehnen, aber den gegenwärtigen nicht entfliehen; man kann sich andere Obrigkeiten wünschen, aber dessenungeachtet muß man diesen hier gehorchen. Und vielleicht ist es sogar verdienstvoller, den schlechten als den guten zu gehorchen. Solange das Bild der alten und eingeführten Gesetze dieses Königreiches noch in irgendeinem seiner Winkel leuchtet, setze ich keinen Fuß hinaus. Sollten sie durch irgendein Unglück dahin geraten, einander zu widersprechen, zu behindern und zwei Parteien hervorzubringen, unter denen die Wahl zweifelhaft und schwer wäre: so wollte ich mich bereitwillig fortmachen und diesem Sturme entfliehen; unterdessen mögen mir die Natur oder die Wechselfälle des Krieges die Hand reichen. Zwischen Cäsar und Pompejus hätte ich mich ohne Umstände entschieden, aber zwischen den drei Räubern, die auf sie folgten (Octavius, Marcus Antonius und Lepidus), hätte ich nur die Wahl gehabt, mich zu verbergen oder dem Wind zu folgen; was ich für erlaubt halte, wenn die Vernunft nicht länger das Ruder führt.

Dieses Einschiebsel weicht ein wenig von meinem Thema ab. Ich verlaufe mich aber eher aus Mutwillen als aus Unachtsamkeit. Meine Einfälle hängen zusammen, aber zuweilen ein wenig locker, und sie sehen einander an, aber mit einem etwas schrägen Blick. (. . .)

Auch bin ich frei von jenen starken Banden, die, wie man sagt, die Menschen durch Kinder, auf die ihr Name und ihre Ehre fällt, an die Zukunft knüpfen; vielleicht sollte ich sie mir um so weniger wünschen, wenn sie so begehrenswert sind. Ich hänge schon für mich selbst allzusehr an der Welt und an diesem Leben. Mir reicht es schon, dem Schicksal durch die Bedürftigkeiten meines eigenen Lebens ausgesetzt zu sein, ohne daß ich noch durch anderes seine Gerichtsbarkeit über mich erweitern möchte; und ich war nie der Meinung, daß ohne Kinder zu sein ein Mangel ist, der das Leben unvollkommener und unzufriedener macht. Der unfruchtbare Stand hat auch seine Annehmlichkeiten. Kinder gehören zu den Dingen, die man nicht so stark wünschen sollte, zumal in dieser Zeit, in der es so schwierig ist, etwas Rechtes aus ihnen zu machen. »Es kann nichts Gutes aufgehen, so verderbt ist der Samen.« (Tertullianus, *Apologeticum*) Und doch geben sie dem genug Grund zu trauern, der sie verliert, nachdem er sie einmal besessen hat.

Derjenige, der mir mein Haus zur Obhut hinterließ, sagte mir voraus, daß ich es herunterbringen werde, weil ich zu wenig häuslich gesinnt sei. Er hat sich geirrt; so wie ich es übernommen habe, sitze ich jetzt darin, wenn nicht ein wenig besser; und dabei ohne Amt und Pfründe. (...)

Wenn die andern sich aufmerksam betrachteten, so wie ich es tue, würden sie sich, so wie ich es tue, voller Eitelkeit und Torheit finden. Ich kann mich davon nicht lossagen, ohne mich von mir selbst loszusagen. Wir alle sind durchtränkt damit, die einen sowohl wie die andern; aber die es merken, kommen ein wenig besser damit zurecht; und nicht einmal da bin ich sicher.

Diese gewöhnliche Art und Gewohnheit, auf alles, nur nicht auf uns selbst zu schauen, ist nützlich und kommt uns sehr zugute. Es ist ein Gegenstand, der nur Verdruß bereitet; wir erblicken dort nur Elend und Eitelkeit. Um es uns nicht zu unbehaglich zu machen, hat die Natur zu passender Gelegenheit unseren Blick nach außen gerichtet. Vorwärts schwimmen wir mit der Strömung, aber gegen das Wasser zu uns selbst zurückkehren, das ist eine mühsame Übung: das Meer brodelt und ist sich selbst im Wege, wenn es in seine Grenzen zurückgetrieben wird. »Seht nur«, sagt jeder, »die Bewegung der Gestirne, das Publikum, der Streit jenes dort, der Pulsschlag dieses hier, das Testament jenes anderen; kurz, seht immerzu nach oben oder nach unten, zur Seite oder nach vorn oder nach hinten.« Es war ein seltsames Gebot, das uns einst der delphische Gott gab: »Blickt in euch selbst, erkennt euch selbst, haltet euch an euch selbst; führt euern Geist und euern Willen, die sich anderwärts verzehren, in euch selbst zurück; ihr zerfließt, ihr zerstreut euch; haltet euch zusammen, werdet fest; man betrügt euch, man zerteilt euch, man raubt euch euch selbst. Merkst du nicht, daß alle Welt einzig und allein nach innen blickt; und die Augen offenhält, nur um sich selbst zu betrachten? Allenthalben findest du Eitelkeit, innen und außen; aber sie ist weniger eitel, wenn sie sich auf weniger richtet. Außer dir, o Mensch«, sagte dieser Gott, »studiert jedes Wesen zunächst sich selbst und hat nach seinem Bedürfnis seiner Tätigkeit und seinen Wünschen Grenzen gesetzt. Es gibt darunter nicht eines, das so hohl und so bedürftig ist wie du, der das ganze Weltall umfaßt; du bist der Forscher ohne Wissen, der Richter ohne Gerichtsbarkeit; und endlich, der Narr im Possenspiel.«

Zwei Arten zu reisen oder: Der Untergang des Gemeinsinns

●

»Es ist dort nicht Gebrauch, das Bettzeug beim Schlafengehen oder die Kleider beim Aufstehen zu wärmen, und sie nehmen es übel, wenn man in der Küche zu diesem Zweck Feuer anzünden will. (. . .) In der ganzen Gegend tragen die Frauen Pelzhüte oder Mützen. Die Öffnung, die unsre Mützen vorne haben, tragen sie hinten, so daß man hier ihre krausen Haare sieht. Sie ziehen auch gern rote oder weiße Schuhe an, die ihnen nicht schlecht stehen.«

Beobachtungen wie diese, die Montaigne im Oktober 1581 in Lindau am Bodensee notiert, füllen in positivistischer Gleichberechtigung sein *Reisetagebuch*. Das Alltägliche, das Wunderbare, das Beiläufige und das Bemerkenswerte: sie sind gleichermaßen wert, registriert zu werden. Die Salzgewinnung in Hallein; der violette Pantoffel mit dem weißen Kreuz, den er dem Papst bei der Audienz küßt; Landessitten und neue Maschinen; das Schweißtuch der Veronika und die Schönheit der römischen Huren; Wasserpumpen und Regierungsformen; Eßgebräuche und Bibliotheken — Montaignes Neugier ist ungeheuer groß und kaum gerichtet. »Könnten wir von der Welt soviel sehen, wie wir nicht von ihr sehen, so würden wir, wie leicht einzusehen ist, eine ständige Vervielfachung und einen unaufhörlichen Wechsel der Formen entdecken.« (III, 6)

Überall auf diesem Ritt durch Deutschland, die Schweiz und Italien sucht er ohne die geringsten Hemmungen die örtlichen Politiker, Wissenschaftler, Priester auf und fragt sie aus; studiert er die Küchen, die Gottesdienste, die Schönheit der Frauen. Er notiert den hysterischen Zug der christlichen Geißler zu Ostern mit demselben Ethnologenblick wie die Beschneidung in der Synagoge. Nicht ohne Befremden und Spötteln (etwa bei einer katholischen Teufelsaustreibung), aber nie kopfschüttelnd, bestaunt er, wie die Menschen es machen: Liebessitten, Volksfeste, Aberglauben, Technologien; Instrumentenmacher, Seidenwirker, Bauern, Gaukler.

Ein Reisegefährte notiert: »Wenn er allein, nur mit seiner Familie gewesen wäre, dann wäre er lieber nach Polen oder nach Griechenland zu Fuß gegangen, als den Weg nach Italien einzuschlagen; aber das Vergnügen, das er beim Besuch unbekannter Länder gefunden hätte — er war so empfänglich dafür, daß er die Gebrechlichkeit seines Alters und seiner Gesundheit vergaß —, konnte er keinem seiner Gefährten mitteilen, und jeder dachte nur an die Rückreise. (. . .) Wenn man ihm vorhielt, daß er die Gesellschaft oft die Kreuz und Quer führe — das tat er, wenn er von einer Sehenswürdigkeit hörte, und er änderte seine Pläne nach den Gelegenheiten, die sich ihm boten —, so antwortete er, daß er für seine Person sich aus keinem anderen Orte etwas mache als aus dem, wo er gerade sei. Was Rom betreffe, nach dem die andern immer ausschauten, so verlange es ihn um so weniger danach, als jedermann dort gewesen sei; auch wisse jeder Lakai davon oder von Florenz oder Ferrara Nachricht zu geben.«

Das allgemeinste Resultat, das sich für Montaigne aus seinen Reisen ergibt, lautet: »Wir sind Christen, ebenso wie wir Schwaben und Périgordiner sind.«

(II,12) Die allgemeinste Eigenschaft der Menschen ist ihre Verschiedenheit in der Gleichheit: »Man macht einen Deutschen krank, wenn man ihn auf eine Matratze, einen Italiener, wenn man ihn in einem Federbett und einen Franzosen, wenn man ihn ohne Vorhang und Feuer schlafen läßt.« (III,13) Die kommunikative Koexistenz, die er zwischen den Fetzen und Flicken seiner Seele, Triebe und Gedanken walten läßt, prägt auch Montaignes Verhältnis zur offenen Mannigfaltigkeit menschlicher Lebensweisen. Er, der sich als besonders, begrenzt und einzigartig erfahren hat, öffnet sich begierig dem Fremden. Selten verurteilt er. Alles beobachtet er, aber er will nichts übernehmen, will nur probieren *(essayer)*, wie es auch sein kann. Montaigne ist Périgordiner *und* Weltbürger. Er will seine Gewohnheiten nicht ändern: »Und doch liebe und ehre ich sie um so mehr, als sie anders sind als ich.« (I, 37)

»Wenn wir diesen ganzen Zusammenhang in ein rundes Ganzes verwandeln wollen, betrügen wir uns um das Beste.« (I, 38) Montaigne macht sich keine Gedanken um den Zusammenhang des Ganzen. Freilich wäre er auch nie auf die Idee gekommen, die Weltordnung als eine widerspruchsfreie konstruieren oder denken zu wollen — wo er selbst so uneinheitlich ist: »In welche Lage man die Menschen auch bringt, sie ordnen und schichten sich mit Gedränge und Geschiebe von selbst . . .«; da ist eine Art Urvertrauen in die Beständigkeit der Welt als eines wechselhaften Geschehens, in die unbegreifbare und unbegrenzte Fülle der »guten Natur«. Sie wird als die Gemeinschaft alles Lebenden gefühlt und gedacht. Sie muß nicht kontrolliert werden, allenfalls kultiviert. Welt und Gesellschaft sind keiner Begründung bedürftig — bei Montaigne erfahren sie jedenfalls keine: weder aus einer mythischen Genealogie noch aus einem Zukunftsprojekt; weder aus einem magisch-animistischen noch aus einem rational-konstruktivistischen Zusammenhang. Die Mechanismen, die alles mit allem verbinden, sind Einfühlung (Montaigne versucht es selbst da, wo er nichts mehr versteht: bei sich geißelnden Menschen) und wechselseitige Identifikation: »Wenn ich mit meiner Katze spiele, wer weiß, ob sie sich nicht eher die Zeit mit mir vertreibt?«

Erkenntnistheoretisch naiv und theologisch resigniert, formuliert Montaigne ein »Weltbild«, das sich losgesagt hat von den hierarchischen Vorstellungen des Mittelalters. Und vor allen idealistischen und konstruktivistischen Systembemühungen und Gesellschaftsutopien der Neuzeit skizziert er eine Art irdischer Religon oder »Weltfrömmigkeit«: eine Bruderschaft alles Lebendigen, das Bewußtsein eines verpflichtenden Zusammenhangs ohne Hierarchie und Transzendenzen — wohl aber von Besonderem: *it takes all sorts to make one world.* Wie immer man es formulieren will und wo immer es herkommt: es ist ein Bewußtsein, das seine Antwort gefunden hat auf das Loch, das nach dem Verschwinden der Gottessicherheit geblieben war. Es ist ein Weltbild, das sich bei Montaigne in umgangssprachlicher Einfachkeit findet, noch nicht romantisch, irrationalistisch, lebensphilosophisch, ökologisch: so wird man erst formulieren, wenn das Gefühl gegen die Auswirkungen des abgetrennten Verstandes rebelliert. Schon im folgenden Jahrhundert kann man die ausgepichtesten Vernünftler bei Schäferspielchen ertappen; und die Philosophie wird sich im Pendelschlag von rationalistischem Systembau und naturalistischer Regression oder romantischem Protest bewegen — und erschöpfen.

Montaignes weltfrommer Pluralismus ist kein Relativismus der Qualitäten: Schmerz und Lust lenken das Denken des Selbst. Dementsprechend hängt seine Bewertung der gesellschaftlichen Begebenheiten davon ab, ob etwas angetan ist, den Zusammenhang des Ganzen zu stören oder zu stiften. Das gilt für die Grausamkeit: »Ich bestaune sie sozusagen ebensosehr, wie ich sie verabscheue« (III, 9); für die Verstocktheit seiner Mitreisenden gegen Fremdes; für die blutigen Konsequenzen aus den dogmatischen Religionskämpfen der Zeit: »Galimathias«; für die Kritik an den Adeligen, die pflichtvergessen die Bewässerungsanlagen ihrer Bauern verrotten lassen; und für politische Zustände ganz allgemein: »Die Regierungen, unter denen weniger Ungleichheit zwischen Knechten und Herren herrscht, scheinen mir die angemessensten.« — In Florenz bemerkt er melancholisch: »Am Samstag war der großherzogliche Palast geöffnet und voll von Bauern, die alles ansehen durften. Im großen Saal fanden sogar verschiedene Tanzvergnügen statt. Diese Leute kamen mir wie ein Bild der verlorenen Freiheit vor.« Nirgends wendet er solche Gedanken revolutionär oder bekehrend; zu sehr geht er davon aus, daß diese Welt im wesentlichen fertig ist, nicht von Grund auf neu aus dem Boden gestampft werden kann. Selbst die so gar nicht eurozentrische Schilderung seiner Begegnung mit den »Kannibalen«, die schon 200 Jahre vor der Aufklärung so eindeutig zu deren Gunsten ausfällt, ist kein demokratisches Pamphlet — nur die Trauer über die Zerstörung einer schönen, »kindlichen« Welt durch »kalte und tote Siege«.

Und andererseits sympathisiert er mit all den Eigenschaften und Menschen, die in diesem kommunikativ-naturalen Zusammenhang stehen oder ihn stiften: die Schönheit der Frauen und die erotischen Triebe; die demokratischen Institutionen und das mimetische Naturverhältnis der Indianer; der Wiß-

trieb von Kindern, die noch nicht unter die Pädagogen gefallen sind; die Demut, der Stoizismus und
die Klugheit der Bauern und Handwerker, die in
ihrer Arbeit wissen, wie sie von Erde und Material
abhängen; das Selbstbewußtsein der italienischen
Bettler; die Weisheit und die Eleganz der Tiere.
Ihrer aller »moralische und intellektuelle Überlegen-
heit« beruht darauf, daß sie die sinnlichen Bande zur
Welt nicht gekappt haben, daß sie gegenüber dem
Tod, den natürlichen Gegenständen, dem Anderen
kein bloß erkennendes, objektivierendes Verhältnis
haben, sondern eines der Zugehörigkeit, daß sie kom-
munal denken — oder vielleicht »nur« fühlen. Sie
alle sind keine In-dividuen; sie sind abgegrenzt von
anderem, aber nicht von ihm getrennt. »In Montaignes Überlegungen begründet das universelle Band,
das die einfachste Seele gefühlsmäßig herstellt, ein
moralisches Kriterium und legitimiert die Vernei-
nung, die entrüstete Ablehnung all dessen, was in der
tatsächlichen Welt dieser ›von Natur aus‹ erprobten
Solidarität widerspricht.« (Jean Starobinski)
Montaignes Moral ist kein Dressurakt, sondern
eine Art Übersetzung dieser vorgängigen unüberleg-
ten Teilhabe an der Welt und ihren Bewohnern, dieses
gefühlten Primats nicht der Gesellschaft oder der
Gattung, sondern der Welt gegenüber dem Einzelnen. Sie verdankt sich Beobachtungen wie der, daß
seine eigenen spontanen Gefühlsurteile oft »menschlicher« ausfielen als die seines Verstandes. (II, 11)
Die höchsten Anstrengungen der Tugend und der
Welterkenntnis landen — nicht erst Hegel weiß das
— in der Nähe fast instinktiver, »vor-rationaler« Annahmen des einfachen Menschenverstandes. Man
muß nur eine »Seele mit verschiedenen Stockwerken«
haben, um sich auch bewußt in diesen Zusammenhang einzustellen, irgendwo in der Mitte.

Das alles klingt so selbstverständlich und, mit Verlaub, so ungewöhnlich »gesund«, daß man sich fragt: wie ist ein solcher Mensch möglich gewesen? Wenn man die persönliche Gleichung beiseite läßt: vielleicht war eine Voraussetzung von Montaignes Denken und Fühlen diese Pause der Geschichte. Vorher waren die Menschen noch dem Grauen der gefährlichen Natur und den dogmatischen Versicherungen der Religion unterworfen, danach gerieten sie unter den Bann der Gesellschaft und der historischen Beschleunigung.

Das Gegebene als Selbstverständliches hinnehmen; das Vertrauen auf die gute Natur — sein Synonym für Gott; die Abwesenheit falschen Stolzes ebenso wie demütiger Zerknirschung; das Akzeptieren auch der Unarten als Eigenheiten; die Rebellion gegen Institutionen und Erziehung — all das ist Teil einer schwer auszurottenden Lebenslust, einer Gier auf Dinge, einer hüpfenden Lust, sich zu bewegen. Vielleicht ist es ein mittelalterliches Erbe, das Montaigne da mitbringt: die Historiker jedenfalls reden von einer maßlosen, überschwenglichen, sinnlichen Liebe zum Leben, die die Menschen im Mittelalter beseelt habe. Sie war das Komplement zur Todesfurcht und zum schnellen, aufgezwungenen Wechsel von Verzicht und Genuß: die »natürliche« Einstellung in Zeiten, in denen die Stabilität, für die man selbst sorgen konnte, begrenzt war. Im 16. Jahrhundert und danach — hier folge ich Ariès — erhält diese »maßlose Liebe zum Irdischen«, auch zu anderen Menschen, den Namen der *avaritia*. Ein Kardinal in Rom setzte sie neben die Hexerei unter des Titel *odium Dei*, Haß Gottes: als verabscheuenswürdigste Sünde, als Bewußtsein einer gottlosen Welt; und er setzt ihr die Mäßigung entgegen, den kalkulierenden Umgang mit Sinnlichem, Lebenslust, Sexualität. Wenn das richtig ist, wäre der Übergang zur Neuzeit auch einer vom »Geiz mit Dingen« zum »Geiz mit Leben«. Montaigne aber denkt nicht christlich, sondern heidnisch-epikureisch: sein *memento mori* soll keck, nicht brav machen; seine Vorstellung von Mäßigung heißt Balance und nicht Minderung. Er kennt nur die Gnade, da zu sein; und seine Sünden sind soziale Verstöße oder solche gegen die Ordnung der Natur.

Mit dem christlichen Gott ist auch der Anthropozentrismus aus seinem Denken verschwunden: »Wenn ich mit meiner Katze spiele...« — das ist kein aphoristischer Schlenker. In der *Apologie des Raimund Sebundus,* seiner wütenden Abrechnung mit dem Größenwahn der Vernunft, benutzt Montaigne die Tiere — ihre Expressivität und Moral, ihre Anmut und ihre Nähe zum Gesamtzusammenhang —, um die Fragilität der menschlichen Vernunft und Ausstattung insgesamt zu kritisieren. »Betrachten wir für einen Augenblick den Menschen ganz allein, ohne fremde Hilfe, nur mit seinen eigenen Waffen gerüstet ...« Montaignes Attacke gegen den Anthropozentrismus und die Anmaßung der Vernunft steht im Zusammenhang einer Kritik der rationalistischen Theologie (die Dogma und weltliches Wissen versöhnen wollte), in der er Gott »als eine unbegreifliche Macht, Ursprung und Erhalterin aller Dinge, reine Güte, reine Vollkommenheit« so weit weggerückt, daß man fürs Leben auf der Erde ohne ihn auskommen muß. Damit rückt Montaigne zugleich die Menschen und ihre »Brüder und Genossen«, die Tiere, näher aneinander. Er schleift die »unwandelbaren und ewigen Schranken«, durch die selbst der sonst so verständige Diderot uns von ihnen getrennt sehen wird, und stellt die Menschen neben die »anderen Geschöpfe seiner Art, in durchaus mittlere Lage«. Daß wir uns durch die Vernunft, die sich auf Sprache gründet, vor den Tieren auszeichnen sollten und daß dieser Unterschied uns zur Herrschaft berechtige und zur Gottähnlichkeit hebe, dagegen polemisiert Montaigne: auch mit dem Argument, daß uns dadurch einige wertvolle Eigenschaften abhanden gekommen seien, zum Beispiel die Tötungshemmung gegenüber Artgenossen.

»Das Leben ist eine materielle und körperliche Bewegung.« Deshalb kann das reine, nicht mehr von Sinnlichkeit und Erfahrung beschwerte Denken nur ein Teil der Erkenntnis sein. Montaigne kritisiert die Naturwissenschaft, bevor sie eigentlich entsteht: wenn er von Gesetzen redet, ist ihm alles eins, Naturgesetze wie Rechtsgesetze; beide abstrahieren von der konkret-sinnlichen Situation, in die hinein sie wirken. Montaigne behauptet: diese Abstraktion ist eine Fehlerquelle. Die Beobachtung der Abhängigkeit seiner eigenen Geistestätigkeit von der Trägheit oder den Irritationen seines Körpers und seiner Seele macht ihn hellsichtig für die empfindlichen Störungen z. B. der Gerechtigkeit durch die körperliche Tagesverfassung der Richter am Gericht in Bordeaux. Und warum sollte es mit den Astronomen, die die Nilfluten berechnen, anders sein, fragt er. Auch sie unterlägen den Trugschlüssen des Denkens und all ihren Gemüts- und Triebregungen, nicht zuletzt ihrem Ehrgeiz: vielleicht, so mutmaßt er, lange vor der Großforschung, kann die Wissensproduktion ja auch falsch werden, weil die Leute Geld damit verdienen müssen.

Der Anthropozentrismus des Gehirns — das Denken unter Ausschaltung der anderen Sinne — trennt und schneidet und zerstört, was nicht identisch zu machen ist. Diese reine Denktätigkeit, die sich von der sinnlichen Erfahrung, z. B. der Handwerker, ab-

171

löst und verselbständigt, kritisiert er: »Unser Geist ist ein unstetes, gefährliches und vermessenes Werkzeug . . . selbst für seinen Besitzer.«

Daß die Gewißheit, die sich nur aufs Denken stellt, tendenziell mörderisch sein kann, hat Montaigne in einer politisch mutigen Kritik der Hexenprozesse durchgeführt. In ihnen wurden »wunderbare« Phänomene — und der Mut der Skepsis liegt hier darin, daß Montaigne Hexen- und Wunderglauben parallelisiert — mit angenommenen Ursachen verknüpft und »experimentell überprüft«. Das Verfahren war rational, nur leider stimmten die Annahmen über die Ursachen nicht: »Schließlich veranschlagt man seine Mutmaßungen sehr hoch, wenn man sie zum Anlaß nimmt, einen Menschen lebendig verbrennen zu lassen.« (III, 11)

Der reine Geist ist zu schnell und zu leicht, und deshalb geht er zu schnell und zu folgenreich in die Irre. Montaigne poltert nicht gegen die Techniker oder Handwerker, sondern gegen die »große Theorie«: in der Theologie, wo der Streit um das Wörtchen *hoc* (in der Transsubstantiationslehre) Frankreich verwüsten half; in der Medizin, wo man lieber in die griechischen Bücher blickte als auf die Symptome. Die Sprache ist ein mehrdeutiges Erkenntnismittel, sie zieht Mißverständnisse und »das unendliche Gewebe der Debatten« nach sich, wenn sie sich nicht durch die sinnliche Erfahrung korrigieren läßt. Was Montaigne am liebsten für die Medizin konstatiert, gilt auch für andere Anwendungen des Denkens: der Bereich dessen, was wir nicht wissen, ist immer viel größer als unser Wissen. Deshalb kann jeder Eingriff des Denkens wie jede Medizin schädliche Nebenfolgen haben. (II, 37)

Die Einwirkungen des Ungewußten auf das Wissen, die intimen und unbekannten Einwirkungen der anderen Sinne und des Körpers auf das Denken, kurzum, die ganze Skala der Erkenntnishindernisse, die in unserer und der Natur sinnlichen Beschaffenheit liegen und die von den experimentellen Schulen der nächsten Jahrhunderte purgiert werden, begründet Montaignes Skepsis.

Aber diese Skepsis ist zugleich »das herrlichste Credo ... gegen tyrannische Irrtümer, gegen quälende Grausamkeit, gegen mörderischen Haß« (Anatole France). Sie ist das »unstabile Einverständnis« (Gehlen) mit der Natur und der Welt, die von jedem »nicht denaturierten Menschen« gefühlt und erfahren werden kann und die so unendlich ist, daß es »keine bemerkenswertere Dummheit (gibt) ..., als sie auf das Maß unseres Fassungsvermögens und unserer Fähigkeiten zu begrenzen«. (II, 27) Es ist ein Bewußtsein davon, daß die Menschen nicht Herr, sondern nur Schützling dieser Natur sein können und daß man diese »körperliche und materielle Bewegung« nicht beherrschen, sondern ihr nur nach Maßgabe ihrer Gesetze dienen kann.

Diese Skepsis läßt sich so weit fallen, daß sie auf — wenn nicht gesichertem — so doch wirklichem Boden steht. Von diesem Boden aus entwickelt sie zwei Grundgedanken, einen erkenntniskritischen und einen sozialen: aus seiner Beobachtung der Abhängigkeitsverhältnisse zwischen seinem Körper und seinem Geist folgert Montaigne, daß es einen autonomen Verstand nicht geben, das Denken nicht seine eigenen Grundlagen errichten kann. Das leere Denken als solches ist die Fähigkeit, »dem Dunst Gewicht zu verleihen« (III,11), und die wird gefährlich, wenn sie den gesicherten Bereich sinnlicher Erfahrung verläßt. — Und die andere Seite: wenn die Menschen »neben anderen Kreaturen« in dieser Welt stehen, denen uns die Bedürfnisse, die Fähigkeit zur Empfin-

173

dung, zum Leiden und zur Leidenschaft ähnlich und die Gabe des unbeschwerten Denkens und die Macht der Werkzeuge unähnlich machen, dann kann die menschliche Würde nicht daraus bestehen, sich abzusondern und das Andere zu beherrschen. Die menschlichen Überlegenheiten begründen eher so etwas wie ein aristokratisches Schutzverhältnis zur übrigen Schöpfung: »(Es gibt) eine gewisse Achtung und eine allgemeine Pflicht der Menschlichkeit, nicht nur den Tieren gegenüber, die Leben und Gefühl haben, sondern sogar gegenüber Bäumen und Pflanzen. Dem Menschen schulden wir Gerechtigkeit, den anderen Kreaturen, sofern sie dafür empfänglich sind, Gnade und Barmherzigkeit. Es besteht ein gewisser Austausch zwischen ihnen und uns, und eine gewisse gegenseitige Verpflichtung. Ich fürchte nicht, zu sagen, daß mein Gemüt so kindlich und empfindsam ist, daß ich es kaum fertigbringe, meinem Hund das Spielvergnügen abzuschlagen, das er mir anbietet oder abverlangt, und wäre es noch so spät.« (II,12)

Das ist mehr als Tierliebe; es ist das Gefühl, in einem Zusammenhang zu stehen, dem man entstammt und dem man verpflichtet ist. Dieses Verhältnis wechselseitiger Verpflichtung und Belehrung — der Sinne und des Verstandes wie der Menschen und aller übrigen Kreaturen untereinander —, diese »natürliche Demokratie«, in der der Humanismus naturalisiert und die Natur kultiviert werden, ist natürlich keine Neuentdeckung, und die Anekdoten über galante Elephanten und hilfreiche Thunfische, die Montaigne unermüdlich ausbreitet, stammen meist aus der antiken Literatur. Es ist ein fast sinnliches Bewußtsein von Gemeinsamkeit, das dem Denken vor allem die Rolle des Moderators im Verhältnis zu den eigenen Regungen und im Verhältnis zur

Außenwelt zuweist. Es heißt *common sense:* der »Sinn, durch den alle anderen Sinne auf eine Mitwelt zugeschnitten werden« (Hannah Arendt), allgemeiner Sinn also ebenso wie Gemeinsinn; gegenständliches Denken und soziale Sinnlichkeit.

Die Geschichte der neuzeitlichen Philosophie und des naturwissenschaftlichen Denkens ist »das Resultat des auf dem Rückzug befindlichen Gemeinsinns« (Whitehead). An ihrem Anfang begegnen wir einem Mann, dem man nachsagt, daß er Montaignes Skepsis radikalisiert habe. Auch er war ein Reisender: »(Ich verweilte) den Anfang des Winters in einem Quartier, wo ich ohne jede zerstreuende Unterhaltung und überdies auch glücklicherweise ohne alle beunruhigenden Sorgen und Leidenschaften den ganzen Tag allein in meinem Zimmer eingeschlossen blieb und hier alle Muße hatte, mit meinen Gedanken zu verkehren.

Unter diesen Gedanken führte mich einer der ersten zu der Betrachtung, daß in den Werken, die aus mehreren Stücken zusammengesetzt sind und von der Hand verschiedener Meister herrühren, oft nicht so viel Vollkommenheit sei als in denen, woran ein einziger gearbeitet hat. (...) So sind jene alten Städte (...) im Vergleich mit (...) regelmäßigen Plätzen, die ein Ingenieur nach dem Bilde seiner Phantasie auf der Ebene abmißt, gewöhnlich so unsymmetrisch, daß man zwar in ihren einzelnen Häusern, jedes für sich betrachtet, oft ebensoviel oder mehr Kunst als in denen der regelmäßigen Städte findet; aber sieht man, wie die Gebäude nebeneinander geordnet sind, hier ein großes, dort ein kleines, und wie sie die Straßen krumm und ungleich machen, so möchte man sagen, es sei mehr der Zufall als der Wille vernünftiger Menschen, der sie so geordnet habe.«

175

Der Ekel vor dem Organischen und Gewachsenen ist unüberhörbar und wohl unterschieden von der Sehnsucht, die Montaigne inmitten der wohlgeordneten und regelmäßigen Paläste Roms nach dem Getümmel der Rue de la Harpe ergriff. In der Abgeschiedenheit einer Kammer, unbehelligt von Leidenschaften, zurückgezogen wie in der »entlegensten Wüste«, entsteht der neuzeitliche Rationalismus aus dem Blick des Sanierers. Zwei Reisende: der ältere ist umtriebig, voller Lust auf Unbekanntes, ohne Verwertungsinteresse; der jüngere zieht aus seinem ersten Blick auf die unordentliche Vielfalt weitreichende Konsequenzen: »Und so meinte ich, daß die Büchergelehrsamkeit (. . .) wie sie aus den Meinungen einer Menge verschiedener Personen allmählich zusammengehäuft und angewachsen ist, der Wahrheit nicht so nahe kommt als die einfachen Urteile, die ein einziger Mensch von gesundem Verstande über die Dinge, die vor ihm liegen, bilden kann.« — Diesen Anspruch auf die ganze Wahrheit hatte Montaigne abgelegt. Auch wenn ein Gedanke, Urteil, Buch dem anderen widerspricht — der Wahrheit widerspricht keines; sie ist nicht zu denken, nur zu ahnen, als die Summe aller Teilwahrheiten und alles Ungewußten — so etwa hätte er Descartes entgegnet. — Descartes zieht sich zurück, um seine »eigenen Gedanken zu reformieren und auf einem Grunde aufzubauen, der ganz in mir liegt«. Das Resultat ist bekannt: »Alle möglichen Objekte der menschlichen Erkenntnis«, alle Verschiedenheit mithin, läßt sich in »Beziehungen oder Verhältnisse« auflösen, die man im allgemeinen studieren kann, »um sie nachher um so besser auch auf alles andere Passende anwenden zu können«. Nicht der *common sense*, überhaupt kein Sinn ist der Grund, der »ganz in ihm liegt«; sondern das leere »Ich denke«, das alles Fremde, mehr noch, alle

176

Wirklichkeit — auch die eigene — aus sich verbannt hat, wird zur zweifelsfreien Basis der Erkenntnis. Die Welt hat einen physikalischen und einen moralischen Teil; Sinnlichkeit und Denken sind streng zu scheiden. Damit wird alles Sinnliche (innen wie außen) affektiv neutralisiert (Gehlen) und weggerückt. An die Stelle der physischen Beziehung von Denken und Gegenstand — eines handwerklichen Verhältnisses — tritt die metaphysische Trennung. Der Gegenstand des Bewußtseins und der wirkliche Gegenstand werden nun zweierlei: der eine klar, der andere trübe; und jene *mélange* von leichtem Geist und schwerem Körper, die Montaigne nicht überwinden zu können glaubte, die das Denken beschwerte und allzu kühne konstruktive und analytische Unternehmungen bremste, ist aufgegeben zugunsten eines Ideals, in dem der Geist und der von der Vernunft geleitete Wille die Führung übernehmen — auch über Schmerz und Lust. Alles Sinnliche wird nun Material.

Montaigne hatte die Möglichkeit zweifelsfreier Gewißheit bestritten; nun gab es sie, im reinen Denken, das sich anschickte, die Sinnlichkeit zu regieren: in Descartes' Psychologie, in seinen mannigfachen Projekten zur Bemeisterung und Beherrschung der Welt. Das verräterischste unter ihnen: die Verlängerung des Lebens. Die Leitvorstellung ist nicht das gemächliche, von sinnlichem Urvertrauen getragene Leben unter der Führung der weisen »Mutter Natur«, sondern ihr Besitz und ihre Beherrschung mit Hilfe der mißtrauischen Werkzeuge des analytischen Denkens. Damit ging die Aufgabe, Gewißheit zu stiften, von der Religion an die Erkenntnistheorie über; am folgen- und erfolgreichsten wurde sie in der von Descartes begründeten Form. Geruch, Geschmack, Gespür — die Sinne wurden zu »sekundären Qualitäten« der Welt definiert und die Wissenschaften zu einem beherzten Eingriff ins Sinnliche. Die neuzeitliche Wissenschaft hat in ihrer rasanten Beschleunigung erstaunliche Ergebnisse gezeitigt, weil sie von Anfang an Praxis war: die des Abstrahierens von sinnlicher Qualität, Materialbeschaffenheit und Besonderheit. Das Experiment ist Erkenntnis nur als Folge eines Eingriffs in ein weiterhin unbegriffenes Ganzes. Die Unendlichkeit der Welt wird nun tatsächlich »auf das Maß unseres Fassungsvermögens und unserer Fähigkeiten begrenzt«.

Das Ganze, das diese Wissenschaft in Theorie und Praxis entwickeln wird, ist durch Diderots schönes Bild vom methodisch geleiteten Wahnsinn angezeigt: »Das gäbe mir eine lustige Gesellschaft, fünf Personen, deren jede nur ein Sinnesorgan hätte. Ohne Zweifel würden sich diese Leute alle für Wahnsinnige halten. (...) Durch ihre Fähigkeit zu abstrahieren, könnten sie alle Mathematiker werden und sich wunderbar verständigen, aber eben nur in der Mathematik.« Der Zusammenhang der Welt ist nicht mehr kraus und sinnlich; er wird formal und abstrakt. — Lange Zeit ging das gut, aber es ging immer schneller. Man kann auch die handwerklich-bäuerliche Produktionsweise als eine beschreiben, die durch *common sense* zusammengehalten wurde: ihr Wachstum war gebunden an die Mitteilung und das Zusammenwachsen von Erkenntnissen, die sich je Einzelne in sinnlichen Erfahrungen mit der Erde oder dem Werkstoff anverwandelt hatten. Das war eine kommunikative Beziehung zwischen vielen Naturerfahrungen und vielen Menschen. Da kam es zu Übermittlungsfehlern und Verzögerungen, und mitunter stürzte eine Kathedrale ein. Das war dann wieder eine Erfahrung, die durch Europa ging. Die ingenieursmäßige Analyse und Konstruktion aber entspringen dem Ideal nach aus einem isolierten Bewußtsein. Es wird nicht mehr *ver-*

sucht, es gibt nicht mehr dies ständige Hin und Her zwischen Denken und Anfassen, Nachdenken und Zurichten, wie man es in den Werkstätten der Handwerker sah, sondern es wird *konstruiert:* das erhöht die Geschwindigkeit, aber es entfernt die Menschen vom Material. »Es gibt zweierlei Arten, einen Blick für die Einzelheiten, der das Neue entdeckt, und einen starren Blick, der nur dem gefaßten Plan folgt und beschleunigt für den Moment.« (Sten Nadolny) Der starre Blick wird erfolgreich; aber, wie wir ahnen, nicht auf Dauer.

Die zarte und weltgewisse Empirie des Montaigneschen *common sense* hätte freilich keine moderne Naturwissenschaft begründen oder erkenntnistheoretisch absichern können. Sie lieferte nur den Rohstoff für die ungleich raffiniertere Ideologiekritik, später dann für die Entlarvungswissenschaften; im übrigen wurde sie zum ohnmächtig privaten »gesunden Menschenverstand«, dessen Weisheiten und dessen Fassungsvermögen hoffnungslos und schließlich erfahrungslos hinter der gesellschaftlichen Dynamik und den universalistischen Resultaten der fünf sinnlich lädierten Mathematiker herhinken. Die frühneuzeitlich staunende Neugier auf die Welt wurde zur Suche nach letzten Gewißheiten, und die ließen sich eben nur haben, sofern sie abstrakt wurden und sofern man sie machen konnte; die Wissenschaft wurde, in Bacons Worten, zu einer Aufgabe, die zu erledigen ist.

Und Gott? Und die Natur? Descartes hat Gott und die Unsterblichkeit der Seele bewiesen mit seiner Methode. Vielleicht mußte er das, um sie vor der Inquisition zu immunisieren; das gelang ihm besser als Montaigne, der im 17. Jahrhundert wegen seiner Skepsis hinsichtlich der richtigen Religion und der Unterschiede zwischen Menschen und Tieren von der Kirche auf den Index gesetzt wurde. Vor allem aber konnte sich dieses Denken, das die eine Wahrheit suchte und sie in der Abstraktion fand, nicht mit der *common-sense*-Gewißheit beruhigen, besonderes Sinnliches neben anderem zu sein — und damit: endlich. Es transportiert die religiöse Suche nach der ersten Ursache in eine wissenschaftliche Frage an die Welt und findet die Antwort in der mechanischen Abstraktion; es sucht letzte Gewißheiten. Gott oder der Geist (oder der Werkzeuggebrauch) werden ihm gewisser als die sinnliche Außenwelt. Entfällt dann das beseelende Prinzip, bleibt nichts als Verzweiflung und kalte Natur. Wo die Vernunft vom Leit-Sinn zum ausschließenden Führer wird, da werden die Lücken im Weltbild vom unbekannten Besonderen, dem man mit Neugier begegnet, zum unbegriffenen Ganzen, das Angst auslöst. Und die braucht große Lösungen. Es reicht nicht mehr, daß die Kathedralen stehen bleiben; die tapfersten und asketischsten Geister der nächsten Jahrhunderte machen sich auf die Suche nach der Begründung dafür, daß sie tatsächlich stehen können. Solange man es nicht begreifen kann, erscheint ihnen alles als ein grenzenloses Chaos; und so produzieren sich Angst und grenzenloser Größenwahn wechselseitig.

Aus dem gemächlichen Wachstum handwerklich-bäuerlich-mönchischer Produktion von Welt und Wahrheit wurde das Projekt Moderne; aus der pausbäckigen Neugier der verwirrten Zwischenzeit, in der Montaigne Gott verabschiedet hatte, wird der Pendelschlag von hoffnungsfroher Aneignungswut und leerer, mörderischer Sehnsucht. Das geht so bis heute.

Descartes macht die Unsterblichkeit der Seele und den Unterschied zwischen Menschen und Tieren am auf Sprache gegründeten Vernunftgebrauch und seinem universalistischen Charakter fest: die Würde — und vielleicht auch die Unsterblichkeit — des Menschen hängen nun daran, daß er kein Besonderer ist, sondern universalistische Werkzeuge in seinem Kopf hat, daß er, unabhängig von seiner Umwelt, jede Besonderheit allgemein denken und bearbeiten kann. — Und auch, wenn dies universelle Werkzeug im Kopf »nichts anderes« ist als die Folge jahrtausendelangen Gebrauchs wirklicher Werkzeuge: ändert das etwas an der Hybris einer Weltsicht, deren einziges Organ das der abstrakten Bemächtigung ist, die als Bewußtsein ebenso wie als produzierende Gattung nur auf eines aus ist: auf Autonomie? Der christliche Stolz der Sonderstellung ist so gerettet, und er verträgt sich mit dem über das Erfolgswerkzeug, das die übrigen Kreaturen und das unbelebte Universum ausbeutbar macht. Die alte Assoziation des Animalischen mit dem Sündenfall und dem Bösen verträgt sich gut mit Philosophen, die die Natur von der Mutter alles Lebendigen zu einem seelenlosen Mechanismus degradieren und sie damit als Material freigeben. Das Bewußtsein eines Zusammenhangs alles Lebendigen und des Lebensrechtes jedes Besonderen, weil es nun einmal da ist und die Natur es am besten weiß — dieses Bewußtsein, das in Montaignes materialistischem Pluralismus den Gedanken der geselligen Einheit und eines freundlichen Animismus hervorbrachte, lebt in den folgenden Jahrhunderten nur noch als pantheistischer Untergrund weiter, als Anakreontik und kindliche Tierliebe, als romantische Sehnsucht nach der »Resurrektion der Natur«. Und auch in den Menschen führen die produktiven Zerreißungen der Neuzeit zur Verschärfung der Spaltung in Geometrie und reinen Trieb — de Sade war nur ein Anfang. Das beginnt schon bald nach Montaigne: Descartes räumt mit der Leidensfähigkeit der Tiere auf; Pascal kritisiert die Empfänglichkeit für die Reize der Tiere als »fürchterliches« Derivat der

181

Erbsünde; Bossuet geißelt Montaignes Tiervergleiche. Entsprechend wird in der neuen Wissenschaft mit der Sinnlichkeit des Menschen verfahren. Der *maître et possesseur de la nature* muß auch seine eigene beherrschen lernen; da gibt es dann Descartes' Seele mit den sechs Grundaffekten und den 33 Unterarten und ihrer Oberpassion Vernunft, die Schluß macht mit den Unarten.

Die Balance von animalisch und menschlich, von natürlich und gesellschaftlich, von Sinn und Verstand, aktiv und passiv, leicht und schwer, der sich der von der gesellschaftlichen Arbeit freigesetzte Landadelige noch überlassen konnte, wird von den produktiven gesellschaftlichen Prozessen der folgenden Jahrhunderte zerrissen: Ein Satz wie der, daß man nur organisch leide, wäre von Descartes nicht sagbar gewesen; und am Ende baut der Verstand Maschinen, treibt der Körper Sport, und die Seele geht in die Verhaltenstherapie. Christentum und Kapitalismus geißeln die Sinnlichkeit, steigern die Furcht und die Demut der Einzelnen und damit die Hybris des ganzen Prozesses — bis sich Freud der vergessenen Animalität wieder annimmt, Konrad Lorenz uns an die Weisheit der Tiere erinnert, bis die Bäume sterben und es immer noch Hexen gibt. Der *common sense* ist privat geworden, in die Gesellschaft ist er nicht eingewandert. Heute sind die Indianerweisheiten, die Montaigne so einleuchtend fand, auf einmal das allerneueste, und in einem Reclam-Bändchen wird diskutiert, ob wir nicht den Tieren und Pflanzen gegenüber so etwas wie eine »aristokratische Verpflichtung« haben.

»Unser Geist ist ein unstetes, gefährliches und vermessenes Werkzeug« — das klingt heute sehr modern: seit sich im Gefolge der Quantentheorie die Erkenntnis durchgesetzt hat, daß die Naturwissenschaften keine Theorien über die Natur aufstellen, sondern die Beschreibung einer bestimmten Praxis der Menschen in der Natur geben; daß die Sache der Struktur nach keine Erkenntnis ist, sondern eine schwer rückgängig zu machende Veränderung der Natur. Längst schon ist die Vernunft nicht mehr nur von Blei und Wachs, wie der Landedelmann noch spottete: »Weiter ausschreiten zu wollen, als die Beine reichen, das ist unmöglich und wider die Natur.«

Der Schritt weiter, als die Beine reichen, mag gegen die Natur gewesen sein: unmöglich war er nicht. Die Menschheit hat weit ausgeholt und ist aus dem Kreislauf der Jahrtausende herausgetreten. Es ist ein Schritt von den gegossenen Kanonen, mit denen Henri IV. über die Reaktion siegte, bis zu dem kleinen Schritt auf den Mond; es ist ein linearer Fortschritt von Agricolas Buch über den Bergbau bis nach Gorleben, von Descartes' Dressurpsychologie bis zur Wahlwerbung, von Gutenbergs Erfindung in die »moderne Medienvielfalt«, von Paracelsus über Pasteur und Koch zu den Hühnerfarmen und der gentechnischen Konstruktion vom Mäusen, doppelt so groß, wie »Mutter Natur« sie gemacht hat.

Aber die Kehrseiten? Das gerechte Maß? Die Fortschritte in der Medizin — Montaignes Nierensteine wären heute kein Problem mehr; die Fortschritte in der Volksgesundheit, im allgemeinen Bibliothekswesen und der Sozialversicherung? Die Verlängerung der Lebensdauer und Ikea-Möbel und Appenzeller für alle — ist das nichts? Nein, das ist nicht nichts. Aber es wird Zeit, dieses falsche Pendeln mit dem Autobahn-Argument — es war ja auch was Gutes dran — aufzugeben zugunsten einer materialistischen Skepsis, die weiß, daß man die Kehrseiten nicht ohne die Speckseiten reformieren kann, die nicht vergißt, daß unser Fortschritt darauf beruht, daß wir Montaignes Indianer dreimal ausgebeutet haben: mit dem Gold, mit dem Kautschuk und nun mit den Zinsen, die sie an Chase Manhattan zahlen. — Montaigne war kein Feind der Technik. Sie faszinierte ihn, und er hatte es gern bequem. Er hätte allerdings auf einer genauen Buchführung von Gewinn und Verlust bestanden und kleineren Projekten den Vorzug gegeben: der *common sense* sagte ihm, daß große Vorhaben auch sehr große Fehler nach sich ziehen können. Diese Skepsis in ihrer altväterlichen Form, die aus den Blähungen der Richter am Gericht von Bordeaux die Mängel der Gesetze ableitete — ist sie überholt? War sie nur progressiv gegenüber den Hexenjägern seiner Zeit? Sicher, seit Descartes und Galilei den Zweifel systematisiert haben, kommt so leicht keiner mehr mit einer Wahnidee durch — und auch nicht mit Meßfehlern, auf die Dauer. Wohl aber mit Projekten, die funktionieren, obwohl sie Wahnideen ähneln und man wenig über ihre Folgen weiß. Wunschdenken war, nur ein Beispiel, die Sache mit der Atomenergie, von vorne bis hinten — und was, wenn nicht Ehrgeiz, wäre die Wurzel für Wunschdenken, und wo, wenn nicht im Einzelnen, wurzelt der Ehrgeiz?

Ein zu weiter Bogen? Vielleicht, und es fehlen die Vermittlungen: die liegen in den »allzu lebhaften Banden«, aus denen sich zu lösen Michel de Montaigne noch fähig war — die Einzelheiten kann man bei Marx, Weber und Freud nachlesen. Heute kann sich keiner mehr so leicht vom Ganzen lösen; heute bringen wir unsern Kindern erst die Ehrfurcht vorm Leben der Ameisen bei und dann überantworten wir sie *nolens volens* einem gesellschaftlichen Prozeß, der nicht nur mit den Ameisen aufräumt — und die haben nach Descartes bekanntlich nach dem Leben nichts mehr zu erwarten.

Enrico Fermi bot vor der Explosion der ersten Atombombe Wetten an, ob die Bombe in einer ungeheuren Kettenreaktion die Atmosphäre in Brand setzen würde oder nicht. Sie wußten es nicht — es war nicht wahrscheinlich —, aber sie hatten nur die Rationalität ihrer Verfahren und gesicherte Grundannahmen. Das Denken wird gefährlich, wenn es nicht durch sinnliche Indikatoren gebremst wird. Heute setzt man in dioxin- oder strahlengefährdeten Gebieten Tiere ein — als »biologische Indikatoren«, deren Sinne mehr und andere Wirklichkeiten erfassen, als unsere Ausstattung es vermag. Die empfindende Sinnlichkeit steigt wieder auf, vom Objekt zum Organ der Erkenntnis: dort, wo die reine Wissenschaft nicht mehr weiterweiß.

Was bleibt den einfachen und ruhmlosen Mitarbeitern am Projekt Moderne am Ende des linearen Aufstiegs aus dem Kreislauf der Dynastien und der Natur anderes als der Rekurs auf den *common sense* und der Versuch, die empfindende Sinnlichkeit zu Geltung zu bringen? »Ich kenne es hinreichend, wenn ich es fühle.« Das ist so einer von Montaignes tiefeinfachen Sätzen, oder auch dieser: »Werden wir unserer Haut weismachen, daß die Peitschenhiebe sie streicheln?« (I, 14) Unsere Vermutungen, unsere Lungen, unser Geschmack, unsere Gesundheit — sie sind die Indikatoren für die Unbekömmlichkeit unseres Aufstiegs. Das reine Denken, das nicht ausreichend mit Erfahrung beschwert war, konnte es nicht vorhersehen.

Das Gefühl und die Sinne verschaffen uns keine tiefe Kenntnis der Prozesse, mit denen unser Denken und unsere Körper so tief imprägniert sind. Das alles zu begreifen, reicht das Gefühl nicht. Aber vielleicht sollte es für ein Urteil ausreichen? »Ich kenne es hinreichend, wenn ich es fühle.« — Gefühl, Empfindung,

185

sinnliche Gewißheit — all die Erkenntnisformen, die die Bourgeoisie als »ästhetische Wahrheiten« ihren Frauen und ihren Künstlern überlassen hat: wir werden sie reaktivieren müssen. Das Brennen in den Augen, das Kratzen im Hals, das Nasenbluten der Kinder, die unbestimmte Furcht: vielleicht können sie Montaignes Strategie der offensiven Schwäche folgen und demonstrieren, daß sie ebenso universell sind wie die Logik der Apparate. »Weiß man, ob nicht das menschliche Geschlecht seine Albernheiten begeht, weil ihm irgendein Sinn fehlt?«

APOLOGIE DES
RAIMUND SEBUNDUS*

●

Die Wissenschaft ist, in der Tat, eine sehr nützliche
und großartige Unternehmung. Die sie verachten,
bezeugen damit nur ihre Dummheit. Aber dennoch
setze ich ihren Wert nicht so maßlos hoch an wie
einige, unter die der Philosoph Herillus gehört, der in
ihr das höchste Gut sah und behauptete, sie könne
uns weise und vergnügt machen; was ich nicht glaube,
ebensowenig wie das, was andere gesagt haben: daß
die Wissenschaft die Mutter aller Tugend sei und daß
alles Laster aus Unwissenheit herrühre. Wenn das
wahr sein soll, bedarf es einer weitläufigen Auslegung.

* Mit diesem Essay, der etwa zwei Fünftel des zweiten Bandes ausmacht, hier also nur in einigen Auszügen erscheint, sprengt Montaigne
den Rahmen der *Essais*. Er hatte 1569, auf Wunsch seines Vaters, die
Theologia naturalis sive 1434/6) des Raymundus Sebundus übersetzt,
ein Werk der rationalistischen Theologie, das gegen die irrationalisti-
schen Strömungen des Averroismus die Vernunft mit der Offenbarung
versöhnen sollte. Montaigne hatte die Übersetzung in Angriff genommen, weil das Werk gegen die »nouvelletez« des Protestantismus ver-
wendbar schien. Die »Apologie« allerdings, fern davon, eine zu sein,
destruiert nicht nur, in vielfältigen verschlungenen Denkbewegungen
und Beispielorgien, den Anspruch der natürlichen Theologie, Gott
gleichsam aus dem Buch der Natur lesen zu wollen, und den Anspruch
jeder Theologie, das Göttliche erkennen zu können, sondern den
»Tauglichkeitsanspruch der Vernunft« überhaupt. Montaigne si-
chert sich so den Boden für seine bescheiden-skeptische Weltfrömmigkeit. — Grundlegend dazu das 3. Kapitel in Hugo Friedrichs Montai-
gne-Buch.

Mein Haus ist dafür bekannt, daß es seit langer Zeit den Männern der Wissenschaft offensteht, denn mein Vater, der ihm fünfzig Jahre und mehr vorstand, suchte mit großer Mühe und hohen Kosten die Bekanntschaft gelehrter Männer, angeregt von dem neuen Eifer, mit dem der König Franz I. sich der Wissenschaften annahm und sie in Ansehen brachte; er empfing sie bei sich wie heilige, von göttlicher Weisheit erleuchtete Menschen, und er sammelte ihre Sätze und Reden wie Orakelsprüche, mit um so mehr Ehrfurcht und Andacht, je weniger er darüber zu urteilen imstande war, denn er hatte so wenig wie seine Vorfahren irgendeine Kenntnis der Wissenschaften. Ich für mein Teil liebe sie recht wohl, aber ich bete sie nicht an. (...)

Betrachten wir für einen Augenblick den Menschen ganz allein, ohne fremde Hilfe, nur mit seinen eigenen Waffen gerüstet, und ohne die Gnade und Erkenntnis Gottes, die seine Ehre, seine Kraft und den Grund seines Lebens ausmachen. Laßt uns sehen, wie er sich in dieser schönen Rüstung ausnimmt. Mache er mir durch die Kraft seiner Vernunft begreiflich, auf welchen Grund er diese großen Vorzüge gebaut hat, die er vor den anderen Geschöpfen zu haben glaubt. Wer hat ihm eingeredet, daß die bewundernswürdige Drehung des Firmaments, das ewige Licht der stolz über seinem Haupte kreisenden Fackeln, die ungeheuren Bewegungen des unendlichen Meeres zu seinem Vergnügen und seinem Dienst gemacht sind und so viele hundert Jahre lang gedauert haben? Kann man sich etwas Lächerlicheres ausdenken als dieses elende und armselige Geschöpf, das nicht einmal über sich selbst Herr und von allen Seiten verletzlich ist und sich dabei Beherrscher und Regent des Weltalls nennt, von dem er doch nicht einmal den geringsten Teil erkennen, geschweige denn regieren kann? Und dieses Vorrecht, das er sich zuspricht, der einzige in diesem großen Gebäude zu sein, der dessen Schönheit und Bestandteile zu erkennen in der Lage sei, der einzige, der dem Baumeister dafür Dank zu sagen und über Nutzen und Gebrauch der Welt Rechnung zu führen wisse: wer hat ihm dieses Vorrecht verliehen? Er zeige uns die Bestallungsurkunde zu diesem wichtigen und großen Amte. (...)

Die Anmaßung ist unsere natürliche und angeborene Krankheit. Das unheilvollste und gebrechlichste aller Geschöpfe ist der Mensch, und gleichzeitig das hoffärtigste. Er fühlt und sieht sich hier im Schmutz und Kot der Welt hausen, an den schlechtesten, leblosesten und fauligsten Teil des Weltalls gebunden und genagelt, im untersten Stockwerk der Behausung und am weitesten entfernt vom himmlischen Gewölbe, gleich neben den Tieren der schlechtesten unter den drei Arten (d.i. See-, Luft- und Landtiere); und er geht dahin und schwingt sich in der Einbildung über den Kreis des Mondes hinauf und bringt den Himmel unter seine Füße. Aus dem Hochmut eben dieser Einbildung macht er sich Gott gleich, legt sich göttliche Eigenschaften zu, sondert sich selbst ab und trennt sich vom Haufen der anderen Geschöpfe, teilt den Tieren, seinen Brüdern und Genossen, ihr Stück zu und mißt ihnen soviel Vermögen und Kräfte bei, wie ihn gut dünkt. Wie erkennt er denn durch die Stärke seines Verstandes die inneren und verborgenen Regungen der Tiere? Aus welchem Vergleich zwischen ihnen und uns folgert er die Dummheit, die er ihnen zuschreibt?

Wenn ich mit meiner Katze spiele, wer weiß, ob sie sich nicht eher die Zeit mit mir vertreibt? Wir treiben wechselweise miteinander Possen. Wenn ich damit nach Belieben anfangen oder aufhören kann, so kann sie es auch. Platon zählt in seiner Beschreibung des goldenen Zeitalters unter dem Saturn unter die hauptsächlichsten Vorzüge der damaligen Menschen deren Umgang mit den Tieren, bei denen sie sich Rat und Unterweisung holten und von denen sie die wahren Eigenschaften und Unterschiede jeder Art erfuhren: auf diese Weise erlangten sie vollkommene Erkenntnis und dadurch ein längeres und glücklicheres Leben, als wir zu führen imstande sind. Brauchen wir noch einen besseren Beweis zur Verurteilung der menschlichen Unverschämtheit den Tieren gegenüber? Dieser selbe große Schriftsteller hat die Meinung geäußert, daß in den meisten Fällen die Natur, als sie den Tieren ihre körperliche Form gab, dies in Ansehung der prognostischen Bedeutung tat, die man den Tierkörpern damals zulegte.

Der Mangel, der die Gemeinschaft zwischen ihnen und uns behindert: warum liegt er nicht ebensowohl an uns wie an ihnen? Es ist noch nicht ausgemacht, an wem es liegt, daß wir uns nicht verstehen: denn wir verstehen sie so wenig wie sie uns. Sie können uns aus eben demselben Grund für dumme Viecher halten wie wir sie. Es ist kein großes Wunder, daß wir sie nicht verstehen (wir verstehen ja auch die Basken und die Troglodyten nicht). (...) Wir müssen auf die Gleichheit achten, die zwischen uns ist. Wir verstehen einigermaßen ihre Empfindungen; und ebenso die Tiere unsere. Sie umschmeicheln, sie bedrohen, sie rufen uns; und ebenso wir sie.

Im übrigen entdecken wir sehr deutlich, daß sie sich untereinander voll und ganz verständigen und unterhalten, nicht nur die von gleicher Art, sondern auch die Arten untereinander. Aus einem gewissen Bellen des Hundes erkennt das Pferd, daß er zornig ist, vor einer anderen Äußerung seiner Stimme erschrickt es nicht. Selbst bei den Tieren, die keine

190

Stimme haben, können wir aus den gegenseitigen und gemeinschaftlichen Dienstleistungen auf irgendein anderes Mittel der Verständigung schließen. Ihre Bewegungen sind beredt und mitteilsam. Und warum sollten sie auch nicht genausogut wie unsere Stummen miteinander streiten, argumentieren und Geschichten erzählen können, und alles das durch Zeichen? Ich habe welche gesehen, die so behende und geschickt darin waren, daß sie sich in der Tat vollkommen verständlich einander erklären konnten. Die Verliebten zürnen, versöhnen sich, bitten und danken einander, verabreden und sagen einander alles mit den Augen: »Und noch das Schweigen hat seine Sprache. Es kann bitten und sich verständlich machen.« (Tasso, *Aminta*, II, Chor 34) Und mit den Händen? Wir fordern, wir versprechen, rufen, verabschieden, drohen, bitten, flehen, verneinen, verweigern, fragen, bewundern, zählen, bekennen, bereuen, fürchten, schämen uns, zweifeln, belehren, befehlen, reizen, ermuntern, schwören, bezeugen, beschuldigen, verdammen, verzeihen, beschimpfen, verachten, trotzen, zürnen, schmeicheln, loben, segnen, demütigen, spotten, versöhnen, empfehlen, lobpreisen, jubeln, frohlocken, beklagen, betrüben, grämen uns, verzweifeln, staunen, schreien, schweigen; und was nicht? mit einem Reichtum und einer Mannigfaltigkeit, ebensogut wie die Bewegungen der Zunge. Mit dem Kopfe: wir rufen und weisen ab, bekennen und leugnen, bestreiten, begrüßen, ehren, verehren, verachten, fordern, verweigern, erfreuen, klagen, streicheln, schelten, unterwerfen uns, trotzen, ermahnen, drohen, versichern, fragen. Was mit den Augenbrauen? Was mit den Schultern? Da ist keine Bewegung, die nicht spricht, in einer Sprache, die man ohne Unterricht versteht und die allgemein verständlich ist: woraus, wenn man die Verschiedenheit und den unterschiedlichen Gebrauch der anderen Sprache betrachtet, folgt, daß diese hier viel eher der menschlichen Natur gemäß sein muß. (...)

Ferner, welche unserer Geschicklichkeiten erkennen wir nicht in den Verrichtungen der Tiere wieder? Kann eine Verwaltung ordentlicher eingerichtet sein, in mehr Ämter und Aufgaben gegliedert und beständiger ausgeübt als die der Honigbienen? Diese so gut geregelte Einteilung der Arbeiten und Berufe: können wir uns einbilden, daß sie sich ohne Vernunft und Klugheit herstellt? Die Schwalben, die wir bei ihrer Wiederkehr im Frühling alle Winkel unserer Häuser ausspähen sehen: suchen sie ohne Urteilskraft und wählen sie ohne Einsicht unter tausend Plätzen denjenigen, der für ihre Wohnung der bequemste ist? Warum machte die Spinne ihre Gewebe an einer Stelle dicker und an einer anderen dünner, warum bediente sie sich bald dieses Knotens, bald eines anderen, wenn sie nicht überlegen, denken, entscheiden könnte? Aus den meisten ihrer Werke erkennen wir hinlänglich, wieviel Vorzügliches die Tiere uns voraus haben und wie schwächlich unsere Kunstfertigkeit sie nachahmt. Wir kennen indessen die Kräfte, die wir für unsere, plumperen, Werke benötigen, und wissen, daß unsere Seele dazu all ihre Stärke braucht; warum glauben wir nicht, daß es bei ihnen ebenso ist? Warum schreiben wir ihre Werke, die alles übertreffen, was wir durch Natur und Kunst vermögen, irgendeiner natürlichen und knechtischen Neigung zu? Dabei räumen wir ihnen, ohne es zu merken, einen großen Vorzug vor uns ein, wenn wir annehmen, daß die Natur sie in allen Taten und Dingen ihres Lebens mit mütterlicher Zärtlichkeit begleitet und gleichsam an der Hand führe, uns hingegen dem Zufall und dem Schicksal überlasse und dem Versuch, uns die zu unserem Erhalt notwendigen Dinge durch

Kunstfertigkeit zu besorgen; und uns dabei für und
für die Mittel versagt, durch irgendeine Schulung
und Anspannung des Geistes die natürliche Ge-
schicklichkeit der Tiere zu erreichen; dergestalt, daß
ihre viehische Dummheit in allen Stücken übertrifft,
wozu unser göttlicher Verstand gelangen kann.

Wahrhaftig, nach dieser Rechnung hätten wir alle
Ursache, sie eine sehr ungerechte Rabenmutter zu
nennen. Aber es verhält sich nicht so; unser Zustand
ist nicht so ungestalt und regellos. Die Natur hat
allen ihren Geschöpfen gleiche Liebe bezeigt; und es
ist keines darunter, das sie nicht vollkommen mit dem
ausgestattet hätte, dessen es zu seiner Erhaltung bedarf. Die Menschen führen gemeinhin allerlei Klagen (die aus ihrem zügellosen Denken herrühren, das
sie bald über die Wolken hebt, bald bis unter die
Antipoden erniedrigt), daß wir als einziges Tier nackt
auf die bloße Erde entlassen seien, gebunden, gefesselt, ohne irgend etwas, mit dem wir uns bewaffnen
und bedecken können als mit dem, was wir den anderen Tieren ausziehen; hingegen habe die Natur alle
anderen Geschöpfe mit Schalen, Hülsen, Rinden, Haa-
ren, Wolle, Stacheln, Leder, Pelzen, Federn, Schup-
pen, Fellen und Borsten versehen, je nach ihrem Bedürfnis, und sie zu Angriff und Verteidigung mit Klauen,
Zähnen und Hörnern bewaffnet; sie habe sie sogar
gelehrt, was ihnen eigentümlich sei: schwimmen, laufen, fliegen, singen: während der Mensch ohne Unterweisung weder gehen noch sprechen, noch essen
könne, sondern nichts vermöchte, als zu weinen.
Diese Klagen sind unbegründet; in der Einrichtung
der Welt ist mehr Gleichheit und besseres Maß. Unsere Haut schützt ebensogut wie die Haut der Tiere
vor der rauhen Witterung; viele Völker, die noch bis
heute keine Kleider tragen, bezeugen das. Unsere
alten Gallier waren kaum bekleidet, und auch unsere

193

Nachbarn, die Iren, sind es kaum, unter einem so kalten Himmel. Aber wir können es am besten an uns selbst wahrnehmen, denn alle Teile unseres Körpers, die wir dem Wind und der Luft aussetzen wollen, zeigen sich dafür gut eingerichtet. Wenn einer unserer Körperteile schwach ist und sich allem Anschein nach vor Kälte fürchten muß, so ist es der Magen, in dem die Verdauung stattfindet; allein, unsere Vorfahren trugen ihn entblößt, und unsere Damen, so weich und so zart sie auch sonst sein mögen, laufen manchmal bis zum Nabel aufgeknöpft herum. Das Binden und Wickeln der Kinder ist auch nicht notwendig, und die lakedämonischen Mütter erzogen ihre Kinder so, daß sie ihren Gliedern die völlige Bewegungsfreiheit gaben, ohne sie anzubinden oder strenger Disziplin zu unterwerfen. Unser Weinen haben wir mit den meisten Tieren gemein, und es gibt wenige unter ihnen, die sich nicht lange nach ihrer Geburt noch beklagen und seufzen: um so mehr, als diese Äußerung sehr wohl zu der Schwäche paßt, die sie in sich fühlen. Das Essen lernen wir, wie sie auch, ganz natürlich und ohne Unterricht. (. . .)

Wir stehen weder über noch unter den übrigen Geschöpfen: alles, was unter dem Himmel ist, sagt der Weise, ist Gesetz und Schicksal unterworfen. »Alle Dinge hängen durch eine notwendige Verbindung zusammen.« (Lukrez, V, 874)

Es gibt einigen Unterschied, es gibt Gattungen und Stufen, aber all das unter den Blicken einer und derselben Natur: »Jedes Ding geht seinem Gesetz nach fort, und alle haben ihre Gestalt nach den Gesetzen der Natur.« (Lukrez, V, 921)

Man muß den Menschen in die Schranken dieser Ordnung zwingen und ihn darin halten. Dieser Elende ist weit entfernt davon, sie zu überschreiten; er ist gefesselt und gebunden und ähnlichen Pflichten unterworfen wie alle anderen Geschöpfe seiner Art: in durchaus mittlerer Lage, ohne irgendein Vorrecht und ohne wahre und wesentliche Vorzüge. Jene, die er sich nach Meinung und Einbildung beilegt, kann man weder sehen noch fühlen; und wenn er allein unter allen Tieren diese Freiheit der Einbildungskraft und diese Unordnung des Denkens kennt, die ihm das, was ist das, was nicht ist, und das, was er nur will, das Falsche und das Wahre gleichermaßen vor Augen stellt, so ist dies ein Vorzug, der ihn teuer zu stehen kommt und dessen er sich nicht sehr zu rühmen hat, denn aus ihm entspringt die Hauptquelle der Übel, die ihn drücken: Sünde, Krankheit, Unschlüssigkeit, Verwirrung, Verzweiflung. (. . .)

Wir können sogar sagen, daß die Elephanten etwas von einer Religion haben: nachdem sie sich rituell gewaschen und gereinigt haben, sieht man sie, wie sie die Rüssel, Armen gleich, emporrecken, die Augen fest auf die aufsteigende Sonne gerichtet; und zu gewissen Stunden des Tages stehen sie aus eigenem Antrieb, ohne Anweisung und Belehrung, nachdenklich in Betrachtungen und Meditation versunken. Bemerken wir bei den anderen Tieren nichts dergleichen, so können wir doch deswegen nicht gewiß sagen, daß sie ohne Religion seien. Wir können nicht über das urteilen, was uns verborgen ist. (. . .)

Was den Krieg angeht, die größte und prächtigste unter allen menschlichen Handlungen, so wüßte ich gern, ob wir uns seiner zum Beweis eines uns eignen Vorzugs bedienen sollten oder nicht vielmehr zu dem unserer Schwäche und Unvollkommenheit: in der Tat scheint die Kunst, uns gegenseitig zu verstümmeln und umzubringen, unsere eigene Gattung zu verderben und auszurotten, nicht dazu angetan, das Verlangen der Tiere nach dieser Fähigkeit, die sie nicht besitzen, zu wecken: »Wann hat je ein Löwe dem schwächeren das Leben genommen? In welchem Wald ist je ein Schwein von einem anderen getötet worden?« (Juvenal, *Satiren*, XV, 160)

Aber sie sind nicht sämtlich davon frei, wovon die wütenden Schlachten der Bienen und die Feldzüge ihrer Heerführer Zeugnis ablegen: »Oft geraten zwei Königinnen in einen heftigen Streit. Dann werden die Völker von Zorn erfüllt und von Kampfesmut bewegt.« (Virgil, *Georgica*, IV, 67)

Nie lese ich diese göttliche Schilderung, ohne daß es mir vorkommt, als sei in ihr die menschliche Torheit und Eitelkeit abgebildet. Denn diese Kriegszüge, die uns durch ihre Abscheulichkeit und ihren Schrekken entsetzen, dieser Sturm von Lärm und Geschrei, diese furchterregende Aufbietung so vieler tausender bewaffneter Menschen; so viel Wut, Begeisterung und Mut: es ist verrückt, zu sehen, durch welche nichtigen Anläße all das hervorgerufen wird und durch welche geringfügigen Zufälle es wieder verschwindet. Ganz Asien wurde in Kriegen aufgerieben und verheert wegen der Buhlerei des Paris. Die Begierde eines einzigen Menschen, ein Widerwille, ein Vergnügen, eine häusliche Eifersucht, Ursachen, derentwegen sich keine zwei Heringsweiber in die Haare geraten sollten, sind die Seele und das Triebwerk dieses großen Aufruhrs. (...)

Die Seelen der Kaiser und die Flickschuster sind über einen Leisten geschlagen. Wenn wir die Bedeutung und das Gewicht der fürstlichen Handlungen betrachten, bilden wir uns ein, sie müßten aus ebenso gewichtigen und bedeutenden Ursachen herrühren. Wir täuschen uns: sie werden in ihren Handlungen von eben den Triebfedern bewegt, die in uns wirken. Derselbe Grund, der uns mit unserem Nachbarn streiten läßt, verursacht zwischen den Fürsten einen

196

Krieg; dieselbe Überlegung, die uns einen Diener verprügeln heißt, im Kopfe eines Königs, und er läßt eine Provinz verwüsten. Sie wollen so leichthin wie wir, aber sie können mehr ausrichten. Gleiche Begierden bewegen eine Milbe und einen Elephanten. (...)

Was die Schönheit des Körpers angeht, so möchte ich, bevor ich weitergehe, erst wissen, ob wir über ihre Beschreibung einig sind. Es ist wahrscheinlich, daß wir kaum wissen, worin die Schönheit in der Natur und überhaupt besteht, denn wir geben unserer menschlichen Schönheit vielerlei Gestalten: da wir sie doch, wenn sie ihrer Natur nach etwas Bestimmtes wäre, ebensogut wie die Hitze des Feuers einstimmig erkennen würden. Wir erdichten ihre Gestalt nach unserem Belieben.

Die Indianer malen sie schwarz und braun, mit dicken und aufgeschwollenen Lippen, mit einer eingedrückten und platten Nase. Sie beschweren den Knorpel zwischen den Nasenlöchern mit großen Ringen, um ihn bis auf den Mund herabzuziehen; ebenso hängen sie große, mit Edelsteinen besetzte Ringe in die Unterlippe, damit sie bis auf das Kinn herunterfällt; und es ist für sie schön, wenn sie ihre Zähne bis auf die Wurzeln sehen lassen können. In Peru sind die größten Ohren die schönsten, deswegen dehnen sie ihre Ohren durch allerhand Kunstgriffe, so sehr sie können: und ein Schriftsteller unserer Zeit hat gesagt, er habe gesehen, daß die Gewohnheit, sich die Ohren zu vergrößern und schwere Edelsteine daran zu hängen, bei einem bestimmten orientalischen Volke so verbreitet ist, daß er jederzeit mit dem angekleideten Arm durch ein solches Loch im Ohrläppchen habe fahren können. Es gibt Völker, die ihre Zähne mit großer Sorgfalt schwärzen und die weißen

Zähne verachten; und wieder andere, die sie sich rot färben. Nicht nur im Baskenland, sondern auch anderswo finden die Frauen sich schöner, wenn sie geschorene Köpfe haben, und sogar in einigen kalten Ländern ist es so, wie Plinius sagt. (...) Aber, all dem sei, wie ihm wolle, die Natur hat uns im Hinblick auf die Schönheit so wenig als in allem übrigen von den allgemeinen Gesetzen ausgenommen. Und wenn wir uns recht beurteilen, so werden wir finden, daß es zwar einige Tiere gibt, die in Betracht der Schönheit weniger begünstigt sind, aber andere, und zwar in großer Zahl, die es mehr sind; »viele Tiere übertreffen uns an Schönheit« (Seneca, *Epistel*, 124), sogar unter den Landtieren, unseren Landsleuten. (...) Diejenigen, die uns am meisten ähneln, sind die allerhäßlichsten und verachtetsten der ganzen Bande: denn in der äußerlichen Gestalt und der Form des Gesichts ähneln wir den Affen; in Ansehung der innerlichen und lebenswichtigen Körperteile sind wir den Schweinen ähnlich. Gewiß, wenn ich mir den Menschen (und selbst das Geschlecht, das den größeren Teil an Schönheit zu haben scheint) ganz nackt vorstelle, mit allen seinen Mängeln, Unvollkommenheiten und seiner natürlichen Ohnmacht, so finde ich, wir haben mehr Ursache gehabt, uns zu bedecken, als jedes andere Tier. (...)

Wir müssen wissen, daß jedem Ding nichts lieber und nichts werter ist als sein Wesen (der Löwe, der Delphin, der Adler schätzen nichts höher als ihresgleichen) und daß jedes die Eigenschaften aller anderen Dinge auf seine eigenen bezieht. (...) Deshalb sagte Xenophanes im Scherz, daß die Tiere, wenn sie sich Götter ausdenken, was sie wahrscheinlich tun, sie diese sicherlich nach ihrem Bilde formen und sich ebensoviel darauf einbilden wie wir. Warum sollte sich ein Gänschen nicht sagen können: »Alle Dinge

in der Welt beziehen sich auf mich; die Erde dient
mir zum Darauflaufen, die Sonne ist da, mir zu leuchten, die Sterne, mir ihre Einflüsse einzuhauchen; ich
genieße die Wonne der Winde und des Wassers; auf
nichts blickt dieses Gewölbe wohlwollender herab als
auf mich; ich bin der Liebling der Natur; ist es nicht
der Mensch, der mich füttert, der mich beherbergt,
der mir dient? Für mich sät und mahlt er; und wenn
er mich auch frißt, so macht er es doch genauso mit
dem Menschen, seinem Genossen; und ich mache es
so mit den Würmern, die ihn töten und fressen.« Genauso würde auch ein Kranich sprechen, und sogar
noch stolzer: wegen seines freien Fluges und weil er
diese hohe und schöne Himmelsregion bewohnt.
Nun, und auf eben diese Weise sind für uns die Welt
und die Zeitläufte um unsertwillen da; es blitzt und
donnert für uns; der Schöpfer und seine Geschöpfe,
alles ist für uns. Wir sind das Ziel und der Endpunkt,
auf den dieses ganze Weltall gerichtet ist. Betrachtet
das Register, das die Philosophie zweitausend Jahre
lang und mehr über die himmlischen Angelegenheiten geführt hat: nur für den Menschen haben die
Götter gehandelt, und nur für ihn gesprochen; die
Philosophen schreiben ihnen keinen anderen Gesprächsstoff und keinen anderen Beruf zu: bald ziehen
sie gegen uns in den Krieg, bald ergreifen sie Partei
in unseren Streitereien, um mit Gleichem zu vergel-
ten, daß wir uns so oft in die ihrigen eingemischt
haben. (...) Wir schneiden ihre Macht auf unsere
Bedürfnisse zu: einer heilt Pferde, einer Menschen,
einer die Pest, einer den Grind, einer den Husten,
dieser eine bestimmte Art der Krätze und jener eine
andere, dieser läßt die Trauben wachsen, jener den
Knoblauch; einer ist für die Unzucht zuständig und
ein anderer für den Warenhandel (für jede Zunft ein
Gott), einer hat Herrschaft und Ansehen im Morgen-

land, einer im Abendland. Einer hat nur einen Flek-
ken oder eine Familie im Besitz; einer wohnt allein,
ein anderer freiwillig oder gezwungenermaßen in Gesellschaft. (...)

Ist es nicht ein lächerliches Unternehmen, daß wir
den Dingen, die unsere Wissenschaft, wie wir selber
gestehen, nicht erreichen kann, einen anderen Körper
geben und eine falsche Gestalt aus unseren Einfällen
andichten? So wie wir es auch bei der Bewegung der
Planeten tun, denen wir, je weniger unser Verstand
sie erreichen oder ihren natürlichen Gang sich vorstellen kann, desto mehr aus unserem Gehirn materielle, grobe und körperliche Triebfedern leihen.
Man sollte glauben, wir hätten Kutscher, Zimmer-
leute und Maler geschickt, dort oben Maschinen für
verschiedene Bewegungen zu bauen, und die Räder
und Hebel der Himmelskörper, wie Platon sagt,
buntscheckig um die Spindel der Notwendigkeit zu
ordnen. All das sind Träume und schwärmerische
Possen. Wenn es doch der Natur eines Tages gefiele,
uns ihren Busen zu öffnen und uns unverhüllt die
Triebkräfte und den Gang ihrer Bewegung sehen zu
lassen und unsere Augen dazu geschickt zu machen!
O Gott! Welchen Mißbrauch, welche Fehlrechnun-
gen würden wir in unserer armseligen Wissenschaft
finden: ich müßte mich sehr irren, wenn sie eine einzige Sache richtig in ihrem Wesen auffaßte; und ich
würde von dannen gehen, unwissender über alles andere, nur nicht über meine Unwissenheit. (...)
Unser Geist ist ein unstetes, gefährliches und vermessenes Werkzeug: es ist schwer, ihm Ordnung und
Maß beizubringen. Und zu unserer Zeit kann man
gerade diejenigen, die den andern einige seltene Vorzüge voraushaben und von großer Lebendigkeit sind,
fast alle in große Zügellosigkeit der Meinungen und

Sitten verfallen sehen. Es ist ein Wunder, wenn man einen unter ihnen trifft, der gesetzt und gesellig ist. Man tut recht, dem menschlichen Geist Schranken zu setzen, so enge wie möglich. Man muß ihm in der Wissenschaft, wie in allem übrigen, seine Schritte abmessen und vorschreiben und ihm kunstgerecht sein Jagdrevier abstecken. Man zügelt und fesselt ihn durch Religion, Gesetz, Sitte, Wissenschaft, Vorschriften, durch zeitliche und ewige Strafen und Belohnungen, und immer noch sieht man, wie seine flüchtige und unbändige Natur all diesen Bindungen entschlüpft. Er ist ein leerer Körper, der nichts hat, woran man ihn packen und schlagen könnte; ein wandelbarer und unförmiger Körper, an dem kein Knoten und kein Griff hält. Gewiß gibt es nur wenige Seelen, die so ordentlich, so stark und wohlgeartet sind, daß man sie ihrer eigenen Führung überlassen kann, und die mit Mäßigung und ohne Übermut ihr freies Urteil über die Grenzen der gewöhnlichen Meinung hinaustreiben lassen können. Es ist sicherer, sie unter Vormundschaft zu halten.

Ein furchtbares Schwert ist der Geist, selbst für seinen Besitzer, wenn er nicht ordentlich und behutsam mit ihm unzugehen weiß. Und es gibt kein Tier, dem man mit mehr Recht Scheuklappen anlegt, um seinen Blick gerade zu halten, auf seine Füße zu lenken und ihn zu hindern, bald hierhin und bald dorthin aus der Bahn auszubrechen, die Brauch und Gesetz ihm vorschreiben. (...)

Die Schriften der Alten, ich sage die guten, gehaltvollen und gründlichen, verlocken und bewegen mich gleichsam, wozu sie wollen; der, dem ich gerade zuhöre, scheint mir immer der überzeugendste; ich finde, daß sie sämtlich der Reihe nach recht haben, obgleich sie einander widersprechen. Diese Leichtigkeit, mit der die guten Köpfe glaubwürdig erscheinen

lassen können, was immer sie wollen; und, daß nichts
so außergewöhnlich ist, daß sie es nicht so färben
könnten, daß es eine Einfalt wie die meine täuscht:
das zeigt ganz augenscheinlich die Schwäche ihrer
Beweise. Der Himmel und die Sterne haben sich
dreitausend Jahre lang bewegt, alle Welt hatte das
geglaubt, bis Kleanthes von Samos oder (nach Theo-
phrast) Nicetas der Syrakuser zu behaupten anfing,
die Erde durchlaufe den Tierkreis und drehe sich um
ihre eigene Achse; und zu unserer Zeit hat Kopernikus diese Lehre so fest gegründet, daß er aus ihr sehr
ordentlich alle astronomischen Schlußfolgerungen
herleitet. Und wer weiß, ob nicht eine dritte Meinung in den nächsten tausend Jahren die beiden
vorigen umwirft.

So haben wir, wenn sich uns eine neue Lehre vorstellt, große Ursache, mißtrauisch zu sein und zu bedenken, daß, bevor sie gemacht wurde, eine andere
im Schwange war; und daß, so wie diese von jener
umgeworfen ist, in Zukunft eine dritte entstehen
könnte, die der zweiten gleicherweise den Stoß versetzt. Bevor die Grundsätze, die Aristoteles einge-
führt hat, in Ansehen kamen, war die menschliche
Vernunft mit anderen so zufrieden wie wir heute mit
denen des Aristoteles. Welchen Brief und welches
Siegel, welches besondere Privileg haben sie denn
vorzuweisen, daß der Lauf unserer Erfindungsgabe
bei ihnen stehenbleiben sollte und daß wir ihnen auf
alle Zeiten unseren Glauben schenken sollten? Sie
sind ebensowenig vor dem Rumpelboden sicher wie
alle ihre Vorläufer. Wenn man mir mit einem neuen
Beweisgrund zusetzt, so steht es bei mir, zu denken:
wenn ich es nicht ausreichen widerlegen kann, so
kann es doch vielleicht ein anderer; denn allem Anschein zu glauben, den wir nicht widerlegen können,
ist eine große Einfalt. Auf diese Weise würde der

Glauben des gemeinen Volkes, und wir sind alle gemeines Volk, sich beständig wie eine Wetterfahne drehen: denn seine Seele, weich und ohne Widerstand, wäre gezwungen, ohne Unterlaß neue und abermals neue Eindrücke aufzunehmen, und der letzte würde immer die Spuren des vorletzten tilgen. Wer sich hierin seiner Schwäche bewußt ist, muß sich angewöhnen, zu sagen, er wolle sich mit seinem Rate besprechen, oder er muß sich an die weiseren Männer halten, von denen er gelernt hat. Wie lange ist es her, seit die Medizin auf der Welt ist? Man sagt, daß ein Neuankömmling, den man Paracelsus nennt, den Bau der alten Regeln umwirft und verändert, und behauptet, sie habe bis zu dieser Stunde zu nichts anderem gedient, als die Menschen umzubringen. Ich glaube, daß er das leicht beweisen kann, aber ihn den Beweis für sein neues Verfahren an meinem Leben führen zu lassen, wäre, so glaube ich, auch nicht sehr weise. Man muß nicht jedem glauben, sagt das Sprichwort, weil jeder alles sagen kann. (...)

Weil ein Weiser, weil hundert Menschen, weil mehrere Nationen sich irren können, ja, weil sich sogar die menschliche Natur über Jahrhunderte in diesem oder jenem irrt: wie können wir sicher sein, daß sie sich irgendwann nicht irrt; wie, daß sie sich in diesem Jahrhundert nicht geirrt hat? (...)

Und hier bei uns habe ich Dinge, die als Kapitalverbrechen galten, gesetzlich werden sehen; und wir, die wir uns an andere Gesetze halten, sind in Gefahr, je nachdem, wie das Kriegsglück sich wendet, eines Tages angeklagt zu werden, die weltliche und die göttliche Majestät beleidigt zu haben: wenn unser Recht in die Hände des Unrechts fällt, und was Recht und Unrecht war, in wenigen Jahren in sein Gegenteil verkehrt werden kann. (...)

Was wird uns die Philosophie in dieser Notlage sagen? Daß wir den Gesetzen unseres Landes folgen sollen, das heißt, diesem wogenden Meer der Meinungen eines Volkes oder eines Herrschers, die mir die Gerechtigkeit in ebenso vielen Farben ausmalen und in so viele Gestalten reformieren, wie sie von wechselnden Leidenschaften erfüllt sind? Meine Urteilskraft ist nicht so wendig. Was ist das für eine Sittlichkeit, die ich heute in Geltung sehe und morgen nicht mehr, die zum Verbrechen wird, wenn man den Fluß überquert? Was ist das für eine Wahrheit, die an den Bergen aufhört und in der Welt dahinter als Lüge gilt? (...)

Kindermord, Vatermord, Weibergemeinschaft, Handel mit Gestohlenem, Zügellosigkeit und Wollust aller Art, mit einem Worte, nichts ist so ausschweifend, daß es nicht bei irgendeiner Nation Brauch und Sitte ist. (...) Man kann sich nichts Abscheulicheres vorstellen, als seinen Vater zu fressen. Und dennoch hielten die Völker, die von alters diesen Brauch hatten, es für einen Beweis der kindlichen Liebe und Zuneigung und suchten damit ihrem Erzeuger das würdigste und ehrenvollste Begräbnis zu geben. Sie glaubten, die Leiber ihrer Vorfahren und deren Überreste auf diese Art gleichsam in Mark und Bein aufzunehmen und sie durch die Verwandlung in ihr lebendiges Fleisch, vermittelst der Verdauung und Ernährung, gewissermaßen wiederzubeleben und neu zu gebären. Man kann sich leicht denken, wie grausam und abscheulich es Leuten, die diesen Aberglauben in sich aufgesogen haben, hätte vorkommen müssen, die Leichname ihrer Eltern in der Erde verwesen zu lassen, den Tieren und Würmern zur Speise. (...)

Was die Freiheit der philosophischen Anschauungen über Laster und Tugend betrifft, so ist es nicht nötig, darüber weitläufig zu reden, denn es gibt unter ihnen manche Gedanken, die man schwachen Gemütern eher verbergen als bekannt machen sollte. (...) Die Gesetze haben ihr Ansehen durch Geltung und Brauch; es ist gefährlich, sie auf ihren ersten Ursprung zurückzuführen; wie unsere Flüsse wachsen sie an Stärke und Ansehen durch ihren Lauf; geht man ihnen stromaufwärts nach bis an ihre Quelle, so wird man nichts als ein kaum wahrnehmbares Rinnsal finden, das mit der Zeit stolz anschwillt und stärker wird. Man betrachte die ersten Erwägungen, denen dieser berühmte Strom, der jetzt voller Würde, Schrecken und Majestät daherkommt, entsprungen ist; man wird sie so leicht und zartgesponnen finden, daß sich die Menschen, die alles abwägen und auf vernünftige Grundsätze bringen und nichts auf Machtspruch oder guten Glauben hin annehmen, in ihrem Urteil oft sehr weit vom öffentlichen Urteil entfernen. Bei Leuten, die das erste Bild der Natur zum Leitbild nehmen, ist es kein Wunder, wenn sie in den meisten ihrer Meinungen die große Heerstraße links liegenlassen. Zum Beispiel: wie wenige unter ihnen würden die engen Gesetze unserer Ehen gebilligt haben; und die meisten haben die Weibergemeinschaft ohne feste Verbindung gewollt. Sie verwarfen unsere Anstandsregeln. Chrysippus sagte, ein Philosoph würde für ein Dutzend Oliven ein Dutzend Purzelbäume auf dem Marktplatz schlagen, und sogar ohne Hosen. (...)

Ich komme bei dieser Gelegenheit auf die Betrachtung der Sinne, in denen der stärkste Grund und Beweis unserer Unwissenheit liegt. Ohne Zweifel wird alles, was wir erkennen, durch das Vermögen des Erkennenden erkannt; denn, da das Urteil aus einer Operation des Urteilenden kommt, ist es natürlich, daß er diese mit seinen eigenen Mitteln und durch seinen Willen vollziehe, nicht durch äußeren Zwang, wie es geschähe, wenn wir die Gegenstände durch die Kraft und die Gesetze ihres eigenen Wesens erkennen würden. Nun aber gelangt jede Erkenntnis auf dem Weg der Sinne zu uns: sie sind unsere Lehrer.

Mit ihnen beginnt die Wissenschaft und in ihnen endet sie. Alles in allem würden wir nicht mehr wissen als ein Stein, wenn wir nicht wüßten, daß es Schall, Geruch, Licht, Geschmack, Maß, Gewicht, Weichheit, Härte, Unebenheit, Farbe, Glätte, Breite, Tiefe gäbe. Dies ist der Grundriß des ganzen Gebäudes unserer Wissenschaften. Und, nach einigen, ist Wissenschaft nichts anderes als Empfindung. Wer mich dazu bringen kann, meinen Sinnen zu widersprechen, hat mich an der Gurgel gepackt; weiter in die Enge treiben kann er mich nicht. Die Sinne sind der Anfang und das Ende der menschlichen Erkenntnis. Man schreibe ihnen so wenig wie möglich zu, immer wird man ihnen doch einräumen müssen, daß auf ihrem Weg und mit ihrer Hilfe unsere Unterweisung beginnt. (...) Unserer Meinung nach gibt es nichts Ungereimteres, als zu behaupten, das Feuer wärme nicht, das Licht leuchte nicht, das Eisen sei weder schwer noch dicht; welches alles Begriffe sind, die uns die Sinne zuführen; und kein Glauben, kein Wissenssatz der Menschen kann es mit diesen an Gewißheit aufnehmen.

Die erste Erwägung, die ich in Hinsicht auf die Sinne mache, ist, daß ich bezweifle, ob der Mensch mit allen natürlichen Sinnen versehen ist. Ich sehe verschiedene Tiere, die ein völliges und vollkommenes Leben führen, einige ohne Gesicht, einige ohne Gehör: wer weiß, ob uns nicht ein, zwei, drei oder mehr andere Sinne fehlen? Denn, wenn irgendeiner fehlt, kann unser Verstand den Mangel nicht entdekken. Es ist das Vorrecht unserer Sinne, die äußerste

Schranke unserer Erkenntnis zu bilden; es gibt nichts außerhalb ihrer, das uns helfen könnte, sie zu entdekken; ja, ein Sinn kann nicht einmal den anderen entdecken. (...) Es ist unmöglich, einem Blindgeborenen begreiflich zu machen, daß er nichts sieht; unmöglich, ihm den Wunsch, sehend zu werden, einzuflößen und ihn seinen Mangel bedauern machen.

Deshalb dürfen wir uns nicht damit beruhigen, daß unsere Seele mit den Sinnen, die wir besitzen, ausreichend bedient sei; da sie ja nichts hat, um ihre Krankheit und Unvollkommenheit zu fühlen, wenn es eine gibt. (...) Die Blindgeborenen, die sich das Augenlicht wünschen, tun dies nicht, weil sie wüßten, was sie begehren. Sie haben von uns gelernt, etwas zu sagen, etwas zu wünschen, das wir besitzen, dessen Wirkungen und Folgen sie benennen können; allein, sie wissen nicht, was es ist, und begreifen es weder halb noch ganz. (...) Weiß man, ob nicht das menschliche Geschlecht seine Albernheiten begeht, weil ihm irgendein Sinn fehlt, und ob uns nicht dieses Mangels wegen die wahre Gestalt der Dinge verborgen bleibt? Weiß man, ob nicht die Schwierigkeiten, die wir in Betrachtung vieler Werke der Natur antreffen, nicht eben daher rühren und ob nicht verschiedene Eigenschaften der Tiere, die unsere Vermögen übersteigen, von einem Sinne herkommen, der uns fehlt? (...) Wir haben unsere fünf Sinne zusammengenommen und zu Rate gezogen und vermittelst ihrer eine Wahrheit gefunden: allein, vielleicht mußten acht oder zehn Sinne übereinstimmen und ihren Beitrag liefern, damit wir sie gewiß und in ihrem wahren Wesen erkennen. (...)

Von den Irrtümern und Ungewißheiten der Sinne mag jeder so viele Beispiele sammeln, wie er will: Täuschung und Trug sind da an der Tagesordnung.

Der Klang einer Trompete, den ein Tal zurückwirft, scheint von vorn zu kommen, dabei hat er doch seinen Ursprung eine Meile hinter uns. (. . .) Wer eine Flintenkugel unter dem Zeigefinger hin und her rollt und den Mittelfinger darübergeschlagen hat, muß sich äußersten Zwang antun, um zu erkennen, daß es nur eine ist, so sehr täuschen unsere Sinne ihm zwei vor.

Denn daß die Sinne zuweilen die Herrschaft über die Vernunft haben und sie zwingen, Eindrücke aufzunehmen, von denen sie weiß, daß sie falsch sind, das sieht man alle Augenblicke. Ich will jetzt nicht vom Tastsinn reden, dessen Wirkungen uns mehr rühren, lebhafter und wesentlicher sind, und der so oft durch die Schmerzen, die er dem Körper mitteilt, alle die schönen stoischen Entschlüsse zuschanden macht und auch denjenigen über sein Bauchgrimmen zum Schreien bringt, der sich beherzt den Satz in den Kopf gesetzt hatte, daß die Kolik wie alle anderen Krankheiten eine gleichgültige Sache sei, die das höchste Gut und die Seligkeit, die der Weise durch seine Tugend erlangt hat, nicht hindern könne. Kein Herz ist so feige, daß es sich nicht durch den Klang von Pauken und Trompeten begeistern ließe; keines so hart, daß der süße Klang der Musik es nicht ermunterte und weich stimmte; keine Seele so rebellisch, daß sie nicht von einiger Ehrfurcht gerührt würde, wenn sie unter dem Eindruck unserer großen düsteren Kirchen mit ihrem mannigfachen Zierat und ihren Gottesdiensten steht, wenn sie dem andächtigen Klang unserer Orgeln lauscht und den getragenen und frommen Harmonien unserer Stimmen. Selbst wer mit Verachtung dort eintritt, empfindet einen gewissen Schauder in seinem Herzen und eine gewisse Furcht, die seine ursprüngliche Überzeugung erschüttert.

Ich für meinen Teil halte mich nicht für so stark, ungerührt zuzuhören, wenn ein schöner und junger Mund mit einer wohlklingenden Stimme Verse von Horaz oder Catull singt. (. . .)

Man setze einen Philosophen in einen Käfig aus weit auseinanderstehenden dünnen Eisenstangen und hänge ihn darin in der Höhe der Türme von Notre Dame in Paris auf, so wird ihn seine Vernunft überzeugen, daß er unmöglich herausfallen kann. Und gleichwohl wird er sich nicht wehren können (es sei denn, er ist Dachdecker), daß der Blick aus dieser Höhe ihn in Angst und Schrecken versetzt. Denn wir haben schon genug damit zu tun, unser Gleichgewicht auf den durchbrochenen Galerien zu bewahren, die um unsere Glockentürme laufen, obgleich sie doch aus Stein sind. Es gibt Leute, die nicht einmal den Gedanken daran aushalten können. Man lege einen Balken von der Breite, daß man bequem darübergehen kann, zwischen diese Türme: es gibt keine philosophische Weisheit, die so haltbar wäre, uns den Mut zu machen, darüberzugehen, wie wir es leichthin täten, wenn er auf der Erde läge. Ich habe in unserem Gebirge oft die Erfahrung gemacht (und dabei gehöre ich zu denen, die vor solchen Dingen nicht so leicht erschrecken), daß ich den Blick in diese unendlichen Tiefen nicht ohne Schrecken und Zittern der Schenkel und Knie ertrug, obwohl ich mehr als eine Körperlänge vom Rande stand und nicht hinunterfallen konnte, es sei denn, ich hätte mich willentlich in Gefahr begeben. Dabei habe ich auch bemerkt, daß wir uns in noch so großer Höhe erleichtert und sicher fühlen, wenn sich an einem Abhang nur ein Baum oder Felsvorsprung zeigt, woran sich der Blick ein wenig halten kann, so als wären das Dinge, von denen wir beim Fallen Hilfe erfahren könnten; daß wir aber die schroffen und glatten Abhänge nicht einmal anzublicken vermögen, ohne daß sich uns der Kopf dreht, was ein offenbarer Trug des Gesichtssinnes ist. (...)

So wie die Sinne unseren Verstand betrügen, so werden auch sie von ihm betrogen. Auch unsere Seele vergilt zuweilen Gleiches mit Gleichem; so belügen und betrügen sie einander um die Wette. Was wir im Zorn hören und sehen, ist nicht, was es in Wirklichkeit ist; ein Gegenstand, den wir lieben, scheint uns schöner, als er ist, und häßlicher einer, der uns zuwider ist. Einem Menschen, der verdrießlich und betrübt ist, kommt das Tageslicht traurig und düster vor. Unsere Sinne werden durch die Leidenschaften der Seele nicht nur verändert, sondern oft gänzlich abgestumpft. Wie viele Dinge sehen wir nicht, die wir nicht wahrnehmen, wenn wir die Gedanken woanders haben. Es ist, als ob die Seele die Kraft der Sinne in sich zurückzöge und mit ihnen spielte. So ist der Mensch innen wie außen voller Schwachheit und Lüge. Jene, die unser Leben mit dem Traum verglichen, hatten recht, und vielleicht mehr, als sie dachten. Wenn wir träumen, lebt und handelt unsere Seele und übt alle ihre Fähigkeiten aus, nicht mehr und nicht minder, als wenn sie wacht; wenn das auch schwächer und dunkler geschieht, so ist der Unterschied doch nicht so groß wie der zwischen Nacht und hellem Tag, eher wie der zwischen Nacht und Dämmerung: dort schläft sie, hier schlummert sie, mehr oder weniger. Immer ist es Dunkelheit, und kymmerische Dunkelheit.

Wir wachen schlafend und schlafen wachend. Ich sehe im Schlaf nicht ganz klar; allein, auch das Wachen finde ich nie rein genug und ohne Wolken. Immerhin schläfert ein recht tiefer Schlaf manchmal die Träume ein; aber unser Wachen ist nie so wach, daß es uns von den Träumereien reinigt und befreit, welche die Träume der Wachen sind, und ärger als die Träume.

Da unsere Vernunft und unsere Seele die Phantasien und Meinungen, die im Schlaf aufsteigen, aufnehmen und die Handlungen unserer Träume mit derselben Billigung zulassen wie die des Tages: warum fragen wir uns nicht, ob unser Denken, unser Handeln nicht ein anderes Träumen und unser Wachen eine Art von Schlaf sei?

Wenn die Sinne unsere höchsten Richter sind, so sind es nicht die unsrigen allein, die wir zu Rate ziehen müssen, denn in dieser Fähigkeit haben die Tiere genausoviel oder mehr recht als wir. (...)

Schließlich, weder wir noch die Gegenstände haben eine beständige Wirklichkeit. Wir, unser Urteil, alle sterblichen Dinge fließen und rollen ohne Unterlaß fort. Also kann man nicht mit Sicherheit von einem auf das andere schließen, und der Urteilende und das Beurteilte schaukeln und verändern sich andauernd. Wir haben keine Beziehung zum Sein, weil die ganze Natur des Menschen beständig in der Mitte zwischen Geburt und Tod steht, nichts als einen dunklen Schein und Schatten wirft und eine ungewisse schwache Meinung. Und wenn man etwa einmal seine Gedanken darauf richtet, ihr Wesen zu fassen, so ist es nicht mehr oder weniger, als wenn jemand das Wasser fassen wollte: je mehr er zusammendrückt und festhält, was seiner Natur nach durch alles hindurchfließt, um so mehr wird er verlieren, was er ergreifen und festhalten wollte. Weil demnach alle Dinge dem Übergang von einer Veränderung zur nächsten unterworfen sind, findet sich auch die Vernunft betrogen, wenn sie darin eine greifbare Substanz sucht; denn sie kann nichts Dauerndes und Bleibendes ergreifen, weil alles entweder entsteht und noch nicht ist oder schon zu sterben beginnt, bevor es noch geboren wurde. (. . .) Die Blüte des Lebens stirbt und vergeht, wenn das Alter eintritt, und die Jugend endet in der Blüte des Mannesalters, die Kindheit in der Jugend und das Säuglingsalter in der Kindheit, und der gestrige Tag stirbt im heutigen, und der heutige wird im morgigen sterben; und es ist nichts, das bleibt, und nichts, was immer eines wäre. (. . .) Ebenso geht es der Natur, die gemessen wird, und der Zeit, die sie mißt. Denn auch in ihr ist nichts, das bliebe oder Bestand hätte; sondern alle Dinge in ihr sind entweder geboren oder werden geboren oder sterben. Deshalb wäre es eine Sünde, von Gott, welcher allein ist, zu sagen: er war oder er wird sein. Denn diese Ausdrücke bezeichnen die Wandlungen, die Übergänge und die Vergänglichkeit dessen, was nicht dauern noch seine Wirklichkeit behalten kann. Daher muß man schließen, daß Gott allein *ist*, nicht nur nach irgendeinem Maß der Zeit, sondern in einer unveränderlichen und unbewegten Ewigkeit, die von keiner Zeit gemessen wird und keiner Wandlung unterworfen ist. Vor dem nichts ist, nach dem nichts sein wird, in welchem kein Ding neuer oder jünger als ein anderes ist; sondern er ist ein wirklich Seiendes, das durch ein einziges Jetzt das Immerdar ausfüllt; und es gibt nichts, was wirklich ist, als ihn allein, ohne daß man sagen könnte: Er war; oder: Er wird sein; ohne Anfang und ohne Ende.

Zu diesem so frommen Schlusse eines heidnischen Mannes* will ich nur noch die Worte eines Zeugen von gleicher Art hinzufügen, um damit diese lange und verdrießliche Abhandlung, die ich noch unendlich fortführen könnte, zu beschließen: »O welch ein elendes und verächtliches Ding ist der Mensch«, sagt

---

* Der gesamte letzte Abschnitt dieses Essais ist eine Paraphrase von Plutarchs Schrift *De E apud Delphos*.

Seneca, »wenn er sich nicht über die Menschheit erhebt.« Der Satz ist gut, und der Wunsch ist nützlich, aber gleichermaßen absurd. Denn mehr in die Hand zu nehmen, als sie greifen kann; höher zu reichen, als die Arme lang sind, und zu hoffen, daß man weiter ausschreiten kann, als die Beine reichen, das ist unmöglich und monströs. Und ebenso, daß der Mensch sich über sich und die Menschheit erhebe: denn er kann nur mit seinen Augen sehen und mit seinen Händen greifen. Er wird sich erheben, wenn Gott ihm außerordentlicherweise die Hand reicht; er wird sich erheben, wenn er seine eigenen Kräfte aufgibt und verwirft und sich allein von den himmlischen Kräften erhöhen und tragen läßt.

Nur unser christlicher Glaube, nicht die stoische Tugend kann auf diese göttliche und wunderbare Verwandlung hoffen.

VON DEN
MENSCHENFRESSERN

●

Als König Pyrrhus nach Italien zog und die Ordnung des Heeres sah, das die Römer ihm entgegenschickten, rief er aus: »Ich weiß nicht, was das für Barbaren sind« (denn die Griechen nannten alle fremden Völker Barbaren), »aber die Aufstellung dieses Heeres ist überhaupt nicht barbarisch.« Dasselbe sagten die Griechen über das Heer, das Flaminius in ihr Land führte, und Philippus, als er von einem Hügel die Ordnung des römischen Feldlagers sah, das unter Publius Sulpicius Galba in seinem Königreich stand. So sehr also muß man sich hüten, die Meinungen des Pöbels zu übernehmen. Man muß nach der Vernunft, nicht nach dem gemeinen Denken urteilen.

Bei mir hat lange Zeit ein Mann gewohnt, der zehn oder zwölf Jahre in jener anderen Welt gelebt hatte, die in unserem Jahrhundert entdeckt worden ist: und zwar in der Gegend, in der Villegagnon an Land ging und die er das antarktische Frankreich nannte. Diese Entdeckung eines unermeßlich großen Landstriches scheint sehr wichtig zu sein. Ich möchte nicht dafür einstehen, daß in Zukunft nicht noch andere Entdeckungen gemacht werden; so viele Persönlichkeiten, größere als wir, haben sich in diesen Dingen schon geirrt. Ich fürchte nur, unsere Augen sind größer als unsere Mägen, und unsere Neugier geht über unsere Kräfte. Wir haschen nach allem, aber wir fangen nur Wind. Platon läßt den Solon erzählen, er habe in Ägypten von den Priestern in Sais gehört, daß es ehedem, vor der Sintflut, eine große Insel gegeben habe, Atlantis genannt; sie habe an der Mündung der Meerenge von Gibraltar gelegen und sei größer gewesen als Afrika und Asien zusammen. Ihre Könige hätten nicht nur diese Insel besessen, sondern ihre Herrschaft bis nach Ägypten und in die Toscana ausgedehnt; schließlich hätten sie es unternommen, bis nach Asien zu marschieren und alle ans Mittelmeer angrenzenden Völker zu unterjochen, bis hin zum Schwarzen Meer. In dieser Absicht seien sie durch Spanien, Frankreich, Italien bis nach Griechenland gezogen, wo die Athener ihnen dann Widerstand geleistet hätten. Aber einige Zeit darauf habe die Sintflut die Athener, sie selbst und ihre Insel verschlungen. Es ist sehr wahrscheinlich, daß diese gewaltige Wasserflut ganz außerordentliche Veränderungen auf der Erde verursacht hat: so glaubt man, daß das Meer Sizilien von Italien, Zypern von Syrien und die Insel Negropont vom festen Lande Böotiens abgerissen habe und anderswo Länder, die vorher getrennt waren, zusammengefügt habe, indem es Schlamm und Sand in die Meerestiefen zwischen ihnen spülte.

Dennoch sieht es kaum so aus, als sei diese Insel die neue Welt, die wir kürzlich entdeckt haben, denn sie berührte sozusagen Spanien, und es wäre eine unglaubliche Wirkung der Überschwemmung, diese beiden Länder, wie es ja der Fall ist, mehr als 1200 Meilen auseinandergerissen zu haben; überdies haben die Seereisen der Neueren fast sichergestellt, daß diese neue Welt keine Insel, sondern ein Festland ist, das auf der einen Seite mit Ostindien zusammenhängt und auf der anderen mit den Ländern unter beiden Polen; oder wenn sie davon getrennt ist, doch nur durch eine so schmale Meerenge, daß sie es deswegen nicht verdient, eine Insel genannt zu werden.

Es scheint, als ob diese großen Körper ebenso wie unsere in Bewegung sind, teils natürlicher, teils fieberhafter. Wenn ich mir überlege, wieviel mein Fluß, die Dordogne, allein in meiner Zeit von seinem rechten Ufer weggerissen hat und daß er in zwanzig Jahren soviel Land genommen und die Fundamente mehrerer Gebäude zerstört hat, so sehe ich sehr wohl, daß da eine außerordentliche Gewalt wirkt. Wäre das allezeit so gegangen oder sollte es künftig immer so fortgehen, dann würde es die Gestalt der Erde ändern. Aber die Wasser fließen immer anders: bald breiten sich die Flüsse in die eine Richtung aus, bald in die andere, und bald bleiben sie in ihren Ufern. Ich spreche hier nicht von plötzlichen Überschwemmungen, deren Ursachen wir kennen. In Medoc, am Meer, sieht mein Bruder, Herr von Arsac, wie sein Land unter dem Sand verschwindet, den das Meer anschwemmt; noch ragen die Spitzen einiger Häuser hervor. Seine Felder und Ländereien sind zu mageren Triften geworden. Die Einheimischen sagen, das Meer dränge seit einiger Zeit so stark gegen sie an, daß sie vier Meilen Erdreich verloren hätten. Der Sand ist der Quartiermacher des Meeres. Man sieht große wandernde Dünen, die dem Meer eine halbe Meile voranziehen und das Land unter sich begraben.

Das andere Zeugnis aus dem Altertum, auf welches man die Entdeckung der neuen Welt beziehen will, findet sich bei Aristoteles, wenn anders das Büchlein »Von den unerhörten Wundern« von ihm stammt. Er erzählt darin, daß gewisse Karthager, die jenseits der Enge von Gibraltar über das atlantische Meer gesetzt, nachdem sie lange Zeit geschifft seien, schließlich eine große fruchtbare Insel gefunden hätten, die ganz bewaldet, von großen und tiefen Strömen durchflossen und weit entfernt von jedem Festland gewesen sei; daß sie, und nach ihnen andere, dorthin gegangen seien, mit ihren Frauen und Kindern, und angefangen hätten, sich niederzulassen. Als die Herren von Karthago merkten, daß ihr Land sich entvölkerte, hätten sie bei Strafe des Lebens verboten, daß noch irgend jemand dort hinzöge; und sie verjagten die neuen Bewohner, aus Furcht, wie man sagte, diese möchten sich mit der Zeit dergestalt vermehren, daß sie selbst von ihnen vertrieben und ihr Staat zerstört werden könnte. Diese Erzählung des Aristoteles paßt aber auch nicht auf unsere neue Welt.

Dieser Mensch, den ich bei mir hatte, war ein einfacher und grober Mensch, welche Art von Leuten am ehesten ein wahrhaftes Zeugnis ablegen; denn die gebildeten Leute geben zwar sorgfältiger acht und beobachten mehr Dinge, aber sie räsonnieren darüber; und um ihre Gedanken zur Geltung zu bringen und sie überzeugend zu machen, können sie sich nicht enthalten, die Geschichte ein wenig zu verändern; sie stellen euch die Sachen niemals unverfälscht dar, sie biegen und verkleiden sie nach der Gestalt, die sie ihnen angesehen haben; um ihrem Urteil Glaubwürdigkeit zu verleihen und uns zu überzeugen, geben sie von dieser Seite her ihrer Materie gern ein wenig dazu, vergrößern und erweitern sie. Man braucht entweder einen sehr zuverlässigen Mann oder einen so einfältigen, der nichts hat, woraus er etwas Falsches erfinden und ihm Wahrscheinlichkeit verleihen könnte, und der von nichts voreingenommen ist. Mein Mann war von dieser Art; überdies hat er mir bei verschiedenen Gelegenheiten etliche Matrosen und Händler vorgestellt, die er auf seiner Reise kennengelernt hatte. Und so begnüge ich mich mit seinem Bericht, ohne mich darum zu kümmern, was die Kosmographen dazu sagen.

Wir hätten Topographen nötig, die uns einen genauen Bericht der Gegenden gäben, in denen sie gewesen sind. Aber kaum haben sie vor uns voraus, daß sie Palästina gesehen haben, so wollen sie das Vorrecht genießen, uns das Neueste über den Rest der Welt zu erzählen. Ich wollte, daß jeder nur das beschriebe, was er kennt und soviel er davon kennt, nicht nur hierin, sondern auf allen anderen Gebieten: denn einer kann ein genaues Wissen über einen Fluß oder eine Quelle haben, der im übrigen nur weiß, was jeder weiß. Gleichwohl wird er, um seinen Brocken an den Mann zu bringen, gleich eine ganze Naturlehre unternehmen. Aus diesem Unwesen entspringen manche und große Unzuträglichkeiten.

Nun finde ich, um auf meinen Gegenstand zurückzukommen, daß es, nach allem, was man mir darüber berichtet hat, nichts Barbarisches oder Wildes an diesem Volk gibt, es sei denn, weil jeder das Barbarei nennt, was bei ihm nicht gebräuchlich ist; wie wir denn auch wirklich, so scheint es, keinen anderen Maßstab für die Wahrheit und Vernunft haben als das Vorbild und das Beispiel der Meinungen und Gebräuche des Landes, in dem wir leben. Dort finden wir allezeit die vollkommenste Religion, die vollkommenste Verwaltung, den vollkommenen und unverbesserbaren Zustand aller Dinge.

Sie sind Wilde, ebenso wie wir die Früchte, die die Natur aus sich und nach ihrem gewöhnlichen Gange hervorgebracht hat, wild nennen, obwohl wir doch eher diejenigen, die wir durch unsere Kunstgriffe verändert und aus der gewöhnlichen Ordnung herausgerissen haben, wild nennen sollten. In jenen sind die Kräfte und Eigenschaften noch stark und lebendig, die wir in diesen verfälscht haben, um sie dem Vergnügen unseres verderbten Geschmackes dienstbar zu machen. Und gleichwohl übertreffen, selbst für unse-

218

ren gebildeten Gaumen, viele der Früchte jener un-
kultivierten Landstriche die unseren an Feinheit und
Schmackhaftigkeit. Es ist nicht recht, wenn die Künstelei unserer großen und mächtigen Mutter Natur
den Ruhm streitig macht. Wir haben die Schönheit
und den Reichtum ihrer Schöpfungen so mit unseren
Erfindungen überladen, daß wir sie ganz erstickt
haben. Aber dennoch, überall, wo ihre Reinheit auf-
leuchtet, beschämt sie auf wunderbare Weise unsere
eitlen und unbesonnenen Unternehmungen.

All unsere Anstrengungen reichen nicht einmal hin,
das Nest des geringsten Vögelchens nachzuahmen,
seinen Bau, seine Schönheit und seine Zweckmäßig-
keit, ja, nicht einmal das Gewebe einer armseligen
Spinne. Alle Dinge, sagt Platon, werden von der
Natur, vom Schicksal oder von der Kunst hervorgebracht: die größten und schönsten von einem der
beiden ersteren, die geringeren und unvollkommenen
von der letzteren.

Diese Nationen scheinen mir also insofern barbarisch, als sie wenig Formung durch den menschlichen
Geist erfahren haben und ihrer ursprünglichen Einfalt noch sehr nahe sind. Sie folgen noch den Gesetzen der Natur und sind durch die unseren noch kaum
verderbt; sie tun dies in einer solchen Reinheit, daß
es mich zuweilen betrübt, daß die Kunde von ihnen
nicht früher zu uns gelangt ist, zu einer Zeit, als es
noch Menschen gab, die besser darüber zu urteilen
gewußt hätten als wir. Ich ärgere mich, daß Lykurg
und Platon nichts von ihnen gewußt haben, denn es
scheint mir, daß, was wir bei jenen Völkern sehen
können, nicht nur alle Bilder übertrifft, mit denen die
Dichtkunst das goldene Zeitalter ausgeschmückt hat,
und nicht nur alle ihre Phantasien über einen glücklichen Zustand der Menschheit; es übertrifft selbst
die Begriffe und die Wünsche der Philosophie. Die

Philosophen haben sich keine so reine und einfältige Ursprünglichkeit vorstellen können, wie wir sie nun in der Tat finden, und sie haben nicht glauben können, daß eine Gesellschaft mit so wenig Formen und verbindenden Regeln bestehen könne. Hier ist ein Volk, würde ich zu Platon sagen, in dem es keine Art Handel gibt, keine Kenntnis der Schrift, keine Lehre von den Zahlen; keine Namen für Obrigkeit oder Staatsoberhäupter; keinen Geschmack am Dienen; keinen Reichtum, keine Armut; keine Verträge; keine Erbfolgen; keine Güterteilungen; keine andere Beschäftigung als die Muße; keine Verwandtschaft außer der allgemeinen; keine Kleider; keinen Ackerbau; kein Metall; keinen Wucher mit Wein und Getreide. Sogar die Wörter, mit denen wir die Lüge, den Verrat, die Verstellung, den Geiz, den Neid und die Verleumdung bezeichnen: man hat sie dort nie gehört. Wie weit von dieser Vollkommenheit entfernt fände er die Republik, die er sich ersonnen hat: »Menschen, frisch aus der Götter Hand.« (Seneca, *Epist.*, XC)

Im übrigen leben sie in einer höchst angenehmen und gemäßigten Gegend; so daß man, wie mir meine Zeugen gesagt haben, dort sehr selten kranke Menschen trifft. Und sie haben mir versichert, daß sie dort keinen vom Alter zitternden, triefäugigen, zahnlosen oder gebeugten Menschen gesehen hätten. Sie wohnen längs der Küste des Meeres, sind gegen das Landesinnere von großen und hohen Bergen abgeschirmt; und zwischen Küste und Gebirge beträgt die Strecke ungefähr hundert Meilen. Im Überfluß haben sie Fisch und Wild, die gar keine Ähnlichkeit mit den unsrigen haben und die sie, ohne weitere Zubereitung, als sie gar zu kochen, essen. Der erste, der ein Pferd zu ihnen brachte, ein Mann, der schon auf vielen anderen Reisen Umgang mit ihnen gehabt hatte,

erregte bei ihnen durch seine Reiterfigur ein so großes Entsetzen, daß sie ihn mit Pfeilen erschossen,
bevor sie ihn auch nur erkannt hatten. Ihre Gebäude
sind sehr langgestreckt und können zwei- oder drei-
hundert Seelen aufnehmen; sie sind mit der Rinde
großer Bäume ausgefüttert, reichen an einer Seite bis
zur Erde und stützen sich First an First, nach Art
einiger unserer Scheunen, deren Dächer bis zur Erde
hinunterreichen und als Seitenwand dienen. Ihr
Holz ist so hart, daß sie ihre Schwerter und die
Spieße, an denen sie ihr Fleisch braten, daraus
schnitzen. Ihre Betten sind aus Baumwollstoff und
hängen unter dem Dach, wie auf unseren Schiffen;
jeder hat sein eigenes, denn die Frauen schlafen getrennt von ihren Männern. Sie stehen mit der Sonne
auf und essen, gleich nachdem sie aufgestanden sind,
für den ganzen Tag, denn sie halten keine andere
Mahlzeit als diese. Dabei trinken sie nichts, wie Sui-
das es auch von einigen anderen orientalischen Völkern berichtet, die außerhalb der Mahlzeit tranken.
Sie trinken mehrere Male am Tag und reichlich. Ihr
Getränk wird aus einer bestimmten Wurzel gemacht
und ist von der Farbe unserer hellroten Weine. Sie
trinken es nur lauwarm. Dieses Getränk hält sich nur
zwei oder drei Tage, es hat einen leicht prickelnden
Geschmack, ist in keiner Weise berauschend, gut für
den Magen; auf alle, die nicht daran gewöhnt sind,
wirkt es wie ein Abführmittel, dabei ist es ein angenehmer Trank für den, der daran gewöhnt ist.
Anstelle von Brot essen sie eine bestimmte weiße
Masse, ungefähr dem eingemachten Koriander gleich.
Ich habe davon probiert: der Geschmack ist süß,
aber ein wenig fad. Der ganze Tag geht mit Tanzen
vorüber. Die Jüngsten gehen mit Bogen auf die Jagd.
Ein Teil der Frauen macht sich unterdessen damit
zu schaffen, ihr Getränk zu erwärmen, worin ihre

Hauptpflicht besteht. Unter den Greisen ist einer, der morgens, bevor sie zu essen beginnen, der ganzen Gemeinde in der Scheune predigt, indem er von einem Ende zum anderen geht und ein und denselben Satz mehrfach wiederholt, bis er ganz herum ist (denn es sind Gebäude, welche wohl hundert Schritt lang sind). Er schärft ihnen nur zwei Sachen ein: Wachsamkeit gegen ihre Feinde und Freundschaft mit ihren Frauen. Und sie unterlassen es nie, diese Ermahnung zu wiederholen, als Kehrreim, weil es die Frauen sind, die ihren Trank warm und würzig halten. Mancherorts, unter anderem auch bei mir, kann man die Art ihrer Betten, ihrer Bänder, ihrer Schwerter und ihrer hölzernen Armbänder betrachten, mit denen sie im Kampf ihre Handgelenke bedecken, außerdem große Rohrstöcke, die an einem Ende offen sind, mit denen sie bei ihren Tänzen den Takt schlagen. Sie sind ganz und gar kahlgeschoren und nehmen sich den Bart viel gründlicher ab als wir, ohne daß sie andere Schermesser als hölzerne oder steinerne haben. Sie halten die Seelen für unsterblich und glauben, daß diejenigen, welche die Gunst der Götter erworben haben, die Gegend des Himmels bewohnen, wo die Sonne aufgeht; die Verdammten hingegen die Abendseite. Sie haben irgendwelche Priester und Propheten, die sich dem Volke sehr selten zeigen und ihren Wohnsitz in den Bergen haben. Wenn sie kommen, gibt es eine große feierliche Festversammlung mehrerer Dörfer (jede der Scheunen, die ich beschrieben habe, bildet ein Dorf; sie liegen ungefähr eine französische Meile auseinander). Dieser Prophet redet in öffentlicher Versammlung zu ihnen und gemahnt sie an die Tugend und ihre Pflichten; aber ihre ganze Morallehre enthält nur diese beiden Artikel: Entschlossenheit zum Kriege und Liebe zu ihren Frauen. Er sagt ihnen zukünftiges Geschehen voraus und den Erfolg, den sie sich von ihren Unternehmungen versprechen können; er rät ihnen zum Krieg oder rät davon ab; allein, wenn er es nicht trifft und wenn es ihnen anders ergeht, als er es vorhergesagt hat, so wird er in tausend Stücke gerissen, wenn sie ihn erwischen, und als falscher Prophet verurteilt. Deshalb sieht man den, der sich einmal verrechnet hat, nie wieder.

Die Fähigkeit, weiszusagen, ist eine Gabe Gottes; deshalb ist es ein strafenswerter Betrug, sie zu miß-brauchen. Bei den Skythen legte man die Wahrsager, wenn ihre Vorhersagen nicht eintrafen, an Händen und Füßen gefesselt auf Wagen voller Reisig, die von Ochsen gezogen wurden und auf denen man sie ver-brannte. Wer sich mit Dingen abgibt, die von menschlichen Fähigkeiten abhängen, ist zu entschul-digen, wenn er nur tut, was er kann. Aber jene ande-ren, die daherkommen und uns mit Versicherungen ihrer außerordentlichen Fähigkeiten, die jenseits un-seres Verstandes liegen, betrügen: muß man die, wenn sie ihre Versprechen nicht halten, nicht für ihre betrügerische Verwegenheit bestrafen?

Ihre Kriege führen sie gegen die Völker, die jenseits ihrer Berge, tiefer im Festland wohnen. Sie ziehen ganz nackt in den Krieg und haben keine anderen Waffen als Bogen oder Schwerter aus Holz, die an einer Seite zugespitzt sind wie unsere Spieße. Die Heftigkeit ihrer Kämpfe ist erstaunlich; sie finden stets nur durch Mord und Blutvergießen ein Ende, denn Flucht oder Furcht kennen sie nicht. Jeder bringt als Siegeszeichen den Kopf des Feindes, den er getötet hat, und heftet ihn an den Eingang seiner Wohnung. Nachdem sie ihre Gefangenen lange Zeit gut gepflegt und mit allen Annehmlichkeiten verse-hen haben, die sie nur ersinnen können, ruft derjenige, der einen davon in seiner Gewalt hat, eine große

Versammlung seiner Bekannten ein. Er bindet einen Strick an einen Arm des Gefangenen, an dessen anderem Ende er ihn festhält, einige Schritte entfernt, damit er nicht angegriffen werden kann; den anderen Arm gibt er dem teuersten seiner Freunde auf dieselbe Weise zu halten; darauf schlagen diese beiden ihn in Gegenwart der ganzen Versammlung mit Schwerthieben tot. Dies getan, braten sie ihn, essen ihn gemeinschaftlich auf und schicken auch ihren abwesenden Freunden Stücke davon. Das geschieht nicht, wie man denken mag, weil sie sich davon ernähren, sondern um äußerste Rache auszudrücken. Daß dem so ist, sieht man aus Folgendem: Sie hatten gesehen, daß die Portugiesen, die sich mit ihren Gegnern verbündet hatten, sich einer anderen Tötungsart bedienten, wenn sie Gefangene von ihnen machten, nämlich sie bis an die Hüften einzugraben, den Oberleib mit Pfeilen zu beschießen und sie danach aufzuhängen. Hierauf dachten sie, diese Menschen aus der anderen Welt, die schon die Kenntnis so vieler Laster in ihrer Umgebung gesät hatten und die größere Meister als sie selbst in jeder Art von Grausamkeit waren, würden nicht ohne Grund auf diese Weise ihre Rache ausüben, und diese müsse wohl härter sein als ihre; weshalb sie begannen, ihren alten Brauch aufzugeben, um diesem anderen zu folgen. Es ärgert mich nicht, daß wir die barbarischen Greuel tadeln, die in einer solchen Handlung liegen, wohl aber ärgert es mich, daß wir, die wir so gut über ihre Fehler urteilen, für unsere eigenen so blind sind. Ich denke, es ist weit barbarischer, einen Menschen lebendig zu fressen, als ihn tot zu fressen, einen Körper durch Martern und Qualen zu zerreißen, der noch alles empfinden kann, ihn bei langsamem Feuer zu braten, ihn durch Hunde und Schweine zerbeißen und töten zu lassen (wie wir es nicht nur gelesen,

224

sondern erst kürzlich gesehen haben, nicht unter alten Feinden, sondern unter Nachbarn und Mitbürgern, und, was noch schlimmer ist, das Ganze unter dem Vorwand der Gottesfurcht und der Rechtgläubigkeit), als ihn zu braten und zu essen, nachdem er dahingeschieden ist. Chrysippus und Zenon, die beiden Häupter der stoischen Sekte, haben allerdings gemeint, es sei nichts Böses dabei, sich des Menschenfleisches nach Belieben zur Linderung unserer Notdurft zu bedienen und als Nahrung zu verwenden; wie unsere Vorfahren es taten, die sich, als sie in der Stadt Alesia von Cäsar belagert wurden, entschlossen, den Hunger mit den Leichen der Greise, der Frauen und anderer zum Kampfe untauglicher Personen zu lindern. »Die Basken haben, wie es heißt, durch solche Nahrung ihr Leben verlängert.« (Juvenal, *Satiren,* XV, 93, 94)

Auch unsere Ärzte scheuen sich nicht, solches auf alle möglichen Weisen zur Wiederherstellung unserer Gesundheit zu verwenden (sei es innerlich oder äußerlich). Aber nie hat man unter den Wilden eine so widersinnige Lehre vernommen, die den Verrat, die Treulosigkeit, die Tyrannei, die Grausamkeit entschuldigt hätte, die doch unsere gewöhnlichen Fehler sind.

Nach den Regeln der Vernunft mögen wir sie also wohl Barbaren nennen, aber nicht im Hinblick auf uns, die wir sie in jeder Art der Barbarei übertreffen. Ihre Kriegsführung ist ganz edel und großmütig, verdient ebensoviel Rechtfertigung und enthält ebensoviel Schönheit, wie dieser Krankheit des Menschengeschlechts nur zugestanden werden kann; der Krieg hat bei ihnen keinen anderen Grund als den Wettstreit in der Tapferkeit. Sie kämpfen nicht, um neue Ländereien zu erobern, denn ihre eigenen genießen noch jene natürliche Fruchtbarkeit, die sie ohne Arbeit und ohne Mühsal mit allem Notwendigen versorgt, und zwar in solcher Fülle, daß sie es nicht nötig haben, ihre Grenzen zu erweitern. Sie sind noch in der glückseligen Verfassung, nur soviel zu begehren, wie ihre natürlichen Bedürfnisse es erfordern; was darüber hinausgeht, halten sie für überflüssig. Untereinander nennen sich alle, die von gleichem Alter sind, Brüder; alle, die jünger sind, heißen Kinder; und die Greise gelten als Väter aller übrigen. Diese hinterlassen ihren Erben gemeinschaftlich den völligen und ungeteilten Besitz ihrer Güter, ohne anderen Rechtstitel als den, welchen die Natur ihren Geschöpfen gibt, indem sie sie in die Welt setzt. Wenn ihre Nachbarn über die Berge kommen, um sie zu überfallen, und den Sieg über sie davontragen, so besteht der einzige Preis des Siegreichen in der Ehre und dem Vorrang, der Kräftigere und Tapferere gewesen zu sein; mit den Gütern der Besiegten haben sie nichts weiter zu schaffen, und sie kehren wieder in ihr Land zurück, wo es ihnen an nichts Notwendigem mangelt noch an der großen Gabe, glücklich ihr Dasein zu genießen und sich damit zu begnügen. Die anderen machen es ebenso. Sie fordern von ihren Gefangenen kein anderes Lösegeld als das Eingeständnis und die Anerkennung, daß sie überwunden worden seien; aber es findet sich nicht einer unter ihnen in hundert Jahren, der nicht lieber den Tod wählte als sich, und sei es durch ein einziges Wort oder eine Gebärde, auch nur ein Quentchen seiner Größe und seines unbesiegbaren Mutes zu vergeben; es gibt keinen, der sich nicht lieber töten und aufessen ließe, als auch nur um Verschonung zu bitten. Man läßt sie in völliger Freiheit, damit ihnen das Leben um so teurer sei; und man unterhält sie gewöhnlich mit der Drohung ihres künftigen Todes, erzählt von den Qualen, die sie zu leiden haben werden, von den Zurüstungen, die zu diesem Zwecke gemacht werden, vom Abhauen ihrer Gliedmaßen und von dem Festessen, das es auf ihre Kosten geben werde. Alles das geschieht nur in der Absicht, ihnen irgendein verzagtes oder kleinmütiges Wort zu entreißen oder sie zur Flucht zu reizen, um so den Triumph zu erringen, sie in Schrecken versetzt und ihre Standhaftigkeit bezwungen zu haben. Denn, wenn man es genau nimmt, besteht auch nur darin der wahre Sieg: »Das ist kein Sieg, den nicht auch der Feind gesteht, dessen Mut gebrochen ist.« (Claudianus, *De sexto consulatu Honorii*, 248)

Die Ungarn, ein sehr kriegerisches Volk, kämpften nie über den Punkt hinaus, an dem sie den Gegner ihrer Gnade unterworfen hatten. Denn sobald sie ihm dies Eingeständnis der Unterlegenheit entrissen hatten, ließen sie ihn frei ziehen, ohne ihm Leids zu tun und ohne Lösegeld zu nehmen; höchstenfalls nahmen sie ihm das Wort ab, von nun an nicht mehr die Waffen gegen sie zu führen.

Wir gewinnen oft Vorteile über unsere Feinde, die nur erborgt sind und die wir nicht uns selber zuschreiben können. Es ist die Eigenschaft eines Lastträgers, nicht der Tapferkeit, kräftige Arme und Beine zu haben; die Aufstellung des Heeres ist eine tote und körperliche Angelegenheit; es ist ein Glücksfall, wenn unser Gegner stolpert oder vom Licht der Sonne geblendet wird; und ausreichend gut fechten zu können ist eine Sache des Wissens und der Kunstfertigkeit, die auch einer feigen und nichtigen Person zufallen kann. Die Wertschätzung und die Geltung eines Mannes beruhen auf seinem Herzen und seinem Willen: dort liegt seine wahre Ehre; die Tapferkeit ist die Stärke nicht der Arme und der Beine, sondern des Mutes und der Seele; sie beruht nicht auf dem Wert unseres Pferdes oder dem unserer Waffen, sondern auf unserem eigenen. Derjenige, welcher mit ungebrochenem Mut fällt, der, »wenn er gestürzt ist, auf den Knien weiterkämpft« (Seneca, *De Providentia*, II), der in unmittelbarer Todesgefahr nichts von seiner Fassung verliert und der, noch wenn er seinen Geist aufgibt, dem Feind herzhaft und mit Verachtung in die Augen sieht: der ist nicht von uns, sondern vom Schicksal geschlagen worden; er ist getötet, nicht besiegt.

Die Tapfersten haben manchmal am wenigsten Glück. Auch gibt es triumphale Niederlagen, die jeden Sieg übertreffen. Selbst die vier siegreichen Schwestern, die schönsten, die die Sonne je erblickte, die von Salamis, von Platää, von Mycale und von Sizilien, würden es kaum wagen, all ihren Glanz zusammengenommen dem Glanz der Niederlage des Königs Leonidas und der Seinen am Paß der Thermopylen entgegenzusetzen. Wer errang jemals mit mehr Ruhmsucht und Ehrgeiz einen Sieg als der Feldherr Ischolas die Niederlage? Wer hat sich listiger und erfinderischer zu retten versucht, als er sich ins Verderben stürzte? Ihm war aufgetragen worden, einen gewissen Paß im Peloponesischen gegen die Arkadier zu verteidigen. Dies war ihm völlig unmöglich, wegen der Beschaffenheit des Ortes und der Ungleichheit der Kräfte, und er war überzeugt, daß alle, die sich dort dem Feinde stellen würden, mit Notwendigkeit umkommen müßten; andererseits fand er es seiner eigenen Tapferkeit und der Größe des lakedämonischen Namens unwürdig, seinen Auftrag nicht zu erfüllen; und so ging er zwischen diesen beiden Extremen einen Mittelweg von folgender Art: die jüngsten und stärksten seiner Truppe bestimmte er zum Schutz und zum Dienste des Vaterlandes und schickte sie zurück; und mit den anderen, deren Verlust geringer wäre, unternahm er es, jenen Paß zu halten und mit ihrem Leben den Feinden das Eindringen so teuer wie möglich zu verkaufen: wie es denn auch geschah. Da sie schon bald von allen Seiten von den Arkadiern umzingelt waren, wurden er und die Seinen, nachdem sie unter den Feinden ein großes Blutbad angerichtet hatten, endlich alle niedergemetzelt. Gibt es irgendeine Trophäe, die jemals für Sieger erdacht wurde, die diese Besiegten nicht eher verdient hätten? Der wahre Sieg hat seinen Grund im Kampf, nicht im Gewinnen; und der Ruhm der Tapferkeit besteht darin, daß man sich mit dem Feinde schlägt, nicht daß man ihn schlägt.

Um auf unsere Geschichte zurückzukommen: Statt daß sich diese Gefangenen durch all das, was man ihnen antut, bewegen lassen aufzugeben, zeigen sie vielmehr die zwei oder drei Monate ihrer Gefangenschaft eine muntere Haltung und treiben ihre Herren an, sie doch bald dieser Prüfung zu unterziehen; sie verhöhnen sie, beleidigen sie, werfen ihnen ihre Feigheit vor und die vielen Schlachten, die sie schon gegen die Ihrigen verloren hätten. Ich besitze ein Lied, das ein Gefangener gemacht hat, in dem diese Stelle vorkommt: sie möchten doch nur alle getrost herbeikommen und sich versammeln und ihn aufessen, denn sie würden Biß für Biß ihre eigenen Väter und Ahnen essen, die seinem Leib als Speise und Nahrung gedient hätten. »Diese Muskeln«, sagte er, »dieses Fleisch und diese Adern sind die eurigen, arme Narren, die ihr seid; ihr merkt nicht, daß die Kraft der Glieder eurer Vorfahren noch in ihnen steckt: laßt sie euch gut schmecken, ihr findet darin den Geschmack eures eigenen Fleisches.« Ein Einfall, der auf keine Weise nach Barbarei klingt. Diejenigen, die ihr Sterben schildern und den Vorgang beschreiben, wie man sie abschlachtet, erzählen, wie der Gefangene denen, die ihn töten, ins Gesicht spuckt und ihnen Fratzen schneidet. Wahrhaftig, sie hören bis zum letzten Atemzug nicht auf, ihnen zu trotzen und sie durch Worte und Gebärden herauszufordern. Ganz im Ernst: mit uns verglichen sind das doch recht wilde Menschen; denn, recht bedacht: entweder sind sie es ganz und gar, oder wir sind es selbst; da ist ein himmelweiter Unterschied zwischen ihrer Art zu leben und unserer.

Die Männer dort haben mehrere Frauen, und zwar um so mehr, je höher der Ruf ihrer Tapferkeit ist; es ist ein bemerkenswert schöner Brauch in ihren Ehen, daß derselbe Eifer, mit dem unsere Frauen uns die Liebe und Zuneigung anderer Frauen verwehren, von ihren Frauen darauf verwendet wird, sie ihnen zu verschaffen. Da sie sich um nichts anderes so sorgen wie um die Ehre ihrer Männer, suchen sie und verwenden sie viel Fürsorge darauf, so viele Gefährtinnen wie möglich zu finden, weil dies ein Beweis der Tapferkeit ihres Gatten ist.

Die unseren werden dies aus vollem Hals als wunderlich beschreien; aber das ist es nicht; es ist eine eigentlich eheliche Tugend, aber eine auf höchster Stufe. In der Bibel führten Lea, Rahel, Sarah und die Weiber Jakobs ihren Männern ihre schönsten Mägde zu; desgleichen beförderte Livia die Lüsternheit des Augustus zu ihrem eigenen Nachteile; und ebenso überließ Stratonika, die Frau des Königs Dejotarus, ihm nicht nur ein sehr schönes ihrer Kammermädchen zum Gebrauch, sondern sie zog auch die Kinder der beiden sorgfältig auf und war ihnen behilflich, ihres Vaters Reich zu erben.

Und damit man nicht denke, all dies geschehe nur aus einfältiger und unterwürfiger Befolgung ihrer Gebräuche und durch den Eindruck und die Macht ihrer alten Sitten, ohne Vernunft, ohne Überlegung, und weil sie eine so stumpfe Seele hätten, daß sie keinen anderen Weg sähen, muß ich wohl einige Beispiele ihrer Fähigkeiten anführen. Außer dem, was ich gerade aus einem ihrer Kriegsgesänge angeführt habe, besitze ich noch ein anderes, ein Liebeslied, das auf folgende Weise beginnt:

> »Schlange, warte, warte, Schlange,
> Daß nach deinen schönen Farben,
> Nach der Zeichnung deiner Ringe
> Meine Schwester Band und Gürtel
> Mir für meine Liebste flechte.
> Deine Schönheit, deine Bildung
> Wird vor allen andern Schlangen
> Herrlich dann gepriesen werden.«*

Der erste Vers ist der Kehrreim des Liedes. Nun habe ich doch soviel Umgang mit der Dichtkunst gehabt, um zu beurteilen, daß in diesem Gedicht nicht nur nichts Barbarisches, sondern daß es ganz und gar anakreontisch ist. Übrigens ist ihre Sprache sanft und von angenehmem Klange, ähnlich dem der griechischen Endungen.

Drei von ihnen, die nicht wußten, wie teuer die Kenntnis unserer verderbten Sitten dereinst ihre Ruhe und Glückseligkeit zu stehen kommen werde, und daß der Umgang mit uns ihren Untergang nach sich ziehen wird, der, wie ich annehme, schon sehr fortgeschritten ist, waren unglückselig genug, sich von der Neugier verführen zu lassen; sie haben die Sanftheit ihres Himmels verlassen, um unseren zu sehen, und waren in Rouen, zur Zeit, da der selige König Karl IX. sich dort aufhielt. Der König sprach lange Zeit mit ihnen; man zeigte ihnen unsere Art zu leben, unseren Prunk und die Einrichtungen einer schönen Stadt. Hierauf fragte sie einer, was sie davon dächten,

---

* Die hier wiedergegebene Übersetzung des Gedichts stammt von J. W. v. Goethe, *Gedichte aus dem Nachlaß*. (M. G.)

und wollte wissen, was sie am merkwürdigsten gefunden hätten. Sie antworteten drei Dinge, von denen ich das dritte vergessen habe, worüber ich mich sehr ärgere; aber zwei habe ich noch im Gedächtnis. Sie sagten, zum ersten käme es ihnen höchst befremdlich vor, daß so viele große, bärtige, starke und bewaffnete Männer, die den König umgaben (es ist wahrscheinlich, daß sie die Schweizergarden meinten), sich dazu herabließen, einem Kinde untertänig zu sein, und daß man nicht lieber einen von ihnen zum Befehlshaber wählte; zweitens, sie hätten gesehen, daß es unter uns Menschen gäbe, die satt und mit allen Annehmlichkeiten versehen seien, und daß deren Hälften (denn nach ihrer Art zu reden nennen sie alle Menschen Hälften voneinander) bettelnd vor ihren Türen stünden, zerfressen von Hunger und Armut; und sie fänden es seltsam, daß diese so bedürftigen Hälften eine derartige Ungerechtigkeit litten und daß sie den anderen nicht an die Gurgel gingen oder ihnen die Häuser in Brand steckten.

Ich habe sehr lange mit einem von ihnen gesprochen; aber ich hatte einen Dolmetscher, der mir so schlecht folgte und dessen Dummheit so wenig imstande war, meine Gedanken zu fassen, daß ich nicht viel Vergnügen dabei hatte. Als ich ihn fragte, welchen Nutzen er aus der Vorrangstellung ziehe, die er unter den Seinen einnehme (denn er war ein Häuptling, und unsere Matrosen nannten ihn König), sagte er mir, der Vorrang bestehe darin, daß er im Kriege vorangehe; auf die Frage, wie viele Leute ihm im Krieg folgten, bezeichnete er mir einen gewissen Raum, um anzugeben, es seien ungefähr so viele, wie darauf Platz hätten, welches etwa vier- oder fünftausend Mann sein mochten; und auf die Frage, ob nach beendetem Kriege sein ganzes Ansehen erloschen sei, sagte er, daß ihm dieses bliebe: wenn er die Dörfer besichtige, die ihm unterstünden, schlüge man ihm Wege durch das Dickicht ihrer Wälder, damit er bequem hindurchkommen könne.

Alles das ist so übel nicht; aber, was tut's? Sie tragen keine Hosen.

Die Politik des Unterlassens

●

Mit Pathos wird von der »neuen Zeit« erst im Zuge des 18. Jahrhunderts geredet werden; das ist das Jahrhundert, in dem Diderot über den »sonst so verständigen« Montaigne spötteln wird, weil der damals den Handfeuerwaffen keine Zukunft gab: sie seien nur laut und nicht besonders treffsicher, man werde sie bald vergessen haben. Montaigne fand sein Jahrhundert unordentlich, aber er sah in diesem Brodeln nicht die Voraussetzung zu etwas gänzlich Neuem. Die Stabilität, nach der er sich sehnte, würde nicht wesentlich anders aussehen als alle stabilen Zeiten vor ihr. Wenn man damals Geschichte dachte, sah man zurück und die eigene Zeit als Nachfolge — selbst in der Renaissance steckte nicht eigentlich das Pathos des radikalen Neubeginns. Kreislaufdenken dominierte; es war der Natur abgeschaut. Völker werden alt und sterben, wie Menschen auch, aber das Bild eines radikalen Wandels der gesamten Landschaft gab es nur als Jüngstes Gericht. Wer der christlichen Vorstellungswelt so folgenlos entwachsen war wie Montaigne, für den war es wirklich das natürlichste, anzunehmen: irgendwie wird alles immer dem ähnlich bleiben, was ich erlebe.

Inzwischen haben wir uns daran gewöhnt, das Geschehen, das von Mitteleuropa seinen Ausgang nahm und in den letzten vier, fünf Jahrhunderten den Globus verwandelt hat, als einen einzigen gerichteten Prozeß zu begreifen, dessen Motor Kapital und Technik waren und dessen strukturelle Resultate man kurz mit Rationalisierung, Verrechtlichung und Ökonomisierung bezeichnen kann. Es ist ein Prozeß, dessen Analytiker — heißen sie Comte, Marx, Weber oder Elias — von seiner Unumkehrbarkeit durchdrungen, nur einen Weg nach vorn sahen. Die Zivilisierung — das war die Zentralisierung, die Beschleunigung, die Formierung und die Eliminierung alles Mittleren (Volkskultur, Familie, Gemeinde usw.). Die Pazifizierung der Gesellschaft wurde erkauft mit der Schwächung der Einzelnen, dem Abdrängen des Besonderen und der Steigerung der Zentralmacht. Daß es nur ein Abdrängen und kein Kultivieren war — dafür sprechen die Exzesse. Trevor-Roper interessierte sich für den Hexenwahn, nachdem die Einzelheiten über Auschwitz vorlagen. Das Maß an Mobilität und Freiheit, das man im 16. Jahrhundert noch genoß — oder erlitt —, ist hundert Jahre später nicht mehr vorstellbar, schreiben die Historiker, und eine »Verkirchlichung« der Gesellschaft wie die der Neuzeit hatte das Mittelalter nicht gekannt. Absolut gesehen hat sich der Lebensstandard der unteren Schichten gewaltig gehoben, der Zuwachs an gesellschaftlicher Gestaltungsmacht kaum. Das ist nicht übertrieben: jeder Arbeiter, jeder Behördenbesucher, jeder, der es mit einem Wohnungsbaukonzern zu tun bekommt, ist noch heute ein potentieller Michael Kohlhaas — oder: er wäre es, wenn der »Prozeß der Verhaustierung« nicht so weit vorgeschritten wäre. Tocqueville konnte im vorigen Jahrhundert noch spüren, was heute schon die Kleinen zwischen Krippe, Schule und Sozialbauten begreifen — und vergessen: wir leben im Zustand einer »milden und geregelten Knechtschaft«. Der Zuwachs an Sicherheit hatte seinen Preis. Vergesellschaftung machte die Zentralen zu großen Subjekten, denen nun alle ihren Tribut zollen: »arg beschädigt« fand schon Freud die menschliche Natur; gelegentlich, weil die gute Natur zählebig ist, regt sich in uns der Gedanke, daß da noch etwas gewesen sein müsse, aber im Alltag vergeht er wieder.

In Montaignes Zeit wurden die Pfosten gesetzt, zwischen denen in den folgenden Jahrhunderten die Netze der Interdependenzen gesponnen wurden; es gab Proteste dagegen, gerade in Frankreich: Emmanuel Le Roy Ladurie hat für das Jahrhundert nach Montaigne die Bauern- und Handwerkeraufstände gesammelt. Sie folgten dem Grundmuster eines Autonomiebewußtseins: »Das, was man angreift, ist (. . .) nicht der König als solcher, sondern der Staatsapparat (. . .), der Komplex militärischer und finanzieller Macht.« Es war kein Klassenkampf, sondern eine Art antikolonialer Revolte, die die alten Hierarchien intakt ließ und Grundherren und Bauern, Handwerker und Teile des Klerus gegen Kaufleute, Advokaten, Städter und den Fiskus vereinigte. Oft war gerade der Grundherr für viele Bauern »die entscheidende Kraft und letzte Rettung gegen die (. . .) Führungsgruppen in der Stadt und im Staat«. Es waren Versuche, die alte Ordnung beizubehalten, weil das Neue als machtvolle Unordnung, als zerreißende Gewalt daherkam. Die ersten »Revolutionen« waren denn auch »Rückwendungen«, Versuche der Wiederherstellung alter Rechte. Keine umgrenzbare »Klasse« revoltierte da, sondern eine Art »Untergesellschaft«. Fünfzig Jahre nach Montaignes Tod sollte in seiner Heimat ein Adeliger mit militärisch-mystischen Qualitäten, La Mothe la Forêt, mit einem Programm von Freiheit, Gerechtigkeit und Steuererleichterung einen Bauernkrieg gegen die Zentrale

anführen. Alle diese Revolten, auch die aristokratische Fronde des 17. Jahrhunderts, träumten »von
einer dezentralisierten Welt«, verteidigten die Privilegien einzelner Orte und Regionen. »Die Fronde
klammerte sich in allererster Linie (gegen die Tech-
nostruktur von Paris) an die Mikrostrukturen der
örtlichen Vergangenheit. Sie war um so wirkungs-
voller, zumindest momentan, und demnach um so
revolutionärer, je reaktionärer sie gleichzeitig war.
Diese Bewegungen folgten einem Modell, das nicht
notwendigerweise weniger anziehend und rational
oder absurder war als das cartesianische, das schließlich den Sieg davongetragen hat.«
Alle diese Revolten wurden mit einer Grausamkeit, die der von Conquistadoren in nichts nach-
stand, in Blut erstickt, und das siegreiche System ver-
sorgte die Hinterbliebenen mit Produktivkräften, Hy-
giene, Volksbildung und Armenfürsorge. Die Aufklärung, die sich durchsetzte, ist die Versorgung der
Welt mit Elektrizität. Heute haben wir zuviel davon;
aber wenn sich die Beleuchtung ändert, sieht alles
ganz anders aus. Dann entdeckt man Details, die
vorher versteckt waren, und glänzende Partien werden ganz grau. Selbst ein so wenig rationalistischer,
ein so freundlicher Denker wie Herder feiert die »*eine*
Menschenvernunft, die aus vielem Eins, aus der Unordnung Ordnung (...) ein Ganzes mit Ebenmaß
und dauernder Schönheit macht«.
Allesamt waren sie so sehr mit Aufräumen beschäftigt, daß sie sich nie die Frage gestellt haben, ob es
denn wirklich ein Chaos war, in das sie Ordnung
bringen wollten, ob denn überhaupt ein »Regelungs-
bedarf« vorlag für diese Menschen, die sich »mit Gedränge und Geschiebe von selbst ordnen und schichten, so wie irgendwelche Sachen, die man wahllos in
einen Sack steckt, ganz von selbst ihre Ordnung

finden (...), besser als jede Absicht es vermocht hätte«.

Dieses kunterbunte und oft gewaltsame Nebeneinander verschwand im Prozeß der Modernisierung Europas zugunsten einer hochkomplexen Struktur von Interdependenzen; die manifeste Gewalt tritt nur noch selten im Alltag auf, dafür ist nun das Ganze von ihr imprägniert.

Daß dieser Prozeß der Zunahme von sachlichen Vermittlungen und wechselseitigen Abhängigkeiten nicht nur die einzelnen opfert, sondern als ganzer destruktiv ist, das ist uns (und auch das ist ein Indiz für die Zunahme der Beschleunigung) innerhalb der letzten Jahrzehnte aufgegangen. Die Maschinen wachsen, die Welt schrumpft, und mit ihr irgendwann die Menschen. Und fast kann man das zustimmende Lächeln nicht mehr verstehen, mit dem man sich noch vor fünfzehn Jahren an Marxens abschätziger Bemerkung über die französischen Kleinbauern erfreute: sie seien durch keinerlei gesellschaftliche Vermittlung zusammengehalten und damit keine Klasse, sondern eine Masse, nicht anders als ein Sack voller Kartoffeln.

Montaignes naturalistischer Individualismus und seine Weltfrömmigkeit formulieren die Warnungen, bevor es richtig losging: sein Mißtrauen gegen die Verschulung; die Warnung vor den großen Fehlerquellen, die in großen Unternehmen stecken; sein Gefühlsdemokratismus, der befindet, daß »die ersten Stühle gewöhnlich von weniger befähigten Leuten besetzt sind«; seine Skepsis gegenüber den ingenieursmäßigen Versuchen, die Gesellschaft umzubauen — diese Einwände machen ihn nicht zum Revolutionär oder Rebellen: »Wir haben es mit den Menschen zu tun, wie sie schon durch bestimmte Sitten geformt und gebunden sind; wir erzeugen sie nicht.«

Zu erkennen, daß die Welt immer schon im wesentlichen fertig ist, daß man sie nicht jederzeit neu erfinden kann, das macht den Unterschied zwischen dem Erwachsenen und dem Jüngling aus; Montaigne zieht auch noch die Konsequenz daraus: es ist unklug, das eigene Glück an das der Gesellschaft zu koppeln. Das war sein Entschluß, seine Richterstelle zurückzugeben und Privatmann zu werden — ein merkwürdiger Privatmann: immer wieder mischt er sich ein, als Soldat, Vermittler, Bürgermeister und Berater; aber je länger er es tut, desto schärfer werden seine Ausfälle gegen jedes andere als das private Leben — ist das nicht doch das ständige Hin und Her des Skeptizismus, das lebenslange Nomadentum aus Unfähigkeit, sich zu entscheiden? Welchem Modell folgt Montaigne als politisches Wesen?

Es ist keine richtungslose Bewegung und keine Abstinenz; ich würde es »Zurückhaltung« nennen. Wenn auf allen Seiten des Bürgerkrieges Schurken sind, setzt er sich frei vom Solonschen Gesetz, das die Parteinahme zur Pflicht macht: »Zwischen Cäsar und Brutus hätte ich mich entschieden«, aber nicht zwischen diesen. Wenn alle Stützen der Vergangenheit zerbrochen sind und keine Zukunft etwas verspricht, kurz, wenn alles in Auflösung und wilder Bewegung ist, wenn es kein großes und kein kleines Ganzes gibt, an das man sich schließen kann, und wenn selbst der Turm, den man geerbt hat, kein archimedischer Punkt ist — dann muß man selber versuchen, Ganzes zu sein.

Man muß sich selbst zur Mitte machen.

Das ist zunächst ein Wechsel des inneren Standorts: statt die Werte und Normen des eigenen Lebens von den Göttern, von den Ethiken, von gesellschaftlichen Gruppen her zu definieren (was man gern getan hätte, weil es entlastet), sieht man sich *nolens volens* als Teilnehmer an einem bewegten Geschehen, ohne sich von ihm definieren zu lassen. Diese Verschiebung ist keine von aktiv zu passiv, von Praxis zu Theorie. Es ist eine Verlagerung des Gewichts, ein Austauschen von Standbein und Spielbein; nicht das Aussteigen aus der Politik, sondern die Veränderung der Politikform: »Im öffentlichen Leben werde ich zum Verrückten unter Verrückten.« Das ist zwar eine alte Einsicht, aber der Trieb zur Teilnahme an Großem läßt sie immer wieder in Vergessenheit geraten, bis das nächste Große es dann wieder einmal nicht war oder bis man sich nach vierzig Jahren Parteitreue selbst nicht mehr kennt. — Montaignes politischer Held ist der Thebaner Epaminondas, der inmitten eines wütenden Gefechts einen Freund in den Reihen der Gegner kämpfen sieht, vom Pferd springt und ihn, unbekümmert um die Schlacht, umarmt: es gibt Loyalitäten, die brechen die Gesetze des Staates und der Politik. Wir sind erst Menschen und dann Untertanen — so werden Thoreau und Emerson, auch sie Schüler Montaignes, diesen Gedanken weitertragen — den einfachen Gedanken, daß es noch vitalere Fäden gibt, die einen mit der Welt verbinden, als gesellschaftliche.

Da steckt so etwas wie das Modell einer »punktuellen Politik« in Montaigne, eines Mitmachens, das nie zur Identifizierung wird; es ist das Bewußtsein, nicht Teil der Gesellschaft zu sein, sondern Gesellschaft als Teil in sich zu haben. Weil Politik und politische Moral zwei Welten sind, hat kein Politiker, keine Partei, kein König und kein Staat das Recht auf Blanko-Loyalität. Montaigne gibt nirgendwo eine Theorie der Revolte, wohl aber nimmt er für sich das Recht auf Insubordination in Anspruch: sein Gewissen muß die letzte Instanz bleiben. Da man nicht alles umwerfen kann, damit es endlich richtig wird, muß man die Gesellschaft, so wie sie ist, ertragen — wenn man nicht Kohlhaas werden will; aber niemand kann einen zwingen, im Großen nicht und nicht im Kleinen, etwas mitzumachen, das man nicht richtig findet. »Ich beschränke mich in meinen Handlungen nach äußerlicher Rücksicht; aber ich begehe sie nur nach meinem Urteil.« In Montaignes politischer Moral spielt die Unterlassung eine wichtigere Rolle als die Handlung. Unterlassen aber kann man nur, wenn man sich nicht in Situationen und Ämter begibt, in denen das Fortkommen und der Wirkungsgrad von Handlungserfolgen statt von klugen Unterlassungen abhängt, in Organisationen z. B., die immer einen »Handlungsbedarf« produzieren — ob es ihn nun gibt oder nicht. Sich nicht derart der Logik der Institutionen zu überlassen, sich nicht »zu vermieten«, ist die erste und wichtigste Unterlassung.

Die Herrschenden können mit seiner begrenzten Loyalität rechnen. Dabei sind die Grenzen ziemlich weit gesteckt: Montaigne ist ein Konventionalist, der glaubt, daß Regierung sein muß und immer drückt. Aber das ist auch schon die ganze Legitimation: man gehorcht der Ordnung, weil sie da ist; zu rechtfertigen ist sie in ihrer jeweiligen Form nicht. Vage steckt dahinter die Idee vom Gesellschaftsvertrag, aber er erhält nicht die Härte und die irdische Weihe, die er dann ab Hobbes haben wird; und schon gar nicht gibt es irgendwelche gottbegnadeten Fürsten. Gläubige Staatsbürger, wie Malebranche und Hobbes, werden Montaigne wegen dieser Läßlichkeit für gefährlich halten; und in der Tat, sein Gehorsam ist unberechenbar. Es wäre gefährlich, ihn zum Minister zu machen: er könnte schneller als erwartet zurücktreten. Verwaltung, Diplomatie, Polizei: alles das sind notwendige Übel, Medizinen, die man braucht gegen die gesellschaftlichen Krankheiten.

Aber man muß aufpassen, daß man nicht süchtig wird und daß sich keine unbeabsichtigten Nebenfolgen einstellen. So wenig Regierung wie möglich, aber man muß die Regierenden auch nicht *a priori* verachten: sie sind nötig.

Das klingt weise. Sehen wir uns an, wie seine Taten dazu passen (er hatte sich ja einen solchen Vergleich für die Alten gewünscht): Der König macht jemanden zum Bürgermeister, der vor kurzem ein Buch veröffentlicht hat, in dem ein großes Erstaunen darüber vermerkt ist, daß die Eigentumsverteilung im Lande nicht zum Aufstand der Armen führt — verständlich wäre er. Einmal im Amt, versucht dieser Bürgermeister die Stadt aus dem Ärgsten und dem Bürgerkrieg herauszuhalten, verfaßt eine Denkschrift gegen die Kosten der Rechtspflege, die Zunahme des Beamtenheers und die Käuflichkeit der Ämter — also gegen absolutistische Tendenzen. Die ideologisch übereifrigen Jesuiten in Bordeaux weist er nachdrücklich darauf hin, daß sie sich doch lieber um die Armen kümmern sollten. Er sorgt für Ausgleich, und wenn alles ruhig ist, tut er nichts. Dafür wird er in eine zweite Amtsperiode gewählt; das war eine seltene Auszeichnung. Er hält sich an die Loyalitäten, in die er hineingeboren ist: Edelmann, Katholik und Kammerherr zweier rivalisierender Könige. Aber wie tut er das? Er favorisiert den protestantischen Thronanwärter Heinrich von Navarra — und beichtet es seinem Pfarrer. Religion muß sein wie Regierung, sie eint das Volk — aber der Katholik Montaigne schreibt einige Ketzereien gegen die Dogmen und Praktiken seiner Kirche, als da sind Bücherverbrennungen, Inquisition, Folter, Hexenprozesse, und mißachtet die Ermahnungen der Inquisitoren auf ironisch-indolente Weise. Er ist »freiwillig konformistisch«, wo er nichts Besseres anzubieten hat; aber er selbst setzt die Grenzen des Konformismus. Seine Toleranz hat ihre absolute Schranke dort, wo Grausamkeit, Herrschsucht, Lüge und Verstellung sich zeigen. Hier »sein Handeln nach äußerlicher Rücksicht zu beschränken« wäre Selbstverrat.

Als Henri IV. an der Macht ist, fragt der ihn, ob er nach Paris kommen will. Montaigne sagt zu, aber er will kein Gehalt. Beamter, selbst des »Jünglings, der ausersehen ist, das Jahrhundert zu retten«, will er nicht sein. In einem der drei überlieferten Briefe an Henri IV. kritisiert er den König wegen der Grausamkeiten, die dessen siegreiche Armee begangen hat. Das »Amt ohne Namen« (III, 13), das er gern einnähme, ist eine Mischung aus Beichtvater und Berater des Herrschers; die zwei notwendigen Voraussetzungen dafür erfülle er: finanzielle Unabhängigkeit lasse ihn nicht auf Gedeih und Verderb am Sessel kleben, und sein »mittlerer Rang« stelle sicher, daß er Ohr und Stimme aller Schichten des Volkes eher erreichen könne als jemand, der ganz oben sitzt.

Kein Philosoph also, der mit Hilfe der Macht seine menschheitsbeglückenden Ideen in Projekte umsetzen will, sondern ein Korrektor im Zentrum der Macht, ein Anwalt der Ohnmächtigen (denen er ja die realistischere Weltsicht zusprach). Kein Planificateur, eher ein Advokat gegen zu groß geratene Vorhaben; kein Volkserzieher, eher ein Freund langsamer Aufklärung, etwa durch die Installation — nein, nicht von Schulen, sondern von Informationsbüros in den Gemeinden, wo sich jeder, der will, informieren und bilden kann. Aber bitte keine staatlichen Curricula, sie mehren nicht unbedingt das öffentliche Glück.

Viel mehr weiß man nicht über den öffentlichen Montaigne. Es ist das Bild eines Agenten im eigenen Auftrag, eines Wertkonservativen, der sich nicht verläßt, auch wenn er im Staatsdienst steht. Ein Funktionär des Ganzen, nicht einer Partei; aber kein Beamter, und vom Gefühl eher denen verbunden, die dieses Ganze tragen, als den weniger befähigten, die die ersten Stühle besetzen; jemand, der bei Tisch eine Bäuerin neben sich setzt und gleichmütig registriert, wie daraufhin die Adeligen gehen: »Ich lud sie alle zum Abendessen ein, denn ein Festessen in Italien ist nichts anderes als ein sehr leichtes Mahl in Frankreich. Mehrere Stück Kalbfleisch und ein paar Hühnchen, das ist alles. Es blieben zum Essen der Oberst des Bezirks, Herr Francesco Gambarini, ein Bologneser Edelmann, der mir wie ein Bruder war, und ein französischer Edelmann, sonst niemand. Vielleicht, weil ich Divizia mit am Tisch sitzen ließ. Das ist eine arme Bäuerin, die in der Nähe, ungefähr zwei Meilen vom Bad wohnt; sie und ihr Mann haben nichts anderes als die Arbeit ihrer Hände zum Leben; sie ist 37 Jahre alt, häßlich und hat einen Kropf. Sie kann weder schreiben noch lesen. Aber in ihren Kinderjahren las ein Onkel, der in ihrem Elternhaus lebte, in ihrer Gegenwart immerfort Ariost und andere Dichter, und ihr Geist erwies sich für die Dichtung so empfänglich, daß sie nicht nur in außerordentlicher Raschheit Verse macht, sondern auch noch alles mögliche hineinmischt: antike Fabeln, Namen von Göttern und Ländern, Wissenschaften, berühmte Männer, als hätte sie sich von je an den Studien genährt. Sie machte mir zu Ehren eine Menge Verse. Um die Wahrheit zu sagen, so sind es nur Füße und Reime, doch trug sie elegant und ohne jedes Zögern vor.«

Das klingt nicht übel, aber bei alledem blieb Montaigne ein Edelmann. Es bleibt eine Spannung zwischen seinen geäußerten Vorlieben für einfache Institutionen und Demokratie, seiner Abscheu vor den

Rohheiten seiner Zeit und seinem Konservatismus, was die Verhältnisse in Frankreich angeht. Er ist kein Progressiver; er will nichts verwirklichen, nur einiges verhindern. Es war nichts in Sicht, dem er sich mit vollem Herzen anschließen mochte. Der Dritte Stand, der den Hugenotten zuströmte — das waren die kleinen Herren und die zukünftigen Verwalter des Volkes, die Funktionäre des Zentralismus. Das Volk, das sich gegen die Regierung empörte, hatte er beim Lynchen erlebt; es genoß die Hinrichtungen mehr, als seinem Magen guttat. Wenn er so etwas sah, bezweifelte er sogar seinen eigenen Gedanken, daß die Volksherrschaft die gerechteste sei. Gesellschaften sind schwer zu bewegen, nur politische Ideen sind leicht.

Wer verändern will und dabei nicht nur sich selbst, sondern andere opfert, trägt die Beweislast — und sogar mehr als die. Insofern ist sein Konservatismus — vielleicht jeder Konservatismus, der nicht bloß ererbte Macht verteidigt — die Konsequenz aus dem Jenseitsverlust: wenn kein Wert mehr von oben legitimiert wird, ist die Politik des »geringeren Übels« am wenigsten in Gefahr, schreckliche Irrtümer zu riskieren.

Es lag kein Versprechen in der Zukunft, also machte es auch keinen Sinn, Opfer für sie zu bringen. Was lag näher, als sich auf ein Leben in einer »polyphonen« Gegenwart einzurichten? Geben wir die Maskeraden auf und machen uns heimisch in einer wohlwollenden und nicht ganz beherrschbaren Natur — so etwa hat er geklungen. Da er sich selbst von der Vorstellung der Sünde befreit hatte, war er nicht gut dazu geeignet, anderen Rezepte zu verordnen. »Er wollte nicht Hammer und nicht Amboß sein« — das schreibt er über Pyrrho. Die guten Gedanken sind alle nicht so neu.

Vieles ist möglich, aber ich kann nur Bestimmtes tun — das ist Montaignes Konsequenz, so wie es die des hoffnungsmüden Candide sein wird, zweihundert Jahre später. In der Gegenwart leben, in einer Zeit, die hoffentlich zur Ruhe kommt! Wenn man Leben oder Lebenszeit opfert, dann aus dem Gefühl gleichzeitiger Verbundenheit, nicht in Hoffnung auf irgendeinen Tag in der Zukunft. Politik für morgen muß auch als Handlung in der Gegenwart Sinn, Bestand und Belohnung finden. Montaigne kennt kein Opfer, das nicht er selber bringt.

Beschränkung und Bestimmtheit sind Minimalprinzipien seiner ungeschriebenen »politischen Ethik«: den großen Ideen entsagen, um dergestalt Konkretes tun zu können. Das beruht auf einer Einschätzung der Zeit, vor allem aber der eigenen gesellschaftlichen Ohnmacht. Aber wer die nicht zunächst einmal sieht, hört nie auf zu zappeln — nicht vor dem Ministerium und nicht hinter den gepolsterten Türen. Wenn die eigene Schwäche und politische Machtbegrenztheit nicht in das Bild der Welt eingehen, erhalten alle Handlungen ein Gewicht und einen Umfang, der die wirkliche Welt verschwinden läßt. Alles, was dann gewesen sein wird, ist die Teilnahme an Aktionen und Organisationen, deren Herr man nicht einen Moment lang war. Die Welt hat man im Grunde nie gesehen.

Eine Ideologiekritik, die Montaigne daraufhin interessierte Resignation vorwirft, gleitet an ihm ab. Natürlich nur, wenn die Lektüre eine private bleibt, eine, die sich — wie es so schön heißt — auf ihn einläßt, die die Büchertürme der Vergangenheit nicht bloß als umzuschmelzenden Rohstoff für die eigenen Konstruktionen und Dekonstruktionen ansieht, sondern als Orte des Gesprächs und der Komplizenschaft mit Verstorbenen. Montaignes Buch, auch

dort, wo er Soziologe oder Kritiker seiner Gesellschaft ist, schafft kein System und verweist nicht auf
zu schaffende Welten. Es »weckt Individuen«, wie
Starobinski schreibt.

»Rational«, schreibt Gehlen, der unsentimentale
Analytiker unserer Zwischenzeit, »verhält sich der
Einzelne, wenn die Institutionen um ihn herum in
Umbau oder Abbau begriffen sind und er sozusagen
im Nichts sich abstützen müßte, nur egozentrisch.«
Das soll wohl heißen: nur egozentrisch — und hier
kann man wahlweise einsetzen: stoisch, epikureisch
oder skeptisch — kann man noch ein vernünftiges
Menschenleben zusammenbringen.

In einer solchen Haltung steckt auch der Verzicht
darauf, die Welt als ganze wieder einrenken zu wollen — ohnehin ein eher lächerliches Projekt. Im Ge-
genzug für die Preisgabe der Utopie rückt man sich
selbst ein wenig näher — und das gibt einem vielleicht einen begrenzten politischen Spielraum zurück.

VOM SCHONENDEN UMGANG MIT DEM WILLEN

●

Die Menschen geben sich in Miete. Ihre Fähigkeiten gehören nicht ihnen, sondern denen, in deren Dienst sie sich geben; ihre Mietsherren wohnen in ihnen, nicht sie selbst. Diese übliche Art mißfällt mir: wir müssen mit der Freiheit unserer Seele haushalten und sie nur zu den rechten Gelegenheiten verpfänden; deren gibt es sehr wenige, wenn wir gesund urteilen. Seht die Leute, die gelernt haben, sich aufbringen und einnehmen zu lassen: sie tun es dann überall, in kleinen Dingen wie in großen, in dem, was sie kaum angeht, wie in dem, was sie berührt; sie mischen sich ohne Unterschied ein, wo immer es etwas zu tun gibt, und sind wie tot, wenn sie nicht ständig in Bewegung sind. »Sie suchen die Geschäfte nur um der Geschäfte willen.« (Seneca, *Epist.*, XXII) Es ist nicht so sehr, daß sie laufen wollten: sie können nur nicht stille sitzen, wie ein fallender Stein, der so lange weiterrollt, bis er liegenbleibt. Für eine gewisse Art Menschen ist die Geschäftigkeit ein Zeichen von Können und Würde. Ihr Geist sucht seine Ruhe im Schaukeln, wie die Kinder in der Wiege. Sie können von sich sagen, daß sie ihren Freunden eine Hilfe wie sich selbst eine Last sind. Niemand verschenkt sein Geld an andere, jeder seine Zeit und sein Leben; mit nichts gehen wir so verschwenderisch um wie mit diesen Dingen, mit denen zu geizen der einzig nützliche und löbliche Geiz wäre.

Ich denke hierin ganz anders. Ich halte mich an mich selbst; ich begehre für gewöhnlich nur lau, was ich begehre; und ebenso beschäftige und bekümmere ich mich: selten und gemächlich. Alles, was sie wollen und lenken, tun sie mit ganzer Willenskraft und Ungestüm. Aber man kann so leicht danebentreten, daß man, um sicher zu gehen, mit leichtem und flüchtigem Schritt durch die Welt gehen sollte. Man muß auf ihr gleiten, nicht in ihr versinken. Selbst die Wollust ist schmerzhaft in ihren Tiefen: »Du trittst auf Feuer, das unter der Asche glimmt.« (Horaz, *Oden,* II, 17)

Der Rat von Bordeaux wählte mich zum Bürgermeister seiner Stadt, als ich fern von Frankreich und noch weiter entfernt von solchen Gedanken war. Ich lehnte ab, aber man belehrte mich, daß ich im Unrecht sei, und ein königlicher Befehl kam auch noch dazu. Es ist ein Amt, das um so schöner scheinen muß, als dabei kein anderer Sold und Gewinn zu haben ist außer der Ehre, es auszuüben. Es dauert zwei Jahre; aber es kann durch eine zweite Wahl verlängert werden, was sehr selten geschieht. Bei mir war es so; und vorher war es nur zweimal geschehen: einige Jahre zuvor dem Herrn de Lansac und kürzlich dem Herrn de Biron, Marschall von Frankreich, an dessen Stelle ich trat; ich überließ sie Herrn von Matignon, auch er Marschall von Frankreich, stolz über so edle Gesellschaft. (. . .)

Bei meinem Amtsantritt gab ich mich treu und gewissenhaft zu erkennen, ganz so wie ich zu sein glaube: ohne Gedächtnis, ohne Wachsamkeit, ohne Erfahrung und ohne Rüstigkeit; ohne Haß auch, ohne Ehrgeiz, ohne Habgier und ohne Gewalttätigkeit; dies, damit sie gewarnt und unterrichtet seien, was sie von meiner Amtsführung zu erwarten hätten. Und weil nur die Bekanntschaft mit meinem seligen Vater und sein ehrenvolles Andenken sie zu diesem Schritt veranlaßt hatten, fügte ich mit klaren Worten hinzu, es sollte mir sehr leid tun, wenn irgend etwas so große Gewalt über meinen Willen gewönne, wie es einst ihre Geschäfte und ihre Stadt auf seinen gehabt hatten, während er sie regierte, in eben dem Amte, in das sie mich berufen hatten. Ich erinnerte mich, ihn in meiner Kindheit als alten Mann gesehen zu haben, dessen Seele grausam von diesem öffentlichen Ärger erschüttert wurde, und der darüber die liebliche Luft seines Anwesens, an das die Schwäche seines Alters ihn schon lange vorher gebunden hatte, ebenso vergaß wie seine Mäßigung und seine Gesundheit, und der sich, sein Leben rücksichtslos aufs Spiel setzend, für sie auf lange und beschwerliche Reisen gemacht hatte. So war er; und diese Gesinnung entsprang bei ihm einer großen natürlichen Güte; nie hat es eine barmherzigere, menschenfreundlichere Seele gegeben. Dieser Art zu handeln, die ich an anderen lobe, folge ich selbst nicht gern, und ich bin nicht ohne Entschuldigung. Er hatte gelernt, man müsse sich für den Nächsten vergessen, das eigne Interesse sei nicht von Bedeutung gegenüber dem allgemeinen.

Die meisten Morallehren der Welt benutzen diese Wendung, um uns aus uns selbst zu verstoßen und uns auf die öffentlichen Plätze zu jagen, zum Dienste der bürgerlichen Gesellschaft. Sie haben ein gutes Werk zu tun gedacht, wenn sie uns von uns selbst ablenken und zerstreuen, weil sie davon ausgehen, daß wir allzusehr und durch ein allzu natürliches Band an uns selbst hängen; und sie haben nichts ausgelassen, was man in dieser Hinsicht sagen könnte. Denn das ist nichts Neues bei den Weisen, uns die Dinge so zu predigen, wie sie nützlich, nicht wie sie wirklich sind. Die Wahrheit hat ihre Hindernisse, Unbequemlichkeiten und Unvereinbarkeiten für uns. Man muß uns oft täuschen, damit wir uns nicht selber täuschen, und unsere Augen verbinden, unsern Verstand betäuben, um sie zu bilden und zu bessern. »Die Unerfahrenen unterfangen sich, zu urteilen; man muß sie daher oft betrügen, damit sie nicht irregehen.« (Quintilian, *Instit.*, II, 17) Wenn sie uns befehlen, drei, vier, fünfzig Kategorien von Dingen mehr als uns selbst zu lieben, so machen sie es wie die Bogenschützen, die, um ins Ziel zu treffen, sehr hoch darüber zielen. Um ein gekrümmtes Holz zu biegen, krümmt man es in die entgegengesetzte Richtung.

Ich halte dafür, daß es im Tempel der Pallas, wie wir es auch in anderen Religionen sehen, äußerliche Mysterien gab, die dazu bestimmt waren, dem Volke gezeigt zu werden, und andere, verborgenere und höhere, die nur den Eingeweihten gezeigt wurden. Es ist wahrscheinlich, daß sich unter diesen auch das wahre Maß der Freundschaft findet, die sich jeder selbst schuldet. Nicht eine falsche Freundschaft, die uns mit einer voreiligen und übermäßigen Leidenschaft nach Ruhm, Gelehrsamkeit, Reichtum und dergleichen Dingen greifen läßt, als wären sie feste Bestandteile unseres Wesens; noch eine schlaffe und unmäßige Freundschaft, der es so geht wie dem Efeu, der die Mauer verdirbt und zerstört, an die er sich heftet; sondern eine heilsame und maßvolle Freundschaft, die so nützlich wie angenehm ist. Wer ihre Aufgaben kennt und erfüllt, sitzt wirklich im Rat der Musen; er hat den höchsten Gipfel der menschlichen Weisheit und unserer Glückseligkeit erreicht. Ein solcher Mensch weiß genau, was er sich schuldig ist; und deshalb findet er in seinem Part auch geschrieben, daß er die Dienste der anderen und die Welt braucht

251

und daß er zu diesem Zweck der Gesellschaft die Dienste und Pflichten zu leisten hat, die an ihn herantreten. Wer gar nicht für andere lebt, der lebt auch kaum für sich. »Wer sein eigner Freund ist, ist auch der aller anderen.« (Seneca, *Epistel*, VI)

Die vornehmste Pflicht, die jeder von uns hat, ist, sein eigenes Leben zu führen; deswegen sind wir hier.

Wie der ein Narr wäre, der vergäße, selbst rechtschaffen und fromm zu leben, und sich seiner Schuldigkeit entledigt glaubte, wenn er andere dorthin wiese und führte, genauso schlägt, meiner Meinung nach, einen schlechten und unnatürlichen Weg ein, wer die Gesundheit und die Heiterkeit seines eigenen Lebens im Dienste anderer vernachlässigt. Ich will nicht, daß man den Ämtern, die man auf sich nimmt, Aufmerksamkeit, Mühe, Worte und, wenn es nötig ist, Schweiß und Blut versage: »Ich selbst scheue mich nicht, für meine teuren Freunde oder mein Vaterland zu sterben.« (Horaz, *Oden*, IV, IX, 51)

Aber es soll leihweise und je nach der Gelegenheit geschehen; und der Geist soll dabei immer ruhig und ausgeglichen bleiben, nicht untätig, aber ohne Verdruß und Leidenschaft. Tätigkeit an sich kostet ihn so wenig, daß er sich sogar im Schlafe rührt. Aber man muß ihn mit Vorsicht in Bewegung setzen; denn der Körper muß die Lasten, die man ihm auferlegt, nach ihrem Gewicht tragen, der Geist hingegen macht sie oft größer und schwerer zu seinem eigenen Schaden, indem er ihnen das Maß gibt, das ihm richtig erscheint. Man verrichtet gleiche Dinge mit verschiedener Anstrengung und unterschiedlicher Anspannung des Willens. Das eine geht sehr gut ohne das andere. Denn wie viele Menschen riskieren nicht jeden Tag ihr Leben in Kriegen, die sie nichts angehen, und drängen sich zu den Gefahren von Schlachten, deren Verlust ihnen nicht einmal den Schlaf der nächsten Nacht stören würde? Jener dort, in seinem Hause, weit entfernt von Gefahren, die er nicht einmal zu betrachten gewagt hätte, ist über den Ausgang des Krieges viel heftiger besorgt und beunruhigt seine Seele weit mehr damit als der Soldat, der in ihm Leib und Leben einsetzt. Ich habe mich mit öffentlichen Ämtern abgeben können, ohne mich auch nur um die Breite eines Nagels von mir selbst zu entfernen, und anderen dienen können, ohne mich selbst zu verlieren.

Diese Heftigkeit und dies Ungestüm der Begierden hindern die Ausführung einer Unternehmung mehr, als sie zu befördern. Sie füllen uns mit Ungeduld über hinderliche und verzögernde Ereignisse und mit Bitterkeit und Argwohn gegen die Menschen, mit denen wir verhandeln. Eine Sache, von der wir besessen und getrieben sind, führen wir nie gut.

Ein Adeliger, ein sehr redlicher Mann und mein Freund* hätte fast den Verstand verloren, weil er sich den Geschäften seines Herrn, eines Fürsten, mit zu leidenschaftlicher Hingabe gewidmet hat. Dieser, sein Herr, schilderte sich selbst mir gegenüber auf folgende Weise: er sehe die Gefahr zufälligen Unheils ebensogut als irgendein anderer; allein, bei Unheil, gegen das es keine Abhilfe mehr gibt, entschließe er sich auf der Stelle, es geduldig zu ertragen; in allen anderen Fällen treffe er die notwendigen Vorkehrungen, was ihm seiner Geistesgegenwart wegen leichtfällt, und dann erwarte er in Ruhe, was daraus folgen möge. Und fürwahr, ich habe ihn genauso erlebt, wie er inmitten wichtiger und heikler Angelegenheiten große Sorglosigkeit und Freiheit der Handlung und der Haltung bewahrt hat. Ich finde ihn größer im Unglück als im Glück: seine Niederlagen machen

---

* Jacques de Ségur de Pardaillan; der Fürst: Heinrich von Navarra. (M. G.)

ihm mehr Ehre als seine Siege und seine Trauer mehr als sein Triumph.

Man bedenke nur, daß selbst bei eitlen und unbedeutenden Verrichtungen, beim Schachspiel, beim Ballspiel und dergleichen, das heftige und glühende Verlangen eines ungestümen Willens auf der Stelle den Kopf und die Glieder in Unaufmerksamkeit und Unordnung stürzt: man blendet, man verwirrt sich selbst. Wer Gewinn und Verlust gegenüber gleichgültiger bleibt, ist immer bei sich selbst; je weniger er sich im Spiel erhitzt und ereifert, desto vorteilhafter und sicherer führt er es.

Im übrigen sind wir selbst schuld, wenn unsere Seele kein Ding recht faßt und behält. Wir lassen sie zu viele Dinge ergreifen. Einige muß man ihr bloß vorstellen, andere an sie binden und wieder andere ihr einverleiben. Sie kann alles sehen und empfinden, aber nähren kann sie sich nur aus sich selbst; und man muß ihr sagen, was sie wirklich angeht und was ihr wesentlich zukommt. Die Gesetze der Natur lehren uns, was wir billigerweise brauchen. Die Weisen haben uns gesagt, von Natur aus sei niemand bedürftig, wohl aber jeder seiner Meinung nach; und ferner scheiden sie gleichfalls sehr säuberlich die Begierden, die uns von Natur kommen, von denen, die aus den Verwirrungen unserer Phantasie entspringen: diejenigen, deren Befriedigung man absehen kann, sind Werke der Natur; diejenigen aber, die vor uns fliehen und deren Ziel wir nie erreichen können, kommen aus uns selbst. Die Armut an Gütern ist leicht zu beheben; die Armut der Seele: unmöglich.

Als Sokrates sah, wie Schätze, Edelsteine und kostbares Gerät in großer Zahl zur Schau durch seine Stadt getragen wurden, sagte er: »Wie viele Dinge begehre ich überhaupt nicht.« Metrodorus lebte von 12 Unzen Nahrung am Tage. Epikur von weniger.

Metrokles schlief im Winter bei den Schafen, im Sommer in den Höfen der Tempel. »Die Natur versorgt uns mit dem, was sie fordert.« (Seneca, *Epist.*,90) Cleanthes lebte von seiner Hände Arbeit und rühmte sich, Cleanthes könne, wenn er wolle, noch einen Cleanthes ernähren.

Wenn uns das, was die Natur ursprünglich und im genauesten Sinne zur Erhaltung unseres Wesens von uns fordert, allzu wenig vorkommt (und wie wenig es wirklich ist, mit wie wenig wir unser Leben erhalten können, läßt sich nicht besser ausdrücken als durch diese Erwägung: es ist so wenig, daß es durch seine Geringfügigkeit dem Zugriff und den Schlägen des Schicksals entgeht), nehmen wir uns die Freiheit und legen noch etwas dazu: nennen wir auch die Gewohnheiten und Lebensumstände jedes einzelnen von uns Natur; schätzen wir uns, behandeln wir uns nach diesem Maße, dehnen wir unsere Besitztümer und Berechnungen bis dorthin aus. Denn bis dorthin, scheint mir, sind wir noch zu entschuldigen. Die Gewohnheit ist eine zweite Natur und nicht weniger mächtig. Wenn mir etwas von dem fehlt, was ich gewohnt bin, halte ich dafür, daß es mir wirklich fehlt; und mir wäre es sozusagen ebensolieb, man nähme mir das Leben, als daß man es mir beschnitte und weit unter die gewohnte Stufe heruntersetzte, auf der ich so lange gelebt habe.

Ich bin nicht mehr in der Verfassung, mich groß zu ändern oder mich an eine neue und ungewohnte Lebensart zu gewöhnen. Nicht einmal an eine bessere. Es ist nicht mehr die Zeit, ein anderer Mensch zu werden. Und so, wie ich mich, wenn mir zu dieser späten Stunde ein großes Abenteuer zufiele, beklagen würde, weil es nicht zu der Zeit gekommen ist, als ich es hätte genießen können, »Was hilft mir das Glück, wenn ich es nicht brauchen kann?« (Horaz, *Epistel,*

I, V, 12), genauso würde ich mich über irgendeinen neuen Seelenerwerb beklagen. Es ist sozusagen besser, niemals als so spät ein ehrenwerter Mann zu werden und wohlverstanden zu leben, wenn man kein Leben mehr in sich spürt. Ich, der ich gerade abtrete, wollte leichten Herzens irgend jemandem, der gerade ankommt, alle Weisheit überlassen, die ich noch im Umgang mit der Welt lernen könnte. Senf nach der Mahlzeit. Was soll mir das Gute, mit dem ich nichts anfangen kann? Wozu die Wissenschaft einem Menschen, der keinen Kopf mehr hat? Es ist Unrecht und Ungunst des Schicksals, uns Geschenke darzubieten, die uns mit gerechtem Verdruß erfüllen, weil wir sie zur rechten Zeit entbehren mußten. Führt mich nicht mehr; ich kann nicht mehr laufen. Von allen Teilen unserer Ausstattung reicht uns nun die Geduld. Verleiht dem Sänger, dessen Lunge schon verfault ist, die Gabe einer schönen Diskantstimme; und die Beredsamkeit einem Einsiedler in den Wüsten Arabiens. Zum Fallen gehört keine Kunst; am Ende jeder Angelegenheit findet sich das Ziel von selbst. Meine Welt ist dahin, meine Gestalt ausgehöhlt; ich gehöre ganz der Vergangenheit an und bin gehalten, sie anzuerkennen und meinen Abgang nach ihr einzurichten.

Ich will dieses Beispiel anführen: Die zehn Tage, die der Papst kürzlich (gregorianische Kalenderreform von 1582. M.G.) aus dem Kalender genommen hat, haben mich so verwirrt, daß ich mich nicht gut daran gewöhnen kann. Ich stamme aus der Zeit, da wir noch anders zählten. Eine so alte und lange Gewohnheit hält mich fest und hat Anspruch auf mich. Ich bin an dieser Stelle gezwungen, ein wenig ketzerisch zu sein, unfähig zur Neuerung, selbst zur Verbesserung; meine Einbildung läuft, mir zum Trotze, immer zehn Tage voraus, oder hinterher, und brummelt mir in die Ohren: Diese Regel geht nur die an, die noch zu leben haben. (...)

Kurz: ich bin dabei, diesen Menschen zu vollenden, nicht einen anderen aus ihm zu machen. Durch lange Gewohnheit ist mir meine äußere Form zum Wesen und mein Schicksal zur Natur geworden.

Ich sage also, daß jeder von uns schwachen Menschen entschuldbar ist, wenn er alles, was unter dieses Maß fällt, als das Seinige betrachtet. Aber jenseits dieser Grenze herrscht nichts als Verwirrung. Weiter können wir unsere Rechte unmöglich ausdehnen. Je mehr wir unsere Bedürfnisse und unsern Besitz erweitern, desto stärker setzen wir uns den Schlägen des Schicksals und des Mißgeschicks aus. Der Weg, den unsere Begierden einschlagen, muß entlang der engen Grenze geführt und beschränkt bleiben, die von den nächsten und benachbarten Lebensnotwendigkeiten gesetzt wird; darüber hinaus sollte er nicht in einer geraden Linie fortgehen, die uns immer weiter fortträgt, sondern in einer Kreisbewegung, deren Anfangs- und Endpunkt in uns selbst liegen. Die Handlungen, die ohne diese Rückwendung stattfinden (es versteht sich, eine unmittelbare und wesentliche Rückwendung auf uns selbst), wie das Treiben des Geizigen, des Ehrgeizigen und so vieler anderer, welche immer geradeaus laufen und allezeit hinter ihren Wünschen her: das sind irrige und krankhafte Handlungen.

Die meisten unserer Unternehmungen sind Gaukelpossen. »Die ganze Welt spielt Komödie.« (Petronius) Wir sollen unsere Rolle gehörig spielen, aber nie vergessen, daß es nicht unsere Kleider sind. Man darf die Maske und den Schein nicht mit dem wirklichen Wesen verwechseln und das Fremde nicht mit dem Eigenen. Wir können Haut und Hemd nicht unterscheiden. Es reicht, sich das Gesicht zu pudern; müssen wir uns auch noch die Seele pudern? Ich sehe viele, die sich in ebenso viele Gestalten und Wesen werfen, als sie Ämter übernehmen, bei denen alles groß wird, selbst die Leber und die Därme, und die ihr Amt noch aufs Klosett mitnehmen. Ich kann sie nicht lehren, die Verbeugungen, die man vor ihnen macht, von denen zu unterscheiden, die man ihrem Amt, ihrem Gefolge oder ihrem Maultier darbringt. »Sie sind so sehr von ihrem Glück eingenommen, daß sie die Natur darüber vergessen.« (Quint., *Curt.*, III, 2) Sie blähen und schwellen ihre Seele und ihre natürliche Denkungsart auf bis in die Höhe ihrer Parlamentssitze. Der Bürgermeister und Montaigne waren immer zwei, und säuberlich getrennt.

Ich kann mich nicht tief und völlig auf etwas einlassen. Wenn ich meinen Willen einer Partei übergebe, dann doch nicht mit einer Verbindlichkeit, die so heftig ist, daß mein Verstand davon angesteckt wird. In den gegenwärtigen Wirren unseres Staates hat mich meine Parteinahme die lobenswerten Eigenschaften unserer Gegner ebensowenig verkennen lassen wie die tadelnswerten der Partei, auf deren Seite ich mich geschlagen habe. Sie vergöttern alles, was von ihrer Seite kommt; ich habe die meisten Dinge, die ich auf meiner Seite gesehen habe, nicht einmal verteidigt. Ein gutes Buch verliert seine Vorzüge nicht, weil es gegen meine Sache geschrieben ist. Außerhalb des wesentlichen Streitpunktes habe ich meine völlige Ruhe und Gleichgültigkeit bewahrt. »Außer wo es der Krieg erfordert, hege ich keinen besonderen Haß gegen den Feind.« Darauf bilde ich mir um so mehr ein, als ich sehe, daß gemeinhin das Gegenteil geschieht. »Wer nicht die Vernunft gebrauchen kann, hält sich an die Leidenschaft.« (Cicero, *Tusculanes*, VI, 25) Diejenigen, die ihren Zorn und Haß weiter treiben als die Sache reicht, wie es die meisten tun, zeigen, daß er aus anderen Quellen und privaten Gründen herrührt: so wie demjenigen, der von einem Geschwür genesen ist, das anhaltende Fieber zeigt, daß es eine andere, verborgene Ursache hatte. Das kommt daher, daß sie sich nicht um des Mißstandes willen erregen, insofern er die Interessen aller Bürger und des Staates verletzt, sondern nur aufgebracht sind, insofern sie selbst unter ihm leiden. Deshalb entrüsten sie sich mit besonderer Leidenschaft und über das hinaus, was Gerechtigkeit und Staatsraison fordern. »Jeder tadelte nicht alles, sondern nur das, was ihn insbesondere anging.« (Titus Livius, XXXIV, 36)

Ich will, daß unsere Seite die überlegene ist, aber ich gerate nicht außer mich, wenn sie es nicht ist. Ich halte fest zur gesünderen Partei, aber ich trachte nicht, mich durch besondere und über die allgemeine Vernunft hinausgehende Feindseligkeit den anderen gegenüber hervorzutun; und ich mißbillige aufs schärfste diese fehlerhafte Art, zu urteilen: »Er gehört zur Liga, denn er bewundert die Anmut des Herrn von Guise.« »Die Taten des Königs von Navarra erstaunen ihn: er ist Hugenotte.« »Er hat dies oder jenes am Lebenswandel des Königs auszusetzen: in seinem Herzen ist er ein Aufrührer.« Ich gebe nicht einmal der Obrigkeit selbst das Recht, ein Buch zu verdammen, weil es einen Ketzer unter die besten Dichter dieses Jahrhunderts rangiert. Wagen wir es nicht mehr, von einem Dieb zu sagen, er habe schöne Beine? Und muß eine, wenn sie eine Hure ist, auch gleich aus dem Halse stinken? (. . .)

Ebenso wollen sie, daß jeder blind oder stumpf gegen ungünstige Voraussagen oder unglückliche Ereignisse sei, die seine Partei betreffen, und daß unsere Urteilskraft nicht der Wahrheit, sondern unseren

Wunschbildern diene. Ich würde lieber ins entgegengesetzte Extrem verfallen, so sehr fürchte ich, meine Wünsche könnten mich bestechen. Dazu kommt, daß ich ein wenig ängstlich den Dingen mißtraue, die ich ersehne. Ich habe zu meiner Zeit Wunder an maßloser und außerordentlicher Leichtgläubigkeit gesehen, mit der die Völker ihren Glauben und ihre Hoffnung derart formen und dorthin haben leiten lassen, wo es ihren Oberen gefiel, auch wenn diese sich hundertmal hintereinander verrechneten und obwohl es nichts als Gaukeleien und Träume waren. Ich kann nicht mehr über diejenigen staunen, die sich von den Äffereien des Apollonius (von Tyane) und des Mohammed haben täuschen lassen. Ihr Sinn und ihr Verstand werden ganz und gar von ihrer Leidenschaft betäubt. Ihr Ermessen kennt keine andere Wahl als das, was ihnen gefällt und ihre Sache befördert. Ich habe dies in verstärktem Maße bei der ersten unserer hitzigen Parteien bemerkt (gemeint sind die Hugenotten. M.G.). Die andere, die später entstand und die ihr nacheiferte, hat sie noch übertroffen. Daraus schließe ich, daß alles dies ein notwendiger Bestandteil aller Irrgänge des Volkes ist. Wenn der Sturm der öffentlichen Meinung losbricht, drängen und stoßen sich die Ansichten und folgen dem Wind wie die Wellen des Meeres. Wer sich davon losmachen kann, wer nicht in der allgemeinen Fahrrinne treibt, der gehört nicht zum gemeinen Haufen. Aber ganz sicher tut man der guten Sache Schaden an, wenn man ihr durch Lug und Trug beispringen will. Ich habe mich immer dagegen ausgesprochen. Dieses Mittel richtet nur in kranken Köpfen etwas aus; für die Gesunden gibt es Wege, die sicherer sind und ehrlicher, wenn es darum geht, ihnen Mut zu machen und sie über widrige Umstände zu trösten. (...)

Wer seinem Land das Beste wünscht, wie ich, ohne sich darüber abzuhärmen oder zu verzehren, der wird zwar mißvergnügt, aber nicht außer sich sein, wenn er es vom Verderben bedroht sieht oder in einem Zustand, dessen Fortdauer nicht weniger verderblich wäre. Armes Schiff, das die Wellen, die Winde und der Steuermann in so verschiedene Richtungen reißen! Wer nicht nach der Gunst der Fürsten lechzt wie nach einem Ding, das er nicht entbehren kann, den verdrießt die Kälte ihres Empfangs und ihres Blickes nicht, und auch nicht die Unbeständigkeit ihres Willens. Wer nicht mit sklavischer Zuneigung an seinen Kindern und Ehrentiteln hängt, kann auch noch ruhig leben, wenn er sie verloren hat. Wer Gutes hauptsächlich zur eigenen Befriedigung tut, wird nicht aus der Fassung geraten, wenn er merkt, daß die Menschen seine Handlungen nicht nach ihrem Verdienst beurteilen. Mit ein paar Gramm Geduld wird man all dieser Übel Herr. Ich halte mich mit einigem Erfolg an das Rezept, mich gleich zu Beginn der Verstrickung loszureißen, so gut ich kann; auf diese Weise vermeide ich viel Mühe und Schwierigkeiten. Das erste Schaukeln meiner Gefühle kann ich mit ganz geringer Kraft anhalten; und ich verzichte auf den Gegenstand, der auf mir zu lasten beginnt, bevor er mich fortträgt. Wer den ersten Schritt nicht unterlassen kann, hält auch das Rennen nicht auf. Wer vor den Leuten die Tür nicht schließen kann, der wird sie auch nicht hinausjagen. Wer mit dem Anfang nicht fertig wird, der kommt auch mit dem Ende nicht zurecht. Noch kann der den Sturz verhindern, der die Erschütterung nicht vermeiden konnte. Frühzeitig schon fühle ich die kleinen Winde, die in meiner Seele sausen und brausen, Vorläufer des Sturmes: »Lange bevor die Seele besiegt wird, gerät sie in Bewegung.«

Wie viele Male habe ich mir nicht ein offenbares
Unrecht eingehandelt, um nicht Gefahr zu laufen,
noch Schlimmeres von den Richtern zu erleiden,
und das nach tausend Tagen voller Verdruß und
häßlicher und niederträchtiger Schliche, die meiner
Natur noch mehr zuwider sind als Folter und Feuer?
Wenn wir recht weise wären, sollten wir uns freuen
und rühmen, so wie ich einmal ein Kind aus großem
Hause ganz einfältig gegen jedermann frohlocken
hörte, seine Mutter hätte ihren Prozeß verloren: wie
ihren Husten, ihr Fieber oder sonst eine Beschwerde.
Sogar bei den Begünstigungen, die das Schicksal mir
hätte zukommen lassen können, durch Verwandtschaft oder Bekanntschaft mit denen, auf die in solchen Angelegenheiten alles ankam, habe ich mir ein
Gewissen daraus gemacht, eifrig zu vermeiden, sie
zum Nachteil anderer zu verwenden und meine Ansprüche über ihren wahren Wert zu treiben. Endlich:
ich habe es zu meinen Lebzeiten geschafft (bis zu dieser guten Stunde kann ich das sagen), daß ich noch
eine Jungfrau in Rechtshändeln bin, obgleich sie sich
mehrere Male und mit guten Gründen angeboten
hätten, wenn ich andern hätte Gehör schenken wollen; und bin Jungfrau in allen Streitereien. Ich habe
keine Beleidigung von Gewicht erlitten oder ausgeteilt; und so habe ich nun bald ein langes Leben hingebracht, ohne daß man mir je Schlimmeres nach-
gerufen hätte als meinen Namen; seltene Gnade des
Himmels.

Unsere erhabensten Gemütsbewegungen haben lächerliche Triebfedern und Ursachen. In welches Unglück stürzte sich nicht unser letzter Herzog von
Burgund wegen eines Streites über einen Karren mit
Schafshäuten?* Und war nicht das Wappen eines

* Anspielungen auf den Krieg Karls des Kühnen gegen die Schweizer; als Vorwand für diesen Krieg diente, daß Monseigneur de

Siegelringes die erste und vornehmste Ursache der entsetzlichsten Verheerungen, die dieser Erdball je erduldet hat?* Denn Pompejus und Cäsar sind nur die Sprößlinge und Nachfolger der beiden anderen. Und ich selbst habe zu meiner Zeit die weisesten Häupter dieses Königreiches versammelt gesehen, mit großem Gepränge und auf öffentliche Kosten, um über Traktate und Verträge zu verhandeln, während die wirkliche und souveräne Entscheidung unterdessen in den Erörterungen der Boudoirs getroffen wurde und von der Neigung irgendeines Weibchens abhing. Die Dichter haben das richtig verstanden, die Griechenland und Asien wegen eines Apfels in Feuer und Blut gesetzt haben. Seht genau hin, warum jener dort mit Degen und Dolch seine Ehre und sein Leben aufs Spiel setzt; sollte er euch sagen, wo die Quelle seines Streites liegt, er könnte es nicht tun, ohne zu erröten: so nichtig ist der Anlaß.

Zum Anfang braucht es nur wenig Überlegung; sobald man aber eingeschifft ist, fassen alle Segel Wind. Da bedarf es dann großer, weit schwierigerer und wichtigerer Anstalten. Um wieviel leichter ist es, sich nicht darauf einzulassen, als heil herauszukommen. Man muß es anders als das Schilfrohr machen, das im ersten Ansatz einen langen und geraden Schaft hervortreibt, aber dann, als sei es müde und außer Atem geraten, beginnt, häufige und dicke Knoten zu bilden, wie Ruhepunkte, die zeigen, daß es nicht mehr diese erste Kraft und Ausdauer hat. Man muß vielmehr gelassen und kühl beginnen und

Romont einem Schweizer, der über sein Land fuhr, einen Karren mit Schafshäuten wegnahm.
* Der Krieg zwischen Marius und Sulla hatte als Grund ein Siegel, auf dem Sulla seinen Sieg über Jugurtha darstellen ließ. Vgl. Plutarch, *Marius*, III.

seinen Atem und seine besten Kräfte aufsparen bis zum Höhepunkt und zur Vollendung der Angelegenheit. Anfangs führen wir noch die Geschäfte und haben sie in unserer Gewalt; doch später, wenn sie erst in Schwung sind, führen und reißen sie uns fort, und wir müssen ihnen folgen. (. . .)

Ich sehe viele, die sich unbedacht und wütend auf die Bahn begeben und dann beim Laufen immer langsamer werden. Wie Plutarch sagt, daß diejenigen, die aus falscher Scham nachgiebig sind und leicht alles zubilligen, was man von ihnen verlangt, auch desto leichter ihr Wort brechen und widerrufen: ebenso pflegen diejenigen, die sich leichtfertig in einen Streit begeben, ihn auch leicht wieder aufzugeben. Dieselbe Schwerfälligkeit, die mich abhält, ihn zu beginnen, würde mich weitertreiben, wenn ich erst einmal in Bewegung und erhitzt bin. Das ist eine üble Eigenart: einmal dabei, muß man ums Verrekken weitermachen. »Beginnt es lau«, sagt Bias, »aber verfolgt es mit Leidenschaft.« Aus Mangel an Vorsicht fällt man in den Mangel an Beherztheit, der noch unerträglicher ist. (. . .)

So leicht ich den Leidenschaften ausweichen kann, so schwer kann ich sie mäßigen. »Man kann sie eher ausrotten als mäßigen.« (Seneca) Wer diese edle stoische Unempfindlichkeit nicht erreichen kann, der möge sich wie ich in den Schoß der pöbelhaften Fühllosigkeit retten. Was die anderen durch Tugendhaftigkeit erreichen, versuche ich durch meine Veranlagung zustande zu bringen. Im mittleren Bereich toben die Stürme; die beiden äußersten Enden, die Philosophen und die Bauern, sind gleicherweise ruhig und glückselig. (. . .)

Alle öffentlichen Handlungen sind ungewissen und verschiedenen Auslegungen unterworfen, weil zu viele Köpfe darüber urteilen. Einige sagen von meiner Führung des Bürgermeisteramtes (und es ist mir willkommen, ein paar Worte darüber zu sagen: nicht weil es der Rede wert wäre, sondern weil es als Probe meines Verhaltens in diesen Dingen dienen kann), ich hätte mich darin als ein Mann gezeigt, der zu schwer in Bewegung zu setzen ist und sich der Sache nicht gehörig annimmt; und sie haben ganz gewiß den Anschein für sich. Ich versuche, meine Seele und meine Gedanken ruhig zu halten. »Ich liebe die Ruhe von Natur aus; und nun bringt mich auch das Alter dazu.« (Cicero, *De petitione consulatus*, 11) Und wenn sie manchmal durch einen starken und durchdringenden Eindruck in Unordnung geraten, so geschieht das wahrhaftig gegen meinen Vorsatz. Aus dieser natürlichen Untätigkeit darf man gleichwohl weder auf meine Unfähigkeit schließen (denn Mangel an Sorge und Mangel an Verstand sind zweierlei) noch auf einen Mangel an Erkenntlichkeit und Dankbarkeit gegen die Bürger von Bordeaux, die, bevor sie mich kannten und danach, alles, was sie zur Hand hatten, aufwendeten, um sich mir gefällig zu zeigen; und die mir noch weit größere Ehre als bei meiner ersten Wahl erwiesen, als sie mich wiederwählten. Ich wünsche ihnen alles erdenkliche Gute, und, gewiß, wenn die Gelegenheit es geboten hätte, wäre da nichts, das ich in ihrem Dienste nicht getan hätte. Ich habe mich für sie gerührt, wie ich es für mich tue. Sie sind ein guter, kriegerischer und großzügiger Menschenschlag, gleichwohl gehorsam, an Zucht und Ordnung gewöhnt und fähig, sich in den Dienst einer guten Sache zu stellen, wenn man sie gut führt. Ferner sagen sie, meine Amtszeit sei vergangen, ohne Denkwürdigkeiten und Spuren zu hinterlassen. Das nenne ich stark: man klagt mich der Untätigkeit an in einer Zeit, in der fast jeder überführt ist, zuviel zu tun. (...)

Ich erstickte gern eine Unruhe, ohne mich selbst zu beunruhigen; und bestrafte die Unordnung, ohne mich dabei zu erregen. Und wenn ich Zorn und Erregung brauche? Ich borge sie mir aus und lege sie wie eine Maske an. Mein Auftreten ist ohne Schärfe, eher unscheinbar als grob. Ich klage die Obrigkeit nicht an, weil sie schläft, wenn nur ihre Untertanen auch schlafen; schließlich schlafen auch die Gesetze. Ich für meinen Teil lobe mir ein sanft hingleitendes, schattiges und stilles Leben, »weder unterwürfig und kriechend, noch überheblich«. (Cicero, *De officiis*, I, 34) Mein Schicksal will es so. Ich entstamme einer Familie, die, ohne Aufsehen und Lärm zu machen, für sich hin gelebt hat, und deren Ehrgeiz von alters her auf Rechtschaffenheit ausging.

Die heutigen Menschen sind so zur Unruhe und Prahlerei erzogen, daß die Güte, die Mäßigung, die Gleichmütigkeit, die Beständigkeit und dergleichen stille und dunkle Eigenschaften gar nicht mehr an den Tag kommen. Rauhe Körper fühlt man, die glatten merkt man kaum; Krankheit spürt man, Gesundheit wenig oder gar nicht: ebensowenig wie die Dinge, die uns wohltun, im Vergleich zu denen, die uns weh tun. Wer das, was er im Ratszimmer hätte tun können, aufschiebt, um es auf dem Markt zu tun, oder was er vorige Nacht hätte verrichten können, am hellen Mittag tut; wer eifrig bemüht ist, selbst zu tun, was sein Amtsgenosse ebensogut tun könnte, der sieht auf seinen Ruhm und seinen besonderen Vorteil, nicht aber aufs Gemeinwohl. So machten einige griechische Wundärzte ihre Operationen auf hohen Bühnen vor den Augen der Vorübergehenden, um dadurch mehr Kunden zu gewinnen. Die meisten glauben, daß man gute Anordnungen nicht hört, wenn sie nicht mit Trompetenstößen daherkommen. (...)

Je mehr Aufsehen ein gutes Werk macht, desto eher ziehe ich von seinem Werte meinen Verdacht ab, es möchte eher des Aufsehens wegen als aus Güte getan worden sein. Ausgestellt, ist es schon halb verkauft. Diejenigen Werke haben mehr Anmut, die von ungefähr und ohne Lärm aus der Hand des Arbeiters kommen, bis irgendein ehrenwerter Mann sie entdeckt und aus dem Schatten zieht, um sie ans Licht zu stellen als das, was sie sind. »Mir, für meine Person, scheinen die Handlungen die lobenswürdigsten zu sein, die ohne Prahlerei und ohne Ansehen des Volkes geschehen«, (Cicero, *Tusculanes,* II, 26), sagt der ruhmsüchtigste Mann auf der ganzen Welt.

Ich hatte nur zu bewahren und zu erhalten, und das sind stille und unscheinbare Tätigkeiten. Neuerungen sind von großem Glanz umgeben; aber in diesem Zeitalter, in dem wir uns gegen nichts als gegen bedrohliche Neuerungen zu verteidigen haben, ist das verbotene Arbeit. Sich des Handelns zu enthalten ist oft ebenso verdienstvoll wie das Handeln, aber es fällt nicht so in die Augen; und das wenige Verdienst, das ich habe, liegt sozusagen ganz auf dieser Seite. Kurz, die Umstände meiner Amtsführung paßten gut zu meiner Gemütsart; womit ich sehr wohl zufrieden bin. (...)

Ich hatte der Welt meine Unzulänglichkeit in solchen öffentlichen Geschäften sattsam bekannt gemacht. Es ist bei mir noch etwas Schlimmeres als diese Unzulänglichkeit: daß sie mir nämlich kaum mißfällt und daß ich ihr kaum abzuhelfen suche, im Einklang mit der Lebensweise, die ich hier skizziert habe. Ich bin in diesem Amte nicht zufriedener geworden, aber so ungefähr habe ich das erreicht, was ich mir davon versprochen hatte; und ich bin weit über das hinausgegangen, was ich denen versprach, die mit mir zu tun hatten: denn ich verspreche gern etwas weniger, als ich tun kann und als ich zu halten hoffe. Ich bin mir sicher, daß ich weder Haß noch Feindschaft hinterlassen habe. Ob man mich vermißt und sich nach mir zurücksehnt? Darüber kann ich zum mindesten dieses sagen, daß ich mich nicht sehr darum bemüht habe: »Ich mich diesem Ungeheuer anvertrauen? Ich sollte nicht wissen, was die friedliche Glätte des Meeres, die Ruhe der Wogen verbirgt?« (Virgil, *Aeneis*, V, 849)

Das langsamste Kind der Provinz

Daß einer sich frei, ohne das Korsett einer Religion oder Weltanschauung und ohne definierte gesellschaftliche Funktion in seine Epoche stellt, das kann man aus dem Zustand dieser Epoche erklären; daß Montaigne sich das leisten kann, aus seinem Status; und dafür, daß er Selbsterforschung betreibt, haben wir die Erfahrung des Todes und die Depression herangezogen. Aber daß daraus dann ein Buch wird, so wahrhaftig, so verspielt und so ernst, so widersprüchlich und gesund — kann man das erklären? Ein Buch, »wie die Kinder ihre Versuche vorbringen; belehrbar, nicht belehrend; auf eine weltliche, nicht geistliche, aber immer sehr gläubige Weise«. (I, 56)

Er kommt mir vor wie das gesunde Kind von vorm Beginn der Neuzeit, der Technik, des Kapitalismus und der milden und geregelten Knechtschaft. Montaigne hat die unbestechliche und entwaffnende Intelligenz und Gefühlssicherheit eines gesunden Fünfjährigen. Eltern und Psychologen kennen den Glanz dieses Alters, wissen auch, daß die Menschen in ihm fertig sind — bis auf die Vergesellschaftung und den Werkzeuggebrauch. Das ist natürlich das meiste, und deshalb erstickt es oft das, was schon da war an einfacher Menschlichkeit. Fünfjährige sind dem Zwang der blanken Natur entwachsen und noch nicht ins System der Arbeit integriert. Sie sind neugierig, bewegungslustig, animistisch, redselig, scharfzüngig, aufmerksam; sie finden jede Lücke im System unserer Worte und Taten; sie sind schau- und zeigegierig, naiv und vernünftig. Von all dem finden wir etwas bei Montaigne. Er plaudert aus, daß nicht nur der Kaiser, sondern alle nackt sind; und er zieht sich aus, egozentrisch wie ein Kaiser.

Können wir mehr, als uns über ihn freuen?

»Die Schwierigkeit ist«, schreibt Marx über die Griechen, »daß sie uns noch Kunstgenuß gewähren und in gewisser Beziehung als Norm und unerreichbare Muster gelten. Ein Mann kann nicht wieder zum Kind werden, oder er wird kindisch. Aber freut ihn die Naivetät des Kindes nicht, und muß er nicht selbst wieder auf einer höhern Stufe streben seine Wahrheit zu reproduzieren? Lebt in der Kindernatur nicht in jeder Epoche ihr eigener Charakter in Naturwahrheit auf? Warum sollte die geschichtliche Kindheit der Menschheit, wo sie am schönsten entfaltet, als eine nie wiederkehrende Stufe nicht ewigen Reiz ausüben? Es gibt ungezogene Kinder und altkluge Kinder. Viele der alten Völker gehören in diese Kategorie. Normale Kinder waren die Griechen. Der Reiz ihrer Kunst für uns steht nicht im Widerspruch zu der unentwickelten Gesellschaftsstufe, worauf sie wuchs. Ist vielmehr ihr Resultat und hängt vielmehr unzertrennlich damit zusammen, daß die unreifen gesellschaftlichen Bedingungen, unter denen sie entstand, und allein entstehen konnte, nie wiederkehren können.« (*Grundrisse,* Einleitung)

Ich habe Marx ein paar Zeilen länger als notwendig zitiert, auch um zu fragen, ob wir nicht inzwischen über »unreif«, »unentwickelt« und »Erwachsensein der Menschheit« wieder etwas anders denken. Aber, wie ist es: können wir Montaignes Weisheiten übernehmen wie er die der Griechen und Römer?

Trennen uns nicht zwölf Generationen von ihm — und eine ganze Welt? Daß die Menschennatur nicht unendlich plastisch ist, spricht gegen Montaignes vorschnelle Verbannung ins Kinderreich der Poesie; und vielleicht auch die Erfahrung, daß in historischen Bruchzeiten die einfachen Wahrheiten über die »Natur des Menschen« immer von einzelnen, von Exzentrikern in Erinnerung gebracht werden. Diogenes ist nur der erste, und heute kann man sich viele aussuchen.

Es gibt da wohl noch andere Beziehungen als die zwischen Gesellschaftsstufen und glücklichen Gedanken: nicht alle damals schrieben wie Montaigne; und Marx selbst sprengt seinen geschichtsphilosophisch eingängigen Gedanken mit dem kryptischen Satz, daß in der Kindernatur jede Epoche ihrem eigenen Charakter in Naturwahrheit begegne.

Können wir Montaigne noch etwas näher rücken? Gibt es da Zusammenhänge zwischen seiner Weisheit, der Kindheit unserer Epoche und der Kindheit des Michel de Montaigne?

Er selbst, der sich seine wichtigsten Überzeugungen »sozusagen von Geburt« zusprach und damit nicht den Adel meinte, hätte die Frage nicht abgewiesen: Mit der Muttermilch nähmen wir die Welt auf, schreibt er, und die Knoten der Seele entstünden in der »zartesten Kindheit«, deshalb liege die »wichtigste Erziehung in den Händen der Ammen«. Und daß seine beiden Wesensteile Vernunft und Natur in Frieden miteinander lebten, führte er darauf zurück, daß die Milch seiner frühen Tage »Gott sei Dank halbwegs gesund und milde« gewesen sei. (I, 23; III, 12)

Montaigne wurde von Bauern über das Taufbekken gehalten. Sein Vater habe ihn »dem Volk und jenem Stand von Menschen verbinden (wollen), die

271

unsere Hilfe brauchen«. Wie es damals üblich war, lebte er bis etwa zum zweiten Jahr bei einer Säugamme auf einem Dorf seines Vaters, unter Bauern und Tieren, dann begann eine Erziehung nach den modernsten Theorien der Zeit; sein Vater schwelgte in Wissenschafts- und Fortschrittsgläubigkeit und zog radikale Konsequenzen aus einigen pädagogischen Vorschlägen des Erasmus: Erziehung solle zwanglos geschehen und auf Erfahrung aufbauen, nicht auf Unterweisung. Man kann wohl davon ausgehen, daß Montaigne die ideale Erziehung, die er in seinem Essai skizziert, zumindest in Ansätzen selbst erfahren hat. Zweimal nur, so erinnert er sich, sei er geschlagen worden, und da auch nur milde. — Um das in Relation zu setzen: in den 70 geschriebenen Zeugnissen über Kindererziehung vor dem 18. Jahrhundert, die französische Sozialforscher entdeckt haben, wird nur ein Kind nicht geprügelt: Montaignes Tochter.

Von seinem Hauslehrer »beständig auf den Armen« getragen, umgeben von fünf aufmerksamen Erwachsenen, entdeckt er die Welt; wie es scheint, ohne Härte, aber auch ohne das Nebeneinander von pädagogischem Drill und Infantilisierung durch eine künstliche Kinderwelt, sondern nach dem Prinzip Erfahrung. Es war eine Pädagogik, die noch nicht darauf aus war, den Menschen zu formen, die vielmehr meinte, es reiche, wenn man dem Kind einige Hindernisse aus dem Weg räumt, ihm Gelegenheit gibt, alles kennenzulernen, und seinen Wißtrieb so bedient, wie der Hunger kommt. Das Kind aus eigenem Antrieb kosten, auswählen und unterscheiden lehren: das verlangt nicht nur einen starken, selbst erwachsenen Charakter des Lehrers; es setzt wiederum jenes Weltvertrauen voraus, das nicht meint, man müsse den Kindern die Welt erst interessant machen und sie in Lektionen einteilen. Auch Didaktik und Motivationslehren sind mißtrauische Wissenschaften. Montaigne plädiert — und hat es in seiner frühen Zeit wohl erfahren — für ein Lernen an den Sachen.

Auszusetzen hat er an seiner Erziehung allenfalls, daß sie ihn zu zart und empfindlich gelassen, eher die Phantasie als den Körper entwickelt habe — ein Fehler in Zeiten, in denen man im äußeren Leben nicht ohne Härte auskommen könne und ohne die Fähigkeit, Schmerzen zu ertragen.

Trotz aller Bemühungen seines Vaters sei nichts aus ihm geworden — so beendet er seinen Aufsatz über die Kindererziehung. Das ist nicht nur kokett. Der Vater hatte wohl ehrgeizige Gelehrten- oder Höflingsträume an die Karriere seines Sohnes geknüpft; und mehr als einmal läßt Montaigne die milde Kritik durchblicken, die Pierre Eyquem am Müßiggang seines Sohnes übte. Aber welche Gründe gibt er für den Mißerfolg der Prinzenerziehung? Da ist einmal »der unfruchtbare und schwere Acker; obwohl ich eine kräftige und völlige Gesundheit besaß und gleichermaßen eine sanfte und umgängliche Natur, so war ich dabei doch so träge, weich und verschlafen, daß man mich vom Müßiggang nicht abbringen konnte, nicht einmal, um mich zum Spielen zu schicken. Was ich sah, das sah ich recht und hegte unter dieser trägen Veranlagung kühne Einbildungen und Meinungen, weit über mein Alter hinaus. Mein Geist war langsam und ging nicht weiter, als man ihn führte; die Auffassungsgabe, zögernd; die Vorstellungskraft, schlaff; und dazu ein unglaublich schwaches Gedächtnis«. Man denkt an den ehrgeizlosen und so gar nicht zum Handeln treibenden Bürgermeister oder an den Reisenden Montaigne, mit seiner Fähigkeit, ziellos in der Gegenwart zu leben und die Gedanken schweifen zu lassen; und es entsteht das Bild eines fünfjährigen Grüblers, eines zurückhaltenden und nachdenklichen Kindes, eines kleinen Menschen unter großen, die zu klug und zu sanft waren, ihm seine Gangart zu nehmen, und die so einen Eigensinn beförderten, der sich nur zu dem bequemte, was ihn lockte, der allem Neuen, Fremden, Äußerlichen gegenüber sehr wählerisch war, sich selbst das Probieren vorbehielt und der nur tat, was ihm nötig schien und nichts, wozu man ihn nötigte.

Kurzum, das Bild hat sehr viel Ähnlichkeit mit dem Montaigne, der die *Essais* schreibt und der als Erwachsener »die Wahrheit seiner Kindernatur auf höherer Stufe reproduziert«. — Aber nun der zweite Grund, den Montaigne dafür gibt, daß nichts Rechtes aus ihm geworden sei. Es ist ein kaum noch durch Pietät gebremster großer Vorwurf: Die Mischung von Gutmütigkeit und Gründlichkeit, von Saumseligkeit und Eigensinn beunruhigt den Vater; er denkt an die Prüfungen; das Kind ist ihm zu langsam. »So ließ sich der gute Mann, aus lauter Angst, in einer Sache, die ihm so am Herzen lag, zu scheitern, schließlich von der landläufigen Meinung hinreißen, die immer, wie bei den Kranichen, denen folgt, die vorangehen, (...) und schickte mich, als ich ungefähr sechs Jahre alt war, auf das Collège de Guyenne.«

Das hat er ihm übelgenommen. — Das Collège de Guyenne in Bordeaux war, frisch gegründet, eine renommierte Schule, von fortschrittlichen Humanisten geleitet. Lehrer dort war zum Beispiel der schottische Moralphilosoph Buchanan; er und andere Mitglieder des Lehrkörpers waren andernorts schon in Schwierigkeiten mit der Kirche geraten. Aber wie dem auch war, es blieb »immer noch eine öffentliche Lehranstalt«. Das ist der eine Satz, den Montaigne über sieben Jahre institutionalisierten Unterricht verliert; und der andere: »Mit dreizehn Jahren (...)

274

hatte ich meinen Kursus (wie sie es nennen) beendet, und zwar in Wirklichkeit ohne irgendeinen Nutzen, den ich heute in Anschlag bringen könnte.« Über die Jahre an der Universität, die folgen: kein Wort. Aber dicht neben diesen kargen Zeugnissen steht sein warmes Bekenntnis zur Erfahrungspädagogik, von der er als Kind gekostet hatte, stehen seine vernichtenden Urteile über Stoffhuberei, Schematismus und erfahrungsloses Bücherwissen: »Wieviel schicklicher wäre es, wenn ihre Klassenzimmer mit Blumen und Blättern bestreut wären, als mit Splittern von blutigen Weidenruten.« (I, 26)

Das klingt erlitten. Aber Montaigne ist stark genug, um unterzutauchen. Der Sechsjährige wird nach außen spröde, um innen der zu bleiben, der er ist. Das Wahrzeichen der Intelligenz ist die Schnecke; dazu gehört auch, daß man die Fühler einziehen kann, wenn es draußen zu rauh wird: »Indessen hörte meine Seele nicht auf, für sich allein tätig zu sein und sicher und frei über alles, was ihr begegnete, zu urteilen; sie verdaute alles allein, ohne irgendeinen Austausch mit anderen. Und neben anderen Dingen glaube ich wirklich, daß sie völlig unfähig gewesen wäre, der Gewalt oder dem Zwang nachzugeben.«

Fünfzehn Jahre taucht er unter, wird ein heimlicher Leser unter der Schulbank — findet einen verständnisvollen Lehrer, der ihn mit Stoff versorgt. Die heidnischen Metamorphosen des Ovid sind sein erstes Lesevergnügen, danach Virgil, Terenz, Plautus: sie sind in seiner »Muttersprache« geschrieben und ersparen ihm den »Bücherplunder« der zeitgenössischen Ritterromane, die seine Klassenkameraden verschlingen. Es ist eine Selbsterziehung im Abseits; und etwas unvermittelt steht da der Satz: »Soll ich noch diese Fähigkeit meiner Kindheit anführen: eine Sicherheit des Gesichtsausdrucks, eine Geschmeidigkeit der Stimme und der Gebärden, dank deren ich mich den Rollen gut anpassen konnte, die ich übernahm?«

Nach außen ist er »der schwerste und bleiernste, der langsamste und am meisten gelangweilte im Unterricht — nicht nur mehr als alle meine Brüder, sondern mehr als alle Kinder meiner Provinz, ganz egal, ob es um geistige oder körperliche Lektionen ging«. (II, 8)

Er hat zugemacht, um er selbst bleiben zu können, stellt so viel Lässigkeit und Eigensinn zur Schau, daß alle Lehrer ihm prophezeien, er werde zwar kein schlechter, wohl aber ein nichtsnutziger Mensch werden. »Ich fühle wohl, daß es so eingetroffen ist«, kommentiert er diese Anklagen 40 Jahre später. »Sie sind nicht ärgerlich darüber, daß ich nicht genug tue, sondern darüber, daß ich mehr tun könnte, als ich tue.« Die Saumseligkeit des Kindes und die demonstrative Trägheit sind eine Koalition eingegangen, die seine Freiheit und Unabhängigkeit garantiert: »Ich habe eine Seele, die ganz sich selbst gehört, die gewöhnt ist, sich nach ihrer Weise aufzuführen. Da ich bis zu dieser Stunde weder einen Befehlshaber noch einen aufgezwungenen Herrn gehabt habe, bin ich immer so weit und so schnell gegangen, wie ich es wollte. Das hat mich träge gemacht und untauglich, anderen zu dienen; ich tauge nur für mich selbst.« (II, 17)

Er lebt in der inneren Emigration. Genaues ist nicht bekannt über eine lange Zeit hinweg: wo er studiert hat, was er studiert hat. Dann wird er früh auf Wunsch der Familie Ratsherr und Richter, zuerst in Périgord, dann in Bordeaux. Er verabscheut die Selbstgerechtigkeit und Dummheit seiner Kollegen. Einmal rennt er aus dem Sitzungssaal, als man ihn wegen Befangenheit ablehnt; das kränkt ihn bis aufs Blut. Ein Zeugnis aus jener Zeit beschreibt ihn: über alle Maßen offen, ein Feind jeden Zwanges, gründlich, und nie in irgendeine Kabale verwickelt. Für Montaigne selbst waren es immer noch zu viele Kompromisse: »Ich habe ehedem versucht, im Dienste der öffentlichen Angelegenheiten die Ansichten und Lebensregeln ebenso ursprünglich, neu, unpoliert und unbefleckt anzuwenden, wie ich sie in mir hervorgebracht oder durch meine Erziehung empfangen habe, und deren ich mich, wenn nicht bequem, so doch für meine Person sicher bediene: eine scholastische und Neulingstugend. Ich habe sie für unbrauchbar und gefährlich befunden.« (III, 9) Es bleibt eine freiwillige Knechtschaft, unter der er lebt — auch die des Vaters, der ihn zur Karriere anhält und ihn später gegen seinen inneren Willen verheiratet. Die Gesellschaft läßt ihn nicht in Ruhe, läßt ihn nicht so, wie er sein, handeln, fühlen will. Er kann die Distanz, die er zwischen sich und sie gelegt hat, nicht aufgeben — und er will es nicht, denn der Preis wäre: sein Eigenstes preisgeben. Aber sie führt auch nicht zur Revolte. Er wird ein gelegentlich aufmüpfiger junger Nachwuchsbeamter, überqualifiziert und zuverlässig, aber ein wenig Dandy: man beschreibt ihn als reflektierten und hedonistischen Springinsfeld. Seine Seele geht nicht mehr ganz auf.

Nur einmal. Da bekommt er die Schrift eines Kollegen in die Hand. Es ist die Rede von der freiwilligen Knechtschaft. In der Freundschaft mit La Boétie kann er die Distanz zur Erwachsenengesellschaft mit ihren »gepuderten Seelen« leben, ohne für sich bleiben zu müssen. Sechs Jahre dauert diese Freundschaft, diese Liebe, diese zweite Geburt. Aber dann stirbt Etienne de La Boétie; und Montaignes Seele ist zum zweiten Mal entwurzelt; immer noch ist er nur halb auf der Welt. Nach dem Tod seines Freundes spielt er wieder mit, übersetzt das Buch, das der

Vater ihm aufträgt, heiratet eine Frau, die er ihm aussucht. Erst als Pierre Eyquem gestorben ist, reißt der Faden. Er will nicht ein Leben lang neben sich stehen. Die »zwanglose Tugend«, die sich gegen die gesellschaftlichen Sitten ihre Balance von Sinnlichkeit und Vernunft bewahrt, kann nicht endlos ohne Gegenüber sein: »Ich habe tödliche Angst, für einen anderen genommen zu werden.« (III, 5) Er kündigt, geht in den Turm und zehn Jahre später macht er einen großen Schritt nach draußen: zeigt sich, so wie er ist, stellt seine Neugier, seine Sinnlichkeit, seine Offenheit, seine Distanz zur Erwachsenengesellschaft zur Schau. Er spielt nicht mehr mit in der Maskerade, verstellt sich nicht länger, sondern zeigt dieses nicht ganz vergesellschaftete Wesen, das doch nur in Gesellschaft sein kann. Fast klingt es wie ein Hilferuf, wenn er schreibt: »Neben diesem Gewinn, den ich daraus ziehe, daß ich über mich schreibe, hoffe ich auf jenen anderen Vorteil: daß, wenn meine Wesensart vielleicht einem anständigen Mann gefiele und gemäß wäre, er vielleicht, bevor ich sterbe, versuchen wird, uns zusammenzubringen. (...) Wenn ich durch sichere Anzeichen von einem solchen Mann Kenntnis hätte, wirklich, ich würde weit reisen, ihn zu finden; denn die Süße, die in harmonischer und angenehmer Gesellschaft liegt, kann man meiner Meinung nach gar nicht teuer genug bezahlen. Oh, ein Freund!« (III, 9)

Die *Essais* sind, auch, eine Flucht nach vorn aus der ertragbaren, aber drückenden Distanz zwischen Montaigne und der Welt. Ein Versuch, »wie Kinder ihre Versuche vorbringen«: die ungewöhnlichen Sensibilitäten, die den *Essais* ihre Lebendigkeit und ihr Leuchten geben, die Maßlosigkeit, die Ungeduld und die Zappeligkeit, von denen er berichtet, das Bewußtsein, daß Uneinheitlichkeit keine Schande ist,

278

das animistische Naturverhältnis, die Schaulust, das Nebeneinander von Vertrauensseligkeit und Reserve in seinem Sozialverhalten, die Vergeßlichkeit und ihre Kehrseite: die Fähigkeit zum Augenblicksgenuß, die Tatsache, daß seine Gefühle entwickelter sind als seine Hände, die Sprunghaftigkeit, die Fähigkeit, Dinge auch anders als in den Straßen der gebahnten Gedanken zu verbinden — alles das sind Leuchtzeichen, die von Kindern ausgehen, die noch nicht in den Griff der Gesellschaft geraten sind.

Montaigne ist, auch, das großgewordene Kind, das seine Feinde oft genug mit Arglosigkeit entwaffnet — »Wollte Gott, daß dieses Übermaß meines Freimuts unsere Männer der Freiheit näherbrächte, über diese feigen und falschen Tugenden hinweg« (III, 5) — und das doch immer im Ungewissen schwebt, weil im Spiel der Großen keine Rolle vorgesehen ist, weil es »seine Tugenden« nicht aufgeben will und doch immer damit rechnen muß, daß andere sie »unbrauchbar und gefährlich« finden könnten. Es ist das Kind im Erwachsenen, beseelt von dem sehnlichen Wunsch, das Versteck zu verlassen, die Distanz aufzugeben, die es selbst einst gewählt hat, um unversehrt zu bleiben.

Montaignes offensive Nacktheit, dieses Unternehmen innergesellschaftlicher Abrüstung, ist, so denke ich, auch ein Plädoyer dafür, daß eine menschliche Gesellschaft dieses Kind, das in allen steckt, weil alle es einmal waren, nicht unterdrückt, sondern ihm Platz läßt. Sokrates, den Montaigne tief verehrt, ist nicht »erhaben« über die allgemeine Denkweise, sondern sein Denken tritt »hinter und unter« sie, »verkörpert in einer kunstlosen und naiven Kühnheit, in einer kindlichen Sicherheit das reine, anfängliche und unwissende Geprägtsein durch die Natur«. (III, 12) Wir sind nicht so klein — die Welt ist so groß: in Kin-

279

dersätzen wie diesem steckt etwas von dem *common sense,* der in den klugen und notwendigen, und deshalb arbeitsteiligen und ernsten Unternehmungen der Gesellschaft immer abhanden zu kommen drohten. Um Marx zu ergänzen: je entwickelter die Gesellschaften, desto leichter wird der *common sense,* der ja auch die Verbindung mit der Natur hält, an den Rand gedrängt. Und in der Begegnung mit der Kindernatur lebt wirklich »jeder Epoche ihr eigener Charakter in Naturwahrheit auf«.

Diese Kindlichkeit steckt in den *Essais.* Daß sie nicht unterging in seinem Leben, dafür ist die Erziehung, die frühe Erziehung, die Montaigne genossen hatte, sicher eine Bedingung. Wenn Einzelne im Verlauf der letzten Jahrhunderte zivilisierter, weniger brutal, sensibler, differenzierter geworden sind (ich rede nicht von Gesellschaften), dann ist das wohl vor allem darauf zurückzuführen, daß im geschützten Raum von Kindheiten die gesellschaftliche Brutalität und Gleichgültigkeit für ein paar Jahre suspendiert bleiben konnten. Daß es schwer ist, diese zivilisierenden Erfahrungen über ein Leben festzuhalten, auch das läßt sich bei Montaigne studieren. Heute, kurz nachdem die Sozialwissenschaft uns mit der Erkenntnis beschert hat, daß diese Art der Kindheit eine historische Errungenschaft war, einer naturwüchsigen Gesellschaft entrissen und immer in Gefahr, von den »schwarzen Pädagogen« in neuen Terror gestürzt zu werden: heute fällt diese Erkenntnis zusammen mit einer Sturzflut von zutreffenden und folgenlosen Beobachtungen über das »Verschwinden der Kindheit«.

ÜBER DIE KINDER-ERZIEHUNG

●

Man schreit uns unaufhörlich in die Ohren, als ob man etwas in einen Trichter schüttete; und wir haben nichts weiter zu tun, als nachzusprechen, was man uns vorgesprochen hat. Nun wünschte ich, daß unser Lehrer diesen Fehler vermiede und gleich von Anfang an, nach dem Maß der Seele, die man ihm übergeben hat, begönne, sie auf die Probe zu stellen, sie den Geschmack der Dinge kosten und sie selbst auswählen und unterscheiden zu lassen; zuweilen ihr dabei den Weg bahnte, zuweilen ihn sich selber suchen ließe. Ich will nicht, daß er dem Zögling alles vorhält und nur selber redet; ich will, daß er ihm zuhört, wenn er seinerseits redet. Sokrates und, nach ihm, Archesilaos ließen zunächst ihre Schüler reden, und erst dann sprachen sie zu ihnen. »Gemeinhin ist denen, die lernen wollen, die Autorität derer, die lehren, nachteilig.« (Cicero, *De natura Deorum,* I, 5) Es ist gut, wenn er ihn vor sich hertraben läßt, um seine Gangart kennenzulernen und um beurteilen zu können, bis zu welchem Punkt er sich zu ihm herablassen muß, um sich seinen Kräften anzupassen. Beobachten wir dieses Verhältnis nicht, verderben wir alles; es zu treffen und sich recht genau nach ihm zu richten, ist eine der schwierigsten Aufgaben, die ich kenne; und es ist die Tat einer hohen und starken

Seele, zu dieser kindlichen Gangart herabsteigen und in ihr führen zu können. Ich gehe sicherer und fester bergauf als talabwärts.

Es ist kein Wunder, wenn diejenigen, die es nach heutiger Gewohnheit unternehmen, in derselben Unterrichtsstunde und nach einem Plan mehrere kindliche Geister zu unterrichten, die doch nach Umfang und Bildung so verschieden sind, in dieser ganzen Kinderschar kaum zwei oder drei finden, die irgendeinen Nutzen aus ihrem Unterricht ziehen.

Der Lehrer soll den Schüler nicht nur vom Wortlaut seiner Lektion Rechenschaft geben lassen, sondern von ihrem Sinn und Wesen; und den Nutzen, den er daraus zieht, nicht nach dem Zeugnis seines Gedächtnisses, sondern seines Lebens beurteilen. Er muß ihn, was er gelernt hat, unter hundert Gestalten erkennen und auf ebenso viele Gegenstände anwenden lassen, um zu sehen, ob er es richtig begriffen und sich zu eigen gemacht hat, nach den Vorschriften des Platon. Es ist ein Beweis für Unverdaulichkeit und Magenschwäche, wenn man das Fleisch wieder auswirft, wie man es verschlungen hat. Der Magen hat seine Aufgabe nicht verrichtet, wenn er den Zustand und die Form dessen, was man ihm zu verdauen gibt, nicht verändert hat.

Unsere Seele bewegt sich gern auf guten Glauben hin, gebunden und geführt durch die Einfälle und den Willen anderer, versklavt und gefangen durch das Gewicht ihrer Lektionen. Man hat uns so sehr an die Leine genommen, daß wir nicht mehr alleine gehen können. Unsere Stärke und Freiheit sind dahin. »Sie werden niemals ihre eigenen Herren.« (Seneca, *Epist.*, 33) (...)

Der Lehrer lasse den Schüler jede Meinung durchs Sieb passieren, und setze ihm nichts nur auf Ansehen oder Kredit hin in den Kopf; die Grundsätze des Aristoteles sollen ihm ebensowenig als Grundsätze gelten wie die der Stoiker oder Epikureer. Man lege ihm die Verschiedenheit der Lehrmeinungen vor: wenn er kann, wird er unter ihnen wählen, wenn nicht, so mag er im Zweifel bleiben. Nur die Narren sind in allem sicher und entschlossen. »Der Zweifel behagt mir nicht weniger als das Wissen.« (Dante, *Inferno*, XI, 93) Denn wenn er die Meinungen des Xenophon oder des Platon aus eigenen Erwägungen anwendet, dann sind es nicht mehr ihre, dann sind es seine Meinungen. Wer einem anderen folgt, der folgt nichts. Er findet nichts, ja, er sucht nichts. »Wir sind keinem König unterworfen, jeder verfüge über sich selbst.« (Seneca, *Epist.*, XXXIII) Er soll wenigstens wissen, daß er weiß. Er muß sich mit ihrer Art zu denken vertraut machen, nicht ihre Lehrsätze auswendig lernen. Ja, er möge nur getrost vergessen, wenn er will, woher er sie hat, wenn er sie sich nur recht zu eigen macht. Wahrheit und Vernunft sind allen Menschen gemein und gehören dem, der sie als erster ausspricht, nicht mehr als dem, der ihm darin folgt. Und auch dieses ist so wenig Platons als meine Idee, weil er und ich sie auf dieselbe Weise verstehen und betrachten. Die Bienen sammeln hier und dort Nektar aus den Blumen, aber danach machen sie Honig daraus, der ganz ihnen gehört; es ist nicht länger Thymian und auch nicht länger Majoran: ebenso soll der Zögling die von anderen geborgten Stücke verwandeln und vermischen, um daraus ein Werk zu machen, das ganz seines ist, und zwar: sein Urteil. Seine Erziehung, seine Arbeit und sein Studium zielen nur darauf hin, es zu bilden. (. . .)

Eine elende Gelehrsamkeit, die reine Büchergelehrsamkeit! Ich möchte, daß sie als Zierde diene, nicht als Grundlage, nach dem Rat des Platon, der sagt, die Standhaftigkeit, die Treue und die Redlichkeit seien die wahre Philosophie, und die übrigen Wissenschaften, die auf etwas anderes abzielten, bloße Schminke.

Ich möchte wohl sehen, wie Paluel oder Pompée, diese geschicktesten Tänzer meiner Zeit, uns ihre Kapriolen durchs bloße Zusehen lehrten, ohne daß wir uns von unseren Plätzen erheben müßten; so aber wollen diese Leute unseren Verstand belehren, ohne ihn zu bewegen; oder daß man uns lehrte, ein Pferd zu reiten, eine Lanze zu führen, die Laute zu spielen, zu singen, ohne uns darin zu üben, wie diese Leute uns beibringen wollen, gut zu urteilen und zu reden, ohne uns im Sprechen oder Urteilen zu üben. Nun ist uns bei unserem Lehrgang alles, was sich vor unseren Augen abspielt, ein ausreichend gelehrtes Buch: die Bosheit eines Pagen, die Dummheit eines Dieners, ein Gespräch bei Tische sind ebenso viele neue Lernstoffe.

Aus diesem Grunde ist der Umgang mit Menschen und das Reisen in fremde Länder von ungemeinem Nutzen dabei; nicht, um uns hinterher, wie es in unserem französischen Adel üblich ist, zu erzählen, wie viele Schritte die Santa Rotonda messe oder wie üppig die Unterhosen von Signora Livia seien oder, wie andere es tun, um wieviel länger oder breiter Neros Kopf auf irgendeiner alten Scherbe sei als auf einer ähnlichen Medaille, sondern vor allem, um den Charakter und die Sitten dieser Nationen kennenzulernen und um unsere Gehirne an anderen abzuschleifen und zu feilen. Ich möchte, daß man unseren Zögling gleich von seiner zartesten Kindheit an in der Welt herumführe, und zwar zuerst, um zwei Fliegen mit einer Klappe zu schlagen, unter den benachbarten Völkern, deren Sprache von unserer sehr unterschiedlich ist, und für welche, wenn man sie nicht zur rechten Zeit dazu anhält, die Zunge die Biegsamkeit verliert. (...)

Es reicht nicht, ihm die Seele zu stärken, man muß auch seine Muskeln stärken. Sie gerät in Bedrängnis, wenn sie keine Unterstützung erfährt, und hat zuviel zu tun, wenn sie allein zweierlei Ämtern vorstehen soll. Ich weiß, wie schwer es meine in der Gesellschaft eines so zarten und feinfühligen Körpers hat, der sich so sehr auf sie stützt. Und bei meiner Lektüre merke ich immer wieder, daß meine Meister in ihren Schriften unter den Beispielen, die sie heranziehen, oft als Seelengröße und Willensstärke ausgeben, was eigentlich mehr von der Dicke der Haut und der Härte der Knochen abhängt. Ich habe Männer, Weiber und Kinder gesehen, die so gebaut sind, daß ihnen eine Tracht Prügel nicht mehr ausmacht als mir ein Nasenstüber; die bei den Schlägen, die man ihnen gibt, weder die Stimme noch die Augenbrauen heben. Wenn die Athleten es den Philosophen an Geduld gleichtun, dann geschieht das eher aus der Stärke der Nerven als der des Herzens. Und sicher, die Gewöhnung, Arbeit zu ertragen, ist die Gewöhnung, Schmerzen zu ertragen. »Die Schwielen der Arbeit schützen vor Schmerz.« (Cicero, *Tusculanes*, II, 15) Man muß den Zögling an die Mühen der Leibesübungen gewöhnen, um ihn gegen die Schmerzen der Verrenkungen, der Krämpfe, der Verbrennungen, der Gefängnisse und der Folter unempfindlich zu machen. Denn selbst den letzteren kann er einmal ausgesetzt sein, da sie in unseren Zeitläuften die Guten ebenso wie die Bösen treffen. Wir erleben es gerade. Wer die Gesetze angreift, der bedroht die rechtschaffenen Leute mit Geißel und Strick. (...)
Man muß ihm beibringen, in Gesellschaft seine Augen überall zu haben, denn ich habe beobachtet, daß die ersten Stühle gewöhnlich von weniger befähigten Leuten besetzt sind und daß die Größe des Vermögens kaum je mit Bildung einhergeht. Ich

habe erlebt, daß man sich oben an einer Tafel über die Schönheit einer Tapete oder den Geschmack des Malvasiers unterhielt, während weiter unten viele schöne Gedanken verlorengingen.

Er muß die Fähigkeiten eines jeden erforschen, eines Hirten, eines Maurers, eines Reisenden; über alles soll er sich eine Meinung bilden und von jedem entlehnen, was er anzubieten hat, denn im Haushalt kann man alles gebrauchen; selbst die Dummheit und die Schwäche anderer werden ihm zur Lehre dienen. Wenn er eines jeden Vorzüge und Manieren genau betrachtet, so wird in ihm die Lust auf das Gute und die Verachtung für das Schlechte entstehen. (...)

In diesen Umgang mit Menschen will ich auch, und zwar hauptsächlich, die eingeschlossen wissen, die nur noch in den Büchern leben. Vermittels der Geschichte wird er mit den größten Männern der besten Jahrhunderte Umgang pflegen. (...) Man gewinnt eine beträchtliche Klarheit für den menschlichen Verstand aus dem häufigen Umgang mit Menschen. Wir sind alle auf uns selbst beschränkt und zurückgezogen und sehen nicht weiter, als unsere Nase reicht. Man fragte den Sokrates, woher er stamme. Er antwortete nicht: »Aus Athen«, sondern »Aus der Welt«. Er, dessen Einbildungskraft reicher und weiter war, umarmte das Weltall wie seine Vaterstadt und dehnte seine Bekanntschaft, seine Gesellschaft und seine Zuneigungen auf das ganze Menschengeschlecht aus, anders als wir, die wir immer nur auf unseren eigenen Füßen stehen. Wenn in meinem Dorf die Rebstöcke erfrieren, sieht mein Priester das als Beweis, daß Gott über das ganze Menschengeschlecht zürne, und schließt daraus, die Kannibalen hätten schon den Pips. Wer schreit denn nicht, wenn er unsere Bürgerkriege sieht, daß diese ganze Maschine in Trümmer gehe und daß das letzte Gericht uns schon beim Kragen packe, ohne dabei zu bedenken, daß die Welt schon schlimmere Zeiten gesehen hat und daß zehntausend Teile der Welt sich's unterdes leidlich wohl sein lassen. Ich wundere mich immer, wenn ich ihre Zügellosigkeit und Straflosigkeit sehe, daß es noch so sanft und leidlich angeht. Wenn es einem auf den Kopf hagelt, dann meint er gleich, der Sturm und das Gewitter wüteten über der ganzen Halbkugel. (...) Aber wer sich, wie auf einem Gemälde, dieses große Bild unserer Mutter Natur in ihrer ganzen Majestät vor Augen stellt; wer in ihrem Antlitz eine so allgemeine und andauernde Vielfalt liest; wer darin sich, und nicht nur sich, sondern ein ganzes Königreich wie einen Punkt von einem hauchfeinen Pinsel entdeckt: der allein schätzt die Dinge nach ihrer wahren Größe.

Diese große Welt, welche einige noch vervielfachen, als sei sie nur eine Art einer Gattung, ist der Spiegel, in den wir blicken müssen, wenn wir uns im richtigen Verhältnis sehen wollen. Kurz, ich will, daß sie das Buch meines Schülers sei. So vielerlei Gemütsarten, Sekten, Urteile, Meinungen, Gesetze und Gebräuche lehren uns, die unseren richtig zu beurteilen, und lehren unseren Verstand, seine Unvollkommenheit und seine natürliche Schwäche zu erkennen: das ist keine leichte Lektion. So viele Staatsumwälzungen und Wechselfälle im öffentlichen Glück der Völker belehren uns, von unseren eigenen keine großen Wunder zu erwarten. So viele Namen, Siege und Eroberungen, die in Vergessenheit begraben liegen, machen die Hoffnung lächerlich, wir könnten unseren Namen verewigen, indem wir zehn mickerige Arkebusiere gefangennehmen oder irgendeine alte Bruchbude von Schloß erobern, von der kein Mensch etwas wußte, bevor sie zusammenfiel. Die stolze und übermütige Pracht so vieler fremder Länder, die aufgeblasene

Majestät so vieler Höfe und Größen festigt und stärkt unser Auge, so daß es den Glanz der unsrigen aushalten kann, ohne geblendet zu werden. So viele Millionen Menschen, die vor uns begraben wurden, machen uns Mut, ohne Furcht ihre gute Gesellschaft in jener anderen Welt zu suchen. Und so im übrigen. (...)

Mit den Beispielen kann man füglich alle die nützlichen Abhandlungen der Philosophie verbinden, an welchen die menschlichen Handlungen wie an ihrer Richtschnur geprüft werden müssen. Man sage ihm, was Wissen und Nichtwissen heißt, was das Ziel allen Lernens ist, was Tapferkeit, Mäßigkeit und Gerechtigkeit sind; was der Unterschied ist zwischen Ehrgeiz und Habgier, zwischen Knechtschaft und Folgsamkeit, zwischen Zügellosigkeit und Freiheit; an welchen Kennzeichen man die wahre und echte Zufriedenheit erkennt, wie weit man den Tod, den Schmerz und die Schande zu fürchten hat, »und wie man alle Not fliehen oder ertragen kann« (Virgil, *Aeneis,* III, 459); welche Triebfedern uns bewegen und was die Ursache so vieler verschiedener Regungen in uns ist. Denn, mir scheint, die ersten Lehren, mit denen man seinen Verstand sättigen muß, sollten seine Sitten und seinen Verstand lenken, ihn lehren, sich selbst zu erkennen, und wie man gut lebt und stirbt. Unter den freien Künsten, laßt uns mit der Kunst beginnen, die uns frei macht.

Sie dienen alle auf ihre Weise, uns das Leben und seinen Gebrauch zu lehren, so wie uns alle Dinge auf ihre Weise dazu dienen. Aber wählen wir die, die unmittelbar und erklärtermaßen dazu dient. (...)

Es ist schon erstaunlich, daß es in diesem Jahrhundert so weit gekommen ist, daß die Philosophie, ihrem Ansehen wie ihrer Wirkung nach, sogar für verständige Menschen ein leeres und phantastisches Wort geworden ist, ohne allen Nutzen und ohne allen

Wert. Ich glaube, der Grund dafür sind die Forma-
lismen, mit denen die Zugänge zu ihr besetzt sind.
Man begeht einen großen Fehler, wenn man sie dar-
stellt, als sei sie für Kinder unzugänglich; als habe
sie ein mürrisches, saures und schreckliches Gesicht.
Wer hat sie mir unter diese falsche, bleiche und häß-
liche Maske gesteckt? Es gibt nichts, das heiterer,
munterer, fröhlicher und, bald hätte ich gesagt, lusti-
ger sein könnte als sie. Sie predigt nichts als Wohlleben und gute Tage. Ein trauriges und niedergeschlagenes Gesicht zeigt, daß sie nicht in ihm wohnt.
Als Demetrius, der Grammatiker, einmal im Tempel
zu Delphos einen Haufen Philosophen beisammensit-
zen sah, sagte er: »Entweder ich täusche mich, oder
ihr habt, euren so friedlichen und fröhlichen Gesich-
tern nach, gerade nicht über große Dinge geredet.«
Worauf einer unter ihnen, Herakleon der Megarier,
antwortete: »Sollen doch diejenigen, die untersuchen,
ob das Futurum von βάλλω ein doppeltes λ hat, oder
welche, die die Abstammung der Komparative Χεῖ-
ρον und βέλτιον oder der Superlative Χεῖριστον
und βέλτιστον ausfindig machen wollen, die Stirn
runzeln, wenn sie sich über ihre Wissenschaft unterhalten. Was aber die Gespräche der Philosophen
angeht, so machen sie gewöhnlich diejenigen, die sich
darauf einlassen, fröhlich und munter, und nicht fin-
ster und mürrisch.« (...)
Es sind Baroco und Baralipton (scholastische
Merkworte für logische Schlußformeln. M.G.), die
ihre Untertanen so schmutzig und verräuchert werden lassen, nicht die Philosophie; denn die kennen
sie nur vom Hörensagen. Wie? Sie sucht die Stürme
der Seele zu beruhigen und den Hunger und das
Fieber das Lachen zu lehren, nicht durch künstliche
Konstruktionen, sondern durch vernünftige und
handgreifliche Gründe. Sie hat die Tugend zum

Ziel, die nicht, wie es die Schule lehrt, auf der höchsten Spitze eines steilen, rauhen und unzugänglichen Berges wohnt. Die sich ihr genähert haben, sagen im Gegenteil, sie wohne auf einer schönen, fruchtbaren und lieblichen Ebene, von der aus sie alle Dinge weit unter sich sieht; wer aber den Weg zu ihr weiß, der kann auf schattigen, grünen und blumigen Wegen dorthin gelangen, die sanft und eben ansteigen, so wie die Wege des Himmelsgewölbes. Weil sie keine Bekanntschaft mit dieser höchst vollkommenen, schönen, siegreichen, liebenden, gleichermaßen köstlichen und tapferen Tugend gemacht haben, dieser erklärten und unversöhnlichen Feindin der Bitterkeit, des Verdrusses, der Furcht und des Zwanges, die Natur zur Führerin, Glück und Lust zu Gefährtinnen hat: deshalb haben sie sich, aus ihrer Einfalt heraus, dieses dumme, traurige, zänkische, enttäuschte, drohende und mürrische Bild zurechtgemacht und es auf einen abgelegenen Felsen gestellt, mitten unter Dornen; ein Gespenst, um die Leute zu erschrecken.

Mein Erzieher, der weiß, daß er den Willen seines Zöglings mit ebensoviel oder noch mehr Liebe zur Tugend als Achtung vor ihr erfüllen soll, wird ihm sagen, daß die Dichter dem Hang des großen Haufens folgen, und wird ihm einleuchtend machen, daß die Götter den Schweiß viel eher über den Zugang zu den Gemächern der Venus als der Pallas verhängt haben. (...)

Weil uns die Philosophie lehrt, recht zu leben, und weil die Kindheit, wie alle anderen Lebensalter, ihre Lehren in ihr findet: warum macht man sie nicht mit ihr bekannt? »Jetzt ist der Ton noch biegsam und geschmeidig; jetzt gleich damit auf die Scheibe, um das Gefäß zu bilden.« (Persius, *Sat.*, III, 23)

Man lehrt uns zu leben, wenn das Leben dahin ist. Hundert Studenten haben sich die Syphilis geholt, bevor sie in ihrem Aristoteles zum Kapitel von der Mäßigung gekommen sind. Cicero sagte, wenn er auch das Leben zweier Menschen leben könnte, er würde sich nicht die Zeit nehmen, die lyrischen Dichter zu studieren. Und ich finde diese logischen Langweiler auf noch weit trübseligere Weise unnütz. Mit unserem Kind hat es größere Eile: es soll nur die ersten fünfzehn oder sechzehn Jahre der Schulerziehung geben; der Rest gehört dem Handeln. Laßt uns eine so kurze Zeit für die notwendigen Unterweisungen nutzen. Das sind alles Mißbräuche: weg mit all den dornigen Spitzfindigkeiten der Dialektik, mit denen unser Leben um keinen Deut besser wird; nehmt die einfachen Sätze der Philosophie, versteht, sie richtig auszuwählen und auf den Punkt zu bringen; sie sind leichter zu fassen als eine Erzählung des Boccaccio. Ein Kind kann sie verstehen, sobald es von der Amme kommt, weit besser, als es Lesen oder Schreiben lernt.

Bei alledem will ich nicht, daß man den Jungen einsperrt. Ich will nicht, daß man ihn den trübsinnigen Launen eines wütenden Schulmeisters ausliefert. Ich will seinen Geist nicht dadurch verderben, daß er nach Art der anderen vierzehn oder fünfzehn Stunden am Tag auf die Folter gespannt wird wie ein Lastenträger. Noch fände ich es gut, wenn er aus irgendeiner eigenbrötlerischen und schwermütigen Veranlagung heraus sich zu unmäßig in die Bücher stürzte und man ihn darin bestärkte; derlei macht die jungen Menschen unfähig zum Umgang mit anderen und hält sie von besseren Beschäftigungen ab. Und wie viele Leute habe ich zu meiner Zeit nicht durch ausschweifende Gier nach Wissen verblöden sehen? Karneades war so närrisch darauf erpicht, daß er darüber nicht die Zeit fand, sich den Bart und die Fingernägel zu schneiden. Auch will ich seine großzügigen Sitten nicht durch die Ungeselligkeit und Barbarei der anderen verderben lassen. Die »französische Weisheit« war früher sprichwörtlich für eine Weisheit, die sich früh zeigt, aber nicht lange anhält. In der Tat sehen wir noch immer, daß nichts so artig ist wie die kleinen Kinder in Frankreich; aber für gewöhnlich enttäuschen sie die Hoffnungen, die man in sie setzt, und haben als Erwachsene überhaupt nichts Vortreffliches an sich. Ich habe verständige Leute behaupten hören, daß es die Lehranstalten seien, auf die man sie schicke und deren es in Hülle und Fülle gibt: dort würden sie so abgestumpft.

In unserer Schule sollen ein Zimmer, ein Garten, Tisch und Bett, die Einsamkeit, die Geselligkeit, der Morgen und der Abend, alle Stunden einerlei sein, jeder Ort ein Studierzimmer; denn die Philosophie, die, als die Bildnerin des Urteils und der Sitten, sein Hauptfach ist, hat das Privileg, überall dabeizusein. (...)

So wird er, ohne Zweifel, weniger müßig sein als die anderen. Aber so wie uns die Schritte, die wir beim Spazieren in einer Galerie tun, nicht so ermüden, und seien es dreimal so viele wie die auf einem vorgeschriebenen Weg, genauso wird unser Unterricht, der gleichsam von ungefähr geschieht, ohne festen Ort und ohne feste Zeit allen unseren Unternehmungen beigemischt ist, sanft mitlaufen, ohne daß man ihn merkt. Sogar die Spiele und die Leibesübungen werden ein Teil des Studiums sein: das Laufen, das Ringen, die Musik, das Tanzen, die Jagd, das Reiten und das Fechten. Ich will, daß der äußere Anstand, die Umgangsformen und die Fähigkeiten der Person sich zugleich mit der Seele bilden. Es ist nicht eine Seele, es ist nicht ein Körper, die man erzieht, es ist ein Mensch; daraus soll man nicht zwei machen. (...)

Unter anderem hat mir die Einrichtung der meisten unser höheren Lehranstalten mißfallen. Man hätte gewiß weniger Unheil gestiftet, wenn man ein wenig mehr der Nachsicht zugeneigt hätte. Es sind wahre Kerker einer gefangenen Jugend. Man macht sie liederlich, indem man sie dafür bestraft, bevor sie es sind. Geht nur in die Klassen beim Abhören der Lektionen: ihr werdet nichts als das Geschrei gepeinigter Kinder und zorntrunkener Lehrer hören. Was für eine Art, in diesen zarten und furchtsamen Seelen die Lust auf ihre Lektionen zu wecken, wenn man sie mit feuerrotem Gesicht und der Rute in der Hand dazu anhält? Ein unrechtes und verderbliches Verfahren. Nehmt noch dazu, was Quintilian schon ganz richtig dazu bemerkt hat, daß diese herrische Gewaltausübung gefährliche Folgen nach sich zieht, namentlich bei unserer Art der Züchtigung. Wieviel schicklicher wäre es, wenn ihre Klassenzimmer mit Blumen und Blättern bestreut wären als mit Splittern von blutigen Weidenruten. (. . .)

Die Welt ist nur Geschwätz, und ich habe noch keinen Menschen gesehen, der nicht eher zuviel als zuwenig gesagt hätte; gleichwohl geht unser halbes Leben damit hin. Man hält uns vier oder fünf Jahre damit auf, die Wörter verstehen und zu Sätzen zusammenfügen zu lernen; und noch einmal so lange, um sie zu großen, wohlgeformten Gebilden zu fügen, die aus vier oder fünf Teilen bestehen; und noch einmal mindestens fünf Jahre, um sie auf irgendeine geschickte Weise schnell durcheinanderzumischen und verweben zu können. Überlassen wir das denen, die ausdrücklich ihren Beruf daraus machen. (. . .)

Aber wenn unser Zögling sich auf die Sachen versteht, werden die Worte nur allzubald folgen; und wenn sie nicht folgen wollen, wird er sie ziehen. Ich kenne Leute, die sich damit entschuldigen, sie könnten ihre Gedanken nicht ausdrücken, und die so tun, als hätten sie den Kopf voll mit lauter schönen Sachen, die sie aber, aus Mangel an Beredsamkeit, nicht herausbringen könnten. Das ist ein Unfug. Soll ich sagen, was ich davon halte? Es sind Schatten, die von irgendwelchen dunklen Begriffen geworfen werden, die sie in ihrem Kopf nicht entwirren und klären, und folglich auch nicht andern mitteilen können: sie verstehen sich selbst noch nicht recht. Hört nur ein wenig ihrem Stammeln zu, wenn sie mit ihren Gedanken niederkommen, und ihr werdet urteilen, daß ihre Anstrengungen nicht der Geburt, sondern der Zeugung zugehören, und daß sie nur erst an ihrem ungestalten Gegenstand lecken. Ich meinesteils halte dafür, und Sokrates behauptet, daß jeder, der in seinem Geist eine lebhafte und klare Vorstellung hat, sie auch hervorbringen wird, sei's auf bergamaskisch, sei's durch Gebärden, wenn er stumm ist. (...)

Die Sprache, die ich liebe, auf dem Papier wie im Mund, ist eine einfache und einfältige Sprache; eine kräftige und nachdrückliche Sprache, kurz und gedrungen, nicht so sehr fein und geputzt als heftig und ungestüm, »das erst ist ein Kraftwort, das ins Herz trifft« (Epitaph des Lucan), lieber schwierig als langweilig, ohne alle Ziererei, ungeordnet, ungeglättet und kühn; jedes Stück in ihr muß seine eigene Gestalt haben; nicht pedantisch, nicht pfäffisch, nicht advokatisch, sondern vielmehr soldatisch, wie Sueton die Sprache Cäsars nennt; obwohl ich nicht recht einsehe, warum er sie so nennt. Ich habe gern die Lässigkeit übernommen, die unsere Jugend in ihrer Art, sich zu kleiden, an den Tag legt: den Mantel nur umgebunden, den Umhang schräg auf einer Schulter, herunterhängende Strümpfe, all das zeigt einen achtlosen Stolz auf diesen befremdlichen Putz und eine große Unbekümmertheit um Formen. Ich finde,

diese Haltung wäre fürs Sprechen noch stärker ange-
bracht. (...) Ich mag kein Gewebe, bei dem man
die Knoten und Nähte sieht, so wie man an einem
schönen Körper die Knochen und die Adern nicht
zählen kann. Die Beredsamkeit tut den Sachen ein
Unrecht an, wenn sie unsere Aufmerksamkeit auf sich
lenkt. Wie es in der Kleidung einen kleinen Geist
verrät, wenn man sich durch irgendeine sonderbare
und ungebräuchliche Tracht hervortun will; ebenso
kommt in der Sprache die ständige Suche nach neuen
Wendungen und seltenen Wörtern aus einem kindi-
schen und pedantischen Ehrgeiz. Möchte ich doch
nie andere Wörter verwenden, als man sie in den
Hallen in Paris spricht! (...)
Mein seliger Vater, der unter den gelehrten und
verständigen Männern alle nur möglichen Erkundun-
gen über eine auserlesene Erziehung eingeholt hatte,
erhielt Auskunft über die Nachteile unserer herkömm-
lichen Erziehung; und man sagte ihm, die lange Zeit,
die wir auf das Erlernen der Sprache verwendeten,
deren Erwerb die Griechen und Römer nichts gekostet hätte, sei der einzige Grund, warum wir nicht die
Größe ihrer Seelen und die Höhe ihres Wissens erreichen könnten. Ich glaube nicht, daß dies der einzige
Grund dafür ist. Indessen war das Mittel, auf das
mein Vater verfiel, folgendes: noch im Säuglingsalter,
und bevor meine Zunge sich löste, vertraute er mich
einem Deutschen an, der später als ein berühmter
Arzt in Frankreich starb und der unsere Sprache
überhaupt nicht verstand, aber sehr gewandt im Lateinischen war. Dieser Mann, den er eigens hatte
kommen lassen und den er sehr gut bezahlte, hatte
mich ständig auf den Armen. Neben sich hatte er
noch zwei andere, die nicht so gelehrt waren und die
beständig um mich sein mußten, um den ersten zu
entlasten. Und alle zusammen redeten in keiner an-

deren Sprache als Latein mit mir. Und auch für alle anderen Personen des Haushaltes war es eine unverbrüchliche Regel, daß weder mein Vater noch meine Mutter, noch ein Diener oder Kammermädchen in meiner Gegenwart etwas anderes als die lateinischen Worte redete, die jeder gelernt hatte, um mit mir zu plaudern. Jeder lernte auf wunderbare Weise dazu. Mein Vater und meine Mutter lernten dabei soviel Latein, daß sie es verstehen und im Notfall sprechen konnten, und ebenso ging es den Bedienten, die am meisten mit mir zu tun hatten. Kurz, wir latinisierten uns dermaßen, daß sogar bis in die Dörfer um uns herum etwas abkrümelte, wo sich noch heute einige lateinische Namen für Handwerker und Werkzeuge finden und durch die Gewohnheit eingebürgert haben. Was mich nun angeht, so war ich schon älter als sechs und verstand noch nicht mehr Französisch oder Perigordinisch als Arabisch. Und ohne Kunst, ohne Buch, ohne Grammatik und Regeln, ohne Rute und ohne Tränen hatte ich ein so reines Latein gelernt, wie mein Lehrer es sprach, denn ich konnte es nicht verschleifen oder verderben. Wenn man mir zum Üben eine Übersetzung gab, wie es in den Schulen so üblich ist, dann mußte man sie mir nicht, wie den anderen, auf Französisch geben, sondern in schlechtem Latein, damit ich es in gutes übersetze. (. . .)

Was das Griechische angeht, von dem ich fast gar nichts verstehe, so wollte mein Vater es mich nach den Regeln der Kunst lernen lassen, aber nach einer neuen Methode, durch Spielen und Übungen. Wir warfen uns die Deklinationen zu, so wie diejenigen, die mit bestimmten Karten und Spielzeugen die Arithmetik und Geometrie lernen. Denn unter anderem war meinem Vater geraten worden, mich aus eigenem Antrieb und ohne Zwang Geschmack an der Wissenschaft und der Pflicht finden zu lassen und

meine Seele in völliger Sanftmut und Freiheit zu bilden, ohne Strenge und Härte. Bis zu der, möchte ich
sagen, Schwärmerei, daß er, weil einige meinen, es
schade dem zarten Gehirn der Kinder, wenn man sie
des Morgens plötzlich und mit Gewalt aus dem Schlaf
hole (in den sie tiefer versunken sind als wir), mich
vom Klang irgendeines Instruments wecken ließ; und
ich war nie ohne jemand, der mir damit diente. (...)

VON DER ERFAHRUNG

Keine Begierde ist natürlicher als die Begierde nach
Erkenntnis. Wir erproben alle Mittel, die uns zu ihr
führen können. Wenn die Vernunft nicht zureicht,
greifen wir zur Erfahrung, die ein schwächeres und
weniger edles Mittel ist; aber die Wahrheit ist eine
so große Sache, daß wir kein Mittel geringschätzen
dürfen, das uns zu ihr führen könnte. Die Vernunft
hat so viele Gestalten, daß wir oft nicht wissen, an
welche wir uns halten sollen; die Erfahrung hat deren
nicht weniger. Die Folgerungen, die wir aus der Ähnlichkeit der Ereignisse ziehen wollen, sind unsicher,
weil die Ereignisse immer unähnlich sind: keine Eigenschaft ist den erscheinenden Dingen so allgemein
wie ihre Verschiedenheit und Mannigfaltigkeit. Die
Griechen, die Römer und wir bedienen uns, wenn wir
das schlagendste Beispiel für Ähnlichkeit geben wollen, der Ähnlichkeit der Eier. Gleichwohl haben sich
Menschen gefunden, und namentlich einer in Delphos, der die Eier so gut voneinander unterscheiden
konnte, daß er nie eines mit dem anderen verwech-
selte; und da er mehrere Hühner hatte, konnte er
bestimmen, von welchem das Ei stammte. Die Ungleichheit mischt sich von selbst in unsere Werke;
keiner Kunstfertigkeit gelingt es, völlige Gleichheit
herzustellen. Weder Perrozet noch irgendein anderer
kann die Rückseiten der Spielkarten so sorgfältig glät-

ten und weißen, daß nicht doch einige Spieler sie unterscheiden können; es reicht, wenn sie nur sehen, wie die Karten durch die Hand ihres Mitspielers gleiten. Die Ähnlichkeit macht die Dinge nie so ähnlich, wie der Unterschied sie unähnlich macht. Die Natur hat sich verbürgt, nichts hervorzubringen, das nicht verschieden von allem anderen wäre.

Daher gefällt mir die Ansicht desjenigen wenig (Justinian), der glaubte, er könne die Machtvollkommenheit der Richter durch die Vielzahl der Gesetze zügeln, indem er ihnen jeden Bissen vorschnitte: er bedachte nicht, daß es ebensoviel Freiheit und Weitläufigkeit bei der Auslegung der Gesetze gibt wie bei ihrer Abfassung. Und diejenigen, die meinen, unsere Streitigkeiten könnten gedämpft und beendet werden, indem wir uns auf den Buchstaben der Bibel zurückbesinnen, können das wohl nicht ernst meinen. Denn wenn unser Geist die Meinungen anderer bekämpft, findet er ebenso großen Spielraum, wie wenn er seine eigene begründet; und es gibt kaum weniger Feindseligkeit und Zanksucht beim Kommentieren als beim Verfassen. Wir sehen doch, wie sehr er sich täuschte. Denn wir haben in Frankreich mehr Gesetze als der Rest der Welt zusammen, und mehr als man brauchte, um alle Welten des Epikur zu regieren, »früher drückten uns die Laster, heute die Gesetze« (Tacitus, *Annalen,* III, 25), und bei alledem haben wir den Richtern noch soviel zu entscheiden und beurteilen gelassen, daß noch nie eine so machtvolle und zügellose Freiheit darin herrschte. Was haben unsere Gesetzgeber dadurch gewonnen, daß sie hunderttausend Fälle und Fakten ausgewählt und hunderttausend Gesetze daran geknüpft haben? Diese Zahl steht in keinem Verhältnis zur unendlichen Verschiedenheit der menschlichen Handlungen. Die Vervielfältigung unserer Gesetze wird die Vielfalt der

Fälle nie einholen. Stellt noch hundertmal so viele
dazu: unter allen zukünftigen Ereignissen wird dennoch nicht eines sein, das so genau auf einen einzigen
unter dieser großen Zahl von tausenden ausgewählter
und geordneter Fälle paßt und ihm so gleicht, daß da
kein Umstand, keine Besonderheit bliebe, die nicht
gesondert erwogen und beurteilt werden müßte. Es
gibt kaum eine Beziehung zwischen unseren Taten,
die in ständiger Veränderung sind, und den starren
und unbeweglichen Gesetzen. Die knappeste, einfachste und allgemeinste Gesetzgebung wäre die
wünschenswerteste; und dabei glaube ich noch, es
wäre besser, überhaupt keine Gesetze zu haben als so
viele wie wir. (...)
Woher kommt es, daß unsere Muttersprache, die
zu jedem anderen Zweck so gut zu gebrauchen ist, in
Verträgen und Testamenten dunkel und unverständ-
lich wird und daß, wer sich sonst klar ausdrücken kann,
dort, was immer er sagt oder schreibt, keine Aus-
drucksweise findet, die nicht Zweifel oder Widersprüche nach sich zöge? Kommt es nicht daher, daß
die Fürsten dieser Kunst, die sich mit besonderer Aufmerksamkeit befleißigen, feierliche Worte zu wählen
und künstliche Klauseln zu schmieden, jede Silbe so
lange gewogen, über jedem Verbindungswort so lange
gegrübelt haben, daß sie sich nun in eine Unendlichkeit von Rechtsfiguren und nichtigen Unterscheidun-
gen verwirrt und verwickelt finden, die sich weder
irgendeiner Ordnung oder Vorschrift noch irgendeinem klaren Gedanken fügen? »Was zu Staub ge-
mahlen wird, wird durcheinandergemengt.« (Seneca,
Epistel, 89) Wer hat je Kindern zugesehen, wie sie
versuchten, eine Masse Quecksilber auf bestimmte
Weise zu zerteilen: je mehr sie es drücken und kneten
und sich bemühen, es ihrem Willen zu unterwerfen,
desto stärker erregen sie den Freiheitswillen dieses

edlen Metalls: es entzieht sich ihrer Kunst und zerteilt und verläuft sich in unendlich vielen Kügelchen. So geht es auch hier; denn, indem man diese Spitzfindigkeiten immer weiter verfeinert, lehrt man die Menschen, ihre Zweifel zu häufen; man leitet uns an, die Schwierigkeiten weiter zu vergrößern und zu vermehren, man verlängert sie, man streut sie aus. Indem man Fragen sät und zuspitzt, läßt man Ungewißheit und Zank in der Welt sprießen und gedeihen, so wie der Boden um so fruchtbarer wird, je mehr man ihn hackt und umgräbt. »Die Gelehrsamkeit schafft die Schwierigkeiten.« (Quintilian, X, 3) Wir hatten Zweifel über Ulpian, und nun haben wir immer noch Zweifel: über Bartolus und Baldus (Kommentatoren Ulpians). Man hätte jede Spur dieser unzählbaren Vielfalt von Meinungen austilgen sollen, anstatt sich damit zu schmücken und der Nachwelt den Kopf damit vollzustopfen.

Ich weiß nicht, was ich darüber sagen soll; aber die Erfahrung ergibt, daß so viele Auslegungen die Wahrheit auflösen und zerbrechen. Aristoteles schrieb, um verstanden zu werden; wenn es ihm nicht gelungen ist, so wird es einem zweiten, der minder befähigt ist, und auch einem dritten noch weniger gelingen als ihm, der seine eigenen Einfälle vortrug. Wir lösen den Stoff auf und verschütten und verwässern ihn; aus einem Gegenstand machen wir tausend und landen mit all dem Vervielfältigen und Unterteilen in der Unendlichkeit von Epikurs Atomen. Noch nie haben zwei Menschen über eine Sache gleich geurteilt, und es ist unmöglich, zwei Meinungen zu finden, die sich genau gleichen, nicht nur bei verschiedenen Menschen, sondern auch im selben Menschen zu verschiedenen Zeiten. Für gewöhnlich fängt mein Zweifel bei den Stellen an, die der Kommentar keiner Beachtung gewürdigt hat. Ich strauchele leichter auf ebenem Boden, wie gewisse Pferde, die ich kenne, die auf glatten Wegen am häufigsten stolpern.

Wer könnte leugnen, daß die Erläuterungen die Zweifel und die Ungewissenheit vermehren, da sich doch kein Buch findet, das die Menschen beschäftigt, sei es menschlichen oder göttlichen Ursprungs, dessen Auslegung die Schwierigkeiten beseitigt hätte? Der hundertste Kommentar vererbt sie seinem Nachfolger noch verwickelter und schwieriger, als der erste sie vorgefunden hat. Wann hätten wir einmal übereingestimmt: dieses Buch ist ausreichend ausgelegt, es gibt dazu nichts mehr zu sagen? Dasselbe zeigt sich noch besser in der Rechtsgelehrsamkeit. Man gibt unzähligen Rechtslehrern, unzähligen Urteilen und ebenso vielen Auslegungen die Autorität des Gesetzes. Findet deshalb das Bedürfnis des Auslegens ein Ende; schreiten wir dadurch im geringsten voran; bewegen wir uns auf einen Zustand der Beruhigung zu; brauchen wir deshalb weniger Advokaten und Richter als zu der Zeit, als dieser Gesetzeshaufen noch in seinen ersten Anfängen steckte? Im Gegenteil, wir verdunkeln und vergraben den klaren Verstand; wir entdekken ihn nur noch hinter einer Unzahl von Zäunen und Schlagbäumen. Die Menschen verkennen die natürliche Krankheit ihres Geistes: er muß immerzu spüren und suchen, dreht sich beständig im Kreis, verbaut und verwickelt sich in sein Werk, wie unsere Seidenwürmer, und erstickt sich darin. Mus in Pice. (»Wie eine in Pech gefallene Maus.« Erasmus, *Adagia*, II, III, 68) Er wähnt von weitem, ich weiß nicht welchen Schein einer eingebildeten Klarheit und Wahrheit zu entdecken; aber während er dort hinläuft, kommen ihm so viele Schwierigkeiten in den Weg, so viele Hindernisse und neue Fragen, daß sie ihn auf Abwege bringen und berauschen. Kaum anders ging es den Hunden des Aesop, die, als sie glaub-

ten, im Wasser einen toten Körper schwimmen zu
sehen, und ihn nicht erreichen konnten, sich daran
machten, diese Wasser zu trinken, um den Weg trok-
kenzulegen; worüber sie zerplatzten. Darauf geht
auch das, was ein gewisser Krates über die Schriften
des Heraklit sagt, »sie erforderten einen Leser, der gut
schwimmen könne«, damit die Tiefe und Schwere
seiner Lehre ihn nicht verschlinge und ersticke.

Nichts als persönliche Schwäche läßt uns mit dem
zufrieden sein, was andere oder was wir selbst auf
dieser Jagd nach Erkenntnis gefunden haben; ein
fähiger Geist gibt sich damit nicht zufrieden. Da ist
immer noch freier Raum für einen Nachfolger, ja für
uns selbst, und es gibt immer neue Wege. Unser For-
schen hat kein Ende; und unser Ziel liegt in der anderen Welt. Es ist ein Zeichen der Kleinheit und der
Ermattung unseres Geistes, wenn er sich zufrieden
gibt. Kein großmütiger Geist bleibt bei sich selbst
stehen: immer begehrt er mehr; und überschreitet er
seine Kräft, streckt er sich weiter, als er reicht; wenn
er nicht vorangeht, sich nicht drängt, sich nicht auf-
bäumt und nicht stößt, lebt er nur halb; seine Jagden
sind ohne Maß und Ziel; er nährt sich von Staunen,
Verfolgen, Ungewißheit. (...)

Man hat mehr damit zu tun, die Auslegungen aus-
zulegen als die Sache selbst; und es gibt mehr Bücher
über Bücher als über irgendeinen anderen Gegenstand: wir tun nichts, als uns gegenseitig mit Anmer-
kungen zu versehen. Alles wimmelt von Kommentaren; an Autoren ist großer Mangel. Besteht nicht
die vornehmste und ruhmreichste Wissenschaft unseres Jahrhunderts darin, die Wissenschaftler zu verstehen? Ist das nicht der gewöhnliche und letzte
Zweck all unseres Studierens? Wir pfropfen eine
Meinung auf die andere. Die erste dient der zweiten
als Wildling, die zweite der dritten. So klettern wir

von Sprosse zu Sprosse. Daher kommt es, daß, wer am höchsten gestiegen ist, oft mehr Ehre als Verdienst hat; denn er ist auf der Schulter des Vorletzten nur um ein Getreidekorn höher gestiegen.

Wie oft und wer weiß wie töricht habe ich mein Buch dadurch verlängert, daß ich es habe von sich selbst sprechen lassen. Töricht; wenn auch nur aus dem Grunde, daß ich mich hätte erinnern sollen, was ich über andere sage, die dasselbe tun: »daß die zu häufigen Blicke auf ihr Werk davon zeugen, wie ihnen das Herz vor Autorenliebe zu ihm brennt, und daß die Strenge und selbst die Verachtung, mit der sie es kritisieren, nichts als Ziererei und Verstellung ist, hinter der sie ihre mütterliche Gunst verbergen«, wie schon Aristoteles sagt, daß Selbstlob und Selbstverachtung oft Kinder ein und desselben Hochmuts sind. Denn meine Entschuldigung, daß ich darin mehr Freiheit als die anderen genießen dürfe, weil ich ausdrücklich über mich selbst schreibe und deshalb über meine Schriften wie über all meine übrigen Handlungen, daß also mein Thema bei sich selbst bleibt: ich weiß nicht, ob jedermann diese Entschuldigung annehmen wird.

Ich habe in Deutschland gesehen, daß Luther ebensoviel Uneinigkeit und Zank über die richtige Bedeutung seiner Lehren hinterlassen hat, und mehr noch, als er selbst über die Heiligen Schriften erregte. Unser Streit geht um Worte. Ich frage: was ist Natur, was Lust, was ein Kreis, was Nacherbfolge. Die Frage besteht aus Worten und wird mit Worten beantwortet. Ein Stein ist ein Körper. Aber wer weiter fragte: »Und was ist ein Körper?« Eine Substanz. — »Und was Substanz?« und weiter so, der hätte schließlich den Antwortenden so weit gebracht, daß er sein ganzes Wörterbuch auskramt. Man tauscht ein Wort für ein anderes und oft für ein unbekannteres. Ich weiß besser, was Mensch ist, als ich weiß, was Tier ist oder was sterblich oder was vernünftig. Um einen Zweifel auszuräumen, geben sie mir drei neue: es ist das Haupt der Hydra. Sokrates fragte den Memnon, was die Tugend sei: »Es gibt«, antwortete Memnon, »die Tugend des Mannes und die der Frau, die öffentliche und die private, die des Kindes und die des Greises.« »Das läßt sich gut an!« rief Sokrates. »Eine Tugend haben wir gesucht, und nun haben wir einen ganzen Schwarm.« Wir werfen eine Frage auf, und man gibt uns einen ganzen Bienenkorb zurück. (...)

Weil die Sittengesetze, welche die besonderen Pflichten eines jeden vor sich selbst abhandeln, so schwierig festzulegen sind, wie wir es in der Tat sehen, so ist es kein Wunder, daß die Gesetze, die so viele einzelne lenken sollen, es noch mehr sind. Betrachtet doch die Gestalt der Gerechtigkeit, die über uns waltet: sie ist ein einziges Zeugnis der menschlichen Schwachheit, so viel Widerspruch und Irrtum gibt es in ihr. Was wir an übergroßer Milde oder Strenge in ihr finden (und davon finden wir so viel, daß ich nicht weiß, ob sich dazwischen überhaupt noch irgend etwas findet), das sind kranke Teile und unförmige Gliedmaßen am Körper und Wesen der Gerechtigkeit. Da kommen Bauern, mir in Hast zu berichten, sie hätten gerade in einem Wald, der mir gehört, einen Mann liegengelassen, dem man hundert Stiche versetzt hat, der aber noch atmet und sie um der Barmherzigkeit willen um Wasser und um Beistand gebeten hat. Sie sagen, sie hätten nicht gewagt, sich ihm zu nähern, und seien geflohen, aus Furcht, von den Gerichtsbeamten dabei überrascht zu werden und dann, wie es mit Leuten zu geschehen pflegt, die man in der Nähe von Ermordeten trifft, für diesen Vorfall zur Verantwortung gezogen zu werden, was zu ihrem totalen Verderb führen könnte, da sie weder Geschick noch Geld genug hätten, um ihre Unschuld zu verteidigen. Was sollte ich ihnen sagen? Es ist sicher, daß dieser Dienst am Nächsten ihnen Verdruß bereitet hätte. (. . .) Wie viele Verurteilungen habe ich nicht gesehen, die verbrecherischer als das Verbrechen waren? Bisher hat, Gott sei Dank, kein Richter als Richter zu mir gesprochen, in welcher Sache auch immer, weder in meiner noch der eines anderen, weder in einer Kriminal- noch in einer Zivilsache. Noch bin ich in keinem Gefängnis gewesen, nicht einmal um es zu besichtigen. Meine Einbildungskraft macht mir seinen bloßen Anblick, selbst von außen, schwer erträglich. Ich bin so gierig nach der Freiheit, daß ich, wenn man mir den Zutritt zu irgendeinem Winkel Indiens verböte, deswegen weniger froh leben würde. Und solange ich anderswo noch Land oder freie Luft fände, würde ich nicht an einem Ort verkümmern, an dem ich mich verstecken müßte. Mein Gott! Wie schlecht könnte ich den Zustand ertragen, in dem ich so viele Leute leben sehe, die in einem Teil dieses Königreiches festgenagelt sind, die sich nicht in den großen Städten, den Höfen und selbst auf den Landstraßen sehen lassen dürfen, weil sie sich gegen unsere Gesetze aufgelehnt haben! Wenn diejenigen, denen ich diene, mir nur mit der Spitze des kleinen Fingers drohten, so ginge ich ohne Verzug, um unter anderen zu leben, wo immer das sei. Meine ganze kleine Klugheit in diesen Bürgerkriegen, in denen wir stehen, wende ich daran, daß sie meine Freiheit, zu kommen und zu gehen wie ich will, nicht einschränken.

Nun erhalten sich aber die Gesetze in Ansehen, nicht weil sie gerecht sind, sondern weil sie Gesetze sind. Das ist der geheimnisvolle Grund ihrer Geltung; sie haben keinen anderen. Das kommt ihnen

sehr zustatten. Sie sind oft von Dummköpfen gemacht, öfter noch von Menschen, die, weil sie die
Gleichheit hassen, auch keine Billigkeit kennen; immer aber von Menschen, eitlen und wankelmütigen
Urhebern. (...)

Ich studiere mich mehr als jeden anderen Gegenstand. Das ist meine Metaphysik, das ist meine Physik. »Wie kunstvoll Gott diese Welt eingerichtet hat,
wie der Mond auf- und untergeht, wie es kommt, daß
er nach jedem Monat die Sichel zum vollen Rund
fügt; woher die Winde auf dem Meere kommen; was
der Eurus mitbringt; und woher die Wolken beständig ihr Wasser haben; und ob ein Tag kommen wird,
an dem die Welt untergeht — untersucht ihr es, die
euch die Bewegung der Welt umtreibt.« (Properz,
III, 526; Lucan I, 417)

Auf dieser Universität lasse ich mich unwissend
und unbekümmert nach dem allgemeinen Weltgesetz
führen. Ich kenne es hinreichend, wenn ich es fühle.
Meine Wissenschaft wird es nicht umstoßen; es wird
sich für mich nicht verändern. Es ist eine Torheit, das
zu hoffen; und eine noch größere, sich deswegen zu
grämen, denn es gilt aus Notwendigkeit gleich, allgemein und für alle.

Die Güte und Fähigkeit des Regenten muß uns
rein und ganz der Sorge um die Regierung enthe-
ben.

Die philosophischen Untersuchungen und Betrachtungen dienen nur unserer Neugier zu Nahrung. Die
Philosophen verweisen uns, mit großem Recht, auf
die Gesetze der Natur, aber die bedürfen keiner so
feingesponnenen Kenntnis; sie verfälschen sie und
stellen uns ihr Antlitz zu grell bemalt und künstlich
vor, daher entstehen so verschiedene Bilder eines so
unveränderlichen Gegenstandes. Wie die Natur uns
mit Füßen zum Laufen versehen hat, so besitzt sie

auch die Klugheit, uns im Leben zu führen; keine so erfinderische, grobe und prahlerische Klugheit, wie jene sie ersinnen, sondern, wie es sich fügt, eine leichte und heilsame Klugheit, die sehr wohl tut, was die andere nur sagt, wenn einer es glücklich versteht, sich ihrer unbefangen und ordentlich, das heißt natürlich, zu bedienen. Wer der Natur am einfältigsten folgt, der folgt ihr am weiseseten. O welch ein sanftes und weiches Kissen, und welch ein gesundes, sind die Unwissenheit und der Mangel an Wißbegierde, wenn ein guter Kopf sich auf ihnen zur Ruhe betten will!

Ich möchte mich lieber recht auf mich selbst verstehen als auf den Cicero. In der Erfahrung, die ich in mir selber habe, finde ich genug, das mich weise machen könnte, wenn ich ein guter Schüler wäre. Wer das Übermaß eines vergangenen Zorns im Gedächtnis behält, und wie weit ihn dieses Rasen getrieben hat, der erkennt daraus die Häßlichkeit dieser Handlung besser als aus dem Aristoteles, und er faßt einen gerechten Widerwillen gegen sie. Wer sich der Übel erinnert, die er durchlitten hat, die ihn bedroht haben, und der geringfügigen Anlässe, die ihn aus einer Lebenslage in die andere versetzt haben, der bereitet sich dadurch auf künftige Veränderungen vor und gewinnt die richtige Einschätzung seiner Lage. Das Leben Cäsars ist für uns nicht beispielhafter als unser eigenes; und, kaiserlich oder gemein: es ist immer ein Leben, das allen menschlichen Geschicken ausgesetzt ist. Hören wir nur aufmerksam hin: wir teilen uns selbst alles mit, was wir unbedingt wissen müssen. Wer sich erinnert, daß er sich wieder und wieder in seinem eigenen Urteil verrechnet hat, ist der nicht ein Tor, wenn er ihm nie mißtraut? Wenn ich mich durch die Argumente eines andern einer falschen Meinung überführt finde, lerne ich nicht so sehr, was er mir Neues über diese besondere Unwissenheit gesagt hat (das wäre ein geringer Erwerb), vielmehr verstehe ich ganz allgemein meine Schwachheit und die Betrügereien meines Verstandes; und das gibt mir Gelegenheit, das Ganze zu verbessern. Bei all meinen anderen Irrtümern mache ich es genauso, und ich ziehe aus dieser Regel großen Nutzen für das Leben. Den Einzelfall und besondere Menschen betrachte ich nicht wie Steine, über die ich gestolpert bin; ich lerne überall, auf meinen Gang zu achten, und bemühe mich, ihn zu lenken. Zu begreifen, daß man eine Dummheit gesagt oder getan hat, das ist gar nichts; man muß begreifen, daß man nichts als ein Narr ist: eine weit umfassendere und wichtigere Erkenntnis. (...)

Die Weisung, daß sich jeder selbst erkennen soll, scheint von großem Gewicht zu sein, weil der Gott der Wissenschaft und des Lichtes sie über die Tür seines Tempels setzen ließ, als enthalte sie alles, was er uns zu raten habe. Platon sagt auch, daß die Klugheit nichts anderes sei als die Befolgung dieser Vorschrift, und Sokrates beweist es im Einzelnen bei Xenophon. Die Schwierigkeiten und die Dunkelheit jeder Wissenschaft werden nur von dem entdeckt, der mit ihr vertraut ist. Denn man braucht einen gewissen Grad an Einsicht, um zu bemerken, was man nicht weiß, und man muß an eine Tür gestoßen sein, um zu wissen, daß sie uns verschlossen ist. (...)

Am Ende ist dieser ganze Mischmasch, den ich hier zusammenschmiere, nichts als ein Verzeichnis der Versuche meines Lebens, das, was die innere Gesundheit angeht, beispielhaft genug ist, wenn man seine Lehren gegen den Strich liest. Was aber die körperliche Gesundheit angeht, so kann niemand nützlichere Erfahrungen beisteuern als ich, der ich sie rein vorzeige, nicht durch Kunst oder Meinung verderbt oder verändert. In der Heilkunst ist die Erfahrung recht eigentlich der Hahn auf dem eigenen Mist; dort überläßt ihr die Vernunft den Platz allein. Tiberius sagte, jeder, der zwanzig Jahre gelebt hat, müsse selbst wissen, was ihm schädlich oder heilsam sei, und sich ohne Medizin selbst lenken können. Er konnte dies von Sokrates gelernt haben, der seinen Schülern riet, das Studium ihrer Gesundheit sorgfältig und als Hauptsache zu betreiben, und der hinzufügte, es sei kaum zu glauben, daß ein verständiger Mensch, der auf seine Übungen, sein Essen und sein Trinken achte, nicht besser als jeder Arzt sollte unterscheiden können, was ihm gut- oder schlechttäte. Daher behauptet die Medizin ja auch, sie habe von jeher die Erfahrung zum Prüfstein ihrer Verrichtungen gemacht. Also hatte Platon recht, zu sagen, ein wahrer Arzt müßte alle Krankheiten, die er kurieren will, und alle Zufälle und Umstände, über die er urteilen soll, selbst durchgemacht haben. Es ist billig, daß sie sich die Lustseuche holen, wenn sie wissen wollen, wie sie zu heilen ist. Wahrlich, einem solchen Arzt würde ich mich anvertrauen. Denn die anderen führen uns wie jemand, der an seinem Tisch sitzt, die Meere, die Klippen und die Häfen aufmalt und dort ein Schiffsmodell in aller Sicherheit spazierenfahren läßt. Laßt ihn zur Sache kommen, so weiß er nicht, wie er sie anfassen soll. Sie beschreiben unsere Krankheiten wie der Stadttrompeter, der eine verirrte Kuh oder einen verlorenen Hund ausruft: Solches Fell, solche Größe, solche Ohren; aber führt ihm das Tier vor Augen, so würde er es doch nicht erkennen.

Bei Gott, möge mir die Medizin eines Tages einen guten und spürbaren Dienst erweisen; und man wird sehen, wie ich von ganzem Herzen rufen werde: »Endlich gebe ich einer wirksamen Wissenschaft die Hand.« (Horaz, *Epodae*, XVII, 1) (...)

Ich habe lange genug gelebt, um über die Gewohnheiten Rechenschaft zu geben, die mich so lange geleitet haben. Für alle, die davon kosten wollen, habe ich als Mundschenk die Probe gemacht *(fait l'essay)*. Hier sind einige Portionen, wie das Gedächtnis sie mir zuteilt. (Ich habe kaum eine Verhaltensweise, die sich nicht je nach den Umständen ändert, aber ich notiere hier die, welche ich am häufigsten vorherrschend fand und die mich bis zu dieser Stunde am stärksten in Beschlag halten.) Meine Lebensart ist dieselbe, ob ich gesund oder krank bin: dasselbe Bett, dieselben Stunden, dieselben Gerichte und dasselbe Getränk. Ich tue nichts weiter dazu, als daß ich mich mehr oder weniger mäßige, je nach meinen Kräften und meinem Hunger. Gesundheit, das heißt für mich, ohne Behinderung in meiner gewohnten Verfassung bleiben zu können. Nun sehe ich, daß die Krankheit mir eine Hälfte davon raubt; wenn ich den Ärzten folgte, so würde sie mir auch noch die andre nehmen; und so wäre ich, durch Schicksal und durch Kunstgriffe, völlig aus meiner Bahn gebracht. Ich glaube nichts gewisser als dieses: daß mir der Genuß der Dinge, an die ich so lange gewöhnt bin, nicht schaden kann.

Es ist die Sache der Gewohnheit, unserem Leben eine Form zu geben, so wie es ihr gefällt; sie vermag darin alles: sie ist der Zaubertrank der Circe, der unsere Natur so verändert, wie es sie gut dünkt. Wie viele Nationen, keine drei Schritte weg von uns, finden nicht die Furcht vor dem Abendtau lächerlich, der uns so augenscheinlich schadet; und auch unsere Schiffer und unsere Bauern lachen darüber. Man macht einen Deutschen krank, wenn man ihn auf einer Matratze, einen Italiener, wenn man ihn in einem Federbett und einen Franzosen, wenn man ihn ohne Vorhang und Feuer schlafen läßt. Der Magen eines Spaniers kann unsere Art zu essen nicht vertragen, so wie unserer nicht, nach Schweizer Art zu trinken. (. . .)

Was sollen wir mit diesem Volk anfangen, das nur gedruckte Zeugnisse annimmt, das den Leuten nicht glaubt, wenn sie nicht im Buche stehen, noch der Wahrheit selbst, wenn sie nicht im gehörigen Alter ist. Wir verleihen unseren Dummheiten große Würde, wenn wir sie in Blei geißen. Es hat ein ganz anderes Gewicht, zu sagen »Ich habe es gelesen«, statt: »Ich habe es gehört.« Aber ich, der ich dem Mund nicht mehr mißtraue als der Hand eines Menschen, der ich weiß, daß man genauso unbedacht schreibt, wie man spricht, und der ich unser Jahrhundert ebenso hoch schätze wie irgendein vergangenes, ich zitiere ebenso gern einen meiner Freunde wie Aulus Gellius oder Macrobius, und das, was ich gesehen habe, ebenso gern wie das, was sie geschrieben haben. Und so wie man sagt, die Tugend sei nicht deshalb größer, weil sie länger währt, so glaube ich auch, daß die Wahrheit nicht weiser wird, weil sie älter ist. Ich sage oft, es ist die reine Dummheit, die uns den hergeholten und scholastischen Beispielen nachrennen läßt. Sie zeugen sich in unserem Zeitalter noch ebenso leicht fort wie zur Zeit des Homer oder des Platon. Aber liegt das nicht daran, daß wir mehr auf das Prunken mit Zitaten aus sind als auf die Wahrheit des Satzes? Als wenn es mehr wäre, seine Beweise aus der Werkstatt von Vascosan und Plantin (bekannte Drucker zu Montaignes Zeit. M.G.) zu leihen, als sie dem zu entnehmen, was man in seinem Dorf sehen kann. Es ist eher so, daß wir nicht genug Geist haben, die Dinge, die sich vor unseren Augen abspielen, gehörig zu entwickeln, ihnen ihren rechten Wert zu geben und sie lebendig zu beurteilen, um sie zum Unterricht verwenden zu können. Denn zu sa-

gen, uns fehle das Ansehen, um unserem Zeugnis
Glaubwürdigkeit zu verschaffen, ist unrecht. Um so
mehr, als man meines Erachtens aus den allergewöhnlichsten, banalsten und bekanntesten Dingen,
wenn man sie ins rechte Licht zu setzen versteht, die
größten Wunderwerke der Natur ableiten und die
wunderbarsten Lehrstoffe gewinnen kann, besonders,
was das menschliche Leben angeht. (...)
Betrachtet einmal den Unterschied an Lebensart
zwischen meinen Bedienten und mir: die Skythen und
die Indianer könnten nicht weiter von meiner Lebenskraft und meinen Gewohnheiten entfernt sein.
Ich erinnere mich, daß ich Bettelkinder zu mir in
Dienst genommen habe, die mich, meine Küche und
ihre Livrée wieder verlassen haben, um zu ihrem
früheren Leben zurückzukehren. Und einen traf ich
später an, wie er Muscheln aus dem Abfall zusam-
menklaubte, um sich ein Mahl daraus zu bereiten;
und weder durch Bitten noch durch Drohen habe ich
ihn von dem Geschmack und der Lust, die er an der
Armut fand, abbringen können. Die Bettler haben
ihre Herrlichkeiten und Wollüste, wie die Reichen,
und, wie man sagt, sogar ihre Würden und ihre öffentliche Ordnung. Das sind die Wirkungen der Gewohnheit. Sie kann uns nicht nur in jede Form
schmiegen, die ihr gefällt (darum, so sagen die Weisen, sollten wir uns in die beste stellen, die sie uns als-
bald angenehm machen wird), sondern sie gewöhnt
uns auch an Wechsel und Veränderung, die das
Nützlichste und Kostbarste sind, das man von ihr
lernen kann. (...)
Obwohl ich so weit wie möglich zu Freiheit und
Gleichmut angehalten worden bin, habe ich dennoch
aus Nachlässigkeit im Laufe der Jahre bestimmte
Regelmäßigkeiten angenommen (mein Alter kann
nichts mehr lernen und achtet auf nichts anderes als

auf seine Erhaltung), und die Gewohnheit hat mir in gewissen Dingen, ohne daß ich es merke, ihren Stempel so fest aufgedrückt, daß ich es schon Ausschweifung nenne, wenn ich nur von ihr abgehe. Und ich kann, wenn ich mir nicht Zwang antun will, weder tagsüber schlafen noch zwischen den Mahlzeiten essen, noch frühstücken, noch mich ohne große Pause, etwa drei gute Stunden, nach dem Abendessen schlafen legen, noch Kinder machen außer vor dem Einschlafen, und nicht im Stehen, noch meinen Schweiß auf dem Leib behalten, noch reines Wasser oder reinen Wein trinken, noch lange Zeit mit entblößtem Kopfe sein, noch mich nach dem Essen scheren lassen; und ich würde meine Handschuhe so ungern missen wie mein Hemd, oder wie das Waschen nach Tisch oder beim Aufstehen, oder den Himmel und die Vorhänge meines Bettes; all das sind mir sehr notwendige Dinge geworden. Ich könnte ohne Tischdecke speisen; aber nur mit Widerwillen ohne weiße Serviette, auf deutsche Weise: ich beschmutze sie mehr, als sie und die Italiener es tun, und bediene mich kaum des Löffels und der Gabel. Ich bedaure, daß man nicht einer Sitte gefolgt ist, die ich nach dem Beispiel der Könige habe aufkommen sehen: daß man nach jedem Gang nicht nur die Teller, sondern auch die Servietten wechselte. Wir wissen von dem unermüdlichen Krieger Marius, daß er in seinem Alter beim Trinken heikel geworden ist und nur noch aus seinem eigenen Gefäß trank. Auch ich liebe eine gewisse Art von Gläsern und trinke nicht gern aus dem Glas, das herumgeht, ebensowenig wie aus der Hand eines anderen. Kein Metall gefällt mir dabei so gut wie ein klares und durchsichtiges Material. Meine Augen sollen, soweit sie es können, auch mitschmecken.

Einige meiner Weichlichkeiten verdanke ich der Gewohnheit. Andere hingegen rühren von der Natur selbst her: so die, daß ich an einem Tag nicht mehr zwei volle Mahlzeiten zu mir nehmen kann, ohne meinen Magen zu überladen; daß ich, wenn ich mich einer Mahlzeit ganz enthalte, Blähungen und einen trockenen Mund bekomme und den Appetit verliere; daß mir eine lange Abendluft schädlich ist. (...) Ich hatte immer gehört, die Abendluft breite sich erst mit Anbruch der Nacht aus; aber da ich die letzten Jahre sehr lange und vertraulich mit einem Herrn umging, der von dem Glauben ergriffen war, die Abendluft sei am rauhesten und gefährlichsten, wenn sich die Sonne neigt, ein bis zwei Stunden vor ihrem Untergang, weswegen er diese Zeit sorgfältig meidet und dafür auf die Nachtluft nicht achtet, so hat er mir nicht so sehr seine Gründe als seine Empfindungen eingeflößt.

Wie? Also erregen selbst der Zweifel und das Untersuchen unsere Vorstellungskraft und vermögen uns zu ändern? Wer solchen Neigungen plötzlich und auf einmal Raum gibt, zieht sich seinen völligen Ruin selbst zu. Und ich bedaure viele Edelleute, die in ihren jungen und gesunden Tagen der Torheit ihrer Ärzte gefolgt sind und sich eingekerkert haben. Es wäre doch besser, sich zu erkälten, als durch Entwöhnung auf immer den Umgang mit dem gewöhnlichen Leben zu verlieren, das doch in der Tat in so wichtigen Dingen von so großem Nutzen ist. Verdrießliche Wissenschaft, die uns die lieblichsten Stunden des Tages verdächtig macht. Erweitern wir unseren Besitz mit allen Mitteln bis an seine äußersten Grenzen. In den meisten Fällen härtet man sich ab, wenn man hartnäckig bleibt, und verbessert seinen körperlichen Zustand, so wie Cäsar die Fallsucht vertrieb, indem er sie mißachtete und ihr nicht nachgab. Man muß sich den besten Regeln verschreiben, aber sich ihnen nicht sklavisch unterwerfen, es sei denn, es gibt solche, deren strikte Befolgung und Beachtung uns nützlich ist.

Die Könige und die Philosophen müssen zu Stuhle gehen, und auch die Damen. Das öffentliche Leben schuldet sich der äußeren Form; meines, dunkel und zurückgezogen, genießt alle natürlichen Freiheiten; auch als Soldat und Gascogner muß ich es nicht so genau nehmen. Deshalb will ich von dieser Verrichtung so viel sagen: daß man sie auf bestimmte festgesetzte und nächtliche Stunden legen und sich durch Gewohnheit zu ihnen zwingen und an sie halten soll, so wie ich es getan habe; daß man sich aber nicht, wie ich es im Alter gemacht habe, an einen besonders bequemen Ort und Sitz zu dieser Verrichtung gewöhnen und sie durch langes Verweilen und Verzärtelung zur Last machen soll. Gleichwohl, ist es nicht bei den schmutzigsten Verrichtungen einigermaßen zu entschuldigen, wenn man mehr Sorgfalt und Sauberkeit auf sie verwendet? »Der Mensch ist von Natur ein reinliches und anmutiges Tier.« (Seneca, *Epistel*, 92) (...)

Ich sehe also nicht, wie ich schon sagte, wie die Kranken sicherer verfahren könnten, als wenn sie bei der Lebensweise blieben, in der sie erzogen und aufgewachsen sind. Alle Veränderung, sie mag sein wie sie will, beunruhigt und schadet. Glaube wer da will, die Kastanien schadeten einem Périgordiner oder Lucceser, und Milch und Käse einem Bergbewohner. Man verschreibt ihnen nicht nur eine neue, sondern eine entgegengesetzte Lebensweise: eine Veränderung, die selbst ein Gesunder nicht aushalten würde. Verordnet einem siebzigjährigen Bretonen Wasser, sperrt einen Seemann in eine Badestube, verbietet einem baskischen Bedienten das Herumlaufen; man nimmt ihnen die Bewegung und schließlich die Luft und das Licht. Wenn man damit nichts anderes erreicht, so doch immerhin, daß man die Kranken beizeiten auf den Tod vorbereitet und ihnen nach und nach den Geschmack am Leben untergräbt und abschneidet.

Gesund oder krank bin ich immer gern den Gelüsten gefolgt, die mich trieben. Ich halte meine Begierden und Neigungen in hohem Ansehen. Ich mag das Übel nicht mit dem Übel vertreiben; ich hasse die Mittel, die beschwerlicher sind als die Krankheit. Nierensteine zu haben und keine Austern essen zu dürfen, das sind zwei Übel statt eines. Das Übel zwickt uns auf der einen Seite und die Verordnung auf der anderen. Weil wir doch immer Gefahr laufen, uns zu verrechnen, riskieren wir es doch lieber nach der Seite des Genusses hin. Die Welt tut das Gegenteil und hält nichts für nützlich, was nicht weh tut; alles, was leichtfällt, ist ihr verdächtig. Mein Appetit auf verschiedene Dinge hat sich ganz glücklich von selbst nach der Gesundheit meines Magens gefügt und gerichtet. Als ich jung war, liebte ich saure und scharfe Saucen; als mein Magen sich später nicht mehr mit ihnen vertrug, ist mein Geschmack ihm sogleich darin gefolgt. Der Wein schadet den Kranken; er ist die erste Sache, vor der ich einen Widerwillen bekomme, und zwar einen unüberwindbaren. Was ich mit Widerwillen zu mir nehme, das schadet mir, und nichts schadet mir, was ich mit Hunger und Lust esse; nie ist mir eine Handlung zum Schaden gewesen, die ich mit Vergnügen beging. (...)

Die Erfahrung hat mich auch dieses gelehrt, daß wir uns durch unsere Ungeduld zugrunde richten. Die Übel haben ihr Leben und ihre Grenzen, ihre Krankheiten und ihre Gesundheit.

Die Beschaffenheit der Krankheiten ist wie die Beschaffenheit der Tiere. Ihr Schicksal ist ihnen von ihrer Geburt an vorbestimmt, und auch ihre Lebens-

dauer; wer sie trotzigerweise mit Gewalt zu verkür-
zen und ihren Lauf zu hemmen sucht, der verlängert
und vervielfacht sie und verschärft sie, statt sie zu
dämpfen. Ich bin der Meinung Krantors, daß man
sich den Übeln weder eigensinnig und unbesonnen
widersetzen noch ihnen aus Trägheit erliegen soll,
sondern daß man ihnen auf natürliche Weise nach-
geben muß, nach ihrer und unserer Beschaffenheit.
Man muß den Krankheiten den Durchzug gestatten;
und ich finde, sie halten sich weniger lange bei mir
auf, wenn ich ihnen ihren Lauf lasse. Ich habe einige
von denen, die man für die hartnäckigsten hält, durch
ihren natürlichen Zerfall verloren, ohne Hilfe und
Heilkunst und ohne Regeln. Lassen wir doch die
Natur ein wenig machen: sie versteht ihr Geschäft
besser als wir. — »Aber der und der ist daran gestorben.« — »Das werdet auch ihr, wenn nicht an dieser
Krankheit, dann an einer anderen.« Und wie viele
sind daran gestorben, obwohl sie doch drei Ärzte
am Halse hatten. Das Beispiel ist ein unschar-
fer, allgemeiner und vieldeutiger Spiegel. Wenn eine
Medizin angenehm schmeckt, so nehmt sie; sie ist auf
jeden Fall ein gegenwärtiges Gutes. Ich werde mich
nicht bei ihrem Namen und ihrer Farbe aufhalten,
wenn sie wohlschmeckend und einladend ist. Der
Genuß ist unter den wichtigsten Dingen, die wir erringen können.

Ich habe in mir Schnupfen, Gichtfluß, Durchfall,
Herzklopfen und Migräne alt werden und eines natürlichen Todes sterben lassen, und einige andere
Krankheiten, die ich verlor, als ich mich schon halb
daran gewöhnt hatte, sie zu unterhalten. Man richtet durch Höflichkeit mehr bei ihnen aus als durch
Trotz. Wir müssen die Gesetze unserer Lebensumstände geduldig ertragen. Wir sind dazu bestimmt,
alt, schwach und krank zu werden, aller Heilkunst

zum Trotz. Das ist die erste Lektion, die die Mexikaner ihren Kindern erteilen; wenn sie aus dem Mutterleib kommen, werden sie mit diesen Worten begrüßt: »Kind, du bist auf die Welt gekommen, um zu dulden; dulde, leide und schweige!«

Es ist ungerecht, sich zu beklagen, daß einem etwas zugestoßen sei, das jedem zustoßen kann. Betrachtet jenen Greis, der Gott bittet, er möge ihn bei vollkommener und frischer Gesundheit erhalten, das heißt, ihn in seine Jugend zurückversetzen.

Ist das nicht Dummheit? Seine Umstände erlauben es ja nicht. Die Gicht, der Gries, die Verstopfung sind die Begleiterscheinungen langer Jahre, so wie Hitze, Regen und Wind die langer Reisen sind. (...) Mein guter Mann, es ist vorbei: man kann euch nicht wiederherstellen, man wird euch höchstens noch ein wenig pflastern und stützen und damit euer Elend um ein paar Stunden verlängern.

Man muß ertragen lernen, was man nicht vermeiden kann. Unser Leben ist, wie die Harmonie der Welt, aus verschiedenen Dingen zusammengesetzt, und auch aus verschiedenen Tönen, süßen und rauhen, hohen und tiefen, leichten und schweren. Der Musiker, der nur einige davon liebte, was hätte er uns zu sagen? Er muß sich ihrer zusammen bedienen und sie zu mischen verstehen. Und wir die Wohltaten und die Übel, die unserem Leben gleich wesentlich sind. Unser Dasein kann ohne diese Mischung nicht sein, und die eine Seite ist ebenso notwendig als die andere. Sich gegen die natürliche Notwendigkeit auflehnen zu wollen, heißt die Torheit des Ktesiphon begehen, der es unternahm, sich mit seinem Maultier mit Fußtritten herumzuschlagen. (...)

Meine Beine und Schenkel kleide ich im Winter nicht wärmer als im Sommer, mit einem einfachen Seidenstrumpf. Ich habe mich verleiten lassen, wegen meiner Erkältung den Kopf und wegen meiner Koliken den Bauch wärmer zu halten; meine Übel hatten sich nach ein paar Tagen daran gewöhnt, und nun verschmähten sie meine gewöhnlichen Vorkehrungen. Ich war vom Käppchen zur Kappe aufgestiegen und von der Mütze zu einem doppelt gefütterten Hut. Die Wattierung meines Wamses dient mir nur noch zum Staat, sie nützt nichts, wenn ich nicht noch ein Hasen- oder Geierfell unterlege und ein Käppchen auf den Kopf setze. Folgt nun dieser Stufenleiter, und euer Aufzug wird immer schöner. Ich werde nichts dergleichen tun und wollte auch gern die Anfänge zurücknehmen, wenn ich mich traute. Gerät man nun in neue Beschwerden, dann helfen diese Mittel nichts mehr: man hat sich daran gewöhnt, nun muß man neue suchen. Auf diese Weise richten sich diejenigen zugrunde, die sich in zwanghafte Lebensregeln verwickeln lassen und sich abergläubisch getreu daran halten: sie brauchen immer neue und abermals neue Regeln; das nimmt nie ein Ende. (...)

Die Hitze des Sommers greift mich stärker an als die Kälte des Winters; denn außer der Unannehmlichkeit der Hitze, gegen die man weniger tun kann als gegen die der Kälte, und außer den Kopfschmerzen, die von den Sonnenstrahlen kommen, können meine Augen kein starkes Licht vertragen: ich kann auch bis heute nicht essen, wenn ich einem flammend hellen Feuer gegenübersitze. Um die Weiße des Papiers zu mildern, habe ich zu der Zeit, als ich noch mehr zu lesen gewohnt war, ein Stück Glas auf mein Buch gelegt, was es mir sehr viel leichter machte. Bis heute habe ich mich noch keiner Brille bedient, und ich sehe ebenso weit wie immer und wie jedermann sonst. Freilich, wenn der Tag sich neigt, beginne ich, eine Trübung und Schwäche der Augen beim Lesen zu spüren, das meine Augen immer angegriffen hat, vor allem das nächtliche. Das ist ein Schritt zurück, kaum spürbar. Ich werde den nächsten machen und nach dem zweiten den dritten, nach dem dritten den vierten, so unmerklich, daß ich völlig blind sein werde, bevor ich den Verfall und das Alter meines Augenlichtes merken werde. So kunstvoll drehen die Parzen unseren Lebensfaden auseinander. Ebenso bin ich im Zweifel, ob nicht mein Gehör nachläßt, und ihr werdet erleben, daß ich es schon halb verloren haben werde und noch immer die Schuld auf die Leute schiebe, die nicht laut genug mit mir reden. Man muß die Seele stark anspannen, um ihr begreiflich zu machen, wie sehr sie zu Ende geht. (...)

Ich, der ich gerne mit beiden Beinen auf der Erde bleibe, hasse diese unmenschliche Weisheit, die uns die Pflege des Körpers verächtlich und verhaßt machen will. Ich halte es für ebenso unrecht, die natürlichen Wollüste zu verabscheuen, wie sein Herz zu sehr an sie zu hängen. Xerxes war ein Laffe, der in allen menschlichen Genüssen schwamm und demjenigen einen Preis aussetzte, der ihm noch neue erfinden würde. Aber der ist ein ebenso großer Laffe, der sich die Genüsse versagt, die die Natur für ihn gefunden hat. Man soll ihnen nicht nachlaufen noch vor ihnen fliehen, man soll sie annehmen. Ich nehme sie gern ein wenig üppiger und dankbarer entgegen und folge willig meinen natürlichen Neigungen. Wir müssen ihre Nichtigkeit nicht übertreiben; sie macht sich von selbst geltend und fühlbar. Bedanken wir uns dafür bei unserem kränkelnden Geist, dem Spaßverderber, der uns vor ihnen wie vor sich selbst Widerwillen einflößt: bald erhebt, bald erniedrigt er sich und alles, was er aufnimmt, nach seinem unersättlichen, unsteten und unbeständigen Wesen. (...)

Wenn ich sehe, wie Cäsar und Alexander mitten im Gedränge ihrer großen Unternehmungen die natürlichen und folglich notwendigen und rechten Freuden so vollkommen genießen, so meine ich nicht, daß sie dadurch ihre Seelen abspannen, sondern sie fester schmieden, indem sie durch die Kraft ihrer Tapferkeit jene gewaltigen Beschäftigungen und mühseligen Gedanken der Ordnung des gewöhnlichen Lebens unterwerfen. Weise wären sie gewesen, hätten sie dieses für ihren gewöhnlichen Beruf, jenes für den außerordentlichen gehalten. Wir sind große Narren. Er hat sein Leben in Müßiggang hingebracht, sagen wir; ich habe heute nichts getan. — Wie, habt ihr nicht gelebt? Das ist nicht nur eure vornehmste, sondern auch eure ruhmreichste Beschäftigung. — Wenn man mich zu großen Dingen gebraucht hätte, so hätte ich gezeigt, was ich kann. — Habt ihr euer Leben recht bedacht und eingerichtet? Dann habt ihr das allergrößte Werk verrichtet.

Um sich zu zeigen und zur Geltung zu bringen, bedarf die Natur nicht des Glückes, sie zeigt sich gleicherweise auf allen Etagen, hinter dem Vorhang oder unverhüllt. Unsere Sitten zu festigen ist unsere Pflicht, nicht Bücher zu dichten; und nicht Schlachten und Provinzen zu gewinnen, sondern die Ordnung und die Ruhe unserer Lebensführung. Unser großes und herrliches Meisterstück ist es, richtig zu leben. Alle anderen Dinge, regieren, Schätze sammeln, bauen, sind nur Zugaben und höchstens Verzierungen. Es macht mir Freude zu sehen, wie ein Feldherr am Fuße der Bresche steht, die er bald erstürmen will, und sich ganz aufmerksam und frei seinem Essen und dem Gespräch mit seinen Freunden widmet; und wie Brutus, da sich Himmel und Erde gegen ihn und die römische Freiheit verschworen hatten, seine Runden für ein paar Nachtstunden unterbricht, um in aller Ruhe den Polybius zu lesen und einen Auszug daraus zu machen. Nur kleine Seelen, die der Last der Geschäfte erliegen, verstehen es nicht, sich völlig herauszuwickeln, sie liegen zu lassen und wieder aufzunehmen. (...)

Die Entspannung und die Leichtigkeit ehren, so scheint es, eine starke und edelmütige Seele am höchsten und kleiden sie am besten. Epaminondas glaubte nicht, daß es dem Ruhm seiner glorreichen Siege und der vollkommenen Reinheit seiner Sitten abträglich wäre, wenn er sich unter die tanzenden Knaben seines Dorfes mischte, sänge, spielte, und das mit ganzer Aufmerksamkeit. Und unter so vielen bewundernswerten Handlungen Scipios des Älteren, eines Menschen, wohl würdig seines Rufes, von den Göttern abzustammen, gibt es nichts, das ihn anmutiger erscheinen läßt, als zu sehen, wie er gelassen und kindlich herumtändelt, Muscheln sucht und sammelt, und mit Laelius den Strand entlangrennt und mit ihm um die Wette Strandgut aufliest; wie er, wenn das Wetter schlecht war, zum Zeitvertreib und zum Vergnügen die gewöhnlichsten und niedersten Handlungen der Menschen in Lustspielen niederschrieb; und wie er, den Kopf erfüllt mit Hannibals großartigem Unternehmen und mit Afrika, die Schulen in Sizilien besuchte und sich in die Vorlesungen der Philosophen setzte, so ausführlich, daß er damit dem blinden Neid seiner Feinde in Rom die Zähne schärfte. Nichts ist bemerkenswerter an Sokrates, als daß er, schon im hohen Alter, die Zeit findet, sich im Tanzen und im Instrumentenspiel unterrichten zu lassen, und daß er diese Zeit für gut genutzt hält. (...) Er weigerte sich auch nicht, mit den Kindern um Nüßchen zu spielen oder mit ihnen auf einem Steckenpferd zu reiten; und es stand ihm sehr gut; denn alle Handlungen, sagt die Philosophie, kleiden den Weisen gleich anständig und machen ihm gleiche Ehre. Man hat Ursache und man darf niemals müde werden, das Bild dieses Mannes als Muster und Vorbild jeglicher Vollkommenheit zu preisen. Es gibt wenige Vorbilder erfüllten und reinen Lebens; und man tut Unrecht, uns in unserem Unterricht alle Tage schwächliche und unvollkommene vor Augen zu stellen, an denen kaum ein Zug gut ist, die uns eher nach unten ziehen, uns eher korrumpieren als korrigieren.

Das Volk täuscht sich: man geht leichter an den Rändern, wo die äußerste Grenze als Schranke und Wegweiser dient, als in der breiten und offenen Mitte des Weges, und leichter nach den Regeln der Gesellschaft als nach denen der Natur, aber auch weniger würdig und weniger lobenswert. Die Größe der Seele liegt nicht so sehr darin, bergauf und vorwärts zu gehen, als sich beschränken und zusammenhalten zu können. Eine solche Seele hält alles für groß, was ausreichend ist, und sie zeigt ihren Rang darin, eher die mittleren als die herausragenden Dinge zu lieben. Nichts ist so schön und billig, als recht und gehörig einen Menschen vorzustellen; keine Wissenschaft ist so schwer wie die, sein Leben gut und natürlich zu leben; und keine unserer Krankheiten ist so verheerend wie die Verachtung unseres eigenen Wesens. (...) Ich halte meine Seele an, den Schmerz und die Lust gleich gelassen und gleich standhaft zu betrachten: doch heiter den einen und ernst die andere; und bemüht, den einen zu hemmen und die andere zu steigern. Die Wohltaten richtig zu sehen, lehrt auch, die Übel richtig zu sehen. Man sollte dem Schmerz in seinem ersten zarten Anfang nicht aus dem Weg gehen, wohl aber der Lust in ihrem übermäßigen Ende. Platon verbindet beide miteinander und schreibt der Seelenstärke beide Aufgaben zu: gegen den Schmerz zu kämpfen und gegen die unmäßigen

und bezaubernden Reize der Wollust. Es sind zwei
Quellen: jeder, der aus ihnen schöpft, wo, wann und
wieviel ihm nötig ist, sei er ein Gemeinwesen, ein
Mensch oder ein Tier, der ist glückselig. Die Wasser
der ersten muß man als Arznei, aus Not und spar-
samer benutzen; die der anderen aus Durst, aber
nicht bis zur Trunkenheit. Schmerz, Lust, Liebe,
Haß: das sind die ersten Dinge, die ein Kind fühlt;
wenn die Vernunft sich ihnen zugesellt und sie sich
ihr anpassen, entsteht Tugend.

Ich habe ein eigenes Wörterbuch, das ich auf
meine Weise benutze: ich vertreibe die Zeit, wenn sie
schlecht und widrig ist; wenn sie gut ist, will ich sie
nicht vertreiben, ich koste sie aus und halte mich an
ihr fest. Die böse Zeit muß man durchlaufen und in
der guten Zeit lange weilen. Diese gewöhnlichen
Redensarten »Zeitvertreib« und »sich die Zeit vertreiben« drücken die Gewohnheit jener gescheiten
Leute aus, welche ihre Leben nicht besser glauben
bestehen zu können, als daß sie es hingleiten und
fortlaufen lassen, es verbringen, ihm ausweichen und,
soweit es bei ihnen liegt, es nicht erkennen und fliehen, als sei es eine langweilige und nichtsnutzige
Sache. Aber ich kenne es anders und halte es für
schätzenswert und angenehm, auch in seinem letzten
Verlöschen, in dem ich es erblicke; und Natur hat es
uns so reich mit allem versehen in die Hand gegeben,
daß wir uns nur bei uns selbst zu beklagen haben,
wenn es uns drückt und ungenutzt entflieht. Gleichwohl mache ich mich darauf gefaßt, es ohne Bedauern zu verlieren, weil es seinem Wesen nach verlier-
bar, nicht weil es beschwerlich oder lästig ist. Daher
steht es auch nur denjenigen gut an, unverdrossen zu
sterben, die gerne leben. (...)

Die anderen empfinden die Süße einer Befriedigung und eines Wohlseins; ich fühle es ähnlich wie sie,

aber nicht im Vorübergehen und -gleiten. Man muß diese Süßigkeit studieren, auskosten und wiederkäuen, um dem gehörig zu danken, der sie uns schenkt. Sie genießen die anderen Vergnügungen, wie sie den Schlaf genießen, ohne sie zu erkennen. Daß selbst der Schlaf mir nicht so ungefühlt entgleite, habe ich es ehedem gern gesehen, wenn man ihn mir störte, damit ich ihn wenigstens flüchtig sehen konnte. (. . .) Diese Betrachtung zieht großen Glanz aus dem Vergleich mit anderen Lebensweisen. So stelle ich mir, in tausend Gestalten, diejenigen vor, die vom Schicksal oder von ihren eigenen Irrtümern hingerissen und zerzaust werden, und besonders diejenigen, die mir noch näher stehen, die ihr Glück so nachlässig und stumpf empfangen. Das sind Leute, die wirklich ihre Zeit vertreiben; sie übersteigen die Gegenwart und was sie besitzen, um der Hoffnung und um Schatten und vager Bilder willen, die ihre Phantasie ihnen vorsetzt und die desto schneller und weiter fliehen, je mehr man ihnen nachjagt. Der Nutzen und Zweck ihres Jagens ist das Jagen, so wie Alexander sagt, das Ziel seines Mühens sei die Mühe.

Ich für mein Teil liebe das Leben und pflege es, so wie es Gott gefallen hat, es uns zu geben. Ich käme nicht auf den Gedanken, mir zu wünschen, es möchte der Bedürfnisse des Essens oder Trinkens enthoben sein, und der Wunsch, diese Bedürfnisse möchten doppelt so stark sein, schiene mir ein kaum weniger entschuldbarer Irrtum; noch möchte ich, daß wir uns ernähren könnten, indem wir uns ein wenig von jenem Pulver in den Mund steckten, mit dem Epimenides sich den Hunger vertrieb und bei Kräften erhielt; noch daß man die Kinder gefühllos mit den Fingern oder den Fersen zeugte; sondern lieber, mit Verlaub zu sagen, daß man sie wollüstig auch noch mit den Fingern und den Fersen zeugte; noch daß der Körper frei von allen Begierden und Reizen bleibe. Das sind undankbare und ungerechte Klagen. Ich nehme mit frohem und erkenntlichem Herzen an, was die Natur für mich getan hat und befinde es für gut und lobe es mir. Man tut diesem großen und allmächtigen Geber Unrecht, seine Gabe abzulehnen, zunichte zu machen und zu entstellen. Allgütig, hat er alles gut gemacht.

Unter den philosophischen Lehrmeinungen ergreife ich am liebsten diejenigen, die am haltbarsten, das heißt am menschlichsten und uns am gemäßesten sind: meine Gedanken sind, meinen Schritten gemäß, irdisch und demütig. Die Philosophie handelt, meiner Meinung nach, sehr kindisch, wenn sie sich auf ihre metaphysischen Hinterbeine stellt, um uns vorzupredigen, es sei ungeheuerlich, Göttliches mit Irdischem, Vernünftiges mit Unvernünftigem, Strenges mit Läßlichem, Ehrbares mit Unehrenhaftem zu vermählen; und weiter, die Wollust sei eine viehische Eigenschaft, nicht würdig, daß der Weise von ihr koste: das einzige Vergnügen, das er aus dem Genusse einer schönen jungen Frau ziehen könne, sei der Genuß des guten Gewissens, eine notwendige Tat begangen zu haben, wie jemand, der seine Stiefel anzieht, um sich auf einen nutzbringenden Ritt zu machen. Möchten doch die Anhänger solches Weisen nicht mehr Lust und Kraft und Saft bei der Entjungferung ihrer Frauen haben als seine Lehre! Sokrates, sein Lehrer und unserer, spricht anders. Er würdigt, wie er es soll, die körperliche Lust, aber er zieht ihr die des Geistes vor, da sie kräftiger, beständiger, leichter, mannigfacher, würdiger sei. Sie kommt nach seiner Ansicht niemals allein (er ist kein solcher Phantast), sie geht nur voran. Für ihn ist die Mäßigkeit nur die Haushälterin, nicht die Gegnerin der Wollust.

Natur ist eine liebreiche Führerin, aber nicht liebreicher als klug und gerecht. Ich suche allerwegen ihre Spur: wir haben sie mit künstlichen Fährten verwirrt; und das höchste Gut der Akademiker und Peripatetiker, welches darin besteht, ihr gemäß zu leben, ist aus diesem Grunde schwer zu bestimmen und auszudrücken; und ebenso schwer das der Stoiker, das ihm benachbart ist und darin besteht, in die Ordnung der Natur einzuwilligen. Ist es nicht ein Irrtum, einige Handlungen für weniger würdig zu halten, weil sie notwendig sind? Sie werden es mir dennoch nicht aus dem Kopf bringen, daß es eine sehr bekömmliche Paarung von Vergnügen und Notwendigkeit ist, mit der, wie ein Alter sagt, die Götter alles lenken. Wozu zertrümmern wir ein Gebäude, das in so wohlberechneten und brüderlichen Proportionen gewachsen ist? Vielmehr sollten wir es im gegenseitigen Dienst immer weiter befestigen. Der Geist erwecke und belebe die Schwere des Körpers, der Körper hemme die Schwerelosigkeit des Geistes und befestige sie. Kein Teil dieses Geschenks, das Gott uns gemacht hat, ist unserer Pflege unwürdig; wir schulden noch für das letzte Haar Rechenschaft. (. . .)
Wohlan, laßt euch zur Probe einmal die Ablenkungen und Überlegungen erzählen, die einer im Kopf hat, und um derentwegen er seine Gedanken von einer guten Mahlzeit abwendet und die Stunde bedauert, die er braucht, um sich zu ernähren: ihr werdet finden, daß unter allen Gerichten auf eurem Tische nicht eines so fade ist wie die schöne Unterhaltung seiner Seele (meistenteils wären wir besser bedient, wir schliefen ganz und gar, statt über dem zu wachen, wozu wir wach bleiben), und ihr werdet weiter finden, daß an seinen Gedanken und seinen Vorhaben nicht so viel daran ist wie an eurem Frikassee. (. . .)

Unter uns gesagt, es gibt zwei Dinge, die ich immer in sonderbarer Eintracht gefunden habe: überhimmlische Gedanken und unterweltliche Sitten.

Aesop, dieser große Mann, sah seinen Herrn im Gehen pissen. »Was soll denn das?« sagte er, »werden wir auch noch im Laufen scheißen müssen?« Gehen wir noch so sparsam mit der Zeit um; es wird uns immer noch genug übrig bleiben, die wir müßig und schlecht verbringen. Hat unser Geist nicht Zeit genug, um seinen Bedürfnissen zu folgen; muß er sich auch noch in dieser kurzen Zeitspanne vom Körper trennen, die der für seine Geschäfte braucht? Sie wollen aus sich heraus und dem Menschen entrinnen. Das ist Torheit; statt sich in Engel zu verwandeln, verwandeln sie sich in Tiere; statt sich zu erheben, stürzen sie ab. Diese übersinnlichen Gedanken erschrecken mich, wie die schroffen und unzugänglichen Höhen; und nichts aus des Sokrates Leben kann ich so schwer verdauen wie seine Verzückungen und Dämonerien; und nichts ist an Platon so menschlich wie das, weswegen man ihn göttlich nennt. Unter unseren Wissenschaften scheinen mir die am irdischsten und niedrigsten, die am höchsten geklettert sind. Und im Leben des Alexander finde ich nichts so irdisch und vergänglich wie seine Grillen und die Erklärung seiner Unsterblichkeit. Philotas gab ihm in seinem Antwortschreiben einen rechten Stich; er beglückwünschte ihn in seinem Brief zu dem Orakelspruch des Jupiter Ammon, der ihn unter die Götter versetzt hatte: »Was dich angeht, so freue ich mich darüber, aber die Menschen sind zu bedauern, die mit einem Menschen leben und ihm gehorchen müssen, der die Maße eines Menschen überschreitet und sich mit ihnen nicht begnügt.«

Die hübsche Inschrift, mit der die Athener die Ankunft des Pompejus in ihrer Stadt feierten, ist ganz nach meinem Sinn: »Um so eher bist du Gott, als du dich als Mensch erkennst.« Es ist die größte und gleichsam göttliche Vollkommenheit, sein eigenes Wesen im rechten Maße zu genießen. Wir suchen ständig nach einem anderen Leben, weil wir es nicht verstehen, unseres zu nutzen, und wir fliehen uns selbst, weil wir nicht wissen, was in uns steckt. Dabei steigen wir vergeblich auf Stelzen, denn auch auf Stelzen müssen wir mit unseren eigenen Beinen gehen. Und auf dem höchsten Thron der Welt sitzen wir doch nur auf unserem Hintern.

Die Leben sind, nach meinem Dafürhalten, die schönsten, die sich nach dem allgemeinen und menschlichen Modell richten, in guter Ordnung, doch ohne Wunder und Überschwang. Allein das Alter hat es ein wenig nötig, zärtlicher behandelt zu werden. Wir wollen es dem Gotte anempfehlen, der Beschützer der Gesundheit und der Weisheit ist, aber einer heiteren und geselligen: »Laß mich, Sohn der Latona, meine Güter gesunden Leibes genießen; und laß mich kein schmachvolles Alter erleiden, und erhalte mir die Kraft, auch im Alter noch die Leier klingen zu lassen.« (Horaz, *Oden*, XXXI, 17–20)

Montaignes Trägheit

*Wir wissen zu sagen: »Cicero hat dies gesagt, das ist
die Sittenlehre nach Platon; und jenes sind die Worte
von Aristoteles persönlich.« Aber wir,
was sagen wir selber? was urteilen wir?
was tun wir?* (I, 25)

Nur zwölf Generationen trennen uns von diesem gesunden Einzelexemplar zwischen den Zeiten. Nur?
Wenn es um Liebe und Eifersucht, um Schmerzen
und Angst, um Selbsterkenntnis und selbstgelegte
Fallen im Alltag geht, ist Michel de Montaigne Zeit-
genosse. So wenig hat sich geändert im Leben der
Einzelnen. Nur die Welt, in der sie sich finden,
ist bis zur Unvergleichbarkeit anders geworden.
Waren das wirklich nur vier mal drei Menschenleben von Kopernikus bis heute? Absolutismus und
die Entdeckung der Schwerkraft; Aufklärung und die
Erfindung der Dampfmaschine; Kapitalismus und
der Verbrennungsmotor. Und in diesem Jahrhundert: Atombombe und Sozialstaat, Gentechnologie
und künstliche Intelligenz.

Man kommt kaum nach mit dem Registrieren der
Neuerungen. Da bejubelt Herr Ratzke, der Heraus-
geber des *Handbuchs der neuen Medien,* die frische Medienvielfalt, die Digitalisierung der Bilder und die
Globalisierung des Bewußtseins und beruft sich auf

Montaigne: »Nach jahrelanger Stagnation« hätten sich die Politiker endlich dessen Wortes »Nichts drängt einen Staat, nur die Innovation« erinnert und die Bahn freigegeben für eine Revolution, die nichts und niemanden unberührt lassen wird. Das erste, das von ihr berührt wurde, war allerdings das Montaigne-Wort. Denn es heißt »Nichts bedroht einen Staat schlimmer als Neuerungen«. Wer weiß, was in Zukunft noch alles an aufgefrischter Vergangenheit aus den Übersetzungs- und anderen Automaten kommen wird. Bekanntlich ja immer das, was die Menschen hineingesteckt haben; da besteht Grund zur Skepsis und wenig Anlaß zu freudigen Erwartungen.

Der Prozeß der Enteignungen, Dislozierungen und Abstraktionen geht immer weiter; und das eine objektive, desanthropomorphe Ganze wird immer stärker, während der freie Raum, in dem man Leben versuchen könnte, schrumpft. Die Schnitte der Filme, die Phasen an den Ampeln und die Vorwarnzeiten werden immer kürzer; und mit Glasfaserkabel, Videospielen, Gen-Diagnose und Industrierobotern deutet sich eine völlig neue Form von Gesellschaft an: alles ist in Bewegung, die Weltentwürfe der Werbung kommen ohne ein Gran Natur aus, und die Seele ist Rohstoff für Dienstleistungsgewerbe jeglicher Art geworden. Der Mensch macht sich selbst: wird gemacht, arbeitsteilig, hochspezialisiert und so, daß er nichts Festes mehr an sich findet. Nichts Naives, nichts Überkommenes, nichts Unveränderbares, nichts, dem er noch trauen kann. Das erfordert viel Arbeit, viel Zeit, großen Reichtum: für die Mittelschichts-Milieus des Nordens und die trivialen Varianten der Individualisierung, die dem Massenkonsum zugeführt werden. Und noch immer bezahlen die Kannibalen die Rechnung.

Also, was können wir heute anfangen mit diesem gesunden Einzelexemplar, das da zwischen den Epochen gelebt hat? Können wir mehr tun, als ihm zuwinken aus weiter Ferne? Bald nach seiner Zeit begannen die Teilungen und Zerreißungen; und auch im Denken begann der Sprung ins Differenziertere. Da war Schluß mit diesem ewigen, versuchenden Hin und Her zwischen Subjekt und Objekt, da umkreisten keine Essais mehr die Dinge, sondern die Vernunft zog das Descartes'sche Augenglas zwischen die erkennenden Menschen und die gegenständliche Welt. Bald auch kam die Trennung der Denkenden in Wissenschaftler und Pfaffen — säkulare und ordinierte, die alle zusammen ihr Geld damit verdienten, sich Gedanken zu machen über das, wozu alle anderen immer weniger Zeit und Mut hatten: wie man eigentlich leben will. Und weil die Gedanken delegiert wurden und als Predigt oder Ware zurückkamen, nahmen sie die Form an: wie man leben soll. Das wurde ein Gewerbe wie alle andern, und vorläufig endete es damit, daß die Experten für die Logik denen fürs gute Leben sagten: Man kann aus Seinssätzen keine Sollenssätze ableiten. Da sind wir heute; und jeder kann aufs neue bei sich anfangen. Oder: er muß es.

Man kann Montaigne nicht als Kronzeugen dafür nehmen, daß es anders hätte kommen können. Er ist allenfalls ein Hinweis darauf, daß da Stärkeres am Wirken war als der Wille von einzelnen Menschen. Montaigne hat keine Rolle gespielt in der Geschichte des abendländischen Geistes. Alle finden ihn nett, wie einen Onkel, aber keiner nimmt ihn richtig ernst — keiner von den Zünftigen jedenfalls. Die Logiker von Port-Royal und die Pfaffen sorgten im folgenden Jahrhundert dafür, daß er auf den Index kam — wo er blieb, bis der Index vor ein paar Jahren abge-

schafft wurde. Von 1669 bis 1724 gab es keine Neu-
auflage der *Essais* in Frankreich. Dann entdeckten
ihn die Aufklärer — und überholten ihn. Die Geschichte der Übersetzungen ist auch ein Kommentar
zur Geschichte des *common sense* in Europa: 1603 in
England, 1633 in Italien, 1674 in Holland und 1753
in Deutschland.

Er hatte eine Reihe von Freunden: Diderot und
Goethe, Shakespeare und Herder, Nietzsche und
France — die institutionalisierte Weisheit gab ihm
die wenig begeisternde Position des Vorläufers und
Kredit für seine soziologische und psychologische
Präzision; man deutete auf seine Bedeutung für die
methodische Skepsis Descartes' und die verzweifelte
Skepsis des Glücksspielers Pascal. Es folgten ihm
einige Einzelgänger, die wie er wenig Neigung zeig-
ten, glückhafte Manufakturisten des Geistes oder dauerhafte Beamte des großen Fortschrittsprojektes zu
werden. Da ist wohl vor allem die heiter-bescheidene
Aufklärung Diderots zu nennen — des Diderot, dem
man die *Encyclopédie* aus Geschäftsrücksichten ver-
hunzt hatte, der nur noch für seine Freunde schrieb
und der Rameaus Neffen als sinnlich-weisen Affen an
den Tischen der Geschäftemacher aufklären ließ.
Dort sind Montaignes Weisheiten dann gelandet: im
Bereich der ästhetischen Wahrheiten, abgespalten
vom Prozeß der Moderne und den Kämpfen um
dessen Richtung. Die politischen Aufklärer hielten
es eher mit Rousseau; sie machten ernst mit der
Menschheit: das hat uns weitergebracht und viel gekostet.

Die Sucht nach Heil blieb in der Welt. Sie ist die
Reaktion auf die Angst, die einen in unübersichtli-
chen Lagen beschleicht; und ihre Praxis ist es, Ungewißheit zu Gewißheit, Unbekanntes zu Bekanntem
zu verarbeiten. Auf die Essais folgten die Meditatio-

nen, die Theodizeen, die Systeme und die *manuals*. Nicht die gesonderten Individuen wurden die Stifter des neuen gesellschaftlichen, irdischen Zusammenhangs, sondern dieser Zusammenhang selbst wurde zum Subjekt; die philosophischen Vorstellungen über Harmonie begleiteten die Realisierung der gesellschaftlichen Hegemonie über das Einzelne.

Hegel, der es als Fortschritt feierte, daß Kanonen berechenbarer sind als der »romantische Trieb der zufälligen Tapferkeit« von Rittern, schrieb: »Die moderne Welt ist diese wesentliche Macht des Zusammenhangs; sie enthält dieses, daß es für das Individuum schlechthin notwendig ist, in diesen Zusammenhang der äußerlichen Existenz einzutreten. (...) So war früher die Tapferkeit individuell; die moderne Tapferkeit ist, daß jeder nicht nach seiner Weise handelt, sondern daß er sich auf den Zusammenhang mit anderen verläßt.« Luhmann nennt das heute Systemvertrauen, aber Hegel war noch gar nicht ungeheuer dabei. Für ihn kann Montaigne noch »nicht zur eigentlichen Philosophie gerechnet werden, (er) gehört zum gesunden Menschenverstand«, ist eine dieser »gärenden Gestalten«, die sich von »dem Objekt, das bisher die Stütze und Halt des Bewußtseins ausgemacht, dem Glauben verlassen« sahen. Aber man wollte ja höher hinaus als der gesunde Menschenverstand, und weiter, bis in die Arktis und die »Eiswüsten der Abstraktion«, ins Unendliche. Das war heldenhaft: Pyrrhus-Siege erkennt man erst hinterher. Und auch wenn die Helden es nicht gemütlich auf Erden haben wollten — was Montaigne durchaus legitim gefunden hätte —, sie haben mit dem Aufstieg in die Unendlichkeit zugleich sich selbst abgeschafft, denn mit jedem errungenen Fortschritt der Produktivkräfte und der Organisation sank auch die Zahl derer, die noch aus eigener Verantwortung leben können. Die großen Projekte sind gigantisch geworden, aber ihre Angestellten haben kaum noch Zeit für kleine; und so sind wir der Unendlichkeit nähergerückt: auf die kurze Zeit des gärenden Entwurzeltseins folgte die Herstellung eines technischen Ganzen, das nun »die Stütze und Halt des Bewußtseins« aller angibt. Es ist von einer Objektivität, die dauerhafter und härter ist als das menschliche Leben; die Chance, daß viele in vielen Mitten stehen, ist vertan: in Gestalt des Sachzwangs (und des Kampfes gegen ihn) tauchte ein höchst massiver »objektiver Geist« auf, kurz nachdem die Götter gestorben waren. Der Gemeinsinn, die soziale Sinnlichkeit, blieb auf der Strecke; das Subjekt ist die Gattung, der »große Mensch«, das System — und nur die Kinder und die zornigen alten Männer können noch andere Wahrheiten praktizieren. Und die Frauen.

Common sense, der sich im Volk und bei den kleinen Leuten hartnäckig gehalten hat, gilt weitgehend als Zurückgebliebenheit. Er paßt in eine Welt, die sich im Kreislauf bewegt; im Kreislauf der Dynastien, der Jahreszeiten, der Gefühle. In einer solchen Welt kann man sich in der Mitte fühlen. Linear war eigentlich nur der Lebenslauf; und deshalb der Tod das einzige große Problem. Montaigne hat es mit seinem gottlosen, weltfrommen Naturvertrauen bearbeitet. Sicher, am Ende, als er an einer Mandelentzündung starb, hat er die Hände gefaltet — das macht man auch beim Zahnarzt: es ist das demütige Einwilligen in einen unabänderlichen Schmerz. Aber es läßt sich noch leichter sterben, wenn man der Überzeugung sein kann, es kommt nichts ganz Neues nach einem auf die Welt.

Der *common sense* entstammt einer Welt, die der totalen Verfügbarkeit entzogen ist: man muß sich mit ihr ins Benehmen setzen. Wenn das Ganze als machbar begriffen wird, kommt es darauf an, zu wissen; wenn es als Progreß erfahren wird, muß man sich bewegen. Sonst bleibt man stehen. Es ist eine gerichtete Bewegung, in die die Menschheit verfallen ist, kurz nach dem 16. Jahrhundert. Schon 1619 war es für Comenius' Tutor, Andreae, »schändlich, am Fortschritt zu zweifeln«. Sein Schüler merkte sich das und begründete den systematischen Unterricht: Wissen wurde zur wichtigsten Erfahrung. Die theoretische Entdeckung der Schwerkraft hat dem Fortschritt zu progredierender Beschleunigung verholfen; inzwischen ist die so schnell, daß uns die Auseinandersetzungen darüber, ob sie linear oder in Spiralen erfolge, schon fast rührend vorkommen. Jede Generation seit 300 Jahren macht die Erfahrung dieser Beschleunigung; man folgt ihr, solange man kann, und dann beobachtet man, wie die Kinder noch schneller werden.

Solange man von der Natur abhing, im ewigen Kreislauf von Aussaat und Ernte, konnte man noch glauben, daß »das meiste auf Erden von selbst geschieht« (III, 8) und man sich dem nur anpassen kann. Nun wird alles getan, aber die Naturwüchsigkeit ist geblieben. Das Tempo ist gewachsen und die Vergesellschaftung so dicht geworden, daß sie jedem Einzelnen mehr nimmt, als sie ihm gibt. Weil jeder das weiß, erhöht sich das Tempo. Wer schlau ist und es sich leisten kann, entzieht sich dem Ganzen: meldet sich aus der Sozialversicherung ab und seine Kinder in der Privatschule an, flieht aus den Steuern und in die Toscana. Daß es nicht zu viele tun, zeigt an, daß mit dem Riskanterwerden des Prozesses die Risikofreude abgenommen hat.

Da wir alles berechnen können, wissen wir, wann die Rohstoffe alle sein werden; wir können uns ausrechnen, wie es in 100 Jahren aussehen wird, und inzwischen ist die Mauer in Sicht, gegen die der Zug des Fortschritts demnächst fahren wird. Und in den Salonwagen des Zuges herrschte — bis vor kurzem jedenfalls — eine Stimmung wie im Manierismus: Shakespearesche Schurken, dekadente Dandys und Feste wie die von Henri III. auf Chenonceaux — etwas ärmlicher wegen der Kulturhoheit und etwas sittsamer wegen der Öffentlichkeit. Auch die Feuerwerke waren erheblich besser geworden in den letzten Jahren. Es gab kühne Futurismen und gleich daneben romantische Rückblicke, Wahnsinn wie bei Tasso und Filme wie von Tintoretto, das Sublimste gleich neben dem Obszönsten zu kaufen. Alle Geschichte löst sich auf in eine Gegenwart. No-Future-Rufe beschleunigen die Kauflust, die Suchbewegungen und die Desintegration. Zu Montaignes Zeiten war es die Verzweiflung von Einzelnen, im Wirrwarr ohne Gott zu leben und nicht zu wissen, wie es weitergeht: heute wird sie kollektiv erfahren, weil wir wissen, wie es wahrscheinlich weitergeht: wir sind nicht nur von Gott, sondern von allen guten Geistern verlassen. Es sieht nicht nach Zwischen-, sondern nach Endzeit aus, auf jeden Fall nach dem Endstadium der Beschleunigung. Und wie die Menschen und ihre Welt danach sein werden, darüber können uns Biologen, Demokratietheoretiker und Psychoanalytiker nur Ungenaues sagen.

Wer sich diesem Endzeittaumel nicht überlassen will, muß so tun, als wäre es, noch einmal, eine Zwischenzeit in der Geschichte des *homo sapiens* In Zwischenzeiten haben sich manche auf die »Natur des Menschen« besonnen: Diogenes, Montaigne, die französischen Aufklärer, Heidegger — oder, wenn der anrüchig ist, meinetwegen Marcuse oder Erich Fromm. Zeiten sozialer Unsicherheit, erhöhter Freisetzung, gesellschaftlicher Krise, das sind immer auch Zeiten, in denen Vergessenes erinnert oder Neues erdacht und praktiziert wird — ob mit Erfolg, das kann man nicht vorhersehen, denn es geschieht unter dem offenen Himmel der Geschichte.

Die Indianer haben Konjunktur, zum dritten Mal in der Neuzeit, und wieder ist es die Sinnlichkeit, die gegen die theoretischen Gewißheiten rebelliert, wieder werden wir von unserer Haut belehrt. Die Wahrheiten liegen auf der Hand, und mit der Muttermilch schon saugen die Kinder dieser Zeit den Charakter ihrer Gesellschaft in sich auf. Die Grenzwerte sind überschritten, auch die im Trinkwasser; und längst geht es nicht mehr um so harmlose Dinge wie den Ruß auf der Wäsche im Rheinland. Früher brachen die Kathedralen zusammen, weil die Baumeister nicht genug Erfahrung hatten, heute brechen die Autobahnbrücken zusammen, weil man zu knapp kalkuliert hat. Wenn wir alles erneuern würden, was die Schwefelsäure zerfrißt, kämen wir mit den Rüstungsetats nicht aus. Am Central Park in New York steht der Kleopatra-Obelisk, seit 1890. Die Hieroglyphen auf der Ostseite sind noch gut lesbar, die Westseite ist zerfressen vom giftigen Regen aus dem Landesinnern. Neunzig Jahre haben zerstört, was dreieinhalb Jahrtausende Bestand hatte. Da fragt der *common sense:* Und wie sieht es in unserm Innern aus?

Wie Montaigne würden wir gern der Zeit einen Pflock vors Rad legen; und wie damals regt sich der Impuls, sich zurückzuziehen, bis wieder Normalität herrscht. Aber das war schon damals ein Irrtum, wegen der Beschleunigung. Die gesunde Skepsis vieler Einzelner ändert nichts; die geschichtserfahrene Skepsis sagt einem eher, daß selbst organisierte Gegenbewegungen zu nichts führen werden. Denn die Zentralen sind heute mächtiger als diejenigen, die im 16. und 17. Jahrhundert die regionalen Aufstände gegen den Fortschritt im Blut erstickten. Wieviel Bataillone hat die Natur?

Jede Freisetzung ist auch eine Chance: man fällt der Arbeitslosenversicherung anheim und dann der Sozialhilfe — aber man entgeht auch den allmählichen Deformationen, die das Leben in der Grundstoffindustrie oder den Großraumbüros mit sich bringt. Es setzt sich die Erkenntnis durch, daß die Freisetzung keine Schande mehr ist; und wer aufgehört hat, auf die Wiederkehr des *status quo ante* zu hoffen, sieht sich vielleicht nach Neuem um und die Welt überhaupt erst einmal an. Es scheint so, als hingen auch alltägliche Entscheidungen immer mehr davon ab, ob wir glauben, die Krankheit der Welt sei noch kurierbar oder nicht.

Hat Montaigne in dieser Situation mehr anzubieten als Wegzehrung für den kleinen Rückzug? »Nichts fällt, wo alles fällt. Die Krankheit der Welt ist die Gesundheit des Einzelnen; daß es überall das gleiche ist, spricht gegen Auflösung. Ich meinesteils verzweifle noch nicht und sehe noch Mittel und Wege zu unserer Rettung.« Damals dachte man sich den Zusammenbruch realistischerweise noch als Desintegration, nicht als Fahrt in den Abgrund; ein partieller Rückzug in die ohnehin noch vorhandene Autarkie machte da noch Sinn, zumal man ein Schlößchen und ein paar Weinberge und Bauern sein eigen nennen durfte. Aber wer kann denn heute noch autark sein? »Solange ich noch anderwärts ein Stück freies Land oder offenen Himmel finde, werde ich nicht an einem Ort verkümmern, wo ich mich verstecken müßte.« Die Argumente gegen Australien sind bekannt: vor der Pest und dem Bürgerkrieg kann man fliehen; aber wie soll man dem Säureregen, der Krise, den Raketen, dem Datennetz und der allgemeinen Schulpflicht entkommen?

Es stimmt ja, Verzweiflung nützt nichts und niemandem, aber die Rahmenbedingungen sind weniger dazu angetan, uns gelassen zu halten als damals: »Diese Sonne, dieser Mond, diese Sterne, dieses Weltgebäude, es ist dasselbe, das eure Ahnen genossen und das eure Enkel erfreuen wird.« Das stimmte, als es noch Lücken im Weltenbau gab; aber heute, wo alles mit allem zusammenhängt, und das nicht auf gute Weise? Heute sind wir dessen nicht mehr sicher, und das Mitmachen mit beschwertem Gewissen schlägt um in private Fluchten, und die in Selbstverachtung, die das Spiegelbild der äußeren Zerstörungen ist. Keine Rettung für den Einzelnen; und vom Ganzen, das uns ernährt, droht die Zerstörung.

»Das Ich kann sich nur noch bewahren, indem es die Menschheit auch im Ganzen zu bewahren sucht.« Den Satz schrieb Max Horkheimer, als er noch aufs Weltproletariat setzte, dem Einzelgänger Montaigne ins Stammbuch. In einer zerspaltenen Welt sei auch das Ich abstoßend und zerspalten. Das stimmt, nur wissen wir inzwischen nicht mehr so recht, wie man die Menschheit im Ganzen bewahren kann. Daß es mit Parteien nicht klappt, auch nicht mit den richtigen; daß die UNO, der Club of Rome und alle diese global ansetzenden Projekte dem Übel nicht beikommen, das wissen wir inzwischen. Die Menschheit müsse sich ein ökumenisches Projekt vornehmen, wenn sie sich nicht durch eine Gesamtregierung zugrunde richten will — so etwa schrieb Nietzsche. Ja wie denn? Woher soll sie kommen, die neue Einheit der Welt? Der Versuch, Gesellschaften durch Moral und Maschinengewehre zu steuern, ist nach siebzig Jahren gescheitert. Aber das Ende des kalten Krieges macht nicht froh: Eine ungebändigte neue Akkumulationsrunde droht; die Völker der zweiten und dritten Welt wollen leben wie die Schweden — lange genug hat man es ihnen vor Augen geführt; die Enttäuschten und Elenden des Südens machen sich auf den Weg; aber ein Wachstum, das auch nur die allerdringlichsten Ansprüche stillen könnte, läßt die Meere steigen. Schon entwerfen die Ingenieure Behelfsunterkünfte und neue Bäume für die Menschheit. Die Einzelnen sind ohnmächtig, und die Mächtigen handeln in die falsche Richtung — sie ändern die Technik und nicht die Menschen. Und daß wir das wissen, das wissen wir schon lange. Es sind Zirkel. Und diese Erkenntnis lähmt, lähmt bis zur Depression. Aber wahrscheinlich ist sie richtig.

Allerdings, es gibt nicht nur Erkenntnis im Verhältnis zur Welt. Wenn alles mit allem zusammenhängt, dann ist es auch — ein wenig jedenfalls — egal, was man tut, wenn man es in die richtige Richtung tut. Wenn man nicht dem Ganzen von oben eine neue Richtung geben will — das wäre das instrumentalistische Politikverständnis —, sondern sich als Teil der sich bewegenden Welt versteht; wenn man darauf verzichtet, den archimedischen Punkt zu suchen, dann erhält die Bewegung der einzelnen Atome und Moleküle des Ganzen eine neue Bedeutung. Da hat der *common sense,* vielleicht, noch eine Chance, dann kann man sich von Montaignes Weltliebe anstecken lassen. Die Voraussetzung ist nur, daß man überhaupt noch Lust zum Handeln hat, und dafür ist eine nicht zerstörte Neugier auf die Welt Voraussetzung. Wenn alles sich bewegt, und wenn die organisierten Anstrengungen, die »Menschheit im Ganzen« zu bewahren, Teil des kollektiven Wahnsinns zu werden drohen, weil sie seine Organisationsprinzipien teilen, dann nützt vielleicht wirklich nur noch der vom *common sense* geleitete Kurzschluß zwischen Ich und Welt, Gefühl und Natur; eine Beschwerung des Denkens, das in Organisationen immer zu leicht wird, mit sinnlichen und körperlichen Gewißheiten. Das wird nicht einfach sein, denn die leichte Bewegung hat die Kraft und die Dynamik für sich; hat sogar die schwere Erkenntnis, daß der Tod — ohne die Belohnung eines Jenseits — uns davon befreit hat, falschen Herren zu dienen, immer wieder mitgerissen in die fragwürdigen Aufschwünge diesseitiger Paradiese.

Das Neue nach der Aufklärung, deren Allianz mit dem Kapital uns die Maschinen- und Sozialversicherungssysteme beschert hat, wäre so etwas wie »Abklärung« — ein Wort des Biologen Rupert Riedl. Als die Aufklärung zur Bewegung wurde, war sie die Zusammenfassung von politischen Erhebungen, technischen Erfindungen, ökonomischen Entwicklungen und einigen schönen Denkresultaten, die als einzelne schon hier und dort als Inseln im Meer der Zwischenzeit lagen. Warum sollte es mit der Abklärung anders sein?

Wie sähe sie aus, im Einzelnen? Man sagt sich von den gesellschaftlichen Banden los, in denen man steckt, man schickt die fremden Möbel aus der Seele. So hat Montaigne es beschrieben. Aber er hat den Fußboden nicht herausgerissen, seine Aufklärung war nicht bodenlos, er ist nicht ins Nichts ausgestiegen.

Nicht die Alternative, nicht die Große Weigerung ist die Figur, nach der Montaigne seine Bewegung organisiert hat, sondern die präzise, die alltägliche, die strategische Weigerung.

Das revolutionäre Pamphlet seines Freundes La Boétie war nicht der Aufruf zu einer Bewegung oder Gegenbewegung; aber es war auch nicht das Programm einer vorsichtigen, institutionell sich vor dem Chaos sichernden allmählichen Aufklärung, wie in Kants Aufklärungsschrift. Die Idee, die Herrschaft dadurch abzuschaffen, daß man ihr nicht folgt — diese so kinderschwere Idee des zivilen Ungehorsams —, ist der Aufruf zu einer Unterlassung, nicht zu einer Handlung. Sie ist schwer als »Bewegung« zu organisieren; letztlich beruht sie auf dem Entschluß vieler Einzelner, etwas nicht zu tun — und zwar nicht abstrakt und als Blockadeunternehmen, sondern hier und jetzt gerade das nicht zu tun, was von ihnen erwartet wird und von dem der Bestand des Herrschaftssystems abhängt.

Montaigne wollte nichts »verwirklichen«; seine Sehnsucht war, daß das falsche Kreisen aufhören möge. Daß es falsch war, dazu genügte ihm, was er so sah, und die Urteile, die er mitbrachte: die Grausamkeit, die Artillerie, das Höflingswesen, die Kriege und die Scheiterhaufen — wenn das alles aufhörte, würde man weitersehen.

Um der falschen Bewegung zu widerstehen, verließ Montaigne sich auf eine Bewegungsform, die ihm von Kind an die liebste und gemäßeste war: eine Art wacher Trägheit. Die Hegelsche Tapferkeit, darauf zu vertrauen, die Bewegung des Ganzen werde schon ihre Richtigkeit haben, mochte er nicht aufbringen; ebensowenig wie er sich zu Hegels Bildungsprogramm (»die Glättung der Besonderheit, daß sie sich nach der Natur der Sache benimmt«) verstanden hätte. Denn diese Sache ist ja die »alles verzehrende Mitte« der Gesellschaft: die Vermittlung, die alles Feste flüssig macht. »Was ich tue, das pflege ich ganz zu tun (...) und was die allgemeinen Anschauungen angeht, so stehe ich von Kindheit an auf dem Standpunkt, auf dem ich stehen sollte.« Lieber ganz bleiben und beschränkt, als nur der Funktionär eines universellen Zusammenhangs oder einer gesellschaftlichen Institution, deren Resultate ich mir dann von anderen erzählen, interpretieren, aufdrängen lassen muß.

Heute ist die Bewegung der organisierenden Mitte so schnell geworden, daß sie die Seelen und die Oberfläche der Welt zu Nichts zu zerreiben droht, während sie die zweite Natur — sich selbst — zum Stahlnetz verfestigt. Wegen dieser Bewegung ist die Trägheit eine Bewegungsform geworden, mehr und anderes als bloßer Stillstand. Nicht mehr der Kampf innerhalb der Muster des Bestehenden — die sozialdemokratische Kampfweise — ist heute effektiv, sondern der planvolle Rückzug, das hinhaltende Widerstehen, das Aussteigen-und-auf-der-Stelle-Liegenbleiben. Als Investitionshindernis.

Diese Kampfweise, die »Entdeckung der Langsamkeit«, erfordert Anstrengung und Tapferkeit, und einiges Nachdenken. Es ist die Verwandlung eines vermittelten Verhältnisses zur Welt in ein unmittelbares. »Unmittelbar und unbefangen zu einer Welt (zu stehen), in der nichts in Ordnung ist« — gerade das wirft Horkheimer Montaigne vor. Aber es geht um die Unmittelbarkeit, die von der Erkenntnis dieser Welt ihren Ausgang nimmt und nicht mehr auf das Mitstricken an den Vermittlungen setzt.

Es gibt diese Unmittelbarkeit und Unbefangenheit heute in vielen Varianten. Eine ist das Sein-Lassen. Es hat Konjunktur, aber in seiner Suche nach der heilenden Direktheit hat es nicht nur die beschleunigte, sondern die Gesellschaft überhaupt verlassen. Diese reine, harmlose Unmittelbarkeit tut niemandem weh und unterscheidet sich in der Wirkung nicht von der Unmittelbarkeit, die vor aller Erkenntnis liegt: dem bewußtlosen Mitmachen und Mitgemacht-Werden.

In der Politik wirkt die Trägheit als ökologisches Bewußtsein. Sie wird es, wenn alles gutgeht, schaffen, die schlimmsten Bewegungen zur Zerstörung der Welt anzuhalten, umzulenken, zu entschärfen. Es müssen ja nicht — nur — diese Bäume sein. Ökologisches Wachstum, aufgeklärter Industrialismus, Rüstungskontrolle. Nach dem Ende des Sozialismus geht es darum, zuallererst auf der Nordhalbkugel, ein Niveau gedämpfter und reparierbarer Zerstörung einzuführen. Bessere Grenzwerte, damit die Menschen in den großen Städten nicht mehr so viel husten müssen und wenigstens die Tiere, die wir gern haben, überleben. Neuerdings ist ja eine der Aufgaben von Zoos die Artenerhaltung — und von dieser Art ist wohl alles, was wir von der Politik erwarten dürfen: die Verwandlung der Welt in einen Zoo unterm Glasdach mit Produktionsstätten auf dem Mond. Und selbst das wird viel Arbeit erfordern, wenn es klappen soll. Verantwortungsethiker werden dabei den Süden nicht vergessen und mahnend auf das Massensterben hinweisen. Man wird solchen Bemühungen »die Hand, aber nicht das Herz leihen«, denn das Resultat ist nicht herzwärmend. Hier geht es um die bürgerliche Pflicht.

Dann gibt es die Trägheit und das Warten — und damit nähern wir uns, denke ich, noch einmal Michel de Montaigne — in einer neuen Form: ganz ohne ein Jenseits, aus dem Godot kommt, ganz unmittelbar und körperlich, mit einem zärtlichen Verhältnis zur Oberfläche der Welt. Es ist die Tapferkeit gegen das Systemvertrauen: die von Hegel verpönte »ritterlich-zufällige Romantik«. Es ist die aktive Trägheit gegen die Bewegung gesetzt; es ist die mit viel Besetzungsenergie ausgestattete Liebe zur Welt und den Dingen; sie rollt keine Steine mehr, sie legt sich selbst in den Weg.

Reisende in die vorindustriellen Zonen wissen, daß die Zeit und auch sonst nichts stehenbleibt, wenn man danebensitzt und wartet; und auch Montaigne, der sich das Leben so gut einrichtete, wie er es verstand, und der damit — nach dem Kodex seiner Gesellschaft — niemandem etwas wegnahm, auch Montaigne hat seinen Turm, der den Bauern seiner Ge-

gend im Bürgerkrieg ein Zufluchtsort war, oft genug
zu wertkonservativen Ausfällen verlassen. »Warten«
— das Grimmsche Wörterbuch sagt uns das — hieß
einmal soviel wie aufpassen, verhindern, behüten,
das Subtile pflegen und schützen, auf kommende Bedrohungen achten. Da wird nicht auf etwas gewar-
tet, da wartet man etwas. Das war in der Zeit der
Ritter und Bauern, als die Wege unsicher waren und
das Leben erforderte, daß man aufmerksam war gegen unerwartete Bedrohungen; im übrigen be-
schränkte man sich lange Zeiten des Jahres darauf,
Störungen abzuhalten und die Natur tun zu lassen.
Aufmerksame Seßhaftigkeit und schwer zu belehren-
der *common sense* bei den Bauern; die Bereitschaft, den
geschulten Körper geistesgegenwärtig einzusetzen,
bei den Rittern.

Beides sind Formen von Präsenz, von Präsens auch:
das Behüten des Immergleichen und die Abwehr
plötzlicher Angriffe gegen die eigene Integrität. Und
beides kann man vorgesellschaftlichen Universalien
zuordnen: dem einzelnen Leben und der Natur.
Dieses unmittelbare Verhältnis zur Welt — unter
Ausklammerung von Gesellschaft und Geschichte —,
dieser Kurzschluß zwischen Ich und Welt, dieses
Mit-Leben: man findet sie heute bei denen, die der
Bewegung hinderlich sind, die kurz nach Montaigne
begann. Und ich glaube nicht, daß es ein Kurzschluß ist, wenn ich die Ritter im Greenpeace-Boot,
Hausbesetzer, Bauern in Larzac oder den Mieter, der
nicht ans Kabelnetz will, mit ihm in Verbindung
bringe. »Es reicht ihnen, wenn sie es fühlen«; sie be-
anspruchen, in den Dingen des eigenen Lebens die
ersten Experten zu sein — und zum eigenen Leben
gehören auch dessen Grundlagen. Was sie eint, ist
die Haltung einer politisch (mehr oder weniger) auf-
geklärten und strategisch plazierten Trägheit, die

sich von Innovation nicht viel verspricht, die sich der Veränderung widersetzt oder entzieht, weil *dieses* Individuum sie nicht will, weil dieser »backyard« von ihr verschont bleiben soll; und weil die Versprechen auf noch mehr Zukunft hinlänglich schrecklich sind. »Der größte Feind des Fortschritts ist nicht der Irrtum, sondern die Trägheit«, sagte ein Herr Buckle im letzten Jahrhundert. Er meinte wohl die Unlust zur Bewegung in arbeitsteiligen Zusammenhängen und den Unwillen, sich belehren zu lassen.

Es kommt darauf an, daß die Menschen anders lernen, als ihre Eliten es von ihnen wünschen. Jeder Einzelne, der nach dem Maßstab seiner Gesellschaft unfähig und ohnmächtig ist, weiß mehr, als man ihm weismachen will; und fast alle fühlen, daß es aufs Bremsen ankommt.

Aber bremsen kann man diese schaukelnde Bewegung der gesellschaftlichen Atome und Moleküle nur von den Einzelnen her. Unregierbar, unsteuerbar, unaufhaltsam ist es nur von den Zentralen her geworden, denn dort wirken die zentralisierten Zwänge am stärksten. Wie, wenn die Atome sich anders bewegen würden? Wenn die Einzelnen ihre Nasenspitzen ernst nähmen und im Bereich ihrer Nasen (oder Kirchtürme) der eigenen Bewegung folgten? Wenn viele langsam und träge würden; wenn sie die Fäden zwischen ihrer eigenen und der großen Natur wieder fester spinnen, ihre Gangart und Geschwindigkeit selbst festlegen würden — könnte eine massenhafte »punktuelle Politik« ohne Resultat bleiben? Es wäre weder der Idealismus der Revolutionäre oder der ewigen Reformer noch der Nihilismus der Verzweifelten, die sich beide immer aufs Ganze beziehen.

Für Montaigne gab es zwei wichtige Quellen der Wahrheit: die sinnliche Natur und die Erkenntnis der eigenen Ohnmacht. Heute belehrt uns die sinnliche Natur durch ihr Verschwinden; und Montaignes Sätze über die Rechte der Ohnmächtigen erhalten neues Gewicht: die Ohnmacht der Bäume, der Kinder, der Tiere ist groß und universell. Wer nachdenkt, wird fast mit Naturnotwendigkeit radikal. Aber immer noch gehört ein großer Mut dazu, sich fallen zu lassen, um sich zu befreien; immer noch schaffen es nur Einzelne, das große Elend zum Ausgangspunkt von Leben, Handeln und Erkennen zu machen. Alle spüren, wie arm das Ganze sie gemacht hat, wie verkrüppelt sie sind; aber es erhebt sich ein großes Gelächter, wenn eine Frau im Bundeshaus sagt: so wie Ihr liebt, so sieht auch Eure Politik aus.

Es nützt nichts, verzweifelt zu sein; aber gerade weil die Verwandlung der Welt in Anorganisches so wahrscheinlich ist, ist es vielleicht ebenso richtig wie risikolos, sich aus den treibenden Zusammenhängen auf die Oberfläche dieser Welt fallen zu lassen und sie dort zu besetzen, wo man sich wiederfindet — mit der Libido und mit dem ganzen Körper.

Zu träge werden, um unfrei zu sein — das ist der Übergang von einer Politik der generalisierten Hoffnungen zu einer der individuellen Verkörperungen. Dieser Übergang setzt auf der Ebene der Individuen an. Sich dem Mitmachen zu widersetzen erfordert Energie, Selbstdisziplin und ziemlich schnell auch Mut. Aber da die Versprechen der Bewegung — Aufschwung, Altersversorgung, Aufstieg — immer weniger gedeckt sind, gibt das Beharren auf dem Nächsten, Gegenwärtigen, Eigenen — wenn es so stark wird, daß es sich nur noch durch eigene Gründe bewegen läßt — den Einzelnen vielleicht auch etwas zurück von dem, auf das alle gehofft haben, bevor sie ins Schaukeln gerieten: vom Unvorhersehbaren, Kämpferischen, Abenteuerlichen, Unverwechselbaren.

Die Entmachtung der Zentrale durch die vielen Einzelnen, die sich ihre Kompetenzen wieder aneignen — man darf bei diesem Gedanken nicht vergessen, wie armselig, wie gefährlich und wie unbeständig das Leben vorher war. Aber dennoch: »Wir sind gezwungen, neu zu prüfen, wie es mit unserer Bereitschaft steht, die Verantwortung für unsere Gedanken und Taten (. . .) politischen Parteien, Gewerkschaften, der Kirche oder dem Staat auszuliefern.« Das hat Claude Eatherly geschrieben, der die Bombe auf Hiroshima geworfen hat. Wenn das Ganze nicht mehr sicher ist, werden die Einzelnen wichtiger.

Montaignes Buch ist, in diesem Zusammenhang, eine bescheidene Magna Charta des *common sense*. Es sagt einiges darüber, wie schwierig, wie schön und wie gesellschaftlich ein Leben sein kann, wenn es nicht zur Teilnahme an menschheitsbeglückenden oder gesellschaftsverbessernden Aktionen gezwungen wird. Das ist weniger ernüchternd, als daß es nüchtern macht. Und zugleich ist es auf spürbare Weise utopisch: beschreibt nicht Karl Marx das Reich der Freiheit als eines, in dem es nur noch »menschliche Probleme« gibt? Daß es dazu nie kommen wird, dafür hat der Verlauf der vier Jahrhunderte nach Montaigne gesorgt. Die Vernunft — oder sagen wir: ihre mächtigen Verwerter, haben uns mehr aufgeladen, als wir jetzt abtragen können. »Es ist möglich, daß alles zugrunde geht, aber die nüchternste Analyse zeigt, daß eine vernünftige Gesellschaft möglich ist. Humanismus ist, sich für sie einzusetzen.« Das war noch einmal Horkheimer aus den späten Dreißigern. Heute möchte man formulieren: es ist wahrscheinlich, daß alles zugrunde geht, aber eine vernünftige Gesellschaft war nicht unmöglich. Heute haben wir mehr Grund als Horkheimer damals, skeptisch zu sein gegenüber den Chancen kollektiven Ver-

änderungswillens, auch wenn wir ohne die Organisationen nicht auskommen. Aber Institutionen — das
Leben haltende und formende Zusammenhänge mit
einer Verbindlichkeit, die über den nächsten Zweck
hinausgeht — sind sie schon lange nicht mehr. Und
deshalb kommt nicht der Privatheit, wohl aber der
persönlichen Lebensführung, dem Universalismus der
Einzelnen eine größere Bedeutung zu — für den Einzelnen, und, wenn es genug sind, fürs Ganze.

Ob das reichen wird, weiß niemand, und die Hoffnung, daß diese vielen kleinen Inseln der Widerstän-
digkeit zu La Boéties großer gewaltfreier Entmachtung der »Könige« führen werden, ist auf nichts zu
gründen. Niemand redet mehr vom gesellschaftlichen Subjekt, vom revolutionären schon gar nicht.

Montaigne hat die Wahrheiten des *common sense* bei
den gesellschaftlich Ohnmächtigen gefunden: zu seiner Zeit waren das die Bauern und die Handwerker,
die »produktiven Arbeiter« seiner Gesellschaft, diejenigen, die wußten, wie man es macht. Sie waren
nur begrenzt bewegbar, weil sie beschwert waren von
den Erfahrungen und der Arbeit mit der Oberfläche
der Wirklichkeit. Abgehoben in den Fortschritt ist
die Menschheit erst, als die vielen Einzelnen von dieser Oberfläche, an der sie hafteten, losgerissen worden
sind — daß der Kapitalismus diese Abstraktion zur
Voraussetzung hatte, ist heute fast gleichgültig geworden, denn die Definition des Fortschritts und des
Reichtums hatte der Sozialismus übernommen. Es
ist ja auch vieles dabei herausgekommen, auf das wir
nicht verzichten sollten — ob der Fernseher, das
Auto und die Intensivmedizin noch sein mußten,
darüber ließe sich im Einzelfall streiten. Sicher ist auf
jeden Fall, daß der Reichtum, der heute da ist, auf
ebenso ungedeckten Schuldverschreibungen an die
Natur beruht wie die Bilanz der Weltbank auf sol-

chen der Dritten Welt; und daß der historische Aufschwung jedem Einzelnen allmählich mehr raubt, als ihm die Gesellschaft zurückgibt.

»Jeder Einzelne von uns ist reicher, als wir glauben, aber man richtet uns zum Betteln und Borgen ab. (. . .) Ich beschreibe ein niedriges und glanzloses Leben. Aber das ist einerlei. Jeder Mensch trägt in sich die ganze Gestalt alles Menschlichen.« (III,12; III,2) Gibt es noch eine Chance für Montaignes Aufruf zur Nacktheit der Menschen voreinander?

Nein: kein Aufruf zur Bescheidenheit, zum antitechnischen Rückzug. Das geht kaum, und die Langeweile wäre nicht auszuhalten. Aber, wenn das Übel davon kommt, daß wir einige Projekte begonnen haben, die sich zu weit vom Fassungs-, Herstellungs- und Konsumvermögen Einzelner oder von Gruppen entfernt haben, zum Beispiel das Manhattan-Projekt oder den Weltmarkt; wenn es richtig ist, daß der »große Mensch« die anthropomorphen Züge abgelegt hat, daß nur noch die Gesellschaften, aber nicht mehr die einzelnen Menschen das Maß der Produkte setzen — dann muß etwas revidiert werden an der fortschrittlichen Vernunft, die mit Descartes' Entdeckung der Auflösbarkeit von allem und jedem in »Beziehungen und Verhältnisse« begann und mit der Auflösung endete. »Im langen Trend (wird es) jetzt zur Hauptaufgabe der Menschheit, zu finden, auf welchen Gebieten sie definitiv diese Rationalisierung zulassen will, und wo nicht. (. . .) Der Vorgang wird . . . langfristig, enttäuschungsreich, in hohem Grade riskant, vielleicht blutig sein.« (Arnold Gehlen) Denn nicht auf allen Gebieten wird es damit getan sein, »Distanzunterschiede zu unserem Herzen« festzuhalten.

Es ginge ein wenig zu weit, Michel de Montaigne nun für die Grünen zu reklamieren oder ihn zum

Schutzheiligen der Dezentralisierung und der sub-
optimalen Praxis zu machen. Sein Widerwille gegen
die Zentralen und den Macherwahn war noch in-
stinktiv, weniger positives Programm als ahnungs-
volles Ressentiment, denn der Prozeß der Zivilisation
und das Prinzip der maximalen Ausbeutung aller
Ressourcen waren ja kaum erst am Horizont erkenn-
bar. Die Vermittlungen und die Verkehrswege wurden damals gerade länger. Aber auf langen Wegen
verschwindet manches: Montaignes Herz zum Beispiel. Es sollte zum Orden des Heiligen Michael gebracht und dort, separat, begraben werden. Aber
es ist nie angekommen. — Nehmen wir ihn also
bei dem, was er selbst als sein Ziel verkündete: sich
selbst zu gehören. Er hat sich nicht auf den stoischen
Rückzug gemacht. Sein Turm ist der Gesellschaft
gegenüber offen geblieben. Aber in Gesellschaft ist
er auch nicht viel gegangen; bei Hofe stand er frem-
delnd herum, und wo er mitgemacht hat, da tat er
es mit wohlbegrenzter Loyalität.

Der Umsturz, jeglicher Umsturz, ist mit dem Sieg
des staatlichen Gewaltmonopols und dem Entstehen
der »Neuen Weltordnung« auf der ganzen Linie un-
denkbar geworden. Es mag auch sein, daß die Mög-
lichkeiten für aktive Nischenexistenzen immer weiter
schrumpfen werden, ja, daß sie sich nur im Gefolge
großer gesellschaftlicher Katastrophen erweitern lassen. Aber was haben wir in dem Falle zu verlieren?
Nehmen wir den Fortschritt doch einmal ernst in
seinen Resultaten, der uns alle mit einer Lebenser-
wartung und mit Ressourcen ausgestattet hat, die die
des Freiherrn aus dem sechzehnten Jahrhundert
übertreffen. Als Einzelner kann man heute den
Zwang der Ökonomie negieren, man darf sich der
Armee verweigern, und man kann sich sogar der
Schule entziehen. Und unsere Bildung ermöglicht

es uns, ein persönliches Verhältnis zum Geschichtsprozeß zu haben. Was kann uns denn passieren? Kein Mensch hierzulande muß an dem großen Destruktionswerk mitbauen, als Meister nicht, als Lehrling nicht und nicht als Gesell; jeder kann die Trends sehen: sich auf die kommenden Katastrophen einrichten und darauf, daß sie wahrscheinlich eintreten werden.

Wenn wir in einer Zeit der Großen Wende sind — und es spricht nicht viel dagegen — dann werden sich die alten Strukturen vielleicht erst noch bis zum Ersticken verhärten, aber auflösen werden sie sich, wenn auch kaum zum Guten. In solchen Zeiten gelockerter Bande wird es dann wichtig sein, wie sich viele Einzelne verhalten, wie und ob sich die Atome neu richten, ob sie sich universalistisch kurzschließen können.

Michel de Montaigne lebte inmitten des langen Freisetzungsprozesses, der nach dem Ende des Mittelalters in Gang kam. Er hat sich freigemacht, indem er die Schwächen entdeckte, die ihn mit den andern verbinden. Seine Freiheit in der Gesellschaft — nicht die von ihr und nicht die für sie — beruhte darauf, daß er diese zwei Begrenzungen akzeptiert hatte: Teil der Natur zu sein, und er selbst zu sein — begrenzt wandelbar in seiner Haut. Montaigne wußte, daß er diese Begrenzungen mit allen anderen teilte, und er hatte sich abgewöhnt, sich und sie dafür zu verachten. Das ließ ihn mit einer Art Vertrauen auf andere zugehen, das selten enttäuscht wurde. Weil er mißtrauisch gegenüber allgemeinen Rezepten war, weil er noch kein Geschichtsgesetz im Kopf hatte, gab es für ihn nur Einzelfälle: das lenkt die Intelligenz auf die Beobachtung von Entwicklungen statt aufs Erfinden von Lösungen. Er hatte in seine Vergänglichkeit eingewilligt, das machte ihn mehr an sich als an allem andern interessiert — und untauglich zum Großadministrator oder zum selbstvergessenen Diener großer Vorhaben. Weil er sich unfähig gemacht hatte, in Funktionen aufzugehen oder in ihnen von irgendeiner seiner Seiten, Gefühle, Überzeugungen zu abstrahieren, war er langsam und in jedem gesellschaftlichen Verhältnis eine Art Fremdkörper: ein Einzelner, schwerer zu bewegen als eine Masse. Ein freundlicher Felsen. Gehlen, der das Wort vom *posthistoire* geprägt hat, nennt solche Menschen »Institutionen in einem Fall«: sie bringen die Treue zu außerrationalen Werten innerhalb der zweckrationalen Apparate, die Moral innerhalb der Politik, die intakte Menschlichkeit innerhalb der Organisation zur Geltung. Sie stellen immer wieder Kurzschlüsse her zwischen sich und einer Wirklichkeit, die außer und vor der Gesellschaft liegt. Von ihr bewegt, bringen sie andere Rhythmen in sie hinein, haben sie ein anderes Verhältnis zur Welt als nur ein vermitteltes. Sie sind von beschwerter Unmittelbarkeit: merkwürdige, weltfromme Tiere. Montaigne hat nicht *vanitas vanitatis* gerufen. Er hat Ja gesagt auch zu einer untergehenden Welt. »Lassen wir es doch ein wenig treiben. Die Ordnung, die für die Flöhe und Maulwürfe sorgt, sorgt auch für Menschen. (...) Wir mögen noch so laut Hüh-Hott schreien, das macht uns nur heiser, aber die Ordnung nicht besser.« (II, 37) Dieses Ja, diese kindliche Neugier und Animalität sind die Voraussetzung für den Widerstand, nicht sein Gegenteil. Nur wer die Welt liebt, kann ihr helfen; und welche als diese könnte man lieben?

Michel de Montaigne betrachtete einmal in Rom eine alte Apostelgeschichte. Er staunte: »Die Buchstaben sind massiv und körperlich; sie heben sich vom Papier derart ab, daß die Hand, die übers Papier fährt, etwas Dickes fühlt. Ich glaube, daß wir den Gebrauch dieser Schrift verloren haben.« Das mag sein, und der Buchdruck hat sich seit seinen Zeiten noch weiter entwickelt, es gibt ihn fast nicht mehr. Aber Montaignes kaum zu erklärende Weltfrömmigkeit, diese nie endenden und immer so schwer zur Geltung zu bringenden Kurzschlüsse, das nicht ganz wegzuarbeitende sinnliche Verhältnis zur Welt — die »gute Natur« läßt sie nach wie vor entstehen.

Die Schwerkraft der Kinder dieser Erde: kann sie durch das Schaukeln und Schwanken und Kreisen hindurch das Karussell zum Halten bringen, es etwas langsamer werden lassen? Die politisch aufgeklärte und strategisch informierte Trägheit — *gravitas docta* —: wo sie wirkt, mag sogar ein Quentchen ungedeckter Zukunftshoffnung gestattet sein. Denn *gravitas*, dieses weibliche Wort, heißt ja »beharren« und: »schwanger sein«. — Die Ökonomie, die es wissen muß, nennt große Auswirkungen, die von vielen kleinen Entscheidungen ausgehen, neuerdings *economy of micromotives*. Diese Auswirkungen könnten, so heißt es, beträchtlich sein.

»Daß ein solcher Mensch geschrieben hat, dadurch ist wahrlich die Lust auf dieser Erde zu leben vermehrt worden. (...) Mit ihm würde ich es halten, wenn die Aufgabe gestellt wäre, es sich auf der Erde heimisch zu machen.« Das schrieb Friedrich Nietzsche über Montaigne, bevor die bürgerliche Gesellschaft in ihre letzte Runde ging. »Wenn die Aufgabe gestellt wäre ...« Man kann ja einen Versuch wagen. Einen Essai.

Titel aller Essais
von Michel de Montaigne

●

Erstes Buch

1. *Durch verschiedene Mittel gelangt man zum gleichen Ziel*
2. *Von der Traurigkeit*
3. *Unsere Gefühle reichen weiter als wir selbst*
4. *Wie die Seele ihre Leidenschaften an nichtigen Gegenständen entlädt, wenn ihr die rechten fehlen*
5. *Ob der Befehlshaber eines belagerten Ortes ihn verlassen darf, um zu verhandeln*
6. *Die Zeit des Verhandelns ist gefährlich*
7. *Daß der Vorsatz der Richter unserer Taten ist*
8. *Vom Müßiggang*
9. *Über die Lügner*
10. *Vom schlagfertigen und zögerlichen Reden*
11. *Über die Weissagungen*
12. *Von der Beständigkeit*
13. *Förmlichkeiten bei der Begegnung von Königen*
14. *Daß die Empfindung für Gutes und Böses zu einem guten Teil von den Meinungen abhängt, die wir darüber haben*
15. *Man wird bestraft, wenn man eine Stellung hartnäckig hält und es keinen vernünftigen Grund dafür gibt*
16. *Über die Strafe für Feigheit*
17. *Eine Eigenart gewisser Gesandter*
18. *Von der Furcht*

19. *Daß man über unser Glück erst nach dem Tode urteilen kann*

20. *Philosophieren heißt sterben lernen*

21. *Von der Stärke der Einbildungskraft*

22. *Der Nutzen des einen ist der Schaden des andern*

23. *Über die Sitte, ein anerkanntes Gesetz nicht leichtfertig zu ändern*

24. *Verschiedene Ergebnisse desselben Ratschlages*

25. *Von der Schulmeisterei*

26. *Über die Kindererziehung*

27. *Es ist Torheit, das Wahre und Falsche nach unserer Fassungskraft zu beurteilen*

28. *Von der Freundschaft*

29. *Neunundzwanzig Sonette des Etienne de La Boétie*

30. *Von der Mäßigung*

31. *Von den Menschenfressern*

32. *Daß man über göttliche Gebote besonnen urteilen soll*

33. *Die sinnlichen Genüsse vermeiden um den Preis des Lebens*

34. *Das Glück findet sich oft auf dem Weg der Vernunft*

35. *Über einen Mangel unserer Verwaltungen*

36. *Über die Sitte, Kleider zu tragen*

37. *Über Cato den Jüngeren*

38. *Wie wir über denselben Gegenstend lachen und weinen*

39. *Von der Einsamkeit*

40. *Eine Bemerkung zu Cicero*

41. *Daß man über seinen Ruhm nicht reden soll*

42. *Über die Ungleichheit, die unter uns besteht*

43. *Über kostspielige Gesetze*

44. *Vom Schlaf*

45. *Über die Schlacht von Dreux*

46. *Über die Namen*

47. *Von der Ungewißheit unseres Urteils*

48. *Über Schlachtpferde*

49. *Über alte Sitten*

50. *Über Demokrit und Heraklit*

51. *Von der Eitelkeit der Worte*

52. *Über die Sparsamkeit der Alten*

53. *Über ein Wort von Cäsar*

54. *Über die eitlen Spitzfindigkeiten*

55. *Von den Gerüchen*

56. *Von den Gebeten*

57. *Vom Alter*

Zweites Buch

1. *Von der Unbeständigkeit unseres Handelns*

2. *Über die Trunkenheit*

3. *Eine Sitte auf der Insel Keos*

4. *Morgen ist auch noch ein Tag*

5. *Über das Gewissen*

6. *Über geistige Übung*

7. *Über ehrenhafte Auszeichnungen*

8. *Über die Liebe der Väter zu ihren Kindern*

9. *Über die Waffen der Parther*

10. *Von den Büchern*

11. *Über die Grausamkeit*

12. *Apologie des Raimund Sebundus*

13. *Wie man den Tod anderer beurteilt*

14. *Wie unser Geist sich selbst behindert*

15. *Wie unsere Begierde durch Hindernisse gesteigert wird*

16. *Vom Ruhm*

17. *Vom Dünkel*

18. *Über das Lügenzeihen*

19. *Von der Freiheit des Gewissens*

20. *Wir schmecken nichts rein*

21. *Gegen den Müßiggang*

22. *Über die Post*

23. *Von schlechten Mitteln, die man zu einem guten Zweck einsetzt*

24. *Über die Größe Roms*

359

25. *Daß man nicht vorgeben soll, krank zu sein*
26. *Über die Daumen*
27. *Feigheit, Mutter der Grausamkeit*
28. *Jedes Ding hat seine Zeit*
29. *Über die Tugend*
30. *Über ein ungestaltes Kind*
31. *Vom Zorn*
32. *Verteidigung von Seneca und Plutarch*
33. *Die Geschichte von Spurina*
34. *Betrachtungen über Julius Cäsars Art, Krieg zu führen*
35. *Von drei guten Frauen*
36. *Über die hervorragenden Männer*
37. *Über die Ähnlichkeit der Kinder mit ihren Vätern*

Drittes Buch

1. *Vom Nützlichen und vom Rechten*
2. *Von der Reue*
3. *Von drei Arten des Umgangs*
4. *Von der Ablenkung*
5. *Über einige Verse des Vergil*
6. *Über Kutschen*
7. *Über die Unannehmlichkeiten der Größe*
8. *Über die Kunst des Gesprächs*
9. *Von der Eitelkeit*
10. *Vom schonenden Umgang mit dem Willen*
11. *Über die Hinkenden*
12. *Von der Physiognomie*
13. *Von der Erfahrung*

Zeittafel

●

1519 Pierre Eyquem (1495–1568) wird Herr auf Montaigne, das seine Familie 1477 erworben hatte, und bricht mit der Kaufmannstradition der Familie. Er nimmt an den italienischen Kriegen von Franz I. teil, heiratet 1528 Antoinette des Louppes und wird 1530 Ratsherr und Schöffe in Bordeaux.

1533 Am 28. Februar wird Michel Eyquem de Montaigne geboren. Er wird einer Amme im Dorf Papessus übergeben.

1535 Erziehung durch den deutschen Hauslehrer Horstanus, der ihn in der lateinischen Sprache, seiner »Muttersprache«, unterrichtet.

1539–46 Aufenthalt am Collège de Guyenne in Bordeaux, wo u. a. Buchanan sein Lehrer ist.

1545 Beginn der Ketzerverfolgungen in Frankreich. Franz I. läßt die Waldenser ermorden.

1547–48 Steuerrevolte in Bordeaux und Umgebung. Blutige Niederwerfung durch königliche Truppen. Franz I. stirbt und wird von Heinrich II. gefolgt. Etienne de La Boétie schreibt den *Discours de la servitude volontaire*.

1546–54 Montaigne studiert, wahrscheinlich zunächst Philosophie in Bordeaux, und ab 1549 Jura in Toulouse.

1554 Montaignes Vater wird Bürgermeister in Bordeaux, Michel de Montaigne Ratsherr am Steuergerichtshof von Périgueux. Ausbau und Befestigung des Schlosses.

1557 Montaigne wird Ratsherr am Parlament von Bordeaux, für das er zwischen 1559 und 1563 einige Reisen nach Paris unternimmt. Beginn der Freundschaft mit Etienne de La Boétie.

1559 Thronbesteigung Franz' II.; Ketzerverbrennungen in Bordeaux.

1560 Karl IX. wird König unter der Regentschaft seiner Mutter Katharina von Medici.

1562 Montaigne reist nach Rouen, wo er brasilianischen Eingeborenen begegnet. Beginn des Bürgerkrieges in ganz Frankreich.

1563 Tod Etienne de La Boéties.

1565 Montaigne heiratet auf Wunsch seines Vaters die Tochter eines Ratskollegen, Françoise de la Chassagne.

1568 Tod von Pierre Eyquem. Michel de Montaigne wird Eigentümer des Schlosses.

1569 Erste Auflage von Montaignes Übersetzung der *Theologia Naturalis des Raimund Sebundus*.

1570 Montaigne verkauft sein Amt als Parlamentsrat. Reise nach Paris, um La Boéties Nachlaß zu veröffentlichen. Die Protestanten belagern Paris, Karl IX. bewilligt ihnen freie Ausübung ihres Kultes.

1571 Rückzug auf Schloß Montaigne. Karl IX. ernennt Montaigne zum Ritter des St. Michaels-Ordens und zum Kammerherrn. Geburt der Tochter Léonor, die als einziges seiner Kinder am Leben bleibt.

1572 Am 24. August Bartholomäusnacht in Paris. Ermordung tausender Protestanten. Neue Bürgerkriegswelle. Für kurze Zeit nimmt Montaigne in der Armee des Herzogs von Montpensier am Bürgerkrieg teil, vermittelt zwischen Heinrich von Navarra und dem Herzog von Guise.

1572–74 Entstehung der meisten Essais des ersten Buches. Reisen nach Paris zwischen den Fronten des Bürgerkrieges.

1574 Anonyme und verstümmelte Veröffentlichung des *Discours de la servitude* . . . in einem kalvinistischen Pamphlet. Tod Karls IX. Sein Bruder Heinrich III. schließt einen kurzfristigen Frieden mit Heinrich von Navarra (1576). Kurz darauf formieren sich die Katholiken unter Heinrich von Guise; Heinrich von Navarra wird exkommuniziert.

1576 Montaigne arbeitet an der *Apologie des Raimund Sebundus*.

1577 Erster Ausbruch von Montaignes Nierensteinleiden; Ernennung zum Kammerherrn Heinrichs von Navarra.

1576–89 Bürgerkrieg mit ständig wechselnden Fronten: die katholische Liga unter Guise, die Protestanten unter Heinrich von Navarra und die Krone, lavierend, in der Mitte.

1577–80 Arbeit am zweiten Buch der *Essais*. Hinwendung zur persönlicheren Ichdarstellung.

1580 Die 1. Ausgabe der *Essais* erscheint in Bordeaux. Montaigne nimmt an der Belagerung von La Fère teil, geht im September auf die Reise, die ihn über Süddeutschland nach Italien führt. Zwei längere Kuraufenthalte in Bagni di Lucca. Besuch des geisteskranken Tasso in Ferrara.

1581 Rückkehr (im November) nach Montaigne.

1582–84 Bürgermeister von Bordeaux. Reisen nach Paris.

1582 Zweite Auflage der *Essais*.

1584–86 Zweite Amtsperiode als Bürgermeister, die im Zeichen von Bürgerkrieg und Pest steht. Heinrich von Navarra, nun legitimer Thronfolger, besucht Montaigne auf dessen Schloß. Montaigne vermittelt zwischen Heinrich und dem Gouverneur der Guyenne, der mit Montaignes Unterstützung verhindert, daß Bordeaux in die Hände der Liga fällt.

1586–87 Arbeit am 3. Buch der *Essais*.

1587 Sieg Heinrichs von Navarra über die Armee der Liga (Schlacht von Coutras, 20. Oktober). Besuch Heinrichs auf Montaigne.

1588 Montaigne ist längere Zeit in Paris, wo er die 4. Auflage der *Essais* mit dem dritten Buch vorbereitet. Politische Tätigkeit in der Umgebung Heinrichs III. Lernt Marie de Gournay kennen, seine »Wahltochter«. Heinrich III. flieht nach Blois, läßt Heinrich von Guise ermorden und stellt sich unter den Schutz Heinrichs von Navarra. Montaigne in Paris und Blois in den Bürgerkrieg verwickelt.

1589–92 Weiterarbeit an den *Essais*. Handschriftliche Ergänzungen (über 1000) in seinem Handexemplar (Bordeaux-Exemplar), das die Grundlage aller weiteren Ausgaben ist.

1589 Ermordung Heinrichs III. durch einen Mönch. Heinrich von Navarra (Henri IV.) belagert fünf Jahre lang Paris.

1590 Hochzeit von Montaignes Tochter Léonor. Brief an Henri IV., in dem er sich bereit erklärt, nach Paris zu kommen, aber eine besoldete Stelle ablehnt.

1591 Geburt einer Enkelin.

1592 13. September: Tod. Widersprüchliche Berichte über Montaignes Sterbestunde: »christlich« oder »heiter gefaßt«? Beisetzung in der Feuillantinerkirche in Bordeaux.

1594 Heinrich IV. zieht in Paris ein.

1598 Edikt von Nantes.

1595 Herausgabe der *Essais* durch Marie de Gournay.

1600–50 Zahlreiche Neuauflagen, etwa alle zwei Jahre. Dann folgen die jansenistischen und katholischen Kritiken an Montaigne.

1676 Die *Essais* werden auf den *Index* gesetzt, wo sie bis zur Auflösung des *Index* verbleiben.

1669–1724 Keine Neuauflagen der *Essais* in Frankreich.

1724 Neuausgabe von Pierre Coste.

1753 Erste Übersetzung ins Deutsche von Johann Daniel Tietz.

1774 Veröffentlichung des auf Montaigne entdeckten Reisetagebuches.

1797 Zweite deutsche Übersetzung durch J. J. Chr. Bode.

Literaturverzeichnis

●

I. Montaigne-Text

Diese Auswahl ist, wie alle deutschen Montaigne-Ausgaben, ein Kompromiß. Zur Zeit sind erhältlich:

MICHEL DE MONTAIGNE: *Essais.* Auswahl und Übersetzung von Herbert Lüthy. Zürich: Manesse 1953, ⁶1985, 904 S.

Enthält ca. 2/3 des Gesamttextes; eine brillante, sehr einfühlsame Übersetzung, die behutsam modernisiert.

MICHEL DE MONTAIGNE: *Essais.* Hg. von Ralph-Rainer Wuthenow. Frankfurt am Main: Insel 1976, 308 S.

Neun vollständige Essais in der (kaum revidierten) Übertragung von Johann Joachim Bode, die sehr umständlich und zopfig ist.

MICHEL DE MONTAIGNE: *Die Essais.* Ausgewählt, eingeleitet und übertragen von Arthur Franz. Stuttgart: Reclam 1980, 400 S.

Sehr kondensierte Fassung von 62 Essais in einer stark modernisierenden, dem Text und der Sprache viel von ihrem Charme raubenden Übersetzung.

Vollständige Übersetzungen, die in guten Bibliotheken greifbar sein sollten:

Michel de Montaignes Gedanken und Meinungen über aller-
ley Gegenstände. Ins Teutsche übersetzt (von J.J.
Bode), 7 Bände, 1797.
Michel de Montaignes Gesammelte Schriften. Historisch-
kritische Ausgabe mit Einleitungen und Anmer-
kungen unter Zugrundelegung der Übersetzung
von J.J.Bode. Herausgegeben von O.Flake und
W.Weigand, 8 Bände. München/Leipzig 1908,
²1915.
»Historisch-kritisch« ist hochgestapelt, Bodes alter-
tümliche Übersetzung ist nur leicht revidiert; dafür enthält die Ausgabe das *Reisetagebuch.*

Bei meiner Textgestaltung habe ich mich über weite
Strecken an der Wortwahl der schwer aufzufindenden
Übersetzung von Johann Daniel Tietz:

Michaels Herrn von Montagne Versuche, nebst des Verfas-
sers Leben, nach der neuesten Ausgabe des Herrn Peter Coste
ins Deutsche übersetzt. Leipzig: Friedrich Lankischens
Erben 1753/4

und auch an Bodes Übersetzung orientiert und gelegentlich die Diktion, soweit ich es vermochte, Montaignes französischem Sprachfluß angenähert. Montaignes lateinische Einschiebsel sind übersetzt und
nur dann stehengeblieben, wenn sie mehr als orna-
mentalen Charakter haben. Auf die in der Montai-
gne-Philologie übliche Markierung der respektiven
Textanteile der Ausgaben von 1580, 1588 und 1595
habe ich zugunsten des Leseflusses verzichtet. Beim
Kürzen habe ich einen Kompromiß zu finden versucht zwischen der radikalen Kondensation der Re-
clam-Ausgabe, die auf viele schöne Abschweifungen
verzichtet, und dem Wunsch, doch mehr als zwei

367

oder drei komplette Essais in den Band aufzunehmen. Wie jeder Kompromiß kann das nur begrenzt befriedigen. Wer Feuer fängt, wird weiterhin auf eine neue deutsche Gesamtausgabe warten oder, wenn er mit guten schulfranzösischen Kenntnissen ausgestattet ist, das Original lesen:

MONTAIGNE: *Œuvres complètes*. Textes établis par Albert Thibaudet et Maurice Rat. Paris: Gallimard (Bibliothèque de la Pléiade) 1962, 1791 S.
Sehr gut kommentierte, eingeleitete und angenehm schwer in der Hand liegende vollständige Ausgabe der Essais, Briefe und des Reisetagebuches.

II. Studien über Montaigne, die hier verwendet wurden

1. Gesamtdarstellungen

HUGO FRIEDRICH: *Montaigne*. Bern: Francke 1947, ²1967, 397 S.
Eine umfassende, von großer Sympathie und philologischer Akribie getragene Studie der Grundlagen, Themenfelder und der Struktur der *Essais,* mit einer leichten Vorliebe für Montaignes Rückzug.
RICHARD ANTHONY SAYCE: *The Essays of Montaigne. A Critical Exploration.* London: Northwestern University Press 1972.
Das englische Gegenstück zu Friedrichs Buch, weniger deutscher Philologie als angelsächsischem *Literary Criticism* verpflichtet, deshalb etwas großzügiger und freier im Urteil.

JEAN STAROBINSKI: *Montaigne en mouvement*. Paris: Gallimard 1982, 379 S. Eine schöne Studie von Montaignes weltzugewandter Skepsis als Bewegung der Distanzierung und Wiederaneignung, in Kapiteln über Freundschaft, Tod, Liebe, Freiheit, Körper, Sprache, Öffentlichkeit. Überflüssig zu sagen, daß alle drei Autoren, wie fast jeder, der über Montaigne schreibt, ihrem Gegenstand in Freundschaft verbunden sind.

2. Biographien

DONALD M. FRAME: *Montaigne. A Biography*. New York 1965.

PAUL BONNEFON: *Montaigne. L'homme et l'oeuvre*. Bordeaux 1893.

3. Kürzere Arbeiten

ERICH AUERBACH: *Mimesis. Dargestellte Wirklichkeit in der abendländischen Literatur*. Bern: Francke 1982. Kapitel XII.

DENIS DIDEROT: Artikel *Phyrrhonienne* in der *Encyclopédie*.

ANDRE GIDE: *Essai sur Montaigne*. Paris 1929.

BERNHARD GROETHUYSEN: *Philosophische Anthropologie*. München: Oldenbourg 1969. Kapitel X.

MAURICE MERLEAU-PONTY: *Lecture de Montaigne*. In: *Signes*. Paris 1960.

GÜNTER KUNERT: *Montaigne oder: Wie kurz sind vierhundert Jahre?* In: *Diesseits des Erinnerns*. München und Wien: Carl Hanser 1982.

III. Sekundärliteratur, historische Untersuchungen etc.

(Die Titel werden dort genannt, wo sie zum ersten Mal verwendet sind.)

Zwischenzeit

HANS BLUMENBERG: *Schiffbruch mit Zuschauer.* Frankfurt am Main: Suhrkamp 1979.

JEAN BODIN: *Sechs Bücher über den Staat.* M. e. Einleitung von P. C. Mayer-Tasch. München: Beck 1981.

FRANZ BORKENAU: *Der Übergang vom feudalen zum bürgerlichen Weltbild.* Darmstadt: Wiss. Buchgesellschaft 1971.

KEITH CAMERON (Hg.): *Montaigne and His Age.* University of Exeter 1981.

Fischer Weltgeschichte, Bände 11, 12, 24. Frankfurt am Main: Fischer Taschenbuch.

GUSTAV RENÉ HOCKE: *Die Welt als Labyrinth.* Hamburg: Rowohlt 1957.

LEO KOFLER: *Zur Geschichte der bürgerlichen Gesellschaft.* Neuwied und Berlin: Luchterhand 1966.

REINHARD KOSELLECK: *Neuzeit,* in: Ders. (Hg.), *Studien zum Beginn der modernen Welt.* Stuttgart: Klett-Cotta 1977.

FRANCO SIMONE (Hg.): *Culture et politique en France à l'époque de l'humanisme et de la Renaissance.* Turin 1974.

HEINZ-OTTO SIEBURG: *Geschichte Frankreichs.* Stuttgart: Kohlhammer 1975.

H. R. TREVOR-ROPER: *The Crisis of the Seventeenth Century: Religion, the Reformation, and Social Change.* London: MacMillan 1967.

IMMANUEL WALLERSTEIN: *The Modern World System.* New York: Academic Press 1974.

Enttäuschungsarbeit

ETIENNE DE LA BOÉTIE: *Von der freiwilligen Knecht-*
schaft. Unter Mitwirkung von Neithard Bulst über-
setzt und herausgegeben von Horst Günther.
Frankfurt am Main: Europäische Verlagsanstalt
1980. — Enthält den Text und eine reichhaltige
Dokumentation zur Geschichte und Wirkung des
Textes. Die Zitate: S. 41, 70 ff.
HEINRICH MANN: *Die Jugend des Königs Henri*
Quatre und: *Die Vollendung des Königs Henri Quatre.*
Hamburg: Rowohlt 1964.
BLAISE PASCAL: *Über die Religion (Pensées).* Heidel-
berg: Lambert Schneider 1963. Zitate: Fragmente
62–64, 72.

Eine Bedingung der Freiheit

PHILIPPE ARIÈS: *Studien zur Geschichte des Todes im*
Abendland. München und Wien: Carl Hanser 1976.
ders., *Geschichte des Todes.* München: dtv 1982.
JOHAN HUIZINGA: *Herbst des Mittelalters.* Stuttgart:
Kröner 1969.

Ein Ritter ohne Rüstung

ARNOLD HAUSER: *Der Ursprung der modernen Kunst*
und Literatur. München: dtv 1979. Zitate: S. 53, 96.
M. MASUD R. KHAN: *Montaigne, Rousseau and Freud.*
In: *The Privacy of the Self.* London: Hogarth Press
1974.
ROY PORTER: *Viva la joia.* In: *London Review of*
Books, Vol. 5, No. 24, S. 5.

Zwei Arten zu reisen oder: Der Untergang des Gemeinsinns

HANNAH ARENDT: *Vita activa oder: Vom tätigen Leben.* München: Piper 1981. Zitat S. 275.
DIETER BIRNBACHER (Hg.): *Ökologie und Ethik.* Stuttgart: Reclam 1980.
HANS BLUMENBERG: *Die Genesis der kopernikanischen Welt.* Frankfurt am Main: Suhrkamp 1981. Kapitel VI.
RENÉ DESCARTES: *Abhandlung über die Methode des richtigen Vernunftgebrauches.* Stuttgart: Reclam 1982. Zitate: S. 12 f., 15, 19 f.
DENIS DIDEROT: *Brief über die Taubstummen.* In: Horst Günther (Hrsg.), *Insel-Almanach für 1984.* Frankfurt am Main: Insel 1984.
ARNOLD GEHLEN: *Urmensch und Spätkultur.* Frankfurt/Bonn: Athenäum 1964.
REINHARD KOSELLECK: *»Fortschritt« und »Niedergang«.* In: Koselleck (Hg.), *Niedergang. Studien zu einem geschichtlichen Thema.* Stuttgart: Klett-Cotta 1980.
WOLFGANG RÖD: *Descartes,* München: Beck 1982.

Die Politik des Unterlassens

NORBERT ELIAS: *Der Prozeß der Zivilisation.* Frankfurt am Main: Suhrkamp 1977.
DENIS DIDEROT: Artikel *Art* der *Encyclopédie.*
ARNOLD GEHLEN: *Die Seele im technischen Zeitalter.* Hamburg: Rowohlt 1957. Zitate: S. 74, 92, 118.
KARL GRIEWANK: *Der neuzeitliche Revolutionsbegriff.* Frankfurt am Main: Europäische Verlagsanstalt 1969.

EMMANUEL LE ROY LADURIE: *Über die Bauernaufstände in Frankreich 1548-1648*. In: *Wirtschaftliche
und soziale Strukturen im Wandel. Festschrift für Wil-
helm Abel*. Hannover: Schaper 1974.

Das langsamste Kind der Provinz

PHILIPPE ARIÈS: *Geschichte der Kindheit*. München
und Wien: Carl Hanser 1975.
LLOYD DE MAUSE: *Hört ihr die Kinder weinen*.
Frankfurt am Main: Suhrkamp 1980.
KARL MARX: *Grundrisse der Kritik der politischen Öko-
nomie, Einleitung*. Berlin: Dietz 1953.
ROGER TRINQUET: *La jeunesse de Montaigne*. Paris:
Nizet 1972.

Montaignes Trägheit

GÜNTHER ANDERS: *Off Limits für das Gewissen*.
Hamburg: Rowohlt 1961.
JOHN DESMOND BERNAL: *Wissenschaft*. Hamburg:
Rowohlt 1970.
G.W.F.HEGEL: *Geschichte der Philosophie*, III. Band.
Frankfurt am Main: Suhrkamp 1971. Zitate:
S. 17f., 62, 72.
KLAUS HEINRICH: *Antike Kyniker und Zynismus in der
Gegenwart*. In: *Parmenides und Jona*. Frankfurt am
Main: Suhrkamp 1966.
MAX HORKHEIMER: *Montaigne und die Funktion der
Skepsis*. In: *Zeitschrift für Sozialforschung*, Jg. VII,
1939. S. 1ff.
STEN NADOLNY: *Die Entdeckung der Langsamkeit*.
München: Piper 1983.

Inhalt

Vorbemerkung 7
Zwischenzeit 10
VON DER EINSAMKEIT 24
Entäuschungsarbeit 39
VON DER REUE 55
Eine Bedingung der Freiheit 70
PHILOSOPHIEREN HEISST STERBEN
  LERNEN 74
Ein Ritter ohne Rüstung 94
VOM DÜNKEL 112
VON DER EITELKEIT 138
Zwei Arten zu reisen oder: Der Untergang
  des Gemeinsinns 163
APOLOGIE DES RAIMUND SEBUNDUS . . . 187
VON DEN MENSCHENFRESSERN 214
Die Politik des Unterlassens 234
VOM SCHONENDEN UMGANG MIT DEM
  WILLEN 248
Das langsamste Kind der Provinz 269
ÜBER DIE KINDERERZIEHUNG 281
VON DER ERFAHRUNG 298
Montaignes Trägheit 331

Titel aller Essais von Michel de Montaigne . . 357
Zeittafel 361
Literaturverzeichnis 366

MONTAIGNE, EIN PANORAMA von Mathias Greffrath ist im Januar 1992 als fünfundachtzigster Band der ANDEREN BIBLIOTHEK im Eichborn Verlag, Frankfurt am Main, erschienen.

Michel de Montaigne hat eine erste Auflage seiner *Essais* 1580 in Bordeaux veröffentlicht. Stark erweiterte Fassungen erschienen 1588 und 1595 in Paris.

Mathias Greffraths Lesebuch ist erstmals 1984 unter dem Titel *Vom Schaukeln der Dinge. Montaignes Versuche* bei Klaus Wagenbach in Berlin publiziert worden. Der Autor und Übersetzer hat es für die vorliegende Ausgabe durchgesehen und ergänzt.

Dieses Buch wurde in der Buchdruckerei Greno in Nördlingen aus der Korpus Baskerville Monotype gesetzt und auf einer Condor-Schnellpresse gedruckt. Das holz- und säurefreie mattgeglättete 100 g/qm Bücherpapier stammt aus der Papierfabrik Niefern. Den Einband besorgte die Buchbinderei G. Lachenmaier in Reutlingen.

1. bis 6. Tausend, Januar 1992. Einmalige, limitierte Ausgabe im Buchdruck vom Bleisatz.

ISBN 3-8218-4085-4. Printed in Germany.

Von jedem Band der ANDEREN BIBLIOTHEK gibt es eine Vorzugsausgabe mit den Nummern 1–999.